# 数据库设计与开发

郑 斌 张 晖 林 钦 编著

北京理工大学出版社
BEIJING INSTITUTE OF TECHNOLOGY PRESS

## 内 容 简 介

本书是 2020 年福建省级新工科研究与改革实践项目（项目编号：闽教高〔2020〕4 号）的研究成果之一，也是福建省教育科学"十三五"规划 2020 年度课题（项目号：FJJKCG20 – 271）的研究成果之一，是帮助读者学习数据库设计与开发的教材。本书共分为 11 个章节，系统介绍了关系数据库的设计与开发的相关应用技术。其内容包括数据库规范化理论，数据库设计过程各阶段的工作内容与支撑技术，数据库高级编程技术（存储过程、用户自定义函数、游标、触发器、主语言与数据库交互），数据库运维技术（数据库恢复以及并发控制）等各类技术涉及的概念、原理、语法说明以及操作实例。书中通过丰富的图示、大量示例程序和详细的操作步骤说明，让读者循序渐进地掌握数据库设计与开发的基础知识和使用技巧，切实提高编程能力。每章结尾设置的思考题，帮助读者加深对各章内容的理解。

本书适合具有程序设计语言和数据库基础的读者阅读，也可作为应用型本科计算机专业以及其他学科数据库相关专业人员进阶学习的使用教材。

**图书在版编目（CIP）数据**

数据库设计与开发／郑斌，张晖，林钦编著．－－北京：北京理工大学出版社，2022.12
ISBN 978 – 7 – 5763 – 1945 – 3

Ⅰ．①数…　Ⅱ．①郑…②张…③林…　Ⅲ．①关系数据库系统 – 高等学校 – 教材　Ⅳ．①TP311.138

中国版本图书馆 CIP 数据核字（2022）第 241126 号

---

出版发行／北京理工大学出版社有限责任公司

社　　址／北京市海淀区中关村南大街 5 号

邮　　编／100081

电　　话／(010) 68914775（总编室）
　　　　　　(010) 82562903（教材售后服务热线）
　　　　　　(010) 68944723（其他图书服务热线）

网　　址／http：//www.bitpress.com.cn

经　　销／全国各地新华书店

印　　刷／河北盛世彩捷印刷有限公司

开　　本／787 毫米 × 1092 毫米　1/16

印　　张／24

字　　数／554 千字

版　　次／2022 年 12 月第 1 版　2022 年 12 月第 1 次印刷

定　　价／98.00 元

责任编辑／李　薇

文案编辑／李　硕

责任校对／刘亚男

责任印制／李志强

随着工业 4.0 与中国制造 2025 的提出，以新技术、新业态以及新产业为特点的新经济蓬勃发展。高等工程教育迫切需要建立跨学科工程教育培养模式，满足新经济对复合型工科人才的需求。而随着大数据、5G、云计算、人工智能等新技术的涌现，数据在新经济发展过程中的作用越来越重要，联系越来越紧密。新时代背景下，工程应用人才的数据素养日显重要，各数据应用领域的研究、探讨与应用往往需要建立在对数据的获取、存储、处理、分析和利用的基础上。

"数据库设计与开发"课程是高校计算机类专业以及其他学科专业中非常重要的核心专业基础课程，是对大学生进行的数据素养教育的重要组成部分。本书是福建省新工科研究与改革实践项目的配套教材之一，是"数据库原理与基础"课程的后续课程教材。编者在总结多年教学经验的基础上，尝试以一些不同的角度来理解与解读数据库设计与开发技术，其内容适用于应用型本科计算机专业以及其他学科数据库相关专业已经具备数据库基础知识人员的学习使用。

本书内容包括数据库规范化、数据库设计、SQL 高级编程基础、存储过程、用户自定义函数、游标、触发器、主语言与数据库交互、数据库恢复技术、并发控制、数据库设计综合实例，共 11 章，具体如下表所示。本书内容既涉及数据库设计过程的理论与实践知识、数据库系统开发的高级语言以及运维知识、相关数学概念与理论，还涉及实际操作语法说明、案例与注意事项；既有理论基础又有实际操作演示。对于数据库的进阶知识，本书内容作了翔实而丰富的介绍。另外，本书的案例操作演示内容都已在 SQL Server 2019、Oracle 11g 版本上测试通过。

本书内容及配套资源由福建江夏学院郑斌、张晖与林钦统筹规划与编制，卓琳、苗海珍、郑薇玮等参与编写。其中，第 1、2、3、4 章以及配套课件由郑斌编写；第 6、7、9、10 章以及配套案例的资料与脚本代码由张晖编写；第 5 章以及配套习题库由林钦编写；第 8 章由卓琳编写；第 11 章由苗海珍编写；郑薇玮为教材编写提供了相关技术的支持并完成审核工作；福州众享家信息科技有限公司李元甲总监参与教材大纲的编写并提供了丰富的工程实践经验与宝贵的指导意见与建议。在此，感谢各位同仁与业界人士的辛劳付出与热心帮助，是你们的积极参与才使得本教材得以顺利完成。

| 本书内容 | 配套实验 | 内容联系 |
|---|---|---|
| 1. 数据库规范化 | 综合实验：数据库综合设计 | |
| 2. 数据库设计 | | |
| 3. SQL 高级编程基础 | 实验：SQL 高级编程 | |
| 4. 存储过程 | 实验：创建与管理存储过程 | |
| 5. 用户自定义函数 | 实验：创建与管理用户自定义函数 | |
| 6. 游标 | 实验：创建与管理游标 | |
| 7. 触发器 | 实验：创建与管理触发器 | |
| 8. 主语言与数据库交互 | 实验：数据库交互 | |
| 9. 数据库恢复技术 | 实验：数据库恢复 | |
| 10. 并发控制 | 实验：数据库并发控制 | |
| 11. 数据库设计综合实例 | 综合实验 | |

本书在编著过程中，编者阅读参考了国内外优秀的教材、论文和资料，有选择地把它们纳入教材。虽然本书集众人之力，但书中难免存在许多不足之处，真诚希望各位读者与同行对本教材提出宝贵的意见。

**编　者**

# CONTENTS 目录

# 第1章

# 数据库规范化

## 学习目标

1. 了解数据库规范化理论产生的原因与历史进程。

2. 会用自己的语言解释关系模式中五元组的组成以及各自的含义，理解各元素的作用。

3. 学会用实例说明数据冗余、更新异常、插入异常以及删除异常产生的表现与原因。

4. 会总结说明规范化理论演进的历程与各范式解决的问题。

5. 会用自己的语言解释数据库规范化、函数依赖、完全函数依赖、部分函数依赖、传递函数依赖、候选码、超码、主码、可替换关键字、主属性、非主属性、全码、外码、多值依赖、平凡的多值依赖、非平凡的多值依赖等基本概念。

6. 学会结合实例分析并确定函数依赖关系集以及码。

7. 初步了解多值依赖的特性以及其与函数依赖的区别。

8. 学会用实例解释规范化、1NF、2NF、3NF、BCNF、4NF的基本概念。

9. 会总结说明各范式之间的关系，判断具体实例的规范化程度。

10. 会用自己的语言解释逻辑蕴涵、闭包、函数依赖集等价、最小依赖集等基本概念。

11. 理解并总结函数依赖推理规则中的自反性、增广性、传递性、合并性、伪传递性、分解性、复合性等特性，并熟练应用到定理以及最小依赖集的推导过程中。

12. 理解并总结 Armstrong 公理系统的定理与推理含义和作用。

13. 尝试结合实例运用算法推导函数依赖集的闭包。

14. 尝试综合应用 Armstrong 公理系统，结合实例推导最小依赖集。

## 数据素养指标

1. 了解数据管理的历史发展过程。

2. 理解并使用合适的数据模型结构进行数据的描述与组织。

3. 了解结构化数据的数学描述，并将其应用到数据组织构建中。

4. 了解使数据便于使用的基本理念、管理方式与数据组织结构等。

## 本章导读

1. 问题的提出：关系模式五元组、第一范式、数据冗余、更新异常、插入异常、删除异常。

2. 范式的简史：范式发展的人物与事件、范式的种类、规范化理论的演进过程。

3. 函数依赖与多值依赖：规范化、函数依赖、完全函数依赖、部分函数依赖、传递函数依赖、候选码、超码、主码、可替换关键字、主属性、非主属性、全码、外码、多值依赖、平凡的多值依赖、非平凡的多值依赖；函数依赖关系集以及码的确定；多值依赖的特性；多值依赖与函数依赖的区别。

4. 范式：2NF、3NF、BCNF、4NF；各范式之间的关系。

5. 数据依赖的公理系统：逻辑蕴涵、闭包、函数依赖集等价、最小依赖集；函数依赖推理规则；Armstrong 公理系统中的定理与推理；函数依赖集闭包的推导算法；最小依赖集的推导步骤。

维基百科对于数据库规范化的定义：数据库规范化又称数据库或资料库的正规化、标准化，是数据库设计中的一系列原理和技术，以减少数据库中数据冗余，增进数据的一致性。

数据库范式是埃德加·弗兰克·科德（Edgar Frank Codd）设计出来的。在 20 世纪 70 年代初，他定义了第一范式（First Normal Form）、第二范式（Second Normal Form）和第三范式（Third Normal Form）。数据库范式可以理解成一系列的规范或者规则，为了实现数据库规范化的目标，我们需要按照这些范式的规则来设计与优化数据库。

# 1.1　问题的提出

我们知道关系模式（Relation schema）是指对关系的描述，其可以形式化地表示为一个五元组：$R(U, D, DOM, F)$。

$R$：关系名。

$U$：组成该关系的属性名集合。

$D$：$U$ 中属性所来自的域。

$DOM$：属性向域的映像集合。

$F$：属性间数据的依赖关系集合。

其中，$D$ 与 $DOM$ 与规范化理论的关系不大。因此，在本章中我们可以把关系模式简化为 $R(U, F)$ 的三元组。

下面，我们将通过一个例子来说明关系模式设计不规范时产生的问题。例如，生活管理（学生姓名，缴费项目，缴费金额，班级，辅导员）。

其语义（现实情况）：一个学生会有多个缴费项目需要缴费（如学费、水费、电费等），一个缴费项目会有多个学生缴交。每个学生缴交每个项目都会有一个缴费金额。一个班级有若干学生，而一个学生只属于某个班级。一个班级只有一个辅导员。

上述关系模式可以表示为一张二维表，如表 1－1 所示。

表 1－1　生活管理示例表

| 学生姓名 | 缴费项目 | 缴费金额 | 班级 | 辅导员 |
|---|---|---|---|---|
| 张三 | 水费 | 15 | 19 物联网 1 班 | 唐青山 |
| 张三 | 电费 | 26 | 19 物联网 1 班 | 唐青山 |
| 张三 | 学费 | 2 113 | 19 物联网 1 班 | 唐青山 |
| 李四 | 水费 | 12 | 19 物联网 1 班 | 唐青山 |
| 李四 | 电费 | 21 | 19 物联网 1 班 | 唐青山 |
| 李四 | 学费 | 2 113 | 19 物联网 1 班 | 唐青山 |
| 王五 | 水费 | 18 | 19 物联网 2 班 | 唐青山 |
| 王五 | 电费 | 35 | 19 物联网 2 班 | 唐青山 |
| 王五 | 学费 | 2 113 | 19 物联网 2 班 | 唐青山 |
| … | … | … | … | … |

一方面，我们知道作为一张二维表，关系要符合一个最基本的条件：每一个分量必须是不可分的数据项。满足了这个条件的关系模式就属于第一范式。例如，在上表中如果有"学生联系方式"属性，而"学生联系方式"又是"电话号码＋手机号码"的组合属性，它就不满足"分量必须是不可分的数据项"的条件，则该二维表就不满足第一范式。若把"学生联系方式"属性拆成"电话号码"与"手机号码"两个具有原子性的属性，则该二维表就满足第一范式。由此，上表满足第一范式。

另一方面，我们需要知道数据依赖是关系内部属性与属性之间的一种约束关系。这种约束关系是通过属性间值的相等与否体现出来的数据间相关联系。它是现实世界属性间相互联系的抽象，是数据内在的性质，是语义的体现。属性间的这种依赖关系类似于数学中的函数 $y = f(x)$，为自变量 $x$ 确定之后，相应的函数值 $y$ 也就唯一地确定了。上述关系模式的函数依赖可以表示为班级 $= f$（学生姓名），辅导员 $= f$（班级）等，即"学生姓名"函数确定"班级"，而"班级"函数确定"辅导员"，又可称"班级"函数确定"学生姓名"和"辅导员"函数确定"班级"，可记作学生姓名→班级，班级→辅导员。

由此，我们可以得到一组函数依赖集，如图 1－1 所示。

$F$｛学生姓名→班级，班级→辅导员，（学生姓名，缴费项目）→缴费金额｝。

但是，上述关系模式存在着一系列的问题，具体如下。

### 1. 数据冗余（Data Redundancy）

例如，每一个班级的班级名称重复出现，重复次数与该班级所有学生的姓名出现次数相同，如表 1－1 所示，就可认为是数据冗余。这将浪费大量的存储空间。

### 2. 更新异常（Update Anomalies）

由于数据冗余，当更新数据库中的数据时，系统要付出很大的代价来维护数据库的完整性，

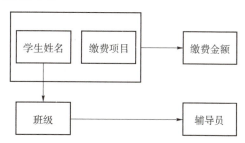

图 1－1　"生活管理"关系模式中的
函数依赖关系

否则会面临数据不一致的危险。例如，某班级更换辅导员后，必须修改与该班级有关的每一个元组。

### 3. 插入异常（Insertion Anomalies）

如果一个班级刚成立，尚无学生，则无法把这个班级及其辅导员的信息存入数据库。

### 4. 删除异常（Deletion Anomalies）

如果某个班级的学生全部毕业了，则在删除该班学生缴费信息的同时，这个班级及其辅导员的信息也丢掉了。

会发生上述问题，是因为这个模式中的函数依赖存在某些不好的性质。这正是规范化理论需要讨论的问题。假如把这个单一的模式进行改造，分成3个关系模式，那么就可以在一定程度上减少产生插入异常、删除异常、更新异常以及数据冗余的情况，具体如下：

（1）*SC*｛学生姓名，班级，学生姓名→班级｝。

（2）*CI*｛辅导员，班级，班级→辅导员｝。

（3）*SP*｛学生姓名，缴费项目，（学生姓名，缴费项目）→缴费金额｝。

# 1.2　范式的简史

范式的英文名称是 Normal Form（简称 NF）。在 Edgar Frank Codd 定义关系模型时，就已注意到修改异常的问题。因此，在他的第二篇论文（*Proceedings of* 1971 *ACM——SIGFIDET Workshop on Data Description*）中定义了第一范式、第二范式和第三范式，通常表示为 1NF、2NF、3NF。他注意到，第一范式的表存在修改异常的问题，通过施加某些特定的条件可以消除这些异常，满足这些条件的关系是第二范式。他还注意到，满足第二范式的关系仍然存在一些异常，因而他定义了第三范式，第三范式由一些能消除更多异常的条件组成。后来，研究人员发现仍然存在其他形式的异常。1974 年，Edgar Frank Codd 与 Boyce 共同定义了巴斯－科德范式（Boyce－Codd Normal Form，BCNF）。

如果定义了这些范式，那么就可得到满足 BCNF 的关系一定是 3NF，而 3NF 关系一定是 2NF，2NF 关系一定是 1NF。因此，如果让一个关系满足了 BCNF，那么这个关系也就自动满足了后面这些范式。从 2NF 到 BCNF 主要考虑函数依赖所引起的异常，后来又发现了其他的异常源，于是出现了第四范式（4NF）和第五范式（5NF）的定义。随着研究者对修改异常的消除，范式理论进一步向前发展，每一种新的范式都是前一种范式的改进。

1977 年，罗纳德·费金（Ronald Fagin）提出了第四范式，以消除多值依赖造成的异常情况。1979 年，Ronald Fagin 在会议论文（*Normal Forms and Relational Database Operators*）中首次提出了第五范式，以解决候选键隐含的每个非平凡的连接依赖关系造成的异常问题。1982 年，Ronald Fagin 发表了一篇论文（*A Normal Form for Relational Databases that Is Based on Domains and Keys*），与寻找其他范式的方法相反，Ronald Fagin 提出了"什么样的条件才能使关系没有异常"的问题。文中，他定义了域关键字范式（Domain Key Normal Form，DKNF），证明了处于域关键字范式的关系没有修改异常，且没有修改异常的关系是域关键字范式的结论。

　　综上所述，范式理论可以大致划分为 3 种类型，如表 1 - 2 所示。其中，我们主要需要了解的是函数依赖引出的 1NF、2NF、3NF、BCNF，它们在数据库设计过程中具有广泛的应用。一般情况下，数据库的设计都会遵循 3NF，甚至 BCNF、4NF。而 5NF、DKNF 是生僻的，其研究的问题与特定的、不常见的甚至是奇怪的数据约束有关，因而我们将不对它们进行讨论。

表 1 - 2　范式的种类

| 异常源 | 范式 | 设计原则 |
| --- | --- | --- |
| 函数依赖 | 1NF、2NF、3NF、BCNF | BCNF：将表设计成表上的每个决定因素都是候选关键字 |
| 多值依赖 | 4NF | 4NF：将每个多值依赖都放置在它自己的表中 |
| 数据完整性和奇特关系 | 5NF、DKNF | DKNF：使每条约束对于候选关键字和域都是逻辑有序的 |

　　规范化理论的演进过程如图 1 - 2 所示，该图展示了各范式提出的时间以及解决的问题。注意：UNF、EKNF 与 ETNF 不是范式。

| | UNF (1970) | 1NF (1971) | 2NF (1971) | 3NF (1971) | EKNF (1982) | BCNF (1974) | 4NF (1977) | ETNF (2012) | 5NF (1979) | DKNF (1981) | 6NF (2003) |
| --- | --- | --- | --- | --- | --- | --- | --- | --- | --- | --- | --- |
| 主键（无重复元组） | | | | | | | | | | | |
| 没有重复组 | | | | | | | | | | | |
| 字段原子性（元组只有一个值） | | | | | | | | | | | |
| 没有部分函数依赖（值依赖于每个主键这一整体） | | | | | | | | | | | |
| 没有传递函数依赖（值仅依赖于候选键） | | | | | | | | | | | |
| 每个非平凡的函数依赖涉及一个超键或者主键的子键 | | | | | | | | | | | 不适用 |
| 没有函数依赖造成的冗余 | | | | | | | | | | | 不适用 |
| 每个非平凡的多值依赖都有一个超键 | | | | | | | | | | | 不适用 |
| 超键是每个显式连接依赖的一部分 | | | | | | | | | | | 不适用 |
| 候选键隐含了每个非平凡的连接依赖关系 | | | | | | | | | | | 不适用 |
| 每个约束都是域约束和键约束的结果 | | | | | | | | | | | 不适用 |
| 每个连接依赖都是平凡的 | | | | | | | | | | | |

图 1 - 2　规范化理论的演进过程

# 1.3　函数依赖与多值依赖

　　本章 1.1 节中已经提到数据依赖是数据之间的相互制约关系，是一种语义体现。在数据库中最重要的数据依赖主要有两种：函数依赖（Functional Dependency，FD）与多值依赖（Multi - Valued Dependency，MVD）。下面我们将针对这两种数据依赖进行说明。

## 1.3.1　函数依赖

**定义 1.1**　设关系 $R(U)$ 是属性集 $U$ 上的关系模式，$X$、$Y$ 是 $U$ 的子集。若对于关系 $R(U)$ 的任意一个可能的关系 $r$，$r$ 中不可能存在两个元组在 $X$ 上的属性值相等，而在 $Y$ 上的属性值不等，则称 $X$ 函数确定 $Y$ 或 $Y$ 函数依赖于 $X$，记作 $X{\rightarrow}Y$。

函数依赖和其他数据依赖一样是语义范畴的概念，只能根据语义来确定一个函数依赖。例如，"学生姓名→班级"这个函数依赖只有在该班级中没有同名人的条件下成立。如果允许有同名人，则班级就不再函数依赖于学生姓名了。

设计者也可以对现实世界作强制性规定，如规定不允许同名人出现，因而使"学生姓名→班级"函数依赖成立。这样当插入某个元组时，这个元组上的属性值必须满足规定的函数依赖，若发现有同名人存在，则拒绝插入该元组。

需要注意的是，函数依赖不是指关系模式 $R$ 的某个或某些关系满足的约束条件，而是指 $R$ 的一切关系均要满足的约束条件。

下面介绍一些术语和记号。

（1）$X{\rightarrow}Y$，但 $X\nsubseteq Y$，则称 $X{\rightarrow}Y$ 是非平凡的函数依赖。

（2）$X{\rightarrow}Y$，但 $X\subseteq Y$，则称 $X{\rightarrow}Y$ 是平凡的函数依赖。对于任一关系模式，平凡的函数依赖必然成立，它不反映新的语义。若不特别声明，则总是讨论非平凡的函数依赖。

（3）若 $X{\rightarrow}Y$，则称 $X$ 为这个函数依赖的决定属性组，也称决定因素（Determinant）。

（4）若 $X{\rightarrow}Y$，$Y{\rightarrow}X$，则记作 $X{\longleftrightarrow}Y$。

（5）若 $Y$ 不函数依赖于 $X$，则记作 $X\nrightarrow Y$。

**定义 1.2**　在关系 $R(U)$ 中，如果 $X{\rightarrow}Y$，并且对于 $X$ 的任何一个真子集 $X'$，都有 $X'\nrightarrow Y$，则称 $Y$ 对 $X$ 完全函数依赖，记作 $X\xrightarrow{F}Y$。

若 $X{\rightarrow}Y$，但 $Y$ 不完全函数依赖于 $X$，则称 $Y$ 对 $X$ 部分函数依赖（Partial Functional Dependency），记作 $X\xrightarrow{P}Y$。例如：

（1）（学生姓名，缴费项目）$\xrightarrow{F}$缴费金额是完全函数依赖，因为学生姓名→缴费金额并且缴费项目→缴费金额，即（学生姓名，缴费项目）中的任何一个真子集都不能确定缴费金额。

（2）（学生姓名，缴费项目）$\xrightarrow{P}$班级是部分函数依赖，因为学生姓名→班级是成立的，而学生姓名是（学生姓名，缴费项目）的真子集。

**定义 1.3**　在关系 $R(U)$ 中，如果 $X{\rightarrow}Y$（$Y\nsubseteq X$），$Y\nrightarrow X$，$Y{\rightarrow}Z$，$Z\nsubseteq Y$，则称 $Z$ 对 $X$ 传递函数依赖（Transitive Functional Dependency），记为 $X\xrightarrow{传递}Z$。

例如，学生姓名→班级，班级→辅导员成立，所以学生姓名→辅导员。

这里加上条件 $Y\nrightarrow X$，是因为如果 $Y{\rightarrow}X$，则 $X{\longleftrightarrow}Y$，实际上是 $X\xrightarrow{直接}Z$，即是直接函数依赖而不是传递函数依赖。

## 1.3.2　函数依赖的确定与码

### 1. 函数依赖的确定

我们可以根据关系中的数值来确定函数依赖集。假设有实例关系 $R(A,B,C,D,E)$，其关系的取值以及这些属性之间的函数依赖（FD1～FD5）如图1-3所示。注：设表中的数值是该关系中$A$、$B$、$C$、$D$、$E$属性的所有可能值。上述的注是后续确定码（Key）的前提条件，大家在学习时需要注意。

| $A$ | $B$ | $C$ | $D$ | $E$ |
|-----|-----|-----|-----|-----|
| $a_1$ | $b_1$ | $c_1$ | $d_1$ | $e_1$ |
| $a_2$ | $b_1$ | $c_2$ | $d_1$ | $e_2$ |
| $a_1$ | $b_2$ | $c_1$ | $d_1$ | $e_3$ |
| $a_2$ | $b_2$ | $c_2$ | $d_1$ | $e_1$ |
| $a_1$ | $b_3$ | $c_1$ | $d_2$ | $e_3$ |
| $a_2$ | $b_3$ | $c_2$ | $d_2$ | $e_3$ |

图1-3 实例关系$R$及其函数依赖

当属性$A$的取值为$a_1$时，属性$C$的取值为$c_1$，当属性$A$的取值为$a_2$时，属性$C$的取值为$c_2$。因此可以得出结论：在属性$A$和$C$之间存在一对一（1：1）的联系。也就是说，属性$A$函数确定属性$C$，该函数依赖被标记为函数依赖1（FD1）。更进一步地说，属性$C$的取值变化总是与属性$A$的取值变化一致。

我们还可以总结出属性$C$和$A$之间也具有一对一（1：1）的联系。也就是说，属性$C$函数确定属性$A$，该函数依赖被标记为函数依赖2（FD2）。

如果考虑属性$B$，则可以看到当属性$B$的取值为$b_1$或者$b_2$时，属性$D$的取值均为$d_1$，属性$B$的取值为$b_3$时，属性$D$的取值为$d_2$。因此，可以断定属性$B$和属性$D$之间具有一对一（1：1）的联系，即属性$B$函数确定属性$D$，该函数依赖被标记为函数依赖3（FD3）。但是，属性$D$不能函数确定属性$B$，因为当属性$D$的取值都为同一个值，如$d_1$时，并不仅仅只对应着属性$B$的一个值。也就是说，当属性$D$的取值为$d_1$时，属性$B$的取值或者为$b_1$或者为$b_2$。因此，在属性$D$和属性$B$之间存在着一对多的联系。

最后一个要考虑的属性是$E$。我们发现这一属性和其他所有属性的取值的变化情况都不一致，即属性$E$不能函数确定属性$A$、$B$、$C$或者$D$。

现在考虑组合属性和其他属性值的变化是否一致，可以推断出的是，当属性$A$和属性$B$的组合值相同时，属性$E$的取值也都相同。例如，若属性$A$和属性$B$的取值为$(a_1, b_1)$时，则属性$E$的取值为$e_1$。也就是说，属性$(A, B)$函数确定属性$E$，该函数依赖被标记为函数依赖4（FD4）。反之不然，因为我们前面已经说过属性$E$不能函数确定关系的任何一个属性。

同理可分析出，属性$(B, C)$函数确定属性$E$，该函数依赖被标记为函数依赖5（FD5）。

通过对剩余的所有可能的组合进行分析，就完成了对图1-3所示关系的函数依赖的分析。

**2. 码**

码是关系模式中的一个重要概念，我们可以用函数依赖的概念来定义码。

**定义1.4** 设$K$为$R(U, F)$中的属性或属性组合，若$K \xrightarrow{F} U$，则$K$为$R$的候选码

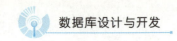

（Candidate Key）。

注意，$U$ 是完全函数依赖于 $K$，而不是部分函数依赖于 $K$。如果 $U$ 部分函数依赖于 $K$，即 $K \xrightarrow{\quad P \quad} U$，则 $K$ 称为超码（Surper Key）。候选码是最小的超码，即 $K$ 的任意一个真子集都不是候选码。

若候选码多于一个，则选定其中的一个为主码（Primary Key）。未被选作主码的候选码称为可替换关键字（Alternate Keys）。

包含在任何一个候选码中的属性称为主属性（Prime Attribute），不包含在任何一个候选码中的属性称为非主属性（Nonprime Attribute）或非码属性（Non‐key Attribute）。最简单的情况，单个属性是码；最极端的情况，整个属性组是码，称为全码（All Key）。

图 1‐3 中我们已经确定了实例关系 $R$ 的 5 个函数依赖。为了确定关系的候选码，现在我们来分析每一个函数依赖的决定因素（即位于函数依赖箭头左边的属性或属性组）。适合成为候选码的决定因素一定要能够完全函数确定关系中的所有其他属性。实例关系 $R$ 的决定因素有 $A$、$B$、$C$、$(A,B)$ 和 $(B,C)$。但是，只有决定因素 $(A,B)$ 和 $(B,C)$ 能完全函数确定实例关系 $R$ 中的所有其他属性。因为关系候选码的一个基本的性质就是无论考虑决定因素的一个单独属性还是属性的组合，它们一定要能够完全函数确定关系中的所有其他属性才行。

查看 $(A,B)$ 的情形可得：$A$ 完全函数确定 $C$，$B$ 完全函数确定 $D$，$(A,B)$ 完全函数确定 $E$。换句话说，构成决定因素 $(A,B)$ 的属性能够完全函数确定关系中的所有其他属性。需要注意的是，只有 $A$、$B$ 一起才能够确定函数确定关系中的所有属性，而 $A$ 虽然能完全函数确定 $C$，但是 $A$ 不能完全函数确定 $B$ 或 $E$。同理，$B$ 也不行。

同样，实例关系 $R$ 中的决定因素 $(B,C)$ 也可以是候选码。

其他的决定因素（单独的 $A$、$B$ 或者 $C$）都不具备这个性质，因为它们分别只能函数确定关系中的一个其他的属性。因此，在实例关系 $R$ 中有两个候选码，即 $(A,B)$ 和 $(B,C)$。我们可以任选一个作为实例关系 $R$ 的主码。

**定义 1.5** 关系模式 $R$ 中属性或属性组 $X$ 并非 $R$ 的码，但 $X$ 是另一个关系模式 $S$ 的码，则称 $X$ 是 $R$ 的外部码（Foreign Key），也称外码。

例如，关系 $SC$（学号，缴费项目号，缴费金额）中的学号就是外码。因为学号不是关系 $SC$ 的主码，其主码是（学号，缴费项目号），而学号又是关系 $S$（学号，学生姓名，年龄）中的主码。主码与外码提供了一个表示关系间联系的手段。

### 1.3.3 多值依赖

多值依赖常见的情况是一个字段，其中包含以逗号分隔的列表或一些类型的集合。集合可以是相同类型值的数组，这些多值作为整体依赖于主码。

例如，有关系模式 $XYZ$（产品（$X$），代理商（$Y$），工厂（$Z$））。假设每个产品由一组代理商负责销售，它们可由相同的若干家工厂负责生产。每个代理商可以代理多个产品，每家工厂可以生产多个产品。可以用一个非规范化的关系模式来表示产品（$X$）、代理商（$Y$）、工厂（$Z$）之间的关系，如表 1‐3 所示。

表 1-3 非规范化的关系模式 *XYZ*

| 产品（X） | 代理商（Y） | 工厂（Z） |
|---|---|---|
| 轿车 | $\left\{\begin{array}{l}A_1 \text{ 销售有限公司}\\A_2 \text{ 经销公司}\end{array}\right\}$ | $\left\{\begin{array}{l}B_1 \text{ 汽车厂}\\B_2 \text{ 汽车厂}\\B_3 \text{ 汽车厂}\end{array}\right\}$ |
| 商务车 | $\left\{\begin{array}{l}A_1 \text{ 销售有限公司}\\A_3 \text{ 服务有限公司}\end{array}\right\}$ | $\left\{\begin{array}{l}B_3 \text{ 汽车厂}\\B_4 \text{ 汽车厂}\\B_5 \text{ 汽车厂}\end{array}\right\}$ |
| 公交车 | $\left\{\begin{array}{l}A_3 \text{ 服务有限公司}\\A_4 \text{ 经销公司}\end{array}\right\}$ | $\left\{\begin{array}{l}B_3 \text{ 汽车厂}\\\cdots\\\cdots\end{array}\right\}$ |

把表 1-3 转化成规范化的二维表，如表 1-4 所示。

表 1-4 规范化的关系模式 *XYZ*

| 产品（X） | 代理商（Y） | 工厂（Z） |
|---|---|---|
| 轿车 | $A_1$ 销售有限公司 | $B_1$ 汽车厂 |
| 轿车 | $A_1$ 销售有限公司 | $B_2$ 汽车厂 |
| 轿车 | $A_1$ 销售有限公司 | $B_3$ 汽车厂 |
| 轿车 | $A_2$ 经销公司 | $B_1$ 汽车厂 |
| 轿车 | $A_2$ 经销公司 | $B_2$ 汽车厂 |
| 轿车 | $A_2$ 经销公司 | $B_3$ 汽车厂 |
| 商务车 | $A_1$ 销售有限公司 | $B_3$ 汽车厂 |
| 商务车 | $A_1$ 销售有限公司 | $B_4$ 汽车厂 |
| 商务车 | $A_1$ 销售有限公司 | $B_5$ 汽车厂 |
| 商务车 | $A_3$ 服务有限公司 | $B_3$ 汽车厂 |
| 商务车 | $A_3$ 服务有限公司 | $B_4$ 汽车厂 |
| 商务车 | $A_3$ 服务有限公司 | $B_5$ 汽车厂 |
| 公交车 | $A_3$ 服务有限公司 | $B_3$ 汽车厂 |
| ... | ... | ... |

由上表我们可以注意到，当某一产品（如轿车）要增加一个代理商时（如 $A_5$ 经销商），必须插入多个（这里是 3 个）元组：（轿车，$A_5$ 经销商，$B_1$ 汽车厂），（轿车，$A_5$ 经销商，$B_2$ 汽车厂），（轿车，$A_5$ 经销商，$B_3$ 汽车厂）。同样，当某一产品（如轿车）要去掉一家工厂时（如 $B_1$ 汽车厂），必须删除多个（这里是两个）元组：（轿车，$A_1$ 销售有限公司，$B_1$ 汽车厂），（轿车，$A_2$ 经销公司，$B_1$ 汽车厂）。因而对数据的增删改很不方便，数据的冗余也十分明显。

上述关系模式会造成异常情况的出现，是因为存在着多值依赖。

**定义 1.6** 设关系模式 $R(U)$ 是属性集 $U$ 上的一个关系模式，$X$、$Y$、$Z$ 是 $U$ 的子集，

并且 $Z = U - X - Y$，关系模式 $R(U)$ 中多值依赖 $X \to\to Y$ 成立，当且仅当对于任一关系 $r$，给定的一对 $(x, z)$ 值，有一组 $Y$ 的值，这组值仅仅决定于 $x$ 值而与 $z$ 值无关。

例如，在关系模式 $XYZ$ 中，对于一个（轿车，$B_1$ 汽车厂）有一组 $Y$ 值 $\{A_1$ 销售有限公司，$A_2$ 经销公司$\}$，这组值仅仅决定于产品 $X$ 上的值（轿车）。也就是说，对于另一个（轿车，$B_2$ 汽车厂），它对应的一组 $Y$ 值仍是 $\{A_1$ 销售有限公司，$A_2$ 经销公司$\}$，尽管这时工厂 $Z$ 的值已经改变了。因此，$Y$ 多值依赖于 $X$，即 $X \to\to Y$。

对于多值依赖的另一个等价的形式化的定义：在关系模式 $R(U)$ 的任一关系 $r$ 中，如果存在元组 $t$、$s$ 使 $t[X] = s[X]$，那么就必然存在元组 $w$、$v \in r(w, v$ 可以与 $s$、$t$ 相同），使 $w[X] = v[X] = t[X]$，而 $w[Y] = t[Y]$，$w[Z] = s[Z]$，$v[Y] = s[Y]$，$v[Z] = t[Z]$（即交换 $s$、$t$ 元组的 $Y$ 值，所得的两个新元组必在 $r$ 中）。因此，$Y$ 多值依赖于 $X$，记为 $X \to\to Y$。这里，$X$、$Y$ 是 $U$ 的子集，并且 $Z = U - X - Y$。

若 $X \to\to Y$，而 $Z = \varnothing$，即 $Z$ 为空，则称 $X \to\to Y$ 为平凡的多值依赖；反之则为非平凡的多值依赖。例如，对于 $R(X, Y)$，如果有 $X \to\to Y$ 成立，则 $X \to\to Y$ 为平凡的多值依赖。说明：一般我们讨论的是非平凡的多值依赖情况。

多值依赖具有以下性质。

（1）对称性：若 $X \to\to Y$，则 $X \to\to Z$，其中 $Z = U - X - Y$。

（2）传递性：若 $X \to\to Y$，$X \to\to Z$，则 $X \to\to Z - Y$。

（3）函数依赖可以看作是多值依赖的特殊情况，即若 $X \to Y$，则 $X \to\to Y$。这是因为当 $X \to Y$ 时，对 $X$ 的每一个值 $x$，$Y$ 有一个确定的值 $y$ 与之对应，所以 $X \to\to Y$。

（4）并规则：若 $X \to\to Y$，$X \to\to Z$，则 $X \to\to YZ$（即 $Y \cup Z$）。

（5）交规则：若 $X \to\to Y$，$X \to\to Z$，则 $X \to\to Y \cap Z$。

（6）分解规则：若 $X \to\to Y$，$X \to\to Z$，则 $X \to\to Y - Z$，$X \to\to Z - Y$。

多值依赖与函数依赖相比，具有以下两个基本的区别。

（1）多值依赖的有效性与属性集的范围有关。若 $X \to\to Y$ 在 $U$ 上成立，则在 $W(XY \subseteq W \subseteq U)$ 上一定成立；反之则不然，即 $X \to\to Y$ 在 $W(X \subset U)$ 上成立，在 $U$ 上并不一定成立。这是因为多值依赖的定义中不仅涉及属性组 $X$ 和 $Y$，而且涉及 $U$ 中的其余属性 $Z$。

一般地，在关系模式 $R(U)$ 中若有 $X \to\to Y$ 在 $W(W \subset U)$ 上成立，则称 $X \to\to Y$ 为 $R(U)$ 的嵌入型多值依赖。

但是在关系模式 $R(U)$ 中，函数依赖 $X \to Y$ 的有效性仅决定于 $X$、$Y$ 这两个属性集的值。只要在 $R(U)$ 的任何一个关系 $r$ 中，元组在 $X$ 和 $Y$ 上的值满足定义 1.6，则函数依赖 $X \to Y$ 在任何属性集 $W(XY \subseteq W \subseteq U)$ 上成立。

（2）若函数依赖 $X \to Y$ 在 $R(U)$ 上成立，则对于任何 $Y' \subset Y$，均有 $X \to Y'$ 成立。而多值依赖 $X \to\to Y$ 若在 $R(U)$ 上成立，则不能断言对于任何 $Y' \subset Y$，均有 $X \to\to Y'$ 成立。

# 1.4 范式

在 1.1 节中我们已经知道了 1NF 的定义。所谓"第几范式"原本是表示关系的某一种级别，所以常称某一关系模式 $R$ 为第几范式。现在则把范式这个概念理解成符合某一种级别的关系模式的集合，即 $R$ 为第几范式就可以写成 $R \in x\mathrm{NF}$。

对于各种范式之间的关系有 $5\mathrm{NF} \subset 4\mathrm{NF} \subset \mathrm{BCNF} \subset 3\mathrm{NF} \subset 2\mathrm{NF} \subset 1\mathrm{NF}$ 成立，如图 1-4 所示。

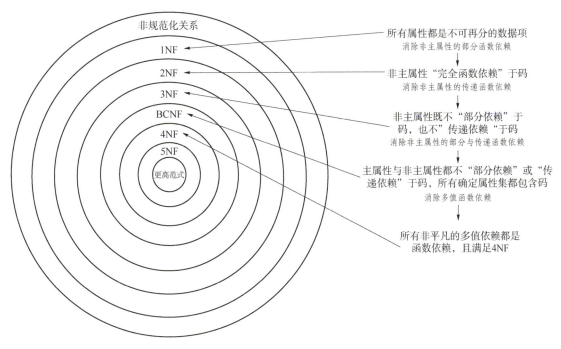

图 1-4　范式之间的关系

一个低一级范式的关系模式通过模式分解（Schema Decomposition）可以转换为若干个高一级范式的关系模式的集合，这种过程称为规范化（Normalization）。随着规范化的进行，关系的个数会逐渐增多，关系的形式也逐渐受限（结构越来越好），也就越来越不容易出现更新异常。但是，我们应该认识到在建立关系时只有满足 1NF 的需求是必需的，后面的其他范式都是可选的，这一点很重要。在任何一个关系数据库中，1NF 是对关系模式的基本要求，不满足 1NF 的数据库就不是关系数据库。

但是为了避免出现更新异常的情况，通常建议将规范化至少进行到 3NF。3NF 以上的应用程序由于产生过多的关系（二维表），会使结构化查询语言（Structured Query Language, SQL）连接时使用过多表，从而导致性能低下，这对于使用者来说是比较严重的问题。

## 1.4.1　2NF

**定义 1.7**　若 $R \in 1\mathrm{NF}$，且每一个非主属性完全函数依赖于任何一个候选码，则 $R \in 2\mathrm{NF}$。

以 1.1 节中的关系模式：生活管理（学生姓名，缴费项目，缴费金额，班级，辅导员）为例。其函数依赖关系如图 1-5 所示，而该模式存在着各类异常情况。

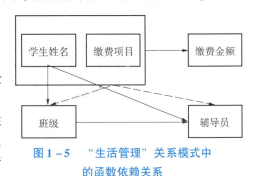

图 1-5　"生活管理"关系模式中的函数依赖关系

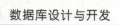

其函数依赖关系如下。

（学生姓名，缴费项目）$\xrightarrow{F}$ 缴费金额。

学生姓名→班级，（学生姓名，缴费项目）$\xrightarrow{P}$ 班级。

学生姓名→辅导员，（学生姓名，缴费项目）$\xrightarrow{P}$ 辅导员。

班级→辅导员。

分析上面的例子可以发现问题在于有两类非主属性，一类如缴费金额，它对码是完全函数依赖；另一类如班级、辅导员，它们对码是部分函数依赖。解决的办法是，用投影分解把关系模式"生活管理"分解为两个关系模式：$SP$（学生姓名，缴费项目，缴费金额）与 $SCI$（学生姓名，班级，辅导员）。关系模式 $SP$ 与 $SCI$ 中属性间的函数依赖关系如图1-6、图1-7所示。

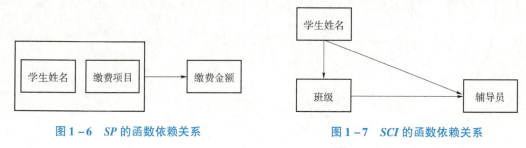

图1-6　$SP$ 的函数依赖关系　　　　　图1-7　$SCI$ 的函数依赖关系

关系模式 $SP$ 的码为（学生姓名，缴费项目），关系模式 $SCI$ 的码为学生姓名，这样就使非主属性对码都是完全函数依赖了。这两个关系模式的非主属性都消除了部分函数依赖，且这两个关系模式满足2NF，可以在一定程度上消除部分异常情况。

### 1.4.2　3NF

**定义1.8**　设关系模式 $R(U,F) \in 1NF$，若 $R$ 中不存在这样的码 $X$，属性组 $Y$ 及非主属性 $Z(Z \nsupseteq Y)$ 使 $X \rightarrow Y$，$Y \rightarrow Z$ 成立，$Y \nrightarrow X$，则称 $R(U,F) \in 3NF$。

由定义1.8可以证明，若 $R \in 3NF$，则每一个非主属性既不传递依赖于码，也不部分依赖于码。也就是说，可以证明如果 $R \in 3NF$，则必有 $R \in 2NF$。

在图1-6中，关系模式 $SP$ 没有传递依赖，而图1-7中的关系模式 $SCI$ 存在非主属性对码的传递依赖。在关系模式 $SCI$ 中，由学生姓名→班级（班级 $\nrightarrow$ 学生姓名），班级→辅导员，可得学生姓名 $\xrightarrow{传递}$ 辅导员。因此，$SP \in 3NF$，而 $SCI \notin 3NF$。

一个关系模式 $R$ 若不属于3NF，则会产生与上一小节中相类似的异常情况。解决的办法同样是将 $SCI$ 分解为 $SC$（学生姓名，班级）和 $CI$（班级，辅导员）。分解后的关系模式 $SC$ 与 $CI$ 中不再存在传递依赖，可以进一步消除部分异常情况。

### 1.4.3　BCNF

BCNF比上述的3NF又进了一步，通常认为BCNF是修正的第三范式，有时也称扩充的第三范式。

**定义 1.9** 关系模式 $R(U,F) \in 1NF$，若 $X \to Y$ 且 $Y \nsubseteq X$ 时 $X$ 必含有码，则 $R(U,F) \in BCNF$。

也就是说，关系模式 $R(U,F)$ 中，若每一个决定因素都包含码，则 $R(U,F) \in BCNF$。由 BCNF 的定义可得，一个满足 BCNF 的关系模式有以下结论。

（1）所有非主属性对每一个码都是完全函数依赖。

（2）所有主属性对每一个不包含它的码也是完全函数依赖。

（3）没有任何属性完全函数依赖于非码的任何一组属性。

由于 $R \in BCNF$，按定义排除了任何属性对码的传递依赖与部分依赖，所以 $R \in 3NF$。但是若 $R \in 3NF$，则 $R$ 未必属于 BCNF。

例如，有关系模式库存（仓库号，管理员号，存储物品号，数量），主键为（仓库号，管理员号，商品号），其语义为一个管理员只能在一个仓库工作，每个仓库可以有若干个管理员，当某个物品存放在某个仓库时，只能由一个管理员负责。因此，其存在如下函数依赖。

（仓库号，存储物品号）→管理员号，（仓库号，存储物品号）→数量。

（管理员号，存储物品号）→仓库号，（管理员号，存储物品号）→数量。

因此，（仓库号，存储物品号）和（管理员号，存储物品号）都是"仓库"关系模式的候选码，表中唯一非关键字段为数量，关系模式库存是符合 3NF 的，因为没有任何非主属性对码传递依赖或部分依赖。但是，由于存在如下函数依赖关系：管理员号→仓库号。因此，该关系模式中的函数依赖关系如图 1-8 所示。

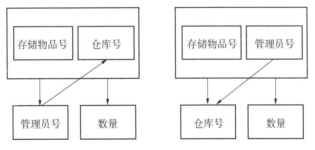

图 1-8 "库存"关系模式中的函数依赖关系

但"仓库"关系模式不符合 BCNF，因为管理员号是决定因素，而管理员号不包含码。因此，其不符合 BCNF。若删除某一个仓库，则仓库管理员也被删除，同样存在着更新异常的问题。由此，我们可以把"仓库"关系模式分解为两个模式：仓库管理（仓库号，管理员号）和库存（仓库号，存储物品号，数量）。这样这个数据库表是符合 BCNF 的，并消除了删除异常、插入异常和更新异常。

3NF 和 BCNF 是在函数依赖的条件下对模式分解所能达到的分离程度的测度。一个模式中的关系模式如果都属于 BCNF，那么在函数依赖范畴内它已实现了彻底的分离，已消除了插入异常和删除异常。

### 1.4.4 4NF

**定义 1.10** 关系模式 $R(U,F) \in 1NF$，如果对于 $R$ 的每一个非平凡的多值依赖 $X \to\to Y$（$Y \nsubseteq X$），$X$ 都含有码，则称 $R(U,F) \in 4NF$。

4NF 就是限制关系模式的属性之间不允许有非平凡且非函数依赖的多值依赖。因为根据定义 1.10，对于每一个非平凡的多值依赖 $X \rightarrow\rightarrow Y$，$X$ 都含有候选码，有 $X \rightarrow Y$，所以 4NF 所允许的非平凡的多值依赖实际上是函数依赖。

显然，如果一个关系模式是 4NF，则其也必为 BCNF。

在 1.3.3 小节中，关系模式 $XYZ$(产品($X$)，代理商($Y$)，工厂($Z$)) 中就存在着非平凡的多值依赖：产品 $\rightarrow\rightarrow$ 代理商，产品 $\rightarrow\rightarrow$ 工厂。而该模式的码是（产品，代理商，工厂），因为产品不是码，该模式的码是全码，故 $XYZ \in$ BCNF，但 $XYZ \notin$ 4NF。

我们同样可以用投影分解的方法消去非平凡且非函数依赖的多值依赖。例如，可以把 $XYZ$ 分解为 $XY$(产品($X$)，代理商($Y$))，$XZ$(产品($X$)，工厂($Z$))。在 $XY$ 中虽然有产品 $\rightarrow\rightarrow$ 代理商，但这是平凡的多值依赖。$XY$ 中已不存在非平凡且非函数依赖的多值依赖，所以 $XY \in$ 4NF，同理 $XZ \in$ 4NF。

函数依赖和多值依赖是两种最重要的数据依赖。如果只考虑函数依赖，则属于 BCNF 的关系模式的规范化程度已经是最高的了；如果考虑多值依赖，则属于 4NF 的关系模式的规范化程度是最高的。事实上，数据依赖中除函数依赖和多值依赖之外，还有其他数据依赖，如连接依赖。函数依赖是多值依赖的一种特殊情况，而多值依赖实际上又是连接依赖的一种特殊情况。但连接依赖不像函数依赖和多值依赖可由语义直接导出，而是在关系的连接运算时才反映出来。存在连接依赖的关系模式仍可能遇到数据冗余及插入异常、修改异常、删除异常等问题。如果消除了属于 4NF 的关系模式中存在的连接依赖，则可进一步达到 5NF 的关系模式。

数据依赖的公理系统

本章小结与思考题（1）

# 第2章

<<<<<<

# 数据库设计

## 学习目标

1. 了解并总结数据库设计的特点，尝试理解数据库设计特点对开发工作的指导意义。

2. 初步了解数据库设计过程需要的知识与技术，为制订开发工作方案打下基础。

3. 初步了解数据库设计生命周期的过程，学会总结各阶段工作的作用与内容。

4. 学会用自己的语言说明数据库设计各阶段对应模式的作用，理解数据库设计方案的初步方向。

5. 总结需求分析的任务要求，并由此了解提取数据需求的思路与难点。

6. 总结需求分析步骤的工作要点，学会将数据需求具体化的操作方法。

7. 理解并尝试结合实例进行组织结构图与业务流程图的绘制，学会全面收集原始数据以及准确描述。

8. 理解并尝试结合实例进行数据流程图与用例图的绘制，能清楚明确地划分数据范围。

9. 理解并尝试结合实例进行数据字典与用例描述，能用明确清晰的语言表达数据需求。

10. 会用自己的语言解释实体、强实体、弱实体、联系、主键、描述符、多值属性、导出属性、组合属性、泛化、聚合、基数约束、参与性等基本概念。

11. 了解并学会结合具体实例完成基本 E-R 模型与高级 E-R 模型相应图示的绘制。

12. 理解并总结 E-R 模型绘制过程中的相关步骤与操作准则。

13. 理解并尝试结合实例解决设计 E-R 方案的集成过程中可能出现的冲突问题。

14. 理解并尝试结合 E-R 图转换规则与主键处理规则解决实际问题。

15. 理解并总结数据模型的优化方法，尝试结合实例调整改进数据模型的设计方案。

16. 理解并总结用户外模式设计的内容，理解其提高数据使用性能与效率的意义。

17. 了解数据库系统的体系结构，学习并总结数据库物理设计的内容。

18. 了解数据库系统的体系结构，学习并总结关系模式的存取方法。

19. 学习并初步了解数据库存储结构确定的大致方向以及物理设计的评价标准。

20. 理解并总结数据库的实施和维护各阶段的工作内容，尝试制订具体操作方案。

## 数据素养指标

1. 能够认识到科研数据具有数据收集、分析、利用（包含重复利用）、共享、最终消亡等阶段（即生命周期）。
2. 能认识到数据对科研、生活等方面是具有重要意义的。
3. 能根据不同的需求（如个人需求或研究需求等）提取对数据的需求。
4. 能将数据需求明确化、细化与具体化。
5. 能使用明确的语言表达数据需求。
6. 能明确所需数据有哪些来源，准确划定所需数据的范围。
7. 能全面、准确地收集所需要的各类数据。
8. 能够了解数据管理系统的体系结构，为数据管理打下基础。
9. 能够结合实际情况采取合适的工具提高数据检索性能与效率。
10. 能根据具体实际情况，设计各类如数据收集、分析、管理等过程的具有操作性的方案。
11. 能有效结合现有资源，设计经济、可行的方案。
12. 能根据外界条件或者需求情况的变化，及时调整、改进操作方案。
13. 能对操作方案做整体的评价，并找到其优缺点。

## 本章导读

1. 数据库设计概述：数据库设计的特点；数据库设计方法；数据库设计的生命周期以及各阶段的工作内容；数据设计与处理设计的区别；数据库设计不同阶段的对应模式。
2. 需求分析：需求分析的任务要求；需求分析的工作步骤与具体内容；组织结构图、业务流程图、数据流程图、用例图的概念；需求分析的规则与各类图表的绘制；数据字典与用例描述的概念与文字说明。
3. 概念设计：实体、强实体、弱实体、联系、主键、描述符、多值属性、导出属性、组合属性、泛化、聚合、基数约束、参与性等概念以及图示；E－R 模型绘制实例；数据库存储结构的确定因素。
4. 逻辑设计：E－R 图的转换规则；转换过程中的主键处理规则；数据模型的优化规则；用户外模式的设计规则。
5. 物理设计：数据库物理设计的内容与方法；B＋树、哈希与聚簇索引存取方法的选择规则；数据库物理设计的评价思路。
6. 数据库的实施和维护：数据载入的操作实例；SQL 程序的编码规范；数据库试运行的工作内容；数据库运行和维护的工作内容。

数据库设计的内容会涉及各方面的知识与能力，如涉及行业的业务过程与需求，企业管理理论与实操知识，系统开发过程的具体知识与经验，数据抽象、整理、规则与设计等各方面的知识。本章将重点围绕数据库设计相关的知识进行讲解说明。

# 2.1 数据库设计概述

在数据库领域内，通常把使用数据库的各类信息系统都称为数据库应用系统。例如，以数据库为基础的各种管理信息系统、办公自动化系统、地理信息系统、电子政务系统、电子商务系统等。

数据库设计，广义地讲，是数据库及其应用系统的设计，即设计整个数据库应用系统；狭义地讲，是设计数据库本身，即设计数据库的各级模式并建立数据库，这是数据库应用系统设计的一部分。我们的重点是讲解狭义的数据库设计。当然，设计一个好的数据库与设计一个好的数据库应用系统是密不可分的，一个好的数据库结构是应用系统的基础，特别在实际的系统开发项目中两者更是密切相关、并行进行的。

下面给出数据库设计（Database Design）的一般定义：数据库设计是指对于一个给定的应用环境，构造（设计）优化的数据库逻辑模式和物理结构，并据此建立数据库及其应用系统，使之能够有效地存储和管理数据，满足各种用户的应用需求，包括信息管理要求和数据操作要求。

信息管理要求是指在数据库中应该存储和管理哪些数据对象；数据操作要求是指对数据对象需要进行哪些操作，如查询、增、删、改、统计等。

数据库设计的目标是为用户和各种应用系统提供一个信息基础设施和高效的运行环境。高效的运行环境指数据库数据的存取效率、数据库存储空间的利用率、数据库系统运行管理的效率等都是高效的。

## 2.1.1 数据库设计的特点

大型数据库的设计和开发是一项庞大的工程，涉及多学科的综合性技术。数据库建设是指数据库应用系统从设计、实施到运行与维护的全过程。数据库建设和一般的软件系统的设计、开发和运行与维护有许多相同之处，更有其自身的一些特点。

### 1. 数据库建设的基本规律

"三分技术，七分管理，十二分基础数据"是数据库设计的特点之一。

在数据库建设中不仅涉及技术，还涉及管理。要建设好一个数据库应用系统，开发技术固然重要，但是相比之下管理更加重要。这里的管理不仅包括数据库建设作为一个大型的工程项目本身的项目管理，还包括该企业（即应用部门）的业务管理。

企业的业务管理更加复杂，也更重要，对数据库结构的设计有直接影响。这是因为数据库结构（即数据库模式）是对企业中业务部门数据以及各业务部门之间数据联系的描述和抽象。业务部门数据以及各业务部门之间数据的联系是和各部门的职能、整个企业的管理模式密切相关的。

人们在数据库建设的长期实践中深刻认识到，一个企业数据库建设的过程是企业管理模式的改革和提高的过程。只有把企业的管理创新做好，才能实现技术创新并建设好一个数据库应用系统。

"十二分基础数据"则强调了数据的收集、整理、组织和不断更新是数据库建设中的重要环节。人们往往忽视基础数据在数据库建设中的地位和作用。基础数据的收集、入库是数据库建立初期工作量最大、最烦琐、最细致的工作。在以后数据库的运行过程中更需要不断地把新数据加入数据库,把历史数据加入数据仓库,以便进行分析挖掘,改进业务管理,提高企业竞争力。

### 2. 结构(数据)设计和行为(处理)设计相结合

数据库设计应该和应用系统设计相结合。也就是说,整个设计过程中要把数据库结构设计和对数据的处理设计密切结合起来。这也是数据库设计的特点之一。

在早期的数据库应用系统开发过程中,常常把数据库设计和应用系统设计分离开来,如图 2-1 所示。

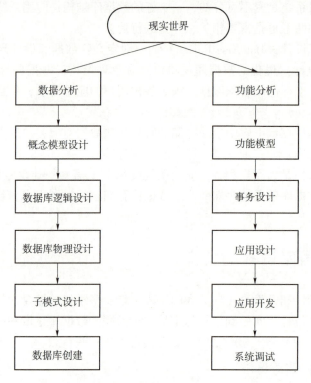

图 2-1 结构与行为设计

由于数据库设计有其专门的技术和理论,因此需要单独来讲解数据库设计。但这并不等于数据库设计和在数据库之上开发应用系统是相互分离的,相反,必须强调设计过程中数据库设计和应用系统设计的密切结合,并把它作为数据库设计的重要特点。

传统的软件工程忽视对应用中数据语义的分析和抽象。例如,结构化设计(Structure Design, SD)方法和逐步求精的方法着重处理过程的特性,只要有可能就尽量推迟数据结构设计的决策,这种方法对于数据库应用系统的设计显然是不妥的。

早期的数据库设计致力于数据模型和数据库建模方法的研究,着重结构特性的设计而忽视了行为设计对结构设计的影响,这种方法也是不完善的。

我们应强调在数据库设计中要把结构特性和行为特性结合起来。

## 2.1.2　数据库设计方法

大型数据库设计既是涉及多学科的综合性技术，又是一项庞大的工程项目。它要求从事数据库设计的专业人员具备多方面的知识和技术，主要包括计算机的基础知识、软件工程的原理和方法、程序设计的方法和技巧、数据库的基本知识、数据库设计技术、应用领域的知识。这样才能设计出符合具体领域要求的数据库及其应用系统。

早期数据库设计主要采用手工与经验相结合的方法，其设计质量往往与设计人员的经验和水平有直接的关系。数据库设计是一种技艺，如果缺乏科学理论和工程方法的支持，则设计质量难以保证，常常是数据库运行一段时间后又不同程度地发现各种问题，需要进行修改甚至重新设计，增加了系统维护的代价。

为此，人们努力探索，提出了各种数据库设计方法，如新奥尔良（New Orleans）方法、基于 E－R 模型的设计方法、3NF 的设计方法、面向对象的数据库设计方法、统一建模语言（Unified Model Language，UML）方法等。

数据库工作者一直在研究和开发数据库设计工具。经过多年的努力，数据库设计工具已经实用化和产品化。这些工具软件可以辅助设计人员完成数据库设计过程中的许多任务，已经普遍地用于大型数据库设计之中。

## 2.1.3　数据库设计的生命周期

按照结构化系统设计的方法，考虑数据库及其应用系统开发全过程（即生命周期），将数据库设计分为 6 个阶段，如图 2－2 所示。

在数据库设计过程中，需求分析和概念结构设计可以独立于任何数据库管理系统（Database Management System，DBMS）进行，逻辑结构设计和物理结构设计与选用的 DBMS 密切相关。

数据库设计开始之前，首先必须选定参加设计的人员，包括系统分析人员、数据库设计人员、应用开发人员、数据库管理员和用户代表。系统分析和数据库设计人员是数据库设计的核心人员，将自始至终参与数据库设计，其设计水平决定了数据库系统的质量。用户代表和数据库管理员在数据库设计中也是举足轻重的，主要参加需求分析与数据库运行和维护，其积极参与（不仅仅是配合）不但能加速数据库设计，而且也是决定数据库设计质量的重要因素。应用开发人员（包括程序员和操作员）负责编制程序和准备软、硬件环境，他们在数据库实施阶段参与进来。

如果所设计的数据库应用系统比较复杂，则还应该考虑是否需要使用数据库设计工具以及选用何种工具，以提高数据库设计质量并减少设计工作量。

### 1. 需求分析阶段

进行数据库设计首先必须准确了解与分析用户需求（包括数据与处理）。需求分析是整个设计过程的基础，是最困难和最耗时的一个阶段。作为"地基"的需求分析是否做得充分与准确，决定了在其上构建数据库"大厦"的速度与质量。需求分析做得不好，可能会导致整个数据库设计返工重做。

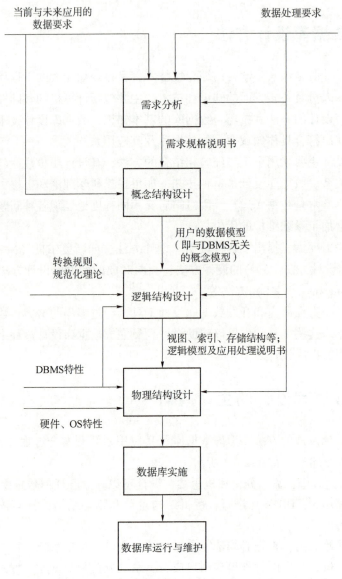

图2-2 数据库设计的生命周期

### 2. 概念结构设计阶段

概念结构设计是整个数据库设计的关键，它通过对用户需求进行综合、归纳与抽象，形成一个独立于具体 DBMS 的概念模型。

### 3. 逻辑结构设计阶段

逻辑结构设计是将概念结构转换为某个 DBMS 所支持的数据模型，并对其进行优化。

### 4. 物理结构设计阶段

物理结构设计是为逻辑数据模型选取一个最适合应用环境的物理结构（包括存储结构和存取方法）。

### 5. 数据库实施阶段

在数据库实施阶段，设计人员运用 DBMS 提供的数据库语言及其宿主语言，根据逻辑结构设计和物理结构设计的结果建立数据库，编写与调试应用程序，组织数据入库，并进行试运行。

**6. 数据库运行与维护阶段**

数据库应用系统经过试运行后即可投入正式运行，在数据库应用系统运行过程中必须不断地对其进行评估、调整与修改。

设计一个完善的数据库应用系统是不可能一蹴而就的，它往往是上述6个阶段的不断反复。

需要指出的是，这个设计步骤既是数据库设计的过程，又包括了数据库应用系统的设计过程。在设计过程中把数据库的设计和对数据库中数据处理的设计紧密结合起来，将这两个方面的需求分析、抽象、设计、实现在各个阶段同时进行，相互参照、相互补充，以完善这两个方面的设计。事实上，如果不了解应用环境对数据的处理要求，或没有考虑如何去实现这些处理要求，则不可能设计出一个良好的数据库结构。有关处理特性的设计描述，具体可参见软件工程相关教材的内容。

图2-3针对数据设计与处理设计各阶段给出了设计描述。

| 设计阶段 | 设计描述 | |
|---|---|---|
| | 数　据 | 处　理 |
| 需求分析 | 数据字典，全系统中数据项、数据流、数据存储的描述 | 数据流图和判定表（判断树）、数据字典中处理过程的描述 |
| 概念结构设计 | 概念模型（E-R图）<br><br>数据字典 | 系统说明书包括：<br>①新系统要求、方案和概图<br>②反映新系统信息流的数据流图 |
| 逻辑结构设计 | 某种数据模型<br>关系　　　非关系 | 系统结构图<br>（模块结构） |
| 物理结构设计 | 存储安排<br>方法选择<br>存储路径建立　分区1 分区2 分区3 … | 模块设计<br>IPO表　IPO表…<br>输入：<br>输出：<br>处理： |
| 数据库实施 | 编写模式<br>装入数据<br>数据库试运行　Create… Load… | 程序编码<br>编译联结<br>测试　Main（）… if … then … end |
| 数据库运行与维护 | 性能监测、存储、恢复<br>数据库重组和重构 | 新旧系统转换、运行、维护（修正性、适应性、改善性维护） |

图2-3　数据设计与处理设计各阶段的设计描述

## 2.1.4　数据库设计各阶段的模式

按照2.1.3小节的设计过程，数据库设计的不同阶段形成数据库的各级模式，如图2-4所示。

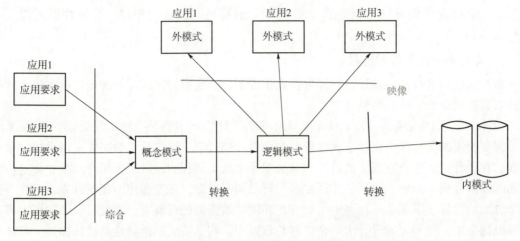

图 2-4　数据库设计的不同阶段形成的数据库各级模式

需求分析阶段：综合各个用户的应用需求。

概念结构设计阶段：形成独立于机器特点，独立于各个 DBMS 产品的概念模式，即 E-R 图

逻辑结构设计阶段：将 E-R 图转换成具体的数据库产品支持的数据模型。例如，关系模型，形成数据库逻辑模式；根据用户处理的要求、安全性考虑，在基本表的基础上建立必要的视图，形成数据库的外模式。

物理结构设计阶段：根据 DBMS 特点和处理的需要，进行物理存储安排，建立索引，形成数据库内模式。

# 2.2　需求分析

需求分析在数据库设计的生命周期中至关重要，通常也是涉及人员最多的一个阶段。数据库设计师在这个阶段必须走访最终用户，与他们进行交谈，从而确定用户想在系统中存储什么数据以及想怎样使用这些数据。需求分析是设计数据库的起点，需求分析结果是否准确反映用户的实际要求将直接影响后面各阶段的设计，并影响设计结果是否合理和实用。

## 2.2.1　需求分析的任务

需求分析的任务是通过详细调查现实世界要处理的对象（组织、部门、企业等），充分了解原系统（手工系统或计算机系统）的工作概况，明确用户的各种需求，然后在此基础上确定新系统的功能。新系统必须充分考虑今后可能的扩充和改变，不能仅按当前应用需求来设计数据库。

调查的重点是"数据"和"处理"，通过调查、收集与分析，获得用户对数据库的如下要求。

（1）信息要求：指用户需要从数据库中获得信息的内容与性质。由信息要求可以导出数据要求，即在数据库中需要存储哪些数据。

（2）处理要求：指用户要完成的数据处理功能，对处理性能的要求。

（3）安全性与完整性要求。

确定用户的最终需求是一件很困难的事，一方面，用户缺少计算机知识，开始时无法确定计算机究竟能为自己做什么，不能做什么，因此往往不能准确地表达自己的需求，所提出的需求往往不断地变化。另一方面，设计人员缺少用户的专业知识，不易理解用户的真正需求，甚至误解用户的需求。因此，设计人员必须不断深入地与用户交流，这样才能逐步确定用户的实际需求。

### 2.2.2　需求分析的步骤

我们可将需求分析分为两个步骤：理解用户需求和提取业务规则。下面我们将就这两个步骤的相关操作进行详细说明。

#### 1. 理解用户需求

设计定制化产品，无论是一个数据库、一幅平面广告或一个玩具，都是一个"翻译"的过程。我们需要把浮现在客户脑海中的模糊想法、愿望挖掘出来，并"翻译"成满足他们需求的现实产品。

这个"翻译"过程的第一步就是理解用户的需求。设计最好的订单处理系统对于需要一个电路设计工具的客户来说毫无意义。对客户需求理解得不完全会造成错误或无用的设计与开发，这浪费了设计者和客户的时间。

我们首先需要制订一个计划，其中包含挖掘客户需求的一系列步骤。遵循这些步骤能更好地理解客户需求，但在一些项目中我们不需要遵循所有的步骤。举例来说，如果客户是单人且需求很明确，那么我们就不需要进行"搞清谁是谁"与"头脑风暴"。当客户的数据需要保密时，我们就不能"尝试客户的工作"了。在另一些项目中，调整这些步骤的顺序会更为合适。例如，我们可能在去拜访客户和观察他们工作之前先进行"头脑风暴"。

我们可根据不同项目的情况进行灵活调整，但目标只有一个，就是更好地理解用户需求。

理解用户需求的
具体步骤

#### 2. 提取业务规则

业务规则描述了业务过程中重要的且值得记录的对象、关系和活动，其中包括业务操作中的流程、规范与策略。业务规则保证了业务能满足其目标和义务。

生活中的一些业务规则如下。

（1）当顾客进入店内，最近的员工必须向顾客打招呼说："欢迎来到×××"。

（2）当客户兑换超过 200 元的奖券时，柜员必须要求查看客户的身份证并复印。当客户兑换的奖券金额小于 25 元时，无须签字。

（3）早上第一个进办公室的人需要把饮水机的加热按钮打开。

我们关注数据库相关的业务规则，实例如下。

（1）只有当客户产生第一笔订单时才创建该客户的记录。

（2）若一名学生没有选任何一门课程，则把他的状态字段设为 Inactive。

（3）若销售员在一个月内卖出 10 套沙发，则奖励其 500 元。

（4）一个联系人必须至少有 1 个电话号码和 1 个 Email 邮箱。

（5）若一笔订单的除税总额超过 1 000 元，则能有 5% 的折扣。

（6）若一笔订单的除税总额超过 500 元，则免运费。

（7）员工购买本公司商品能有 5% 的折扣。

（8）若仓库中某货品的存量低于上月卖出的总量，则需要进货。

从数据库的视角来看，业务规则是一种约束。简单的约束如：所有订单必须有一个联系电话。

上述这类简单的业务规则可以很容易地映射到关系数据库定义中，为字段确定数据类型或设定某字段为必填（不能为 NULL）。某些业务规则表达的约束会比较复杂。例如，学生每天的上课时间加上项目时间必须在 1 ~ 14 h。我们可以通过 CHECK 约束或外键约束来实现这类业务规则。

对于一些非常复杂的业务规则，例如，一名教员每周不能少于 30 h 工作量，其中分为办公时间、实验时间和上课时间。每 1 h 的课需要 0.5 h 办公时间进行备课。每 1 h 实验需 1 h 办公准备。每周指导学生论文时间不少于 2 h。

类似上述的业务规则需要从多张表中收集数据，故在程序代码中实现最为合适。

从两个方向对业务规则的操作步骤进行说明：怎样识别业务规则；如何修改关系模型并隔离出业务规则详见二维码。

提取业务规则
的详细步骤

### 2.2.3  需求分析的表达工具

需求分析过程中需要表达的内容繁杂，如何让阅读者更好地解读需求说明书，更清晰明了地表达需求的内容是分析过程中各个阶段都需要认真思考的问题。下面我们将了解几个需求分析过程可能使用的表达工具：组织结构图、业务流程图、数据流程图（面向结构）、数据字典、用例图（面向对象）。

#### 1. 组织结构图

组织结构图是把企业组织分成若干部分，并且标明各部分之间可能存在的各种关系。这里所说的各种关系包括上下级领导关系（组织机构图）、物流关系、资金流关系和资料传递关系等。所有这些关系都伴随着信息流，这正是调查者最关心的。要在组织机构图的基础上，把每种内在联系用一张图画出来，或者在组织机构图上加上各种联系符号，以更好地反映、表达各部门间的真实关系。组织结构图不是简单的组织机构表，在描述组织结构图时注意不能只简单地表示各部门之间的隶属关系。组织结构图可以使各人清楚自己组织内的工作，加强其参与工作的欲望，其他部门的人员也可以了解，从而增强组织的协调性。

某生产企业的上下级架构以及各机构之间的信息流关系如图 2-5 所示。

#### 2. 业务流程图

业务流程图（Transaction Flow Diagram，TFD）是一种描述管理系统内各单位、人员之间的业务关系、作业顺序和管理信息流向的图表。它用一些规定的符号及连线表示某个具体

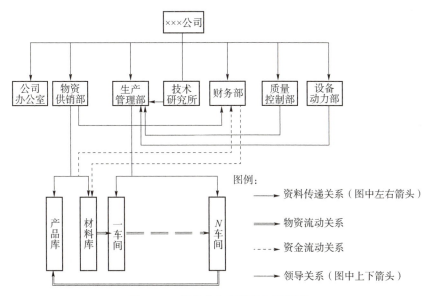

图2-5　某生产企业的组织结构图

业务的处理过程，帮助分析人员找出业务流程中的不合理流向。业务流程图基本上按业务的实际处理步骤和过程绘制，是一种用图形方式反映实际业务处理过程的"流水账"。绘制这本"流水账"对于开发者理顺和优化业务过程是很有帮助的。

1）业务流程图的常用图示

业务流程图的常用图示如图2-6所示。一般常用的就是图中前两行的"活动""判断""逻辑关系线""起始与终止""子流程""文件/表单"。其中，"子流程"图示可以帮助我们将流程分解得到的子流程串联起来。例如，当在"A流程"中涉及进一步需要分解的"A1.1流程"时，就可以在"A流程"中用"子流程"图示代表"A1.1"。然后阅读者就会明白要想进一步了解"A1.1"应该参考另外一个流程图。

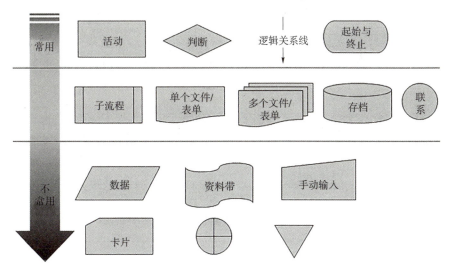

图2-6　业务流程图的常用图示

2）业务流程图的常用结构

业务流程图包括顺序、分支（选择）与循环结构，如图2-7所示。这3种基本的流程控制结构，我们在学习高级语言的程序流程图中会用到，而在业务流程图中也会经常碰到。

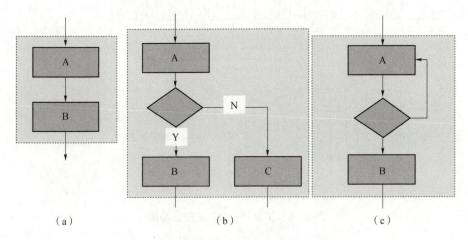

（a）　　　　　　　　　　（b）　　　　　　　　　　（c）

图2-7　3种基本的流程控制结构

（a）顺序结构；（b）选择结构；（c）循环结构

3）业务流程图实例

图2-8中说明了借/还图书时，读者与图书管理员需要完成的借/还图书的业务操作过程。需要说明的是，图2-8中的业务流程图的图示放置在泳道图中。泳道图因其形似游泳池中的泳道故而得名。

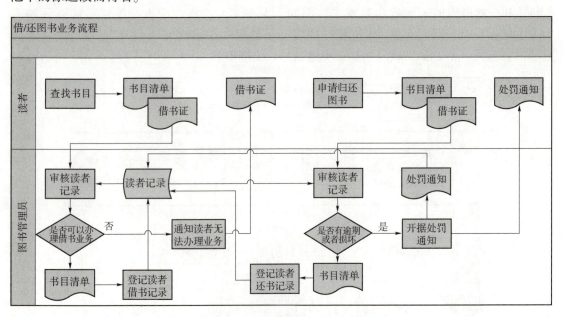

图2-8　借/还图书业务流程图

泳道图能够很好地体现部门或者角色在流程中的职责以及上下游的协作关系，且流程图本身的标准容易掌握，达成共识也就更加容易。泳道图可以有横向，也可以有纵向。泳道图在某些文档里会被称为"以活动为单位的流程图"，浮在泳道中的都是一个个活动。

泳道图的两大维度如图2-9所示。一般泳道图的横向会作为部门或岗位维，而纵向则作为阶段维，时间是从上到下发展的。复杂的泳道图在任务分解上可以在阶段维里做一些划分，如"采购""生产""销售""配送"等。

泳道图的活动流转：活动就像一个游泳员一样，游到不同的泳道中去执行任务。

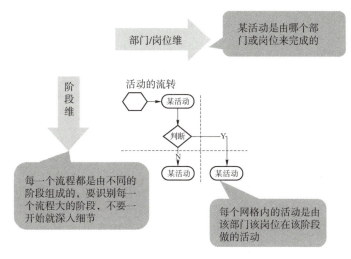

图2-9　泳道图的两大维度

### 3. 数据流程图

数据流图或数据流程图（Data Flow Diagram，DFD）是描述系统中数据流程的一种图形工具，它标志了一个系统的逻辑输入和逻辑输出，以及把逻辑输入转换为逻辑输出所需的加工处理。数据流程图是面向结构的需求分析过程中常用的表达工具。

值得注意的是，数据流程图不是传统的流程图或框图，数据流也不是控制流。数据流程图是从数据的角度来描述一个系统，而框图是从对数据进行加工的工作人员的角度来描述系统。数据流程图的图示、绘制原则与实例详见二维码。

### 4. 数据字典

数据字典的作用是对数据流程图中的各种成分进行详细说明，作为数据流程图的细节补充，和数据流程图一起构成完整的系统需求模型。数据字典一般应包括对数据项、数据结构、数据存储和数据处理的说明。数据字典的实例说明详见二维码。

### 5. 用例图

UML的应用领域很广泛，它是面向对象的软件工程分析与设计过程中的主流表达工具。其中，用例图（use-case diagram）是UML的9种图例之一，其用于显示若干角色（actor），以及这些角色与系统提供的用例之间的连接关系。用例图是面向对象的需求分析过程中常用的表达工具。需要说明的是，数据流程图与用例图是两种不同的分析表达工具，我们可任选其一进行操作。

数据流程图的图示、
绘制原则与实例

数据字典的实例说明

用例模型

# 2.3 概念设计

对用户要求描述的现实世界（可能是一个工厂、一个商场或者一个学校等），通过对需求信息进行分类、聚集和概括，建立抽象的概念数据模型。这个概念模型应反映现实世界各部门的信息结构、信息流动情况、信息间的互相制约关系以及各部门对信息储存、查询和加工的要求等。所建立的模型应避开数据库在计算机上的具体实现细节，用一种抽象的形式表示出来。描述数据库概念模型的可以是 E–R 模型或者 UML 中的类图等。本文将重点阐述E–R 模型，UML 中更详细的内容可查看软件工程的相关书籍。

## 2.3.1 基本 E–R 模型

实体–联系（E–R）模型在 1976 年由 Peter Chen（美籍华裔计算机科学家陈品山）发明。在他的文章中，他构造了模型的基本元素。后来，随着子类型被加入 E–R 模型，扩展的 E–R 模型出现了。基本的 E–R 模型主要有实体、联系、属性 3 个要素，如图 2–10所示。

### 1. 实体

实体是首要的数据对象，常用于表示一个人、一个地方、某样事物或某个事件。一个特定的实体被称为实体实例（Entity Instance 或 Entity Occurrence）。实体用长方形框表示，实体的名称标识在框内，一般名称单词的首字母大写。

强实体：该实体存在不依赖于其他的实体类型。公司员工（Employee）实体，可以直接通过自身的属性（如员工编号（Emp–id））唯一地标识该实体类型的每个实体实例。因此，公司员工（Employee）是强实体。而弱实体将在后文单独介绍。

### 2. 联系

联系表示一个或多个实体之间的联系。联系依赖于实体，一般没有物理概念上的存在。联系常用来表示实体之间的关系，实体之间的关系有 3 种：一对一、一对多、多对多。关系的构图是一个菱形，关系的名称一般为动词。

关系的端点联系着角色（Role），一般情况下角色名可以省略，因为实体名和关系名已经能清楚地反映角色的概念，但是有些情况下我们必须标出角色名来避免歧义。

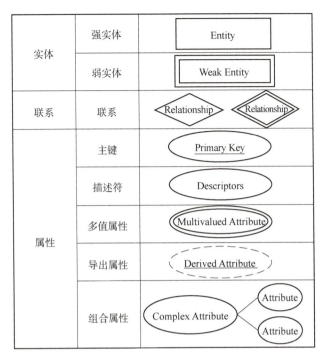

图 2 - 10 基本的 E - R 模型

如图 2 - 11 所示，其表示为一个部门只有一个经理，一个经理也只能管理一个部门而不能兼任。如图 2 - 12 所示，其表示为一个班级可有多个学生，而一个学生只能属于一个班级。如图 2 - 13 所示，其表示为一个教师可教授多门课程，而一门课程也可由多个教师教授。如图 2 - 14 所示，其表示为同一个实体职工也存在自联系，其中上级职工与下级职工之间存在 $1:N$ 的联系，而为了避免歧义添加了角色说明。

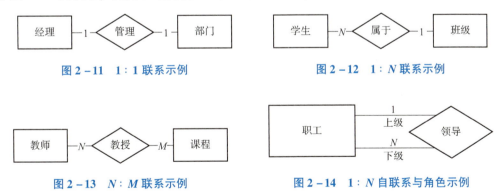

图 2 - 11  1∶1 联系示例                图 2 - 12  1∶$N$ 联系示例

图 2 - 13  $N$∶$M$ 联系示例            图 2 - 14  1∶$N$ 自联系与角色示例

### 3. 属性

属性为实体提供详细的描述信息，一个特定实体的某个属性被称为属性值。属性一般用椭圆形表示，并与描述的实体连接。例如，公司员工（Employee）实体的属性可能有员工编号（Emp - id），员工姓名（Emp - name），员工地址（Emp - address），电话号码（Phone - no）。

属性可被分为多种类别，具体如下。

（1）主键（Primary Key）：可以唯一标识实体的一个实例，可以由多个属性组成。其在

E－R图中通过在属性名下加下划线来标识。

（2）描述符（Descriptors）：只用于描述实体特征，不具有标识功能的属性。

（3）多值属性（Multivalued Attribute）：对于实体类型的某些实例，出现可能取多个值的属性。例如爱好属性（一个人可能有多个爱好，如读书、看电影……）。多值属性用双线椭圆表示。

（4）导出属性（Derived Attribute）：属性的值是从相关的一个或一组属性（不一定来自同一个实体类型）的值导出来的属性。例如，成绩（学号，课程号，平均成绩，平时成绩，期末成绩），其中平均成绩就是导出属性，它可以由平时成绩与期末成绩综合计算得出。而平时成绩与期末成绩可称为基属性或存储属性。数据库中，一般只存基属性，而导出属性只存其定义或依赖联系，用到时再从基属性中计算出来。

（5）复合属性（Complex Attribute）：由多个部分属性组成的属性，每个部分都可独立存在。有些属性可以划分为更小的部分，而且这些更小的部分可以独立存在。例如，若学生实体的家庭地址属性的值为"福建省福州市台江区××街道××小区××幢××室"，则这个属性可以继续划分为省、市、区、街道、小区、幢和室等属性。建模时，究竟是将家庭地址属性当作一个简单属性，还是作为组合属性而由几个子属性构成，依赖于从用户数据视图的角度提及家庭地址时，是将其视为一个整体还是由多个独立部分组合而成。

### 4. 弱实体

弱实体：其必须依赖于另一个实体存在。弱实体用双线长方形框表示。

弱实体的主键来自一个或多个其他强实体。弱实体和强实体的联系必然只有1：$N$或者1：1，这是由于弱实体完全依赖于强实体，如果强实体不存在，那么弱实体就不存在，所以弱实体是完全参与联系的。弱实体与强实体之间的联系用双线菱形表示。

如图2－15所示，例如，同一笔贷款可以分多次还贷，还款实体是依赖于贷款而存在的，没有该贷款就没有对应的还款实体。另外，还款实体没有主键，因为还款号虽然可以唯一标识还款实体，但是它不能标识出某笔贷款的某次还款实体。因此，还款号不称为主键而称为分辨符。还款实体的主键要由其依赖的强实体的主键＋分辨符组成，因此本例还款实体的主键为（贷款号＋还款号）。

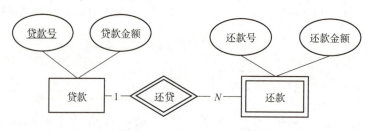

图2－15　强、弱实体示例

强实体和弱实体的区别，如表2－1所示。

表2－1　强、弱实体的区别

| 序号 | 码 | 强实体 | 弱实体 |
| --- | --- | --- | --- |
| 1 | 键 | 强实体始终只有一个主键 | 弱实体具有引用强实体主键的外键 |
| 2 | 依赖性 | 强实体独立于其他实体 | 弱实体依赖于强实体 |

续表

| 序号 | 码 | 强实体 | 弱实体 |
|---|---|---|---|
| 3 | 表示 | 一个强实体由单个长方形框表示 | 弱实体由双线长方形框表示 |
| 4 | 关系表示 | 两个强实体之间的关系用单个菱形表示 | 强、弱实体之间的关系用双线菱形表示 |
| 5 | 参与度 | 强实体可能会也可能不会参与实体关系 | 弱实体总是参与实体关系 |

## 2.3.2  高级 E – R 模型

自 20 世纪 80 年代以来，许多新型数据库系统的开发出现了快速的增长，与传统的应用系统相比，这些系统对数据库提出了更多需求。这些数据库应用系统包括计算机辅助设计（Computer – Aided Design，CAD）、计算机辅助制造（Computer – Aided Manufacturing，CAM）、计算机辅助软件工程（Computer – Aided Software Engineering，CASE）工具、办公信息系统（Office Information System，OIS）和多媒体系统、数字出版和地理信息系统（Geographical Information System，GIS）等。只使用基本 E – R 模型的概念已经无法充分地表示这些新的复杂应用，因而也就促进了新的语义建模概念的发展，由此产生了高级 E – R 模型。高级 E – R 模型不仅包括最重要也是最有用的 3 个扩展概念，即特殊化/泛化（Specialization/Generalization）、聚合（Aggregation）和组合（Composition），还包括基数约束（Cardinality）与参与性（Participation Constraihts）等可选的扩展概念。

### 1. 特殊化/泛化

基本 E – R 模型已经能描述基本的数据和关系，但泛化概念的引入能方便多个概念数据模型的集成。泛化关系是指抽取多个实体的共同属性作为超类实体。泛化层次关系中的低层次实体（子类型）对父类（超类）实体中的属性进行继承与添加，子类型特殊化了超类型。E – R 模型中的泛化与面向对象编程中的继承概念相似，但其标记法（构图方式）有一些差异。

E – R 模型泛化示例如图 2 – 16 所示，Employee（员工）为父类实体，包含后续子类的共同属性，Manager（经理）、Engineer（工程师）、Technician（技术员）、Secretary（秘书）都是 Employee 的子类实体，它们都包含自身特有的属性。

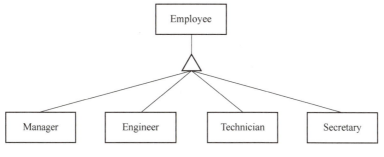

图 2 – 16  E – R 模型泛化示例

泛化可以表达子类型的 3 种重要约束：不相交约束（Disjointness）、重叠性约束（Overlap）、完备性约束（Completeness）。

（1）不相交约束：描述父类中的一个实体不能同时属于多个子类中的实体集，即一个父类中的实体最多属于一个子类实体集。也就是说，某个父类的各个子类之间是排他的。如图 2－17 所示，该约束表明某员工只能是经理、工程师、技术员、秘书之一，不能身兼数职。不相交约束用 Or 表示。

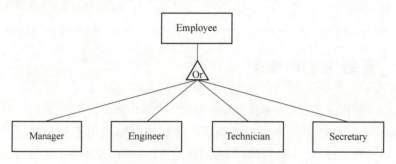

**图 2－17　E－R 模型泛化中的不相交约束示例**

（2）重叠性约束：表示父类中的一个实体能同时属于多个子类中的实体集。例如，对 Employee（员工）、Customer（客户）实体进行泛化，抽象出父类 Individual（个人），如图 2－18 所示。由于部分 Employee 也可能是 Customer，故子类实体 Employee 与 Customer 之间的概念是重叠的。也就是说，父类 Individual 实体能同时属于多个子类 Employee 与 Customer。重叠性约束用 And 表示。

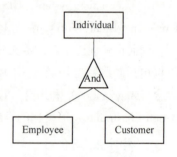

**图 2－18　E－R 模型泛化中的重叠性约束示例**

（3）完备性约束：描述父类中的一个实体是否必须是某一个子类中的实体。若是，则称为强制完备（Mandatory）；若不是，则称为可选完备（Optional）。

如图 2－19 所示，父类为 Employee 实体，其包含以下属性：empNO（员工编号）、Name（姓名）、Position（职位）、Salary（薪水）；子类 FullTimePermanent（全职固定工）实体包含 Salaryscale（薪水等级）、Holidayallowance（度假金）属性，子类 PartTimeTemporary（兼职临时工）实体包含 Hourlyrate（时薪）属性。该 E－R 模型中的强制完备约束，表明员工无论是属于全职固定工还是兼职临时工都必须要有薪水合同。

如图 2－20 所示，该 E－R 模型中的强制完备约束，表明可能存在某些员工不是经理、工程师、技术员、秘书中的任何一种。

需要说明的是，不相交约束与重叠性约束是同一种约束的两个方面，因此它们是一种约束类型，可统称为不相交约束。而泛化中的不相交约束与完备性约束是相互独立的，因此存在 4 类组合约束：强制完备不相交约束、可选完备不相交约束、强制完备重叠约束、可选完备重叠约束。图 2－19 与图 2－20 都是组合约束。

### 2. 聚合

聚合是与泛化抽象不同的另一种超类型与子类型间的抽象。泛化表示"is－a"语义，

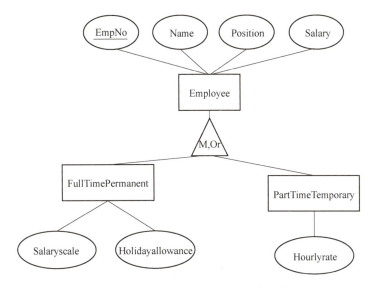

图 2 – 19　E – R 模型泛化中的强制完备约束示例

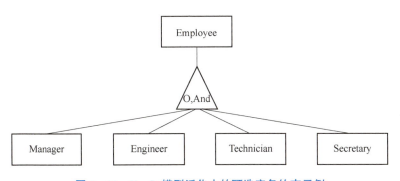

图 2 – 20　E – R 模型泛化中的可选完备约束示例

聚合表示"part – of"语义。也就是说,聚合中子类型与超类型间没有继承关系。聚合表示实体之间的"拥有"(has – a)和"属于"(is – part – of)的联系,这些实体中有一个表示"整体",其他的表示"部分"。

如图 2 – 21 所示,Car(汽车)是由 Wheel(车轮)与 Glass(玻璃)组成的。其中汽车是整体,用空心菱形表示;车轮与玻璃是部分。并且,空心的菱形表示汽车的生命周期与车轮和玻璃是不一致的。也就是说,车轮和玻璃是独立存在的,不会随着汽车的消失而消失。

### 3. 组合

组合是一种特殊形式的聚合,表示在实体的关联中,"整体"方对"部分"方拥有强所有权(Strong Ownership),且两者的生存期相同。

如图 2 – 22 所示,SoftwareProduct(软件产品)是由 Program(程序)与 UserGuide(用户手册)组成的。其中软件产品是整体,用实心菱形表示;程序与用户手册是部分。并且,实心的菱形表示软件产品的生命周期与程序和用户手册是一致的。也就是说,当软件产品失效时,程序与用户手册也会随着失效。

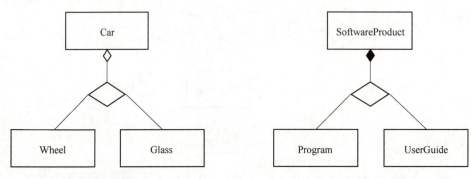

图 2 – 21　E – R 模型聚合示例　　　　　图 2 – 22　E – R 模型组合示例

### 4. 基数约束与参与性

基数约束是对实体之间一对一、一对多和多对多联系的细化。参与联系的每个实体型用基数约束来说明实体型中的任何一个实体可以在联系中出现的最少次数和最多次数。

基数约束的表示方法，如表 2 – 2 所示。

表 2 – 2　基本约束的表示方法

| 基本约束的表示方法 | 含义 |
| --- | --- |
| 0..1 | 0 个或 1 个实体出现 |
| 1..1（或 1） | 只有 1 个实体出现 |
| 0..＊（或＊） | 0 个或多个实体出现 |
| 1..＊ | 1 个或多个实体出现 |
| 5..10 | 实体出现的个数从最少 5 个到最多 10 个 |
| 0，3，6 – 8 | 实体出现的个数可以为 0 个、3 个、6 个、7 个或 8 个 |

如图 2 – 23 所示，有 Employee（员工）、Branch（分公司）以及 Client（客户）的三元联系 Registers（注册）。

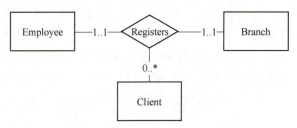

图 2 – 23　带基数约束的三元联系示例

如图 2 – 24 所示，当 empNo（员工编号）/branchNo（分公司编号）的值固定以后，clientNo（客户编号）可以取 0 或多个值。例如，在 B003 分公司工作的员工 SG37 为客户 CR56 和 CR74 进行了登记注册；B003 分公司的员工 SG14 为客户 CR62、CR84 和 CR91 进行了登记注册；B003 分公司的员工 SG5 没有为任何客户进行过注册。因此，从 Employee 和 Branch 实体的角度来看，联系 Registers 的多重性是"0..＊"，在 E – R 图中，我们将"0..＊"标注在 Client 实体旁。

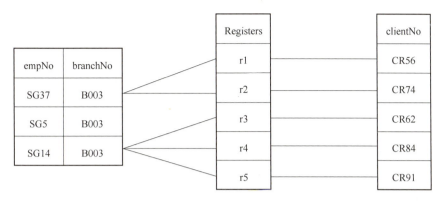

图 2－24　三元联系的基数约束示例部分数据

如果重复进行这样的测试，则当 Employee/Client 的值固定后，联系 Registers 的多重性是 "1..1"，于是在 Branch 实体旁标注 "1..1"；当 Client/Branch 的值固定后，联系 Registers 的多重性是 "1..1"，于是在 Employee 实体旁标注 "1..1"。

参与性：说明所有实体出现是否都参与了联系。

参与性约束表示在一个联系中，是所有实体出现都参与了该联系（称为强制参与），还是只有一部分实体出现参与了该联系（称为可选参与）。实体的参与性实际上就是联系的每一个参与实体的多重性范围中的最小值。当多重性的最小值为 0 时就是可选参与，多重性的最小值为 1 时为强制参与。需要注意的是，某个实体的参与性是由在联系中另外一方实体的多重性的最小值决定的。例如，在图 2－25 中，联系 Manages（管理）中的实体 Employee（员工）是可选参与的，这是由实体 Branch（分公司）旁边的多重性的最小值 0 决定的；而联系 Manages 中的实体 Branch 的强制参与则是由实体 Employee 旁边的多重性的最小值 1 决定的。

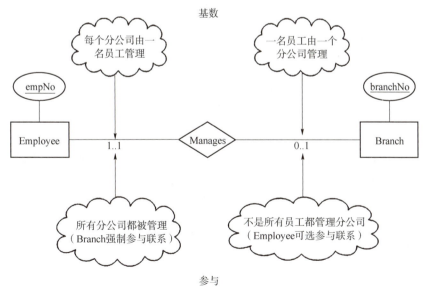

图 2－25　基数与参与性约束说明

### 2.3.3 概念数据建模

概念数据建模连接了两端，一端是需求分析，其能辅助捕获需求中的实体及之间的关系，便于人们的交流；另一端是关系数据库，概念模型可以很容易地转化为范式化或接近范式化的 SQL 表。

#### 1. 概念数据建模步骤

让我们进一步仔细观察应在需求分析和概念设计阶段定义的基本数据元素和关系。一般需求分析与概念设计是同步完成的。

使用 E-R 模型进行概念设计的步骤包括辨识实体与属性、识别泛化层次、定义联系。下面我们对这 3 个步骤一一进行讨论。

1）辨识实体与属性

实体和属性的概念及 E-R 构图都很简单，但要在需求中区分实体和属性不是一件易事。例如，需求描述中有一句话为"项目地址位于某个城市"，这句话中的城市是一个实体还是一个属性呢？又如，每一名员工均有一份简历，这里的简历是一个实体还是一个属性呢？

辨别实体与属性可参考如下准则。

（1）实体应包含描述性信息。

（2）多值属性与组合属性应作为实体来处理。

（3）属性应附着在其直接描述的实体上。

这些准则能引导开发人员得到符合范式的关系数据库设计，那么如何理解上述的 3 条准则呢？

实体内容：实体应包含描述性信息。如果一个数据元素有描述性信息，则该数据元素应被识别为实体。如果一个数据元素只有一个标识名，则其应被识别为属性。以前面的"城市"为例，如果对于"城市"有一些如所属国家、人口等描述信息，则"城市"应被识别为实体。如果需求中的"城市"只表示一个城市名，则把"城市"作为属性附属于其他实体，如附属于项目实体上。这一准则的例外是当值的标识是可枚举的有限集时，应作为实体来处理，如把系统中有效的国家集合定义为实体。在现实世界中，作为实体看待的数据元素有 Employee（员工）、Task（任务）、Project（项目）、Department（部门）、Customer（顾客）等。

多值属性与组合属性：我们知道，关系模式的第一范式是要求属性必须是不可分的数据项。因此，多值属性或组合属性应考虑作为实体。如果一个实例的某个描述符包含多个对应值，则即使该描述符没有自己的描述信息也应作为实体进行建模。例如，一个人会有许多爱好，如看电影、打游戏、打篮球等。爱好对于一个人来说就是多值属性，则爱好应作为实体来看待。又如，员工有工资属性，而工资又可由固定工资、绩效工资、出勤补贴等组成，则工资属性应考虑作为实体。

属性依附：把属性附加在其最直接描述的实体上，属性不能与其他实体具有联系。例如，office-building-name（办公楼名称）作为 Department（部门）的属性比作为 Employee（员工）的属性合适。又如，在医院中一个病人只能住在一间病房，病房号可以作为病人实体的一个属性；但如果病房还要与医生实体发生联系，即一个医生负责几间病房的病人的医疗工作，则病房应作为一个实体。需要注意的是，识别实体与属性，并把属性附加到实体中是一个循环迭代的过程。

2）识别泛化层次

如果实体之间有泛化层次关系，则把标识符和公共的描述符（属性）放在超类实体中，把相同的标识符和特有的描述符放在子类实体中。例如，在 E – R 模型中有 5 个实体，分别是 Employee（员工）、Manager（经理）、Engineer（工程师）、Technician（技术员）、Secretary（秘书）。其中 Employee 可以作为 Manager、Engineer、Technician、Secretary 的超类实体。我们可以把标识符——empNo（员工编号），公共描述符——empName（员工姓名）、address（地址）、date – of – birth（出生日期）放在超类实体中。子类实体 Manager 中放 empNo、特有描述符——jobtitle（职称）。Engineer 实体中放 empNo、特有描述符——jobtitle（职称）、highest – degree（最高学历）等。

3）定义联系

在识别实体和属性之后，我们可以处理代表实体之间关系的数据元素即联系。联系在需求描述中一般是动词，如 works – for（工作）、purchases（购买）、drives（驾驶），这些动词联系了不同的实体。

对于任何联系，需要明确以下 4 个方面。

（1）联系的度（二元、三元等），即联系关系的是几个实体。

（2）联系的连通数（一对一、一对多、基数约束等）。

（3）联系是强制的还是可选的。

（4）联系本身具有哪些属性。

消除冗余的联系：描述同一概念的两个或多个联系被认为是冗余的。当把 E – R 模型转化为关系数据库中的表时，冗余的联系可能造成非范式化的表。需要注意的是，两个实体间允许两个或更多联系的存在，只要这些联系具有不同的含义。在这种情况下，这些关系不是冗余的。消除冗余主要采用分析方法，即以数据字典和数据流程图为依据，根据数据字典中关于数据项之间逻辑关系的说明来消除冗余。

例如，图 2 – 26 中的 Employee（员工）生活的 City（城市）与该员工所属的 Professional – association（专业协会）所在的城市可以不同（两种含义），故关系 lives – in 非冗余。

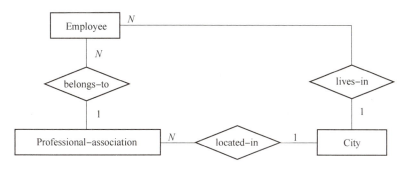

**图 2 – 26　非冗余联系**

而图 2 – 27 中的 Employee（员工）工作的 City（城市）与该员工参与的 Project（项目）所在的城市在任何情况下都一致（同种含义），故关系 works – on 冗余。

小心定义三元联系：只有当使用多个二元关系也无法充分描述多个实体间的语义时，我们才会定义三元联系。

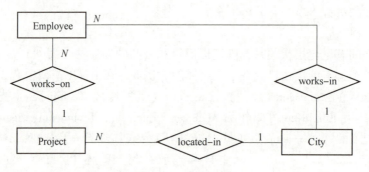

图 2 – 27　冗余联系

以 Technician（技术员）、Project（项目）、Notebook（笔记本）为例。如果一个技术员只做一个项目，一个项目只有一个技术员，每个项目会被独立记录在一本笔记本中，则 3 个实体之间的联系如图 2 – 28 所示。

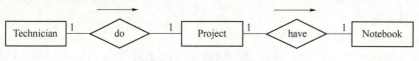

图 2 – 28　小心定义三元联系示例 1

如果一个技术员能同时做多个项目，一个项目可以有多个技术员同时参与，每个项目有一本笔记本（多个做同一个项目的技术员共用一本笔记本），则 3 个实体之间的联系如图 2 – 29 所示。

图 2 – 29　小心定义三元联系示例 2

如果一个技术员能同时做多个项目，一个项目可以有多个技术员同时参与，一个技术员在一个项目中使用独立的一本笔记本，则 3 个实体之间的联系如图 2 – 30 所示。

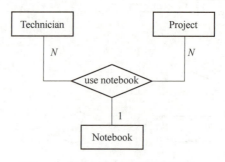

图 2 – 30　小心定义三元联系示例 3

### 2. E – R 图的集成

在开发一个大型信息系统时，最经常采用的策略是自顶向下地进行需求分析，然后再自底向上地设计概念结构。也就是说，首先设计各子系统的分 E – R 图，然后将它们集成起来，得到全局 E – R 图。E – R 图的集成一般包括两个步骤。

1）解决各分 E – R 图之间的冲突，合并 E – R 图，生成初步 E – R 图

各个局部应用所面向的问题不同，且通常是由不同的设计人员进行局部视图设计，这就导致各个子系统的 E – R 图之间必定会存在许多不一致的地方，称之为冲突。因此，合并这些 E – R 图时并不能简单地将各个 E – R 图画到一起，而是必须着力消除各个 E – R 图中的不一致，以形成一个能为全系统中所有用户共同理解和接受的统一的概念模型。合理消除各 E – R 图的冲突是合并 E – R 图的主要工作与关键所在。

各子系统的 E – R 图之间的冲突主要有 3 类：属性冲突、命名冲突和结构冲突。

（1）属性冲突。属性冲突主要包含以下两类冲突。

①属性域冲突，即属性值的类型、取值范围或取值集合不同。例如零件号，有的部门把它定义为整数，有的部门把它定义为字符型，不同部门对零件号的编码也不同。又如年龄，某些部门以出生日期的形式表示职工的年龄，而另一些部门用整数表示职工的年龄。

②属性取值单位冲突。例如，零件的重量有的以公斤为单位，有的以斤为单位，有的以克为单位。

属性冲突理论上好解决，但实际上需要各部门讨论协商，解决起来并非易事。

（2）命名冲突。命名冲突主要包含以下两类冲突。

①同名异义，即不同意义的对象在不同的局部应用中具有相同的名字。

②异名同义（一义多名），即同一意义的对象在不同的局部应用中具有不同的名字。例如，对科研项目，财务科称其为项目，科研处称其为课题，生产管理处称其为工程。

命名冲突可能发生在实体、联系上，也可能发生在属性一级上。其中属性的命名冲突更为常见。处理命名冲突通常也像处理属性冲突一样，采用讨论、协商等行政手段加以解决。

（3）结构冲突。结构冲突主要包含以下 3 类冲突。

①同一对象在不同应用中具有不同的抽象。例如，职工在某一局部应用中被当作实体，而在另一局部应用中被当作属性。解决方法通常是把属性变换为实体或把实体变换为属性，使同一对象具有相同的抽象。其变换可参考上一小节中的内容。

②同一实体在不同子系统的 E – R 图中所包含的属性个数和属性排列次序不完全相同。这是很常见的一类冲突，原因是不同的局部应用关心的是该实体的不同侧面。解决方法是使该实体的属性取各子系统的 E – R 图中属性的并集，再适当调整属性的排列次序。

③实体间的联系在不同的 E – R 图中为不同的类型。例如，实体 $E_1$ 与 $E_2$ 在一个 E – R 图中是多对多联系，在另一个 E – R 图中是一对多联系；又如，在一个 E – R 图中，实体 $E_1$ 与 $E_2$ 发生联系，而在另一个 E – R 图中 $E_1$、$E_2$、$E_3$ 三者之间有联系。解决方法是根据应用的语义对实体联系的类型进行综合或调整。

例如，图 2 – 31 中零件与产品之间存在多对多的联系"构成"，图 2 – 32 中产品、零件与供应商三者之间还存在多对多的联系"供应"，这两个联系互相不能包含，则在合并两个 E – R 图时就应把它们综合起来，如图 2 – 33 所示。

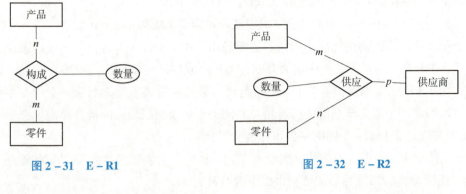

图 2 – 31　E – R1

图 2 – 32　E – R2

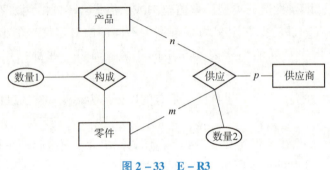

图 2 – 33　E – R3

2）消除不必要的冗余，设计基本 E – R 图

在初步 E – R 图中可能存在一些冗余的数据和实体间冗余的联系。所谓冗余的数据是指可由基本数据导出的数据，冗余的联系是指可由其他联系导出的联系。冗余数据和冗余联系会破坏数据库的完整性，给数据库的维护增加困难，应当予以消除。消除了冗余后的初步 E – R 图称为基本 E – R 图。

消除冗余除可以使用分析方法外，还可以使用规范化理论。在规范化理论中，函数依赖的概念提供了消除冗余联系的形式化工具。具体的步骤可参考二维码数据依赖的公理系统中的求最小依赖集，再逐一考察最小依赖集中的函数依赖，确定是否是冗余的联系，若是则把它去掉。

并不是所有的冗余数据与冗余联系都必须加以消除，有时为了提高效率，不得不以冗余信息作为代价。因此，在设计数据库概念结构时，哪些冗余信息必须消除，哪些冗余信息允许存在，需要根据用户的整体需求来确定。如果人为地保留了一些冗余数据，则应把数据字典中数据关联的说明作为完整性约束条件。

# 2.4　逻辑设计

概念结构是独立于任何一种数据模型的信息结构，逻辑设计的任务就是把概念设计阶段设计好的 E – R 图转换为与选用 DBMS 产品所支持的数据模型相符合的逻辑结构。这里只介绍 E – R 图向关系数据模型转换的原则与方法。

## 2.4.1　E-R图转换成关系模型

### 1. 从E-R图转换得到关系模型的关系

从E-R图转换得到关系模型的关系，一般可分为3类。说明：下列内容中实体如果没有特别申明，则是强实体，不是弱实体。

（1）转换得到的关系与原始实体包含相同信息内容。该类转换一般适用于以下情形。

①二元"N:M"联系中，任何一端的实体。

②二元"1:N"联系中，"一"端的实体。

③二元"1:1"联系中。

一方存在强制参与约束时，可选参与端的实体。如图2-34所示，如果在1:1联系Client-States-Preference中，Client（客户）是部分参与。换句话说，不是每个客户都指定了Preference（优惠），则指定实体客户为父实体，而实体优惠为子实体。因此，Client（父）实体转换的关系为client（clientNo，name，telNo，eMail）。

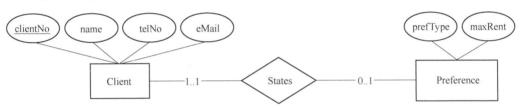

图2-34　一方存在强制参与约束的二元"1:1"联系E-R图

双方都可选参与的1:1联系时，联系某一边的实体。在这种情况下，我们可以随意地指定父实体和子实体。如图2-35所示，我们可以选择Car（汽车）作为父实体，其转换后的关系为Car（carNo，color），而员工实体就作为子关系；反之，即员工作为父关系而汽车作为子关系也是可以的。

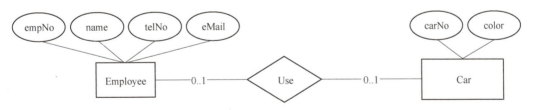

图2-35　双方都可选参与约束的二元"1:1"联系E-R图

④二元"N:M"自联系中，任何一端的实体（注：关系两端都指向同一个实体）。

⑤三元或n元关系中，任何一端的实体。

（2）转化得到的关系除了包含原始实体的信息内容之外，还包含原始实体父关系的外键以及合并联系后带来的联系属性。该转化是处理关系的常用方法之一，即在子关系中增加指向父关系中主键的外键信息。该类转化一般适用于以下情形。

①二元"1:N"联系中，"多"一端的实体。即"多"端的实体中需要包含"一"端的主键作为它的外键。这里的子关系指"多"一端的实体，父关系指"一"端的实体。另外，如果联系有属性，则可以考虑将其合并到"多"一端的实体中，而该联系就不再单独

创建一个关系了。

②二元"1:1"联系。

实体：即任何"一"端的强实体中需要包含另一个"一"端实体的主键作为它的外键。这里的子关系指任何一个"一"端的实体，而另一个"一"端的实体就是父关系。另外，如果联系有属性，则可以考虑将其合并到作为子关系的"一"端的实体中，而该联系就不再单独创建一个关系了。

一方存在强制参与约束时，强制参与端的实体。图2-34中，客户（父）实体的主关键字的副本（即clientNo）将被放到优惠（子）关系中作为它的外键，如Preference（client-No，prefType，maxRent）。如果联系中有属性，则需合并到子关系优惠中。

双方都强制参与的1:1联系。在这种情况下，应该将联系中的两个实体合并到一个关系里。如图2-36所示，联系States（规定）是一个双方都强制参与的1:1联系。因此，我们将这两个关系合并，得到关系Client（clientNo，name，telNo，eMail，prefType，maxRent）。如果双方都强制参与的1:1联系本身还有一个或多个属性，那么这些属性也应该包含在合并以后的关系中。例如，如果联系States还有一个用来记录日期的属性——规定日期（dateStated），那么在合并以后的Client关系中也应该包含这个属性。

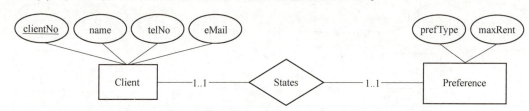

图2-36　双方存在强制参与约束的二元"1:1"联系E-R图

双方都可选参与的1:1联系时，联系另一边作为子实体的实体。图2-35中，我们可以选择Employee作为子实体，其转换后的关系为Employee（empNo，name，telNo，eMail，carNo）。需要说明的是，若假设大多数但不是全部汽车可被员工使用，则只有少数员工使用汽车。实体Car尽管是可选参与的，但相比实体Employee来说要更强制。因此，我们可以指定Employee为父实体，Car为子实体，并将实体Employee的主关键字（Employee）的副本放到关系Car中。

③二元"一对一"或"一对多"自联系中，任何一端的实体。由于是自联系，父关系与子关系都是自身实体。因此，实体自身需要再加入一个"一"端的主键作为外键。另外，如果联系有属性，则可以考虑将其合并到实体中，而该联系就不再单独创建一个关系了。

④所有的弱实体：对于数据模型中的每个弱实体，创建一个包含该实体所有简单属性的关系，该弱实体所依赖的所有者实体的主键作为它的外键。

⑤多值属性转换成关系：对于E-R图中实体的每一个多值属性，都创建一个新的关系表示，并且将实体的主键也复制到新建立的关系中，作为新关系的外键。因此，可以把多值属性看作子关系，而把多值属性所在的实体看作父关系。

（3）由"联系"转换得到的关系，该关系包含"联系"所涉及的所有实体的外键，以及该"联系"自身的属性信息。该类转化一般适用于以下情形。

①二元"$N:M$"联系。

②二元"$N:M$"自联系。

③三元或 $n$ 元联系。

该转换是另一种常用的关系处理方法。对于多对多联系，需要定义为一种包含两个相关实体主键的独立关系，该关系还能包含联系的属性信息。

## 2. 考虑约束的泛化关系的转换

由于考虑约束的泛化关系转换相对比较复杂，故这里单独对其说明。对于概念数据模型中的每个超类/子类联系，将超类实体作为父实体，子类实体作为子实体。如何表示这种联系？有几种不同的选择：可以用一个关系表示，也可以用多个关系表示。有很多因素可以帮助我们做出正确的选择，如超类/子类联系的不相交性和完备性约束（参见 2.3.2 小节）、子类是否与不同的联系有关、超类/子类联系中参与者的数量等。表 2-3 给出了仅基于完备性约束和不相交约束表示超类/子类联系的方法。

表 2-3　基于完备性约束和不相交约束表示超类/子类联系的方法

| 完备性约束 | 不相交约束 | 所需关系 |
| --- | --- | --- |
| 强制 | 非不相交 {And} | 一个关系（具有一个或者多个鉴别子以区分各元组的类型） |
| 可选 | 非不相交 {And} | 两个关系：一个关系表示超类，所有子类用一个关系（具有一个或多个鉴别子以区分各元组的类型）表示 |
| 强制 | 不相交 {Or} | 多个关系：每一对超类/子类转化为一个关系 |
| 可选 | 不相交 {Or} | 多个关系：一个关系表示超类，每个子类各用一个关系表示 |

如图 2-37 所示，我们有多种方法将这种联系转化为一个或多个关系，如表 2-4 所示。选择的范围很广，我们可以将所有属性都放到同一个关系中，并使用两个鉴别子 pOwnerFlag 和 bOwnerFlag 说明元组是否属于某一个特定子类（选择 1），也可以将这些属性划分到 3 个关系中（选择 4）。此时，对超类/子类联系最恰当的描述取决于联系上的约束。从表 2-4 中可以看出，超类 Owner 及其子类的联系是强制和不相交的，因为超类 Owner 的每个成员必须是某个子类的成员（PrivateOwner 或 BusinessOwner），但是不能同时属于两个子类。因此我们将选择 3 作为这种联系的最佳描述，为每个子类创建一个单独的关系，并在每个子类中都包含了超类的主键的副本。

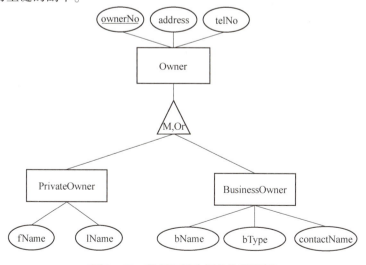

图 2-37　强制不相交泛化关系示例

表2-4　基于表2-3显示 Owner 超类/子类联系的各种方法

| 选择 | 说明 |
|---|---|
| 选择1——强制、非不相交 | AllOwner（ownerNo, address, telNo, fName, lName, bName, bType, contactName, pOwnerFlag, bOwnerFlag）<br>主键 ownerNo |
| 选择2——可选、非不相交 | Owner（ownerNo, address, telNo）<br>主键 ownerNo<br>OwnerDetails（ownerNo, fName, lName, bName, bType, contactName, pOwnerFlag, bOwnerFlag）<br>主键 ownerNo<br>外键 ownerNo 引用 Owner（ownerNo） |
| 选择3——强制、不相交 | PrivateOwner（ownerNo, fName, lName, address, telNo）<br>主键 ownerNo<br>BusinessOwner（ownerNo, bName, bType, contactName, address, telNo）<br>主关键字 ownerNo |
| 选择4——可选、不相交 | Owner（ownerNo, address, telNo）<br>主键 ownerNo<br>PrivateOwner（ownerNo, fName, lName）<br>主键 ownerNo<br>外键 ownerNo 引用 Owner（ownerNo）<br>BusinessOwner（ownerNo, bName, bType, contactName）<br>主键 ownerNo<br>外键 ownerNo 引用 Owner（ownerNo） |

必须强调的是，表2-3给出的仅仅是一个参考，可能会有其他因素影响最终的选择。例如，对于选择1（强制、非不相交），我们使用两个鉴别子标识元组是否是某个特定子类的成员。一种等效的方法是可以用一个鉴别子区分元组是 PrivateOwner 的成员还是 Business-Owner 的成员，或者两者都是。甚至可以不要鉴别子，简单地对专属于某个子类的一个属性进行测试，通过测试该属性的值，就可以判断这个元组是否为那个子类的成员。在这种情况下，必须保证被检测的属性是可以对元组进行区分的属性（因此必须非空）。

**3. 转化过程中对于主键的处理规则**

（1）强实体的主键：E-R 图中原实体的主键属性。

（2）弱实体的主键：该弱实体所依赖的所有者实体的主键。

（3）二元"1:1"联系中子关系的主键。

①一方存在强制参与约束时：子关系的外键（即父关系主键的副本）作为子关系的主键。例如，Preference（clientNo, prefType, maxRent）中 clientNo 既是外键又是主键。在这种情况下，要等到外键从关系 Client 复制到关系 Preference 以后，才能最后确认关系 Preference 的主键是什么。因此，在步骤的最后，应该标识出在这个转换过程中形成的所有新的主键或者候选关键字，并对数据字典作相应更新。

②双方都强制参与的1:1联系时：其两个实体合并到一个关系后，选择原实体的一个主键作为新关系的主键。

③双方都可选参与的 1∶1 联系时：子关系的外键（即父关系的主键）作为该子关系的主键。

（4）二元"$N∶M$"联系、二元"$N∶M$"自联系、三元或 $n$ 元联系的主键：该 3 种类型的联系转换成关系后，其主键由联系相关的所有实体的主键组合作为该关系的主键。

（5）多值属性转换成有关系的主键：多值属性与对应实体的主键的组合作为该关系的主键。另外，如果多值属性具有唯一性，其也可以作为主键。

（6）泛化联系转换得到关系的主键：可参见表 2–4 中的相关内容。

## 2.4.2 数据模型的优化

数据库逻辑设计的结果不是唯一的。为了进一步提高数据库应用系统的性能，还应该根据应用需要适当地修改、调整数据模型的结构，这就是数据模型的优化。关系数据模型的优化通常以规范化理论为指导，方法如下。

（1）确定数据依赖。在上述内容中已讲到，用数据依赖的概念分析和表示数据项之间的联系，写出每个数据项之间的数据依赖。按需求分析阶段所得到的语义，分别写出每个关系模式内部各属性之间的数据依赖以及不同关系模式属性之间的数据依赖。

（2）对于各个关系模式之间的数据依赖进行极小化处理，消除冗余的联系，具体方法已在 1.5 节中进行了说明。

（3）按照数据依赖的理论对关系模式逐一进行分析，考察是否存在部分函数依赖、传递函数依赖、多值依赖等，确定各关系模式分别属于第几范式。

（4）根据需求分析阶段得到的处理要求分析对于这样的应用环境这些模式是否合适，确定是否要对某些模式进行合并或分解。

必须注意的是，并不是规范化程度越高的关系就越优。例如，当查询经常涉及两个或多个关系模式的属性时，系统经常进行连接运算。连接运算的代价是相当高的，可以说关系模型低效的主要原因就是由连接运算引起的。这时可以考虑将这几个关系合并为一个关系。因此，在这种情况下，2NF 甚至 1NF 也许是合适的。

又如，非 BCNF 的关系模式虽然从理论上分析会存在不同程度的更新异常或冗余，但如果在实际应用中对此关系模式只是查询，并不执行更新操作，则不会产生实际影响。因此，对于具体应用来说，到底规范化到什么程度需权衡响应时间和潜在问题两者的利弊决定。

（5）对关系模式进行必要分解，提高数据操作效率和存储空间利用率。常用的两种分解方法是水平分解和垂直分解。

水平分解是把（基本）关系的元组分为若干子集合，定义每个子集合为一个子关系，以提高系统的效率。根据"80/20 原则"，一个大关系中，经常被使用的数据只是关系的一部分，约 20%，可以把经常使用的数据分解出来，形成一个子关系。如果关系模式 $R$ 上具有 $n$ 个事务，且多数事务存取的数据不相交，则 $R$ 可分解为少于或等于 $n$ 个子关系，使每个事务存取的数据对应一个关系。

垂直分解是把关系模式 $R$ 的属性分解为若干子集合，形成若干子关系模式。垂直分解的原则是，将经常在一起使用的属性从 $R$ 中分解出来形成一个子关系模式。垂直分解可以提高某些事务的效率，但也可能使另一些事务不得不执行连接操作，从而降低了效率。因此是否进行垂

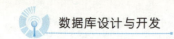

直分解取决于分解后 R 上的所有事务的总效率是否得到了提高。垂直分解需要确保无损连接性和保持函数依赖性，即保证分解后的关系具有无损连接性和保持函数依赖性。

规范化理论为数据库设计人员判断关系模式的优劣提供了理论标准，可用来预测模式可能出现的问题，使数据库设计工作有了严格的理论基础。

### 2.4.3　设计用户外模式

将概念模型转换为全局逻辑模型后，还应该根据局部应用需求，结合具体关系数据库管理系统的特点设计用户的外模式。

目前关系数据库管理系统一般都提供了视图功能，可以利用这一功能设计更符合局部用户需要的用户外模式。

定义数据库全局模式主要是从系统的时间效率、空间效率、易维护等角度出发。由于用户外模式与模式是相对独立的，因此在定义用户外模式时可以注重考虑用户的习惯。具体包括以下 3 个方面。

（1）使用更符合用户习惯的别名。在合并各分 E－R 图时曾做过消除命名冲突的工作，以使数据库系统中同一关系和属性具有唯一的名字。这在设计数据库整体结构时是非常有必要的。用视图机制可以在设计用户视图时重新定义某些属性名，使其与用户习惯一致，以方便使用。

（2）可以对不同级别的用户定义不同的视图，以保证系统的安全性。假设有关系模式产品（产品号，产品名，规格，单价，生产车间，生产负责人，产品成本，产品合格率，质量等级），可以在产品关系上建立以下两个视图：为一般顾客建立视图产品 1（产品号，产品名，规格，单价）；为产品销售部门建立视图产品 2（产品号，产品名，规格，单价，生产车间，生产负责人）。

顾客视图中只包含允许顾客查询的属性；销售部门视图中只包含允许销售部门查询的属性；生产领导部门则可以查询全部产品数据。这样就可以防止用户非法访问本来不允许其查询的数据，保证了系统的安全性。

（3）简化用户对系统的使用。如果某些局部应用中经常要使用某些很复杂的查询，为了方便用户，则可以将这些复杂查询定义为视图，用户每次只对定义好的视图进行查询，大大简化了用户的使用。

## 2.5　物理设计

数据库在物理设备上的存储结构与存取方法称为数据库的物理结构，它依赖于选定的数据库管理系统。为一个给定的逻辑数据模型选取一个最适合应用要求的物理结构的过程，就是数据库的物理设计。

数据库的物理设计通常分为以下两步。

（1）确定数据库的物理结构，在关系数据库中主要指存取方法和存储结构。

（2）对物理结构进行评价，评价的重点是时间和空间效率。

如果评价结果满足原设计要求，则可进入物理实施阶段；否则，就需要重新设计或修改物理结构，有时甚至要返回逻辑设计阶段修改数据模型。

## 2.5.1 数据库物理设计的内容与方法

不同的数据库产品所提供的物理环境、存取方法和存储结构有很大差别，能供设计人员使用的设计变量、参数范围也很不相同。因此，没有通用的物理设计方法可遵循，只能给出一般的设计内容和原则。希望设计优化的物理数据库结构，使在数据库上运行的各种事务响应时间短、存储空间利用率高、事务吞吐率大。为此，一方面对要运行的事务、数据库与表结构、表数据分割、文件组以及文件等方面的内容进行详细分析，获得选择物理数据库设计所需要的参数；另一方面，要充分了解所用关系数据库管理系统的内部特征，特别是系统提供的存取方法和存储结构。

### 1. 事务

对于数据库查询事务，需要得到如下信息。

（1）查询的关系。

（2）查询条件所涉及的属性。

（3）连接条件所涉及的属性。

（4）查询的投影属性。

对于数据更新事务，需要得到如下信息。

（1）被更新的关系。

（2）每个关系上的更新操作条件所涉及的属性。

（3）修改操作要改变的属性值。

除此之外，还需要知道每个事务在各关系上运行的频率和性能要求。例如，事务 T 必须在 10 s 内结束，这对于存取方法的选择具有重大影响。上述这些信息是确定关系的存取方法的依据。应该注意的是，数据库上运行的事务会不断变化，以后需要根据上述设计信息的变化调整数据库的物理结构。

### 2. 数据库与表结构

1）数据库、表及字段的命名规范

（1）数据库、表及字段的命名要遵守可读性原则。

（2）数据库、表及字段的命名要遵守表意性原则。

（3）数据库、表及字段的命名要遵守可扩展性原则。

2）数据类型的选择

当一个列可以选择多种数据类型时，应该优先考虑数值类型，其次是日期或二进制类型，最后是字符型。对于相同级别的数据类型，应该优先选择占用空间小的数据类型。数据类型的选择可以通过评价物理结构的空间、时间以及用户要求等达到性能要求，详见 2.5.4 小节。

3）堆表和索引组织表的选择

使用的是堆表还是索引组织表，取决于对 DML 效率的要求。该部分内容决定了关系模式的存取方法，详见 2.5.2 小节。

（1）堆表在 DML 中没有聚集索引的维护成本，没有聚集索引的表称为堆表（heap table）。

（2）对于主键的单值或范围查找，尤其是范围查找，索引组织表的效率更高，因为省去了书签查找（bookmark lookup）的成本，在非明确指定的情况下，SQL Server 中默认使用索引组织表。

### 3. 表数据分割

表数据分割的分析决定了数据库存储结构的存放位置以及系统配置等物理结构，其可以分为水平分割以及垂直分割两类，详见 2.5.3 小节。

#### 1）水平分割

出于读写性能的考虑，将一个大表拆分为若干个小的单元，应用程序根据每个单元的入口规则，映射到相应的单元，只处理所需访问的单元中的数据，以提高数据读写的效率。水平分割针对表中数据行进行分割，可采用以下方式。

（1）分表。在还没有出现分区的概念时，对于大表，通常采用分表的方式来实现数据的水平分割。按照一定的规则将数据分别存入不同名称的表，最常见的就是按日期、时间来分表。例如，将每月的订单放到当前月的订单表中，orders_201001、orders_201002、orders_201003，依次类推。也可以根据编号规则来分表，例如将订单尾数为 1 的订单放到一张表中，orders_1、orders_2、orders_3，依次类推。

（2）表分区。SQL Server 2005 以前的版本中，出现过分区视图，其作为在分区表出现前的一个替代品，有本地分区视图和分布式分区视图两种。分布式分区视图的概念与分布式存储类似，但由于受网络因素影响较大，因此未被广泛使用。

对于本地化的表分区，目前多采用分区表，结构如图 2-38 所示。

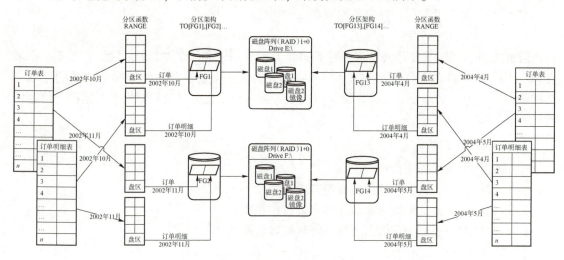

**图 2-38　表分区结构**

#### 2）垂直分割

垂直分割针对表中的列进行分割。如果表中的列非常多，从而导致一行数据所占用的存储空间非常大时，则可以考虑进行垂直分割。例如，将一张表拆成主表和从表，主表中存放访问最频繁的列，从表中存放访问较少的列，从而提高数据读取的效率。通常不建议使用垂直分割，如果主表和从表都变得很大，则在需要进行主从表关联时，成本相当高，可能会影响性能。

### 4. 文件组（表空间）

在 SQL Server 中称文件组，在 Oracle 中称表空间，它们都是对数据文件的逻辑分组。文件组的性能分析确定数据库的存储结构。使用文件组的目的如下。

1）性能

独立冗余磁盘阵列（Redundant Array of Independent Disks，RAID）可用于多磁盘管理中，将多个容量较小、相对廉价的磁盘进行有机组合，从而以较低的成本获得与昂贵大容量磁盘相当的容量、性能、可靠性。RAID0 提供了最好的读写性能，但 RAID0 没有提供冗余恢复策略，所以很少单独使用。通常，使用 RAID10 或 RAID5 来实现磁盘数据的存储与容灾。随着磁盘上数据量的提升，RAID5 的读写性能会明显低于 RAID10，RAID5 至少需要 3 块磁盘，RAID10 至少需要 4 块磁盘，RAID5 在同样提供数据容灾的情况下，更能节省成本，但如果成本不在考虑范围内，当然是性能优先，应该使用 RAID10。

文件组中的文件放在不同磁盘上，是否可以提高读写的效率？在使用 RAID1 或 RAID5 的情况下，这种效率的提升几乎可以忽略，因为数据本身已经被分散写到 RAID 的各块磁盘上。

2）管理

目前使用文件组的目的，大都出于管理。

（1）在磁盘空间不足的情况下，可以使用多个小空间的磁盘，同时，也可为数据库扩展新的磁盘空间。

（2）文件组的备份/还原、只读/读写、离线/在线等数据库管理与维护。

SQL Server 中文件组与文件的关系如图 2-39 所示。

### 5. 文件

如果文件组中的文件被限制大小，则文件填满后不会自动新建一个文件，此时数据库会报出空间不足的错误。因此，在定义文件时，要么指定其大小无限增长（直到填满磁盘空间），要么定期检查文件空闲空间的大小，以手动方式扩展。

文件组中文件是逐个写入还是各个文件同时都在增大？SQL Server 中是文件组中的各个文件同时写入，Oracle 中是写满一个再写下一个。

通过对上述几个部分的内容进行详细分析，由此决定了后续 2.5.2 小节以及 2.5.3 小节关系数据库系统提供的存取方法和存储结构的选择。

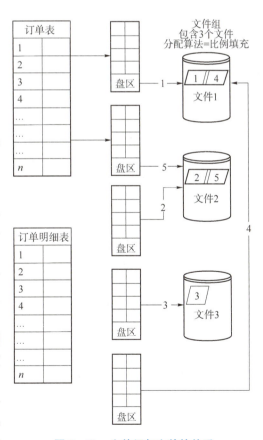

**图 2-39　文件组与文件的关系**

## 2.5.2　关系模式存取方法选择

数据库系统是多用户共享的系统，对同一个关系要建立多条存取路径才能满足多用户的多种应用要求。物理设计的任务之一是根据关系数据库管理系统支持的存取方法确定选择哪些存取方法。

存取方法是指快速存取数据库中数据的技术，DBMS 一般提供多种存取方法。常用的存取方法为索引方法和聚簇（Clustering）方法。

B + 树索引和 hash 索引是数据库中经典的存取方法，使用最普遍。

### 1. B + 树索引存取方法的选择

所谓选择索引存取方法，实际上就是根据应用要求确定对关系的哪些属性列建立索引、哪些属性列建立组合索引、哪些索引要设计为唯一索引等。

（1）如果一个（或一组）属性经常在查询条件中出现，则考虑在这个（或这组）属性上建立索引（或组合索引）。

（2）如果一个属性经常作为最大值和最小值等聚集函数的参数，则考虑在这个属性上建立索引。

（3）如果一个（或一组）属性经常在连接操作的连接条件中出现，则考虑在这个（或这组）属性上建立索引。

关系上定义的索引数并不是越多越好，因为系统为维护索引要付出代价，同时查找索引也要付出代价。例如，若一个关系的更新频率很高，则在这个关系上定义的索引数不能太多。因为更新一个关系时，必须对这个关系上有关的索引做相应的修改。

### 2. hash 索引存取方法的选择

选择 hash 索引存取方法的规则：如果一个关系的属性主要出现在等值连接条件或等值比较选择条件中，而且满足下列两个条件之一，则此关系可以选择 hash 索引存取方法。

（1）一个关系的大小可预知，而且不变。

（2）关系的大小动态改变，但 DBMS 提供了动态 hash 索引存取方法。

### 3. 聚簇存取方法的选择

为了提高某个属性（或属性组）的查询速度，把这个或这些属性上具有相同值的元组集中存放在连续的物理块中称为聚簇。该属性（或属性组）称为聚簇码（cluster key）。

聚簇功能可以大大提高按聚簇码进行查询的效率。例如，要查询信息系的所有学生名单，设信息系有 500 名学生，在极端情况下，这 500 名学生所对应的数据元组分布在 500 个不同的物理块上。尽管对学生关系已按所在系建有索引，由索引很快找到信息系学生的元组标识，避免了全表扫描，然而在由元组标识去访问数据块时就要存取 500 个物理块，执行 500 次输入/输出（Input/Output，I/O）操作。如果将同一系的学生元组集中存放，则每读一个物理块可得到多个满足查询条件的元组，从而显著地减少了访问磁盘的次数。

聚簇功能不但适用于单个关系，也适用于经常进行连接操作的多个关系，即把多个连接关系的元组按连接属性值聚集存放。这就相当于把多个关系按"预连接"的形式存放，从而大大提高连接操作的效率。

一个数据库可以建立多个聚簇，而一个关系只能加入一个聚簇。选择聚簇存取方法，即确定需要建立多少个聚簇，每个聚簇中包括哪些关系。

首先设计候选聚簇，一般来说应注意以下3点。

（1）对经常在一起进行连接操作的关系可以建立聚簇。

（2）如果一个关系的一组属性经常出现在相等比较条件中，则此单个关系可建立聚簇。

（3）如果一个关系的一个（或一组）属性上的值重复率很高，则此单个关系可建立聚簇，即对应每个聚簇码值的平均元组数不能太少，若太少则聚簇的效果不明显。

然后检查候选聚簇中的关系，取消其中不必要的关系。

（1）从聚簇中删除经常进行全表扫描的关系。

（2）从聚簇中删除更新操作远多于连接操作的关系。

（3）不同的聚簇中可能包含相同的关系，一个关系可以在某一个聚簇中，但不能同时加入多个聚簇。要从多个聚簇方案（包括不建立聚簇）中选择一个较优的，即在这个聚簇上运行各种事务的总代价最小。

必须强调的是，聚簇只能提高某些应用的性能，而且建立与维护聚簇的开销是相当大的。对已有关系建立聚簇将导致关系中元组移动其物理存储位置，并使此关系上原来建立的所有索引无效，必须重建。当一个元组的聚簇码值改变时，该元组的存储位置也要做相应移动。聚簇码值要相对稳定，以减少修改聚簇码值所引起的维护开销。

因此，当通过聚簇码进行访问或连接是该关系的主要应用，与聚簇码无关的其他访问很少或者是次要的，这时可以使用聚簇。尤其当SQL语句中包含与聚簇码有关的ORDER BY，GROUP BY. UNION，DISTINCT等子句或短语时，使用聚簇会特别有利，可以省去对结果集的排序操作。

## 2.5.3　确定数据库的存储结构

确定数据库物理结构主要指确定数据的存放位置和存储结构，包括确定关系、索引、聚簇、日志、备份等的存储安排和存储结构，确定系统配置等。

确定数据的存放位置和存储结构要综合考虑存取时间、存储空间利用率和维护代价三方面的因素。这3个方面常常是相互矛盾的，因此需要进行权衡，选择一种折中方案。

### 1. 确定数据的存放位置

为了提高系统性能，应该根据应用情况将数据的易变部分与稳定部分、经常存取部分和存取频率较低部分分开存放。

例如，目前很多计算机有多个磁盘或磁盘阵列，因此可以将表和索引放在不同的磁盘上，在查询时，由于磁盘驱动器并行工作，所以可以提高物理I/O读写的效率；也可以将比较大的表分放在两个磁盘上，以加快存取速度，这在多用户环境下特别有效；还可以将日志文件与数据库对象（表、索引等）放在不同的磁盘上，以改进系统的性能。

由于各个系统所能提供的对数据进行物理安排的手段、方法差异很大，因此设计人员应仔细了解给定的关系数据库管理系统提供的方法和参数，针对应用环境的要求对数据进行适当的物理安排。

### 2. 确定系统配置

关系数据库管理系统产品一般都提供了一些系统配置变量和存储分配参数，供设计人员和数据库管理员对数据库进行物理优化。初始情况下，系统都为这些变量赋予了合理的默认值。但是，这些值不一定适合每一种应用环境，在进行物理设计时需要重新对这些变量赋

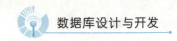
值，以改善系统的性能。

系统配置变量有很多，如同时使用数据库的用户数，同时打开的数据库对象数、内存分配参数、缓冲区分配参数（使用的缓冲区长度、个数）、存储分配参数、物理块的大小、物理块装填因子、时间片大小、数据库大小、锁的数目等。这些参数值影响存取时间和存储空间的分配，在物理设计时要根据应用环境确定这些参数值，以使系统性能最佳。

在物理设计时对系统配置变量的调整只是初步的，在系统运行时还要根据系统实际运行情况做进一步的调整，以期切实改进系统性能。

### 2.5.4　评价物理结构

数据库物理设计过程中需要对时间效率、空间效率、维护代价和各种用户要求进行权衡，其结果可以产生多种方案。数据库设计人员必须对这些方案进行细致的评价，从中选择一个较优的方案作为数据库的物理结构。例如，我们可以从评价内容、评价指标以及评价方法等方面进行评价方案设计。

（1）评价内容：存取方法选取的正确性、存储结构设计的合理性、文件存放位置的规范性、存储介质选取的标准性。

（2）评价指标：存储空间的利用率、存取数据的速度和维护费用等。

（3）评价方法：根据物理结构的评价内容，统计存储空间的利用率、数据的存取速度和维护费用指标。

评价数据库物理结构的方法完全依赖于所选用的关系数据库管理系统，主要是从定量估算各种方案的存储空间、存取时间和维护代价入手，对估算结果进行权衡、比较，选择出一个较优的、合理的物理结构。如果该结构不符合用户需求，则需要修改设计。

# 2.6　数据库的实施和维护

完成数据库的物理设计之后，设计人员就要用关系数据库管理系统提供的数据定义语言和其他实用程序将数据库逻辑设计和物理设计结果严格描述出来，作为关系数据库管理系统可以接受的源代码，再经过调试产生目标模式，然后就可以组织数据入库了，这就是数据库实施阶段。

### 2.6.1　数据的载入和应用程序的调试

数据库实施阶段包括两项重要的工作，一项是数据的载入，另一项是应用程序的编码和调试。

#### 1. 数据的载入

一般数据库系统中的数据量都很大，而且数据来源于部门中的各个不同的单位，数据的组织方式、结构和格式都与新设计的数据库系统有相当大的差距。组织数据载入就要将各类源数据从各个局部应用中抽取出来，输入计算机，再分类转换，最后综合成符合新设计的数据库结构的形式，输入数据库。这样的数据转换、组织入库的工作是相当费力、费时的。特别是原系统是手工数据处理系统时，各类数据分散在各种不同的原始表格、凭证、单据之中。在向新的数据库系统中输入数据时还要处理大量的纸质文件，工作量就更大。

为提高数据输入工作的效率和质量，应该针对具体的应用环境设计一个数据录入子系统，由计算机来完成数据入库的任务。在源数据入库之前要采用多种方法对其进行检验，以防止不正确的数据入库，这部分的工作在整个数据录入子系统中是非常重要的。现有的关系数据库管理系统一般都提供不同关系数据库管理系统之间数据转换的工具，若原来是数据库系统，则要充分利用新系统的数据转换工具。通过 SQL Server 载入数据的操作，详见二维码。

通过 SQL Server
载入数据的操作

### 2. 应用程序的编码和调试

数据库应用程序的设计应该与数据库设计同时进行，因此在组织数据入库的同时还要调试应用程序。应用程序的设计、编码和调试的方法、步骤在软件工程等课程中有详细讲解，这里就不再赘述了。

数据库应用程序的外部业务逻辑一般使用高级语言（如 C++、Java、Python、Go、JavaScript 等）进行程序开发。但是，有时对于数据库内部的复杂处理逻辑，也可使用 SQL 的高级语言特性进行程序开发。SQL Server 各组成部分的命名及编码规范，详见二维码。

SQL Server 各组成
部分的命名及
编码规范

## 2.6.2　数据库的试运行

在原有系统的数据有一小部分已输入数据库后，就可以开始对数据库系统进行联合调试了，这称为数据库的试运行。

这一阶段要实际运行数据库应用程序，执行对数据库的各种操作，测试应用程序的功能是否满足设计要求。如果不满足，则对应用程序部分要修改、调整，直到达到设计要求为止。

在数据库试运行时，还要测试系统的性能指标，分析其是否达到设计目标。在对数据库进行物理设计时已初步确定了系统的物理参数值，但一般情况下，设计时的考虑在许多方面只是近似估计，和实际系统运行总有一定的差距，因此必须在试运行阶段实际测量和评价系统性能指标。事实上，有些参数的最佳值往往是经过运行调试后找到的。如果测试的结果与设计目标不符，则返回物理设计阶段重新调整物理结构，修改系统参数，某些情况下甚至要返回逻辑设计阶段修改逻辑结构。

这里特别要强调两点。第一，前面已经介绍过组织数据入库是十分费时、费力的事，如果试运行后还要修改数据库的设计，那么还要重新组织数据入库，这样更费时、费力。因此，应分期、分批地组织数据入库，先小批量输入数据来调试，待试运行基本合格后再大批量输入数据，逐步增加数据量，完成运行评价。第二，在数据库试运行阶段，由于系统还不稳定，硬、软件故障随时都有可能发生；而系统的操作人员对新系统还不熟悉，误操作也不可避免，因此要做好数据库的转储和恢复工作。一旦故障发生，能使数据库尽快恢复，尽量减少对数据库的破坏。

## 2.6.3　数据库的运行和维护

数据库试运行合格后，数据库的开发工作就基本完成，数据库便可以投入正式运行了。

但是，由于应用环境在不断变化，数据库运行过程中物理存储也会不断变化，所以对数据库设计进行评价、调整、修改等维护工作是一个长期的任务，也是设计工作的继续和提高。

在数据库运行阶段，对数据库经常性的维护工作主要是由数据库管理员完成的。数据库的维护工作主要包括以下 4 个方面。

### 1. 数据库的转储和恢复

数据库的转储和恢复是系统正式运行后最重要的维护工作之一。数据库管理员要针对不同的应用要求制订不同的转储计划，以保证一旦发生故障能尽快将数据库恢复到某种一致的状态，并尽可能减少对数据库的破坏。该部分的相关技术内容将在第 9 章进行详细说明。

### 2. 数据库的安全性、完整性控制

在数据库运行过程中，由于应用环境的变化，对安全性的要求也会发生变化。例如，有的数据原来是机密的，现在则可以公开查询，而新加入的数据又可能是机密的。系统中用户的密级也会改变。这些都需要数据库管理员根据实际情况修改原有的安全性控制。同样，数据库的完整性约束条件也会改变，也需要数据库管理员不断修正，以满足用户要求。

### 3. 数据库性能的监督、分析和改造

在数据库运行过程中，监督系统运行、对监测数据进行分析、找出改进系统性能的方法是数据库管理员的又一重要任务。目前有些关系数据库管理系统提供了监测系统性能参数的工具，数据库管理员可以利用这些工具方便地得到系统运行过程中一系列性能参数的值。数据库管理员应仔细分析这些数据，判断当前系统运行状况是否为最佳，应当做哪些改进，如调整系统物理参数或对数据库进行重组织或重构造等。

### 4. 数据库的重组织与重构造

数据库运行一段时间后，由于记录不断增、删、改，因此数据库的物理存储情况发生变坏，从而降低数据的存取效率，使数据库的性能下降，这时数据库管理员就要对数据库进行重组织或部分重组织（只对频繁增、删的表进行重组织）。关系数据库管理系统一般都提供数据重组织使用的实用程序。在重组织的过程中，按原设计要求重新安排存储位置、回收垃圾、减少指针链等，从而提高系统性能。

数据库的重组织并不修改原设计的逻辑和物理结构，而数据库的重构造则不同，它是指部分修改数据库的模式和内模式。

由于数据库应用环境发生变化，增加了新的应用或新的实体，取消了某些应用，有的实体与实体间的联系也发生了变化等。因此，原有的数据库设计不能满足新的需求，需要调整数据库的模式和内模式。例如，在表中增加或删除某些数据项，改变数据项的类型，增加或删除某张表，改变数据库的容量，增加或删除某些索引等。当然数据库的重构造也是有限的，只能做部分修改。如果应用变化太大，重构也无济于事，那么说明此数据库应用系统的生命周期已经结束，应该设计新的数据库应用系统了。

本章小结与思考题（2）

# 第3章

# SQL 高级编程基础

## 学习目标

1. 了解并熟悉 SQL 中的批处理命令与注释。
2. 总结数据类型的分类与区别。
3. 尝试解决在实际环境下不同数据类型的选择问题。
4. 学习并熟悉 SQL 中常量与变量的分类与实际应用。
5. 学习并熟悉 SQL 中运算符与表达式的分类与综合应用。
6. 学习并熟悉 SQL 中块、等待、GOTO、返回等语句的含义与作用。
7. 学习并熟悉 SQL 中顺序、分支与循环语句的使用。
8. 学会结合 SQL 高级语言的特点，在实际应用场景进行综合编写。

## 数据素养指标

1. 了解高级语言的基本语法结构，能够进行基本的数据操作。
2. 区分不同数据源不同类型的数据，并进行分类收集存储。
3. 能够利用基本语言工具，从数据模型中提取基本信息。

## 本章导读

1. 批处理命令与注释：事务与批处理的关系；批处理命令；单行与多行注释。
2. 数据类型：数据类型的分类、关键字、数据范围。
3. 常量与变量：数字常量、字符串常量、日期和时间常量以及符号常量；局部变量的声明、赋值与显示；全局变量的声明与注意事项；常用的全局变量。
4. 运算符与表达式：算术、赋值、按位、比较、逻辑、字符串串联以及一元运算符；

运算符优先级；数值型、字符串和条件表达式。

5. 流程控制：块、等待、GOTO 以及返回语句；条件语句（IF…ELSE）；多分支语句（CASE）；循环语句（WHILE）。

绝大多数的商业关系数据库管理系统都会在标准 SQL 的基础上进行扩展。例如，Transact–SQL（简称 T–SQL）是微软公司对 ANSI SQL 标准的扩展，是 SQL Server 的核心组件之一。针对 ANSI SQL 标准可编程性和灵活性较弱等问题，T–SQL 对其进行了扩展，加入了程序流程控制结构（如 IF 和 WHILE）、局部变量和其他一些功能。这就使 T–SQL 除了数据定义、数据操作、数据控制等基本的功能外，还具有更加复杂的编程功能。

Procedural Language/SQL（简称 PL/SQL）则是 Oracle 对 SQL 在面向过程功能方面的扩展，是 Oracle 提供的、用于操作 Oracle 数据库的编程语言。与 T–SQL 类似，PL/SQL 全面支持 SQL 的数据操作、事务控制等。数据库管理员（Database Administrator，DBA）可以利用 PL/SQL 功能自动执行和处理一些日常管理任务。

利用扩展的 SQL 功能，数据库管理员、程序员等相关人员可以写出更为复杂的查询语句，或建立驻留在服务器上的基于代码的对象；编写具有实际用途的数据库应用程序。本章将就 SQL 高级编程基础的内容进行详细说明，其中包括批处理命令、注释、变量、数据类型、运算符、表达式、流程控制语句、常用命令等。

# 3.1　批处理命令与注释

批处理命令与注释是 SQL 语句中容易被忽视的语句，但是它们在工程应用的代码编写过程中具有重要意义。因此，本节将简要说明这两个语句的含义与作用。

## 3.1.1　批处理命令

批处理命令（GO 语句）是 SQL Server 的多语句批处理方式。Oracle 无此批处理命令，而是以 Commit Transaction 把多条语句作为一个事务提交。一个 T–SQL 程序包含若干个以BEGIN TRANSACTION（开始事务）开始、以 COMMIT（事务提交）或 ROLLBACK（事务回滚）结束的事务，一个事务可以包含若干个以 GO 结束的批处理，一个批处理包含若干条T–SQL语句。因此，T–SQL 程序的基本结构如下：

```
{BEGIN TRANSACTION
    {T–SQL 语句[ ,…n]
        GO
    }[ ,…n]
{COMMIT|ROLLBACK}}[ ,…n]
```

官方说法：GO 只是 SQL Server 管理器（SQL Server Managerent Studio，SSMS）中用来提交 T–SQL 语句的一个标志。如果只是执行一条语句，则有没有 GO 都一样。在默认情况下，执行一条 T–SQL 语句，即使没有写 BEGIN TRANSACTION 或 COMMIT 或 ROLLBACK 语句，也会认为是一个单独的事务。而如果多条语句之间用 GO 分隔开就不一样了。每条被 GO 分隔的语句都是一个单独的事务，一条语句执行失败不会影响其他语句执行。

注意：GO 不是实际的 Transact – SQL，它只是告诉 SSMS 在每个批次之间的每个 GO 之间顺序发送 SQL 语句。而分号（;）是一个 SQL 语句分隔符，在大多数情况下，引擎可以解释语句在哪里分解。

### 3.1.2　注释

注释是程序代码中不执行的文本，可用于对代码进行说明或暂时禁用正在进行调试的部分 SQL 语句和批处理。使用注释对代码进行说明，可使程序代码易于维护。

SQL Server 与 Oracle 都支持以下两种类型的注释：

（1）双减号（--）：在程序中，从双减号（--）开始到行尾均为注释，常用来给出单行注释。对于多行注释，必须在每个注释行的开始使用双减号。

（2）斜杠—星号对（/*…*/）：在程序中，从开始注释对（/*）到结束注释对（*/）之间的全部内容均视为注释，常用来给出多行注释。需要注意的是，多行斜杠—星号对注释不能跨越批处理；整个注释必须包含在一个批处理内，否则容易出错。

## 3.2　SQL Server 的数据类型

**SQL Server 数据类型**

在 DBMS 中为表设计列时需要规划其数据类型，而且局部变量、表达式和参数也都需要设置数据类型。SQL Server 的数据类型可包括字符串、精确数字、近似数字、日期和时间、二进制以及其他类型，每种类型又包含若干数据类型。数据类型详见二维码。

## 3.3　Oracle 的数据类型

### 3.3.1　常见数据类型

Oracle 中的数据类型可包括字符串、数字、日期和时间、lob、raw、rowid 等类型，每种类型又包含若干数据类型，详见二维码。

**Oracle 数据类型**

### 3.3.2　%TYPE 类型

在 PL/SQL 中，可以用 %TYPE 类型实现动态赋值，将变量和常量声明为内建或用户定义的数据类型，以引用其他程序结构或数据库表中的一个列名，同时继承它的数据类型和长

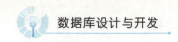 

度。语法格式如下：

变量名 表名.字段名%TYPE

例如，声明变量 v_Tname 与"类别"表的"类别名称"列具有相同的数据类型：v_Tname 类别.类别名称%TYPE。

使用%TYPE 特性的优点在于：所引用的数据库列的数据类型可以不必知道；所引用的数据库列的数据类型可以实时改变，容易保持一致，也不用修改 PL/SQL 程序。

### 3.3.3 记录类型

记录类型是一个包含若干个成员分量的复合类型。在使用记录类型时，需要先在声明部分定义记录类型和记录类型的变量，然后在执行部分引用该记录类型变量或其成员分量。如果需要一次把一行记录中的多列数据读取出来，并用于处理，则需要应用记录类型。

#### 1. 自定义记录

记录类型的定义语法格式如下：

TYPE 记录类型名称 IS RECORD
(字段名1 数据类型,
字段名2 数据类型,
……);

注意：相同记录类型的变量可以相互赋值；不同记录类型的变量，即使成员完全相同也不能相互赋值；记录类型只能应用于定义该记录类型的 PL/SQL 块中，即记录类型是局部的。

#### 2. 使用%ROWTYPE

PL/SQL 程序可以使用%ROWTYPE 属性在运行时简单地声明记录变量和其他结构。%ROWTYPE属性声明的记录变量自动具有和引用表中的字段一致的字段名与类型。格式如下：

变量名 表名%ROWTYPE

例如，声明变量 v_Type 为和"类别"表的表结构一样的记录类型：v_Type 类别%ROWTYPE。

使用%ROWTYPE 属性的优点在于：所引用的数据库中列的个数和数据类型可以不必知道；所引用的数据库中列的个数和数据类型可以实时改变，容易保持一致，也不用修改 PL/SQL 程序。

## 3.4 SQL Server 的常量与变量

常量与变量是所有高级语言中经常会遇见的基本内容，常量是指长久保持不变的量，而变量则指可变的量。这两个要素是在高级语言编程过程中经常使用的基本知识。

## 3.4.1 常量

常量也称文字值或标量值，是表示一个特定数据值的符号，其在程序运行过程中是值不变的量，格式取决于它所表示的值的数据类型。根据常量值的不同类型，T – SQL 的常量分为数字常量、字符串常量、日期和时间常量等。

### 1. 数字常量

数字常量也就是数值型常量，其格式不需要任何其他的符号，只需要按照特定的数据类型进行赋值就可以。T – SQL 中的数字常量主要包括 bit 常量、integer 常量、decimal 常量、float 和 real 常量、money 常量。

1）bit 常量

bit 常量使用数字 0 或 1 表示，并且不使用引号。如果使用一个大于 1 的数字，则它将被转换为 1。

2）integer 常量

integer 常量由没有用引号括起来且不含小数点的一串数字表示，其必须是整数，不能包含小数点，如 1 894、2。

3）decimal 常量

decimal 常量由没有用引号括起来且包含小数点的一串数字表示，如 1 894. 120 4、2. 0。

4）float 和 real 常量

float 和 real 常量使用科学计数法表示，如 101. 5E5、0. 5E – 2。

5）money 常量

money 常量表示为以可选小数点和可选货币符号作为前缀的一串数字，不使用引号，如 $12、$542 023. 14。

### 2. 字符串常量

T – SQL 的字符串常量是括在单引号内并包含字母数字的字符（a～z、A～Z 和 0～9）以及特殊字符，如感叹号（!）和数字号（#）等。字符串常量分为 ASCII 字符串常量和 Unicode 字符串常量。

1）ASCII 字符串常量

ASCII 字符串常量用单引号括起来，如'China'、'How do you! '、'O'、'Bbaar'等。此外，空字符串用中间没有任何字符的两个单引号（''）表示。

2）Unicode 字符串常量

Unicode 字符串常量的格式与普通字符串相似，但它前面有一个 N 标识符（N 代表 SQL – 92 标准中的国际语言），N 前缀必须是大写字母。例如，'Michel'是 ASCII 字符串常量而 N'Michel'则是 Unicode 字符串常量。Unicode 字符串常量被解释为 Unicode 数据，并且不使用代码页进行计算。Unicode 字符串常量确实有排序规则，主要用于控制比较和区分大小写。要为 Unicode 字符串常量指派当前数据库的默认排序规则，除非使用 COLLATE 子句为其指定了排序规则。Unicode 数据中的每个字符都使用两个字节进行存储，而字符数据中的每个字符则都使用 1 个字节进行存储。

### 3. 日期和时间常量

日期和时间常量用单引号将表示日期时间的字符串括起来表示。根据日期时间的不同表示格式，T–SQL 的日期和时间常量可以有多种表示方式。

（1）字母日期格式：如'April 20，2000'。

（2）数字日期格式：如'4/15/1998'、'1998 – 04 – 15'。

（3）未分隔的字符串格式：如'2000120'。

（4）时间常量格式：如'14:30:24'、'04:24:PM'。

（5）日期时间常量格式：如'April 20，2000 14:30:24'。

常用日期和时间函数如表 3 – 1 所示，这些标量函数对日期和时间输入值执行操作，并返回一个字符串、数字值或日期和时间值。

表 3 – 1　常用日期和时间函数

| 函数 | 确定性 |
| --- | --- |
| DATEADD | 具有确定性 |
| DATEDIFF | 具有确定性 |
| DATENAME | 不具有确定性 |
| DATEPART | 除了用作 DATEPART(dw,date)外，都具有确定性。dw 是工作日的日期部分，取决于由设置每周第一天的 SET DATEFIRST 所设置的值 |
| DAY | 具有确定性 |
| GETDATE | 不具有确定性 |
| GETUTCDATE | 不具有确定性 |
| MONTH | 具有确定性 |
| YEAR | 具有确定性 |

## 3.4.2　变量

变量名是一个合法的标识符。T–SQL 包括两种形式的变量：用户自己定义的局部变量和系统提供的全局变量。

### 1. 局部变量

局部变量是一个能够拥有特定数据类型的对象，它的作用范围仅限于程序内部。局部变量是用于保存特定类型的单个数据值的变量。在 T–SQL 中，局部变量必须先定义再使用。

1）局部变量声明

在 T–SQL 中，用户可以使用 DECLARE 语句声明变量，包含局部变量。在声明变量时需要注意如下 3 个方面。

（1）为变量指定名称，且名称的第一个字符必须是@ 。

（2）指定该变量的数据类型和长度。

（3）默认情况下将该变量值设置为 NULL。

用户还可以在一个 DECLARE 语句中声明多个变量，多个变量之间使用逗号分隔开。语法格式如下：

```
DECLARE {@local_variable  data_type}[,…n]
```

其中，@local_variable 指定局部变量的名称；data_type 设置局部变量的数据类型及大小，局部变量可以为除 text、ntext、image 类型以外的任何数据类型；所有局部变量在声明后均初始化为 NULL，可以使用 SELECT 或 SET 语句设定相应的值。

例 3－1

2）局部变量赋值

使用 SET 语句为变量赋值，并使用 SELECT 语句选择列表中当前所引用的值来为变量赋值。其语法格式如下：

```
SET@local_variable = expression
SELECT {@local_variable = expression}[,…n]
```

SELECT 语句通常用于将单个值返回到变量中，若有多个值，则将返回的最后一个值赋给变量。若无返回行，则变量将保留当前值。若 expression 不返回值，则变量设为 NULL。一个 SELECT 语句可以初始化多个局部变量。

3）变量显示

使用 PRINT 语句显示变量值，语法格式如下：

```
PRINT @local_variable
```

此外，SELECT 语句也可用于局部变量的查看，语法格式如下：

```
SELECT @local_variable
```

例 3－2～例 3－3

### 2. 全局变量

全局变量由系统提供且预先声明，是 SQL Server 系统内部使用的变量，其作用范围并不仅限于某一程序，而是任何程序均可以随时调用，通常存储 SQL Server 的配置设定值和统计数据。

全局变量是由系统定义和维护的变量，是用于记录服务器活动状态的一组数据。全局变量名由 "@@" 符号开始。用户不能建立全局变量，也不可以使用 SET 语句去修改全局变量的值。用户可以在程序中用全局变量来测试系统的设定值或者 T－SQL 命令执行后的状态值。全局变量的查看语句同局部变量：SELECT @@variable。

1）全局变量注意事项

使用全局变量时应该注意，全局变量不是由用户的程序定义的，而是在服务器级定义的；用户只能使用预先定义的全局变量；引用全局变量时，必须以标记符 "@@" 开头；局部变量的名称不能与全局变量的名称相同，否则会在应用程序中出现不可预测的结果。

2）常用的全局变量

SQL Server 支持的全局变量主要包括以下 6 个。

（1）@@CONNECTIONS：返回自最近一次启动 SQL Server 以来连接或试图连接的次数。

（2）@@ERROR：返回最后执行 SQL 语句的错误代码。

（3）@@ROWCOUNT：返回上一次语句影响的数据行的行数。

（4）@@SERVERNAME：返回运行 SQL Server 的本地服务器的名称。

（5）@@VERSION：返回 SQL Server 当前安装的日期、版本和处理器类型。

（6）@@LANGUAGE：返回当前 SQL Server 服务器的语言。

# 3.5　Oracle 的常量与变量

## 3.5.1　常量

常量的值在定义时已经被指定，在程序中不可再更改。Oracle 的常量声明语法格式如下：

DECLARE ＜常量名＞ CONSTANT ＜数据类型＞ : = ＜常量值＞;

对于一些固定的数值，如圆周率、光速等，为防止其不慎被改变，最好都定义成常量。常量的类型可以是 Oracle 的常见类型，如 char、var-char(2)、number、int、date 等类型。

例 3 - 4

## 3.5.2　变量

变量指的就是可变化的量，程序运行过程中可以随时改变其数据存储的值。

### 1. 基本数据类型变量

Oracle 中声明变量的标准语法格式如下：

DECLARE ＜变量名＞ ＜数据类型＞ [NOT NULL] [: = 值 | DEFAULT 值];

说明：关键字 NOT NULL 表示定义的变量不能为空，变量声明为 NOT NULL 时必须指定默认值；": ="或 DEFAULT 用来为变量赋初始值。需要注意的是，每一行程序只能声明一个变量。变量也可以在程序中使用赋值语句进行赋值，通过输出语句可以查看变量值。

例 3 - 5

### 2. 根据已定义变量类型声明的变量

Oracle 中可以根据一个已经定义过的变量的类型来声明另一个变量，这里已经定义过的变量可以是数据表的一个字段，也可以是一个基本数据类型变量。使用 %TYPE 类型的好处是用户不必查看表中各个列的数据类型，就可以确保所定义的变量能够存储检索的数据。声明的方法是在已定义过的变量名后面加上 %TYPE。语法格式如下：

DECLARE ＜变量名＞ 表名 . 字段名 % TYPE;

DECLARE ＜变量名＞ 已定义基本数据类型变量名 % TYPE;

说明：定义后，已定义过的变量数据类型改变，新声明的变量的数据类型也会跟着改变。

例 3 - 6

### 3. 记录类型变量

记录类型变量可以定义多个子变量，用于存储多个值，类似于 C 语言或 C++ 中的结构类型。在声明记录类型变量时，首先需要定义记录类型，然后才能声明记录类型变量。记录类型是一种结构化的数据类型，它使用 TYPE 语句进行定义。语法格式如下：

```
DECLARE
    TYPE <记录类型变量名> is RECORD
    (
     <子变量名1> <基本数据类型> [NOT NULL] [:= 值 | DEFAULT 值],
     …
     <子变量名n> <基本数据类型> [NOT NULL] [:= 值 | DEFAULT 值]
    );
```

说明：使用记录类型变量，需要声明一个变量名，格式为 <变量名> <定义的记录类型变量名>。

例 3 – 7

### 4. 行记录类型变量

Oracle 中可以定义一种特殊的记录类型，使它的子变量类型与表或视图中所有字段的类型一致，称为行记录类型。声明的方法是在表名或视图名后面加上 %ROWTYPE，语法格式如下：

```
DECLARE <行记录类型变量名> 表名(或视图名)% ROWTYPE;
```

说明：与普通记录类型变量不同，行记录类型变量在声明时，无须指明每个子变量的名称与类型，只需要声明一个行记录类型变量的名称即可，其子变量与类型自动根据表或视图中的字段名称和类型生成。

获得行记录变量的子变量的方法：行记录变量名 . 子变量名。

例 3 – 8

# 3.6  运算符与表达式

运算符是一种符号，用来指定要在一个或多个表达式中执行的操作。SQL Server 使用的运算符有算术运算符、赋值运算符、按位运算符、比较运算符、字符串串联运算符及一元运算符等。

表达式是用运算符和括号将多个常量、局部变量、列、函数连接起来得到的符合 T – SQL 或 PL/SQL 语法规则的式子。本节将讨论 T – SQL 和 PL/SQL 的表达式，包括数值型表达式、字符串表达式、条件表达式。

## 3.6.1  运算符

### 1. 算术运算符

算术运算符在两个表达式上执行数学运算，这两个表达式可以是数字数据类型分类的任何数据类型。算术运算符如表 3 – 2 所示。

表 3 – 2　算术运算符

| 运算符 | 含义 |
|---|---|
| + （加） | 加法 |
| – （减） | 减法 |
| * （乘） | 乘法 |
| / （除） | 除法 |
| % （求模） | T – SQL 中的求模运算符，返回一个除法的整数余数<br>例如，12%5 = 2，这是因为 12 除以 5 的余数为 2 |
| MOD （求模） | PL/SQL 中的求模运算符 |

注意：加（+）和减（–）运算符也可用于对 T – SQL 的 datetime 及 smalldatetime 值或 PL/SQL 的 date 值执行算术运算。

### 2. 赋值运算符

T – SQL 有一个赋值运算符，即等号（=）。在下面的示例中创建了@MyCounter 变量，然后赋值运算符将@MyCounter 设置成一个由表达式返回的值。

```
DECLARE@MyCounter INT
SET @MyCounter = 1
```

用户也可以使用赋值运算符在列标题和为列定义值的表达式之间建立关系。

### 3. 按位运算符

按位运算符在两个表达式之间执行位操作，这两个表达式可以为整型数据类型分类中的任何数据类型，T – SQL 按位运算符如表 3 – 3 所示。

例 3 – 9

表 3 – 3　T – SQL 按位运算符

| 运算符 | 含义 |
|---|---|
| & （按位 AND） | 按位 AND （两个操作数） |
| \| （按位 OR） | 按位 OR （两个操作数） |
| ^ （按位互斥 OR） | 按位互斥 OR （两个操作数） |

按位运算符的操作数可以是整型或二进制字符串数据类型分类中的任何数据类型（image 数据类型除外）。此外，两个操作数不能同时是二进制字符串数据类型分类中的某种数据类型。表 3 – 4 显示了 T – SQL 所支持的按位运算符的操作数数据类型。

表 3 – 4　T – SQL 所支持的按位运算符的操作数数据类型

| 左边操作数 | 右边操作数 |
|---|---|
| binary | int、smallint 或 tinyint |
| bit | int、smallint、tinyint 或 bit |
| int | int、smallint、tinyint、binary 或 varbinary |

| 左边操作数 | 右边操作数 |
|---|---|
| smallint | int、smallint、tinyint、binary 或 varbinary |
| tinyint | int、smallint、tinyint、binary 或 varbinary |
| varbinary | int、smallint 或 tinyint |

PL/SQL 中按位与运算使用的是 bitand 函数，格式为 bitand(x,y)。但是 PL/SQL 没有 bitor 和 bitxor 函数，因为有了 bitand，bitor 运算与 bitxor 运算很容易实现，如下所示：

```
bitor(x,y) = (x + y) - bitand(x,y);
bitxor(x,y) = bitor(x,y) - bitand(x,y) = (x + y) - bitand(x,y) * 2;
```

此外，PL/SQL 也可以用 utl_raw.bit_and、utl_raw.bit_or、utl_raw.bit_xor 3 个函数来表示与、或、异或运算。

#### 4. 比较运算符

比较运算符是 SQL 中常见的一类运算符，WHERE 子句后的大部分条件语句是由表达式和比较运算符组成的，其语法格式如下：

〈表达式〉比较运算符〈表达式〉

SQL 中常见的比较运算符如表 3 – 5 所示。

表 3 – 5　SQL 中常见的比较运算符

| 运算符 | 含义 | 举例 |
|---|---|---|
| = | 等于 | Sno = '990001' |
| < > │ ! = | 不等于 | Sname < > '张三'或 Sname！= '张三' |
| > | 大于 | a > b |
| < | 小于 | a < b |
| > = | 大于等于 | a > = b |
| < = | 小于等于 | a < = b |

（1）比较运算符的结果为布尔数据类型，它有 3 种值：TRUE、FALSE 及 UNKNOWN。那些返回布尔数据类型的表达式被称为布尔表达式。

（2）SQL Server 中，不能将布尔数据类型指定为表列或变量的数据类型，也不能在结果集中返回布尔数据类型。

（3）SQL Server 中，当 SET ANSI_NULLS 为 ON 时，带有一个或两个 NULL 表达式的运算符返回 UNKNOWN。当 SET ANSI_NULLS 为 OFF 时，上述规则同样适用，只不过如果两个表达式都为 NULL，那么等号运算符返回 TRUE。例如，如果 SET ANSI_NULLS 是 OFF，那么 NULL = NULL 就返回 TRUE。

在 WHERE 子句中使用带有布尔数据类型的表达式可以筛选出符合搜索条件的行，也可以在流程控制语句（如 IF 和 WHILE）中使用这种表达式。

#### 5. 字符串串联运算符

T – SQL 的字符串串联运算符通过加号（ + ）进行字符串串联，PL/SQL 的字符串串联运算符通过双竖线（‖）进行字符串串联。

默认情况下，对于 varchar 数据类型的数据，在 INSERT 或赋值语句中，将空的字符串解释为空字符串。在串联 varchar、char 或 text 数据类型的数据中，空的字符串被解释为空字符串。例如，将'abc' + '' + 'def'存储为'abcdef'。

### 6. 一元运算符

一元运算符只对一个表达式执行操作，这个表达式可以是数字数据类型分类中的任何一种数据类型。＋（正）和－（负）运算符可用于数字数据类型分类中的任何数据类型的表达式。~（按位 NOT）运算符只能用于整型数据类型分类中的任何数据类型的表达式。一元运算符如表 3－6 所示。

表 3－6　一元运算符

| 运算符 | 含义 |
| --- | --- |
| ＋（正） | 数值为正 |
| －（负） | 数值为负 |
| ~（按位 NOT） | 返回数字的逻辑非 |

### 7. 运算符优先级

当一个复杂的表达式有多个运算符时，运算符优先级决定执行运算的先后次序。执行的顺序为从上而下、从左到右。运算符优先级如表 3－7 所示。

表 3－7　运算符优先级

| 运算符 | 优先级 |
| --- | --- |
| 一元运算 | ＋（正）、－（负）、~（按位 NOT） |
| 乘除模 | *（乘）、/（除）、%（T－SQL 求模）或者 MOD（PL/SQL 求模） |
| 加减串联 | ＋（加）、＋（T－SQL 串联）或者 ‖（PL/SQL 串联）、－（减） |
| 比较运算 | =、>、<、> =、< =、< > |
| 位运算 | ^（位异或）、&（T－SQL 位与）或者 bitand（PL/SQL 位与）、｜（位或） |
| 逻辑非 | NOT |
| 逻辑与 | AND |
| 逻辑或等 | ALL、ANY、BETWEEN、IN、LIKE、OR、SOME |
| 赋值 | = |

## 3.6.2　表达式

可以将 T－SQL 和 PL/SQL 的表达式分为数值型表达式、字符串表达式和条件表达式 3 类。

数值型表达式是用算术运算符、按位运算符和括号将多个数值型常量、数值型局部变量、数值型列、数值型函数连接起来得到的符合 T－SQL 或 PL/SQL 语法规则的式子。数值型表达式的返回值是数值型数据。

字符串表达式是用连接运算符和括号将多个字符型常量、字符型局部变量、字符型列、字符型函数连接起来得到的符合 T - SQL 或 PL/SQL 语法规则的式子。字符串表达式的返回值是字符串。

条件表达式是用比较运算符、逻辑运算符和括号将多个数值型表达式或字符串表达式连接起来得到的符合 T - SQL 或 PL/SQL 语法规则的式子。条件表达式的返回值是逻辑值"真"或"假"。

# 3.7　SQL 的流程控制

SQL 的流程控制语句与常见的程序设计语言类似，主要有条件语句、循环语句、等待语句、返回语句等。

## 3.7.1　BEGIN…END 语句

### 1. SQL Server 的 BEGIN…END 语句

T - SQL 的块语句由位于 BEGIN 和 END 之间的一组语句组成，其基本格式如下：

```
BEGIN
    T - SQL 语句[,…n]
END
```

一个语句块从整体上应视为一条语句。BEGIN 和 END 之间可以嵌套，即一个块语句中又包含了另一个（子）块语句。

### 2. Oracle 的 BEGIN…END 语句

Oracle 中 BEGIN…END 同样表示一个完整的块。但是，在任何一个 Oracle 的 PL/SQL 块中至少需要一个 BEGIN…END 来表示这是一个完整的块。

## 3.7.2　条件语句

### 1. T - SQL 的条件语句

SQL Server 条件语句的基本格式如下：

```
IF  <条件表达式 >
    语句 1
ELSE
    语句 2
```

其含义是，如果 <条件表达式 >为真，则执行语句 1；否则执行语句 2。其中，语句 1 和语句 2 都是一条语句（简单语句或块语句）。IF 语句允许嵌套，但最多只能嵌套 32 层。

例 3 - 10：在实数范围内求一元二次方程的根。具体实现语句如下：

```
DECLARE
    @a FLOAT, @b FLOAT, @c FLOAT, @d FLOAT
SELECT  @a =1, @b = -4, @c =4   /*设置方程的系数 */
```

```
SET  @d=@b*@b-4*@a*@c   /*计算判别式*/
IF @d > =0
    BEGIN
        IF @d! =0
            BEGIN
                PRINT '方程'+LTRIM(STR(@a)) +'*X^2 +('+LTRIM(STR
(@b)) +') *X +('+LTRIM(STR(@c)) +') =0 有两个不相等的实数根:'
                    PRINT  'root1 ='+LTRIM(STR(( -@b +SQRT(@d)) /(2 *@a)))
                    PRINT  'root2 ='+LTRIM(STR(( -@b -SQRT(@d)) /(2 *@a)))
            END
        ELSE
            BEGIN
                PRINT '方程'+LTRIM(STR(@a)) +'*X^2 +('+LTRIM(STR
(@b)) +') *X +('+LTRIM(STR(@c)) + ') =0 有两个相等的实数根:'
                    PRINT 'root1 = root2 ='+LTRIM(STR(( -@b +SQRT(@d)) /(2 *
@a)))
            END
    END
ELSE
    PRINT'方程'+LTRIM(STR(@a)) +'*X^2 +('+LTRIM(STR(@b)) +') *X +('+
        LTRIM(STR(@c)) + ') =0 无实数根!'
```

## 2. PL/SQL 的条件语句

Oracle 条件语句的基本格式如下:

```
IF <条件表达式1 > THEN
    语句1;
[ELSIF <条件表达式2 > THEN
    语句2;
… ]
[ELSE
    语句3;]
END IF;
```

其含义是,如果<条件表达式1>为真,则执行语句1;否则还需判断<条件表达式2>为真,则执行语句2……以上条件都不成立,可以执行语句3。

注意:ELSIF 子句和 ELSE 子句均为可选项,可以用多个 ELSIF 子句实现多分支判断。在 IF、ELSIF、ELSE 子句中可以嵌入其他 IF 条件语句。

例 3 – 10 在 Oracle 中的实现如例 3 – 11 所示。

例 3 – 11:在实数范围内求一元二次方程的根。具体实现语句如下:

```
SET SERVEROUTPUT ON
DECLARE
    a NUMBER(10,3);
    b NUMBER(10,3);
```

```
    c NUMBER(10,3);
    d NUMBER(10,3);
BEGIN
   /*设置方程的系数*/
   a:=1;
   b:=-4;
   c:=4;
   /*计算判别式*/
   d:=b*b-4*a*c;
   IF d>=0 THEN
      IF d!=0 THEN
        BEGIN
           DBMS_OUTPUT.PUT_LINE('方程'‖a‖'*X^2+('‖b‖')*X+'‖c‖'=0
有两个不相等的实数根:');
           DBMS_OUTPUT.PUT_LINE('root1='‖to_char(-b+SQRT(d/(2*a))));
           DBMS_OUTPUT.PUT_LINE('root2='‖to_char(-b-SQRT(d/(2*a))));
        END;
        ELSE
        BEGIN
           DBMS_OUTPUT.PUT_LINE('方程'‖a‖'*X^2+('‖b‖')*X+'‖c‖')=0
有两个相等的实数根:');
           DBMS_OUTPUT.PUT_LINE('root1=root2='‖to_char(-b+SQRT
(d/(2*a))));
        END;
      END IF;
    ELSE
      DBMS_OUTPUT.PUT_LINE('方程'‖a‖'*X^2+('‖b‖')*X+'‖c‖')=0无实数根!');
    END IF;
END;
```

## 3.7.3 多分支语句

### 1. T-SQL中的CASE语句

CASE命令可以嵌套到SQL命令中,它是多条件的分支语句。T-SQL中CASE命令有以下两种语句格式。

1)简单CASE语句

简单CASE语句的格式如下:

```
CASE <input_expression>
    WHEN <when_expression1> THEN <result_expression1>
```

```
[WHEN <when_expression2 > THEN <result_expression2 >
…]
    [ELSE <else_resu1t_expressionN >]
END
```

其功能是将某个表达式与一组简单表达式进行比较以确定结果。在上述格式中，其执行步骤如下。

（1）计算 input_expression 的值。

（2）按指定顺序对每个 WHEN 子句的 input_expression = when_expression 进行计算，返回 input_expression = when_expression 的第一个计算结果为 TRUE 的 result_expression。

（3）如果 input_expression = when_expression 计算结果不为 TRUE，则在指定 ELSE 子句的情况下返回 else_result_expression；若没有指定 ELSE 子句，则返回 NULL 值。

2）复杂 CASE 语句

复杂 CASE 语句的格式如下：

```
CASE
    WHEN <条件表达式 1 > THEN <运算式 1 >
    WHEN <条件表达式 2 > THEN <运算式 2 >
    [ELSE <运算式 n >]
END
```

其功能为，使用 CASE 搜索函数计算一组布尔表达式以确定结果。在 SELECT 语句中，CASE 搜索函数允许根据比较值在结果集内对值进行替换。

**例 3 - 12**：将联系人职务为经理与物主的客户级别分别设置为"高级客户"与"VIP 客户"。其原始数据如图 3 - 1 所示。具体实现语句如下：

```
SELECT 公司名称,联系人姓名,CASE
    WHEN 联系人职务 like '% 经理% ' THEN '高级客户'
    WHEN 联系人职务 like '% 物主% 'THEN 'VIP 客户'
    END AS 客户级别
FROM [dbo].[客户]
WHERE 联系人职务 like '% 经理% ' OR 联系人职务 like '% 物主% '
```

执行结果如图 3 - 2 所示。

| | 公司名称 | 联系人姓名 | 联系人职务 |
|---|---|---|---|
| 1 | 三川实业有限公司 | 刘小姐 | 销售代表 |
| 2 | 东南实业 | 王先生 | 物主 |
| 3 | 坦森行贸易 | 王炫皓 | 物主 |
| 4 | 国顶有限公司 | 方先生 | 销售代表 |
| 5 | 通恒机械 | 黄小姐 | 采购员 |
| 6 | 森通 | 王先生 | 销售代表 |
| 7 | 国皓 | 黄雅玲 | 市场经理 |
| 8 | 迈多贸易 | 陈先生 | 物主 |
| 9 | 祥通 | 刘先生 | 物主 |

图 3 - 1　例 3 - 12 的原始数据

| | 公司名称 | 联系人姓名 | 客户级别 |
|---|---|---|---|
| 1 | 东南实业 | 王先生 | VIP客户 |
| 2 | 坦森行贸易 | 王炫皓 | VIP客户 |
| 3 | 国皓 | 黄雅玲 | 高级客户 |
| 4 | 迈多贸易 | 陈先生 | VIP客户 |
| 5 | 祥通 | 刘先生 | VIP客户 |
| 6 | 广通 | 王先生 | 高级客户 |
| 7 | 三捷实业 | 王先生 | 高级客户 |
| 8 | 浩天旅行社 | 方先生 | VIP客户 |
| 9 | 迈策船舶 | 王俊元 | VIP客户 |

图 3 - 2　例 3 - 12 的执行结果

### 2. PL/SQL 中的 CASE 语句

PL/SQL 中的 CASE 语句与 T‒SQL 中的 CASE 语句十分相似，但语法上略有不同。以下列出 PL/SQL 的 CASE 语法，其他含义与 T‒SQL 的相同。

1）简单 CASE 语句

简单 CASE 语句的格式如下：

```
CASE <input_expression>
    WHEN <when_expression1> THEN <result_expression1>;
    [WHEN <when_expression2> THEN <result_expression2>;
    …]
    [ELSE <else_result_expression>;]
END CASE;
```

2）复杂 CASE 语句

复杂 CASE 语句的格式如下：

```
CASE
    WHEN <条件表达式1> THEN <运算式1>;
    [WHEN <条件表达式2> THEN <运算式2>;
    …]
    [ELSE <运算式3>;]
END CASE;
```

在复杂 CASE 语句中，CASE 关键字后没有表达式，每个 WHEN 子句对条件表达式进行判断，如果条件表达式取值为真，则执行其后的运算式；如果所有条件表达式的取值都不为真，则执行 ELSE 子句后的运算式。

例 3‒12 在 Oracle 中的实现如例 3‒13 所示。

**例 3‒13**：将联系人职务为经理与物主的客户级别分别设置为"高级客户"与"VIP 客户"。

```
SELECT 公司名称,联系人姓名,CASE
    WHEN 联系人职务 like '% 经理%' THEN '高级客户'
    WHEN 联系人职务 like '% 物主%'THEN 'VIP 客户'
    END AS 客户级别
FROM [dbo].[客户]
WHERE 联系人职务 like'% 经理%' OR 联系人职务 like '% 物主%';
```

需要注意的是，在 Oracle 的 CASE 语句中，嵌在 SELECT 语句中的 CASE，每个 THEN 运算式结束时不需要加分号，但如果是独立的 CASE 语句，则每个 THEN 运算式结束时必须有分号。例如：

```
DECLARE
    v_type VARCHAR2(20);
BEGIN
    SELECT 联系人职务 INTO v_type
    FROM [dbo].[客户]
    WHERE 公司名称 = '东南实业';
```

```
CASE
    WHEN v_type like '% 经理%' THEN '高级客户';
    WHEN v_type like '% 物主%' THEN 'VIP 客户';
END CASE;
```

### 3.7.4　循环语句

#### 1. T – SQL 中的循环语句

循环语句的基本格式如下：

```
WHILE <条件表达式>
BEGIN
T – SQL 语句[,…n]
[BREAK]                              /*跳出循环*/
[CONTINUE]                           /*进入下一次循环*/
END
```

其含义是，如果 <条件表达式> 为真，则执行 WHILE 后的块语句；否则终止循环。其中，BREAK 语句用于提前跳出循环，CONTINUE 语句用于提前终止本次循环并进入下一次循环。WHILE 语句允许嵌套，但最多只能嵌套 32 层。

**例 3 – 14：**用 "*" 打印一个高为奇数的菱形。具体实现语句如下：

```
DECLARE @sp INT,                     --前导空格数
        @st INT,                     --星号数
        @h INT                       --菱形高度
SELECT @h = 7, @st = 1, @sp = @h/2   --初始化:要打印高度为 7 的菱形
WHILE @sp > = 0 BEGIN                 --打印菱形的上半部分
    PRINT SPACE(@sp) + REPLICATE('*', @st)
    SELECT @sp = @sp - 1, @st = @st + 2
END
SELECT @sp = 1, @st = @st - 4
WHILE @st > 0 BEGIN                   --打印菱形的下半部分
    PRINT SPACE(@sp) + REPLICATE('*', @st)
    SELECT @sp = @sp + 1, @st = @st - 2
END
```

#### 2. PL/SQL 中的循环语句

Oracle 中的循环可以分为 LOOP 循环、WHILE 循环、FOR 循环 3 种类型。

1）LOOP 循环

基本 LOOP 循环语句的格式如下：

```
LOOP
    statements;
    EXIT [WHEN condition];
```

END LOOP;

LOOP 循环的结束是根据 EXIT 语句的 WHEN 条件取值，如果 WHEN 语句取值为真，则退出循环；如果没有 WHEN 语句，则 EXIT 无条件退出循环。因此，LOOP 循环如果没有 EXIT 语句，则会陷入死循环。

**例3-15**：使用 LOOP 循环实现用"＊"打印一个高为奇数的菱形。具体实现语句如下：

```
SET SERVEROUTPUT ON
DECLARE
  v_sp INTEGER;                        -- 前导空格数
    v_st INTEGER;                      -- 星号数
    v_h INTEGER;                       -- 菱形高度
BEGIN

                                       -- 初始化:要打印高度为 7 的菱形
  v_h : = 7;
  v_st : = 1;
  v_sp : = floor(v_h/2);

                                       -- 打印菱形的上半部分
  LOOP
    DBMS_OUTPUT. PUT_LINE(LPAD('',v_sp +1,'') ‖LPAD('',v_st +1,'*'));
    v_sp : = v_sp -1;
    v_st : = v_st +2;
    EXIT WHEN v_sp <0;
  END LOOP;

                                       -- 打印菱形的下半部分
  v_sp : = 1;
  v_st : = v_st -4;
  LOOP
    DBMS_OUTPUT. PUT_LINE(LPAD('',v_sp +1,'') ‖LPAD('',v_st +1,'*'));
      v_sp : = v_sp +1;
    v_st : = v_st -2;
    EXIT WHEN v_st < =0;
  END LOOP;
END;
```

**2）WHILE 循环**

WHILE 循环是先判断循环条件，只有在满足条件的情况下才执行循环体。其语法格式如下：

```
    WHILE condition LOOP
        statements;
    END LOOP;
```

**例3-16**：用 WHILE 循环完成例3-14。具体实现语句如下：

```
SET SERVEROUTPUT ON
```

```
DECLARE
    v_sp INTEGER;                              -- 前导空格数
    v_st INTEGER;                              -- 星号数
    v_h INTEGER;                               -- 菱形高度
BEGIN
                                               -- 初始化:要打印高度为 7 的菱形
    v_h : = 7;
    v_st : = 1;
    v_sp : = floor(v_h/2);
                                               -- 打印菱形的上半部分
    WHILE v_sp > = 0 LOOP
        DBMS_OUTPUT.PUT_LINE(LPAD('',v_sp +1,'')‖LPAD('',v_st +1,'*'));
        v_sp : = v_sp -1;
        v_st : = v_st +2;
    END LOOP;
                                               -- 打印菱形的下半部分
    v_sp : = 1;
    v_st : = v_st -4;
    WHILE v_st >0 LOOP
        DBMS_OUTPUT.PUT_LINE(LPAD('',v_sp +1,'')‖LPAD('',v_st +1,'*'));
        v_sp : = v_sp +1;
        v_st : = v_st -2;
    END LOOP;
END;
```

3）FOR 循环

FOR 循环会自动定义一个循环变量，该循环变量在每次循环时会自动加 1 或者减 1，以便控制循环次数。其语法格式如下：

```
FOR loop_variable IN [REVERSE] low_bound …high_bound LOOP
```

其中，loop_ variable 表示控制变量，是隐含定义的，不需要声明；low_ bound 和 high_ bound 控制变量取值的下限和上限。一般情况下，控制变量的取值是从下限到上限递增的，如果要使控制变量的取值从上限到下限递减，则需要使用 REVERSE 关键字。

例 3 –17：用 FOR 循环完成例 3 –15。具体实现语句如下：

```
SET SERVEROUTPUT ON
DECLARE
    v_sp INTEGER;                              -- 前导空格数
    v_st INTEGER;                              -- 星号数
    v_h INTEGER;                               -- 菱形高度
    v_b INTEGER;
BEGIN
```

—— 初始化:要打印高度为 7 的菱形

```
v_h : = 7;
v_st : = 1;
 —— 打印菱形的上半部分
FOR v_sp IN REVERSE 1 ···floor(v_h/2) +1 LOOP
    DBMS_OUTPUT.PUT_LINE(LPAD('',v_sp +1,'') ‖ LPAD('',v_st +1,'*'));
    v_st : = v_st +2;
END LOOP;
```
                                              —— 打印菱形的下半部分
```
v_sp : = 2;
v_st : = v_st -6;
v_b : = v_st;
FOR v_a IN REVERSE 1···v_st LOOP      —— 循环变量可以不用声明直接使用
    DBMS_OUTPUT.PUT_LINE(LPAD('',v_sp +1,'') ‖ LPAD('',v_b +3,'*'));
    v_sp : = v_sp +1;
    v_b : = v_b -2;
END LOOP;
END;
```

## 3.7.5　等待语句

### 1. T－SQL 中的等待语句

等待语句用来暂停程序执行,直到所设定的等待时间已过,或所设定的时间已到,或所设定的事件发生才继续往下执行,其格式如下:

```
WAITFOR {DELAY 'time_to_pass'
        | TIME 'time_to_execute'
        |[(receive_statement) | (get_conversation_group_statement)]
          [,TIMEOUT timeout]}
```

其中,时间必须为 datetime 类型的数据,如11:15:27,但不能包括日期。各关键字含义如下。

DELAY:用来设定等待的时间,最多可达 24 小时。

TIME:用来设定等待结束的时间点。

receive_statement:包含 receive_statement 的 WAITFOR 仅适用于 Service Broker 消息。其具体内容可查看 Service Broker 相关信息,在这里省略。

get_conversation_group_statement:有效的 GET CONVERSATION GROUP 语句。其具体内容在这里省略。

TIMEOUT:指定消息到达队列前等待的时间(以毫秒为单位),仅适用于 Service Broker 消息。

**例 3 - 18**:等待 1 小时 2 分零 3 秒后才执行 SELECT 语句。具体实现语句如下:

USE [产品供销管理系统]

```
Go
WAITFOR DELAY '01:02:03'
SELECT * FROM [dbo].[雇员]
```

**例 3-19**：等到晚上 11 点零 8 分后才执行 SELECT 语句。具体实现语句如下：

```
WAITFOR TIME '23:08:00'
SELECT * FROM [dbo].[雇员]
```

**2. Oracle 中的等待存储过程**

Oracle 中使用 dbms_lock. sleep 存储过程来实现等待的过程，从而中止会话一段时间。使用 dbms_lock. sleep 存储过程的格式如下：

```
dbms_lock.sleep(seconds IN NUMBER);
```

说明：使用的单位为"秒"，最小的增量可以为百分之一秒。

需要注意的是，要使用 dbms_lock. sleep 存储过程，用户必须被授予执行权限。授权方法如下：

```
-- 查询对象权限 all_tab_privs、user_tab_privs:SELECT * FROM dba_tab_
privs t WHERE t.table_name = 'DBMS_LOCK ';
```

```
-- 使用前用 sys 用户登录,然后进行授权 grant execute on dbms_lock to <us-
er_name >; -- 授权 revoke dbms_lock from <user_name >; -- 回收权限
```

**例 3-20**：两次打印时间间隔 10 秒。具体实现语句如下：

```
DECLARE
BEGIN
    dbms_output.put_line(to_char(SYSDATE, 'YYYY-MM-DD HH24:MI:SS'));
    sys.dbms_lock.sleep(10); -- 10 秒
    dbms_output.put_line(to_char(SYSDATE, 'YYYY-MM-DD HH24:MI:SS'));
END;
```

### 3.7.6　GOTO 语句

GOTO 语句用来改变程序执行的流程，使程序跳到标有标号的行继续往下执行，其格式如下：

```
GOTO <标号>
```

例 3-21

其中，作为跳转目标的标号可为数字与字符的组合，但必须以"："结尾，如"12："或"a_1："。GOTO 语句中的标号不要跟"："。

### 3.7.7　返回语句

返回语句用于结束当前程序的执行，返回到上一个调用它的程序或其他程序，其格式如下：

```
RETURN([整型表达式])
```

其中，整型表达式的值是 RETURN 语句的返回值。需要注意的是，RETURN 语句通常在存储过程中使用。

**例3-22**：在 SQL Server 中先创建一个简单的存储过程用来判断两个整数的大小，并用 RETURN 语句返回判断结果，然后调用这个存储过程来判断两个具体整数的大小。具体实现语句如下：

```
IF EXISTS (SELECT * FROM sysobjects WHERE name ='CmpInt' and xtype ='P')
   DROP PROC CmpInt                            -- 若存储过程已存在则删除
GO
CREATE PROC CmpInt(@x INT, @y INT)      -- 创建存储过程
AS
   IF @X > @Y
       RETURN(1)
   ELSE
       RETURN(2)
GO
DECLARE @RC INT, @X INT, @Y INT
SELECT @X =100, @Y =200
EXEC @RC =CmpInt @X, @Y                  -- 调用存储过程
IF @RC =1
   PRINT LTRIM(STR(@X)) +'比'+ LTRIM(STR(@Y)) +'大'
ELSE
   PRINT LTRIM(STR(@X)) +'比'+ LTRIM(STR(@Y)) +'小'
```

**注意**：如果用户定义了返回值，则返回用户定义的值。如果没有指定返回值，则 SQL Server 系统根据程序执行的结果返回一个内定值，具体值如表3-8所示。如果运行过程中产生了多个错误，则 SQL Server 系统将返回绝对值最大的数值，RETURN 语句不能返回 NULL 值。

**表3-8 系统返回内定值**

| 返回值 | 含义 |
| --- | --- |
| 0 | 程序执行成功 |
| -1 | 找不到对象 |
| -2 | 数据类型错误 |
| -3 | 死锁 |
| -4 | 违反权限原则 |
| -5 | 语法错误 |
| -6 | 用户造成的一般错误 |
| -7 | 资源错误，如磁盘空间不足 |
| -8 | 非致命的内部错误 |
| -9 | 已达到的系统的极限 |
| -10、-11 | 致命的内部不一致错误 |
| -12 | 表或指针破坏 |
| -13 | 数据库破坏 |
| -14 | 硬件错误 |

Oracle 中的 RETURN 语句的用法与 SQL Server 的基本相同，也可以用来结束当前的程序。如果函数中使用 RETURN 语句来结束程序，则其返回的值类型需与函数类型一致。

### 3.7.8 异常处理语句

#### 1. SQL Server 中的异常处理语句

T‒SQL 语句组可以包含在 TRY 块中。TRY 块包含可能产生异常的代码或脚本，如果 TRY 块内部发生错误，则会将控制传递给 CATCH 块中包含的语句组中，由其负责异常处理。其语法格式如下：

```
BEGIN TRY
    { sql_statement | statement_block }
END TRY
BEGIN CATCH
    [{ sql_statement | statement_block }]
END CATCH [;]
```

表 3‒9 所示的系统函数在 CATCH 块中有效，这些函数可以用来得到更多的错误信息。

表 3‒9　获得错误信息的系统函数

| 函数 | 描述 |
| --- | --- |
| ERROR_NUMBER | 返回导致 CATCH 块运行的错误消息的错误号 |
| ERROR_SEVERITY | 返回导致 CATCH 块运行的错误消息的严重级别 |
| ERROR_STATE | 返回导致 CATCH 块运行的错误消息的状态号 |
| ERROR_PROCEDURE | 返回出现错误的存储过程名称 |
| ERROR_LINE | 返回发生错误的行号 |
| ERROR_MESSAGE | 返回导致 CATCH 块运行的错误消息的完整文本 |

例 3‒23：在 TRY 块中包含两个操作，一个操作显示当前系统日期，另一个操作产生异常错误情况。其错误信息被 CATCH 块捕获到显示错误提示信息与严重级别。具体实现语句如下：

```
BEGIN TRY
    SELECT '当前系统日期:'+CAST(GETDATE() AS VARCHAR(20)) AS 当前时间
                                    -- 正常操作
    SELECT 1/0                      --1 除以 0 产生异常
END TRY
BEGIN CATCH
    SELECT '异常错误信息:' + ERROR_MESSAGE()  AS 错误信息
    SELECT '异常错误严重级别:' + CAST(ERROR_SEVERITY() AS varchar(4))
as 严重级别
    RETURN
END CATCH;
```

执行结果如图 3 – 3 所示。

注意：

（1）CATCH 语句块能捕捉严重级别大于 10，且不会严重到直接终止会话的异常错误。

（2）TRY 语句块后必须紧跟相关联的 CATCH 语句块。在 END TRY 和 BEGIN CATCH 语句之间放置任何其他语句都将生成语法错误。

（3）TRY…CATCH 结构不能跨越多个批处理，也不能跨越多个 T – SQL 语句块。例如，TRY…CATCH 结构不能跨越两个 BEGIN…END 语句块，且不能跨越 IF…ELSE 结构。

| | 当前时间 |
|---|---|
| 1 | 当前系统日期:08 24 2021 1:23AM |
| | （无列名） |
| | 错误信息 |
| 1 | 异常错误信息:遇到以零作除数错误。 |
| | 严重级别 |
| 1 | 异常错误严重级别: 16 |

图 3 – 3 例 3 – 23 的执行结果

（4）如果 TRY 语句块所包含的代码中没有错误，则当 TRY 块中最后一个语句完成运行时，继续执行相关联的 END CATCH 语句之后的语句。

（5）如果 TRY 语句块所包含的代码中有错误，则会将控制传递给相关联的 CATCH 语句块的第一个语句。当其代码完成后，会继续执行紧跟在 END CATCH 语句之后的语句。

（6）TRY…CATCH 结构可以是嵌套式的。如果内层结构无法处理异常错误，则可以传递到外层处理。

（7）可以在存储过程内使用 TRY…CATCH 结构，但不能在用户定义函数内使用。

### 2. Oracle 中的异常处理语句

Oracle 中的异常处理语句的格式如下：

```
EXCEPTION
  WHEN <异常类型 1 > THEN
  语句 1；
  WHEN <异常类型 2 > THEN
  语句 2；
  …
  WHEN OTHERS THEN
  语句 n；
END；
```

注意：

（1）异常处理可以按任意次序排列，但 OTHERS 必须放在最后。

（2）当程序出现异常时，程序立即暂停工作，跳转到 EXCEPTION 部分。使用 WHEN…THEN 来处理系统定义的异常，使用 WHEN OTHERS THEN 来处理未定义的异常。

（3）当异常处理结束后，Oracle 就将处理权交给调用者，结束 PL/SQL 块的运行。

Oracle 将异常分为预定义异常、非预定义异常和自定义异常 3 种。

1）预定义异常（Predefined）

当 PL/SQL 应用程序违反了 Oracle 规定的限制时，就会隐含地触发一个内部异常，这种异常就是预定义异常。预定义异常用于处理常见的 Oracle 错误，对这种异常情况的处理，无须在程序中定义，由 Oracle 自动将其触发。它们全部放在 PL/SQL 自带的标准包中，这样程序员就无须再次定义了。预定义异常有 20 多个，表 3 – 10 所示是常见的预定义异常。

表 3 - 10　Oracle 常见的预定义异常

| 错误号 | 异常错误信息名称 | 说明 |
|---|---|---|
| ORA - 01403 | NO_DATA_FOUND | SELECT INTO 没有找到数据 |
| ORA - 01422 | TOO_MANY_ROWS | SELECT INTO 返回多行 |
| ORA - 06501 | PROGRAM_ERROR | 内部错误，需重新安装数据字典视图和 PL/SQL 包 |
| ORA - 06511 | CURSOR_ALREADY_OPEN | 试图打开一个已存在的游标 |
| ORA - 06530 | ACCESS_INTO_NULL | 试图为 NULL 对象的属性赋值 |
| ORA - 01012 | NOT_LOGGED_ON | 没有连接到 Oracle |
| ORA - 01001 | INVALID_CURSOR | 试图使用一个无效的游标 |
| ORA - 00061 | TRANSACTION_BACKED_OUT | 由于发生死锁事务被撤销 |
| ORA - 00051 | TIMEOUT_ON_RESOURCE | 在等待资源时发生超时 |
| ORA - 00001 | DUP_VAL_ON_INDEX | 试图破坏一个唯一性限制 |
| ORA - 01017 | LOGIN_DENIED | 无效的用户名/口令 |
| ORA - 01476 | ZERO_DIVIDE | 试图被 0 除 |
| ORA - 01722 | INVALID_NUMBER | 转换一个数字失败 |
| ORA - 06500 | STORAGE_ERROR | 内存不够或内存被破坏触发的内部错误 |
| ORA - 06502 | VALUE_ERROR | 赋值操作，变量长度不足，触发该异常 |
| ORA - 06504 | ROWTYPE_MISMATCH | 宿主游标变量与 PL/SQL 变量有不兼容行类型 |
| ORA - 06531 | COLLECTION_IS_NULL | 试图给没有初始化的嵌套表变量或者 VARRAY 变量赋值 |
| ORA - 06532 | SUBSCRIPT_OUTSIDE_LIMIT | 对嵌套或 VARRAY 索引使用了负数 |
| ORA - 06533 | SUBSCRIPT_BEYOND_COUNT | 对嵌套或 VARRAY 索引的引用大于集合中元素的个数 |

**例 3 - 24**：查询指定工资的员工。具体实现语句如下：

```
SET SERVEROUTPUT ON
DECLARE
    V_ENAME SCOTT.EMP.ENAME% TYPE;
    V_SAL SCOTT.EMP.SAL% TYPE;
    V_INPUT SCOTT.EMP.SAL% TYPE : = 100;
BEGIN
    SELECT ENAME, SAL INTO V_ENAME, V_SAL
    FROM SCOTT.EMP WHERE SAL = V_INPUT;
    DBMS_OUTPUT.PUT_LINE(V_ENAME‖','‖V_SAL);
EXCEPTION
    WHEN NO_DATA_FOUND THEN
        DBMS_OUTPUT.PUT_LINE('没找到任何数据');
```

```
    WHEN TOO_MANY_ROWS THEN
        DBMS_OUTPUT.PUT_LINE('找到多行数据,建议使用游标');
    WHEN OTHERS THEN
        DBMS_OUTPUT.PUT_LINE('出错了!! ');
        DBMS_OUTPUT.PUT_LINE( SQLCODE ‖','‖ SQLERRM);
    END;
```

结果显示如下:

```
PL/SQL procedure successfully completed.
```

没找到任何数据/

2）非预定义异常（Non Predefined）

非预定义异常用于处理预定义异常不能处理的异常，即其他标准的 Oracle 错误。使用预定义异常只能处理系统预定义的 20 多个 Oracle 错误，而当使用 PL/SQL 开发应用程序时，可能会遇到其他的一些 Oracle 错误。例如，在 PL/SQL 块中执行 DML 语句时，违反了约束规定等。在这样的情况下，就可以使用非预定义异常来处理。

Oracle 提供了两个函数 SQLCODE 和 SQLERRM 用于返回错误信息。

SQLCODE：返回错误代码。

SQLERRM：返回与错误代码关联的消息。

步骤如下：

（1）在 PL/SQL 块的定义部分定义异常情况。

```
<异常情况名> EXCEPTION;
```

（2）使用 EXCEPTION_INIT 语句将定义好的异常情况与标准的 Oracle 错误联系起来。

```
PRAGMA EXCEPTION_INIT ( <异常情况名>, <错误代码>);
```

例 3 – 25

3）自定义异常（User_define）

自定义异常用于处理与 Oracle 错误无关的其他情况。对这种异常情况的处理，需要用户在程序中定义，然后显式地在程序中将其触发。

预定义异常和非预定义异常都是与 Oracle 错误相关的，并且出现的 Oracle 错误会隐含地触发相应的异常；而自定义异常与 Oracle 错误没有任何关联，它是由开发人员为特定情况所定义的异常。当与一个异常相关的错误出现时，就会隐含触发该异常。自定义异常是通过显式使用 RAISE 语句来触发的。当触发一个异常时，控制程序就转到 EXCEPTION 异常块部分，执行错误处理代码。

步骤如下：

（1）在 PL/SQL 块的定义部分定义异常情况。

```
<异常情况名> EXCEPTION;
```

（2）使用 RAISE <异常情况名>语句触发异常。

（3）在 PL/SQL 块的异常情况处理部分对异常进行相应处理。

例 3 – 26：更新指定员工工资。具体实现语句如下：

```
SET SERVEROUTPUT ON
```

```
DECLARE
    V_SAL SCOTT.EMP.SAL% TYPE;
    V_ENAME SCOTT.EMP.ENAME% TYPE;
    V_EMPNO SCOTT.EMP.EMPNO% TYPE : = 6;
    SALARY_EXCEPTION EXCEPTION;              -- 定义异常的类型(名字)
BEGIN
    SELECT ENAME, SAL INTO V_ENAME, V_SAL
    FROM SCOTT.EMP WHERE EMPNO = V_EMPNO;
    IF V_SAL < 1500 THEN
        V_SAL : = V_SAL + 100;
        DBMS_OUTPUT.PUT_LINE(V_ENAME‖'涨工资后:'‖V_SAL);
    ELSE
    RAISE SALARY_EXCEPTION;                  -- 抛出自定义的异常
    END IF;
    EXCEPTION
        WHEN SALARY_EXCEPTION THEN
                                             -- 捕获自定义的异常
        DBMS_OUTPUT.PUT_LINE('薪金没有达到最低水平,不需要涨工资');
        WHEN NO_DATA_FOUND THEN
        DBMS_OUTPUT.PUT_LINE('没有找到'‖V_EMPNO‖'编码的员工');
        WHEN OTHERS THEN
        DBMS_OUTPUT.PUT_LINE(SQLCODE‖','‖SQLERRM);
    END;
    /
```

结果显示如下:

PL/SQL procedure successfully completed.
没有找到 6 编码的员工

**本章小结与思考题**（3）

# 第4章

## 存储过程

‹‹‹‹‹‹

### 学习目标

1. 能够了解并熟悉存储过程的概念及其作用。
2. 能够理解并总结存储过程的工作过程。
3. 学习并总结存储过程的种类与作用。
4. 能够列举系统存储过程的种类以及常用存储过程的作用。
5. 能够说出用户自定义存储过程的语法约定及其含义。
6. 能够尝试结合实例利用用户自定义存储过程进行简单与复杂数据源的数据操作。
7. 学习并熟悉存储过程的查看、加密、删除等管理操作。
8. 能够理解并尝试结合实例进行存储过程的重新编译处理。

### 数据素养指标

1. 能够了解使数据便于使用的基本理念、管理方式与数据组织结构等。
2. 能够结合实际情况采取合适的工具提高数据检索性能与效率。
3. 了解不同数据库中扩展 SQL 的高级特性，能够进行系统性的批量数据操作。
4. 能够利用语言，进行不同数据源之间的数据操作。

### 本章导读

1. 存储过程概述：存储过程的基本概念；存储过程的作用与工作过程；存储过程的种类；存储过程的优缺点。

2. 系统存储过程：系统存储过程的分类与说明；常用的系统存储过程。

3. 用户自定义存储过程：创建用户自定义存储过程的语法、参数约定与实例；执行用户自定义存储过程的语法、参数约定与实例；用户自定义存储过程的管理操作。

存储过程是现在大型数据库中的一组 SQL 数据指令集合，其存放在数据库中，只需编译一次，再次调用时通过存储过程名和参数就能直接调用。存储过程在数据库中是非常重要的角色，它是对数据自动处理的有效手段。本章将为读者介绍在 DBMS 中如何设计和调用存储过程，以及存储过程在使用过程中的一些注意事项。

# 4.1　存储过程概述

编程人员若要操作存储过程则需要了解存储过程的基本概念与原理，以及存储过程的分类与作用，以便更好地结合实际完成存储过程的编写工作。

## 4.1.1　存储过程的概念

如果说一条 SQL 语句是一件工具，能够用该工具完成特定的事情，那么存储过程就是一个工具包。工具包中包含若干件工具，其组合在一起能够完成一系列工作，实现特定的任务。存储过程在数据库系统中是一个非常重要的对象，任何一个完善的数据库系统都会使用到存储过程。

首先我们需要了解的是，存储过程是 DBMS 中的一组 SQL 语句集合，该组语句用于完成特定的功能。存储过程在数据库中经过第一次编译后再次调用时不需要再次编译，用户只需通过使用存储过程名并给定参数即可进行操作。其工作流程如图 4 - 1 所示。

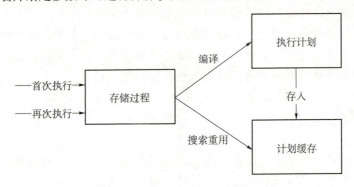

图 4 - 1　存储过程的工作流程

在数据库中最常用的操作就是查看表中的所有数据。为了查看数据，用户会不胜其烦地使用 SELECT * FROM TABLENAME。在程序设计中一般会将实现相同功能的重复代码写入一个方法或函数中，存储过程也类似于一个方法。例如，设计一个存储过程 MyProc，当用户想要查看表中的数据时，只需要执行该存储过程即可。这个存储过程的语句在 SQL Server 和 Oracle 中是一样的，代码如下：

```
CREATE PROC MyProc
AS                    -- 此处 AS 不可以省略不写
    BEGIN             -- BEGIN 和 END 是一对,不可以只写其中一个,但可以都不写
        SELECT * FROM TABLENAME
```

END

GO

上述是一个较为简单的存储过程，一般在数据库系统中会将较为复杂的一类操作封装到存储过程当中。例如，在学生表中用户经常要使用到男生人数和女生人数这两项数据，如果每次需要数据的时候就去编写一条 SQL 语句进行查询就会显得很麻烦，最好的办法就是将统计男、女生人数的 SQL 指令集通过存储过程来触发，简化实际操作。

数据库的存储过程与其他程序设计语言的过程类似，同样能按下列方式运行。

（1）存储过程能够包含执行各种数据库操作的语句，并且可以调用其他存储过程。

（2）存储过程能够接受输入参数，并以输出参数的形式将多个数据值返回给调用程序或批处理。

（3）存储过程向调用程序或批处理返回一个表明成功或失败（及失败的原因）的状态值。

（4）存储过程经编译后存储在数据库中，用户通过使用存储过程的名字并给出参数（如果该存储过程带有参数）来执行它。

## 4.1.2　存储过程的分类

### 1. SQL Server 的存储过程分类

1）用户自定义存储过程

用户自定义存储过程可在用户定义的数据库中创建，或者在除了 Resource 数据库之外的所有系统数据库中创建。该过程可在 T–SQL 中开发。

2）临时存储过程

临时存储过程是用户自定义存储过程的一种形式。临时存储过程与永久存储过程相似，只是临时存储过程存储于 tempdb 数据库中。临时存储过程有两种类型：本地临时存储过程和全局临时存储过程。它们在名称、可见性以及可用性上有区别。

（1）本地临时存储过程的名称以单个数字符号（#）开头，它们仅对当前的用户连接是可见的，当用户关闭连接时被删除。

（2）全局临时存储过程的名称以两个数字符号（##）开头，创建后对任何用户都是可见的，并且在使用该存储过程的最后一个会话结束时被删除。

3）系统存储过程

系统存储过程是 SQL Server 随附的。它们物理上存储在内部隐藏的 Resource 数据库中，但逻辑上出现在每个系统定义数据库和用户定义数据库的 sys 架构中。此外，msdb 数据库还在 dbo 架构中包含用于计划警报和作业的系统存储过程。因为系统存储过程以前缀 sp_开头，所以建议在命名用户自定义存储过程时不要使用此前缀。

4）扩展存储过程

SQL Server 支持在 SQL Server 和外部程序之间提供一个接口以实现各种维护活动的系统存储过程。这些扩展存储过程使用 xp_前缀。扩展存储过程允许开发者使用编程语言（如 C 语言）创建外部例程。这些例程以动态链接库（Dynamic Link Library，DLL）的形式存在，让 SQL Server 的实例可以动态加载和运行。在扩展存储过程编写完成后，固定服务器角色sysadmin的成员可以

使用 **SQL Server** 实例来注册该扩展存储过程，然后授予其他用户执行该过程的权限。扩展存储过程只能添加到 master 数据库中。

### 2. Oracle 的存储过程分类

Oracle 的存储过程也分为用户自定义存储过程和系统存储过程，含义与 SQL Server 中对应的存储过程类似，但表示方式有所不同。Oracle 中的系统存储过程多数以 dbms_开头，通过查询数据字典可以查看，查询方式如下：

存储过程的优缺点

```
select object_name,object_type from dba_objects where object_type =
'PROCEDURE';
```

# 4.2  SQL Server 的系统存储过程

在 SQL Server 中，系统存储过程就是系统创建的存储过程，目的在于能够方便地从系统表中查询信息或完成与更新数据库表相关的管理任务或其他的系统管理任务。系统存储过程以 sp_开头，在 master 数据库中创建并保存在该数据库中，为数据库管理员所有。一些系统存储过程只能由系统管理员使用，而有些系统存储过程通过授权可以被其他用户所使用。Oracle 中使用系统内置包来扩展数据库功能，详见 5.7.5 小节。

### 1. 系统存储过程的分类

系统存储过程的分类如表 4-1 所示。

表 4-1　系统存储过程的分类

| 分类 | 描述 |
| --- | --- |
| Active Directory 存储过程 | 用于在 Microsoft Windows Active Directory 中注册 SQL Server 实例和 SQL Server 数据库 |
| 目录存储过程 | 执行 ODBC 数据字典功能，并隔离 ODBC 应用程序，使之不受基础系统表更改的影响 |
| 游标存储过程 | 执行游标变量功能 |
| 数据库维护计划存储过程 | 用于设置确保数据库性能所需的核心维护任务 |
| 分布式查询存储过程 | 用于执行和管理分布式查询 |
| 全文检索存储过程 | 用于执行和查询全文索引 |
| 日志传送存储过程 | 用于配置和管理日志传送 |
| OLE 自动化存储过程 | 允许在标准 T-SQL 批处理中使用标准 OLE 自动化对象 |
| 复制存储过程 | 用于管理复制 |
| 安全存储过程 | 用于管理安全性 |
| SQL 邮件存储过程 | 用于从 SQL Server 内执行电子邮件操作 |
| SQL 事件探查器存储过程 | 用于监视性能和活动 |
| SQL Server 代理程序存储过程 | 用于管理调度的活动和事件驱动活动 |

续表

| 分类 | 描述 |
|------|------|
| 系统存储过程 | 用于 SQL Server 的常规维护 |
| Web 助手存储过程 | 由 Web 助手使用 |
| XML 存储过程 | 用于可扩展标记语言（Extensible Markup Language，XML）文本管理 |
| 常规扩展存储过程 | 提供从 SQL Server 到外部程序的接口，以便进行各种维护活动 |

说明：除非特别指明，所有系统存储过程返回 0 值表示成功，返回非零值则表示失败。

**2. 常用的系统存储过程**

表 4 - 2 列举了常用的系统存储过程及其所属类别。

表 4 - 2　常用的系统存储过程及其所属类别

| 分类 | 常用的系统存储过程 |
|------|------|
| 目录存储过程 | sp_column_privileges；sp_special_columns；sp_columns；sp_sproc_columns；sp_databases；sp_statistics；<br>sp_fkeys；sp_stored_procedures；sp_pkeys；sp_table_privileges；sp_server_info；sp_tables |
| 游标存储过程 | sp_cursor_list；sp_describe_cursor_columns；sp_describe_cursor；sp_describe_cursor_tables |
| 分布式查询存储过程 | sp_addlinkedserver；sp_indexes；sp_addlinkedsrvlogin；sp_linkedservers；sp_catalogs；sp_primarykeys；sp_droplinkedsrvlogin；sp_foreignkeys |
| 安全存储过程 | sp_addalias；sp_droprolemember；sp_addapprole；sp_dropserver；sp_addgroup；sp_dropsrvrolemember；sp_addlinkedsrvlogin；sp_dropuser；sp_addlogin；sp_grantdbaccess；sp_addremotelogin；sp_grantlogin；sp_addrole；sp_helpdbfixedrole；sp_addrolemember；sp_helpgroup；sp_addserver；sp_helplinkedsrvlogin；sp_addsrvrolemember；sp_helplogins；sp_adduser；sp_helpntgroup；sp_approlepassword；sp_helpremotelogin；sp_changedbowner；sp_helprole；sp_changegroup；sp_helprolemember；sp_changeobjectowner；sp_helprotect；sp_change_users_login；sp_helpsrvrole；sp_dbfixedrolepermission；sp_helpsrvrolemember；sp_defaultdb；sp_helpuser；sp_defaultlanguage；sp_MShasdbaccess；sp_denylogin；sp_password；sp_dropalias；sp_remoteoption；sp_dropapprole；sp_revokedbaccess；sp_dropgroup；sp_revokelogin；sp_droplinkedsrvlogin；sp_setapprole；sp_droplogin；sp_srvrolepermission；sp_dropremotelogin；sp_validatelogins；sp_droprole |
| 系统管理存储过程 | sp_add_data_file_recover_suspect_db；sp_helpconstraint；sp_addextendedproc；sp_helpdb；sp_addextendedproperty；sp_helpdevice；sp_add_log_file_recover_suspect_db；sp_helpextendedproc；sp_addmessage；sp_helpfile；sp_addtype；sp_helpfilegroup；sp_addumpdevice；sp_helpindex；sp_altermessage；sp_helplanguage；sp_autostats；sp_helpserver；sp_attach_db；sp_helpsort；sp_attach_single_file_db；sp_helpstats；sp_bindefault；sp_helptext；sp_bindrule；sp_helptrigger；sp_bindsession；sp_indexoption；sp_certify_removable；sp_invalidate_textptr；sp_configuresp_lock；sp_create_removable；sp_monitor；sp_createstats；sp_procoption；sp_cycle_errorlog；sp_recompile；sp_datatype_info；sp_refreshview；sp_dbcmptlevel；sp_releaseapplock；sp_dboption；sp_rename；sp_dbremovesp_renamedb；sp_delete_backuphistory；sp_resetstatus；sp_depends；sp_serveroption；sp_detach_dbsp_setnetname；sp_dropdevice；sp_settriggerorder；sp_dropextendedproc；sp_spaceused；sp_dropextendedproperty；sp_tableoption；sp_dropmessage；sp_unbindefault；sp_droptype；sp_unbindrule；sp_executesql；sp_updateextendedproperty；sp_getapplock；sp_updatestats；sp_getbindtoken；sp_validname；sp_help；sp_who |

# 4.3　SQL Server 的用户自定义存储过程

本节使用的用户自定义存储过程的语句是 SQL Server 中使用的 T－SQL 语句，需要注意的是，其与其他 DBMS 的相应语句是有所差异的。

## 4.3.1　创建用户自定义存储过程

T－SQL 语句提供了 CREATE PROCEDURE 命令创建存储过程，语法如下：

```
CREATE { PROC | PROCEDURE }
    [ schema_name. ] procedure_name [ ; number]
    [ { @parameter [ type_schema_name. ]data_type }
        [VARYING][ = default][OUT | OUTPUT | [READONLY]
    ] [ ,…n]
[WITH <procedure_option > [ ,…n]]
[ FOR REPLICATION]
AS { [BEGIN]sql_statement [ ;] [ …n][END]}
[ ;]
```

参数说明如下。

（1）procedure_name：新建存储过程名。过程名必须符合 SQL Server 标识符规则，并且对于数据库及所有者必须唯一。

（2）number：可选整数，用来对同名过程进行分组，而使用 DROP PROCEDURE 语句可以对同组的过程一起删除。

（3）@parameter：过程中的参数。在 CREATE PROCEDURE 语句中可以声明一个或多个参数。用户必须在执行存储过程时提供每个所声明参数的值（除非定义了该参数的默认值）。存储过程最多可以有 2 100 个参数。

（4）data_type：参数的数据类型。SQL Server 中所有的数据类型都可以作为存储过程的参数。但是，cursor 数据类型只能作为 OUTPUT 参数。如果指定了 cursor 作为数据类型，那么就必须同时指定 VARYING 和 OUTPUT 关键字。

（5）VARYING：指定作为输出参数支持的结果集。

（6）default：参数默认值。如果设置了默认值，则可以在不指定参数的情况下执行存储过程。默认值只能是常量或 NULL。

（7）OUTPUT：表示参数为输出参数。使用 OUTPUT 可以将信息返回给调用过程。

（8）FOR REPLICATION：设定不能在订阅服务器上对存储过程进行复制操作。

（9）AS：指定存储过程要执行的操作。

（10）sql_statement：存储过程中要包含的 T－SQL 语句，但有一定限制。

（11）procedure_option：存储过程选项。

**1. 创建简单的存储过程**

**例4－1**：创建查看"产品供销管理系统"数据库中产品表的存储过程。其实现语句如下：

```
USE［产品供销管理系统］
GO
CREATE PROCEDURE MyProc1
AS
    SELECT * FROM［dbo］.［产品］
```

**2. 创建带计算函数的存储过程**

例4－1代码的执行结果为创建一个名为 **MyProc1** 的存储过程，只要调用此存储过程，就会执行 **SELECT * FROM**［dbo］.［产品］语句查询表中的内容，它的执行结果和直接通过 **SELECT** 语句查询是一样的。上述代码只是实现了最简单的一种存储过程，用户还可以通过调用函数来实现复杂的存储过程。

**例4－2**：创建统计"产品供销管理系统"数据库中各类别产品数量的存储过程。其实现语句如下：

```
CREATE PROCEDURE MyProc2
AS
    SELECT 类别名称,COUNT(C.类别ID) AS 各类别产品数量
    FROM［dbo］.［产品］AS P INNER JOIN［dbo］.［类别］AS C
        ON P.类别ID＝C.类别ID
        GROUP BY 类别名称
```

执行上述代码可以得到一个名为 **MyProc2** 的存储过程，用来统计数据库中各类别产品数量，该存储过程在以后的程序中可以直接被调用。

**3. 创建带输入参数的存储过程**

前面两个存储过程都是不带输入参数的，这样的存储过程结果永远只有一种可能性。设计一个可以带输入参数的存储过程，用户可根据输入参数的不同得到不同的结果，这样大大地提高了存储过程的灵活性。

**例4－3**：创建统计"产品供销管理系统"数据库中某类别产品数量的存储过程。其实现语句如下：

```
CREATE PROCEDURE MyProc3 @cName NVARCHAR(15)
AS
    SELECT 类别名称,COUNT(C.类别ID) AS 各类别产品数量
    FROM［dbo］.［产品］AS P INNER JOIN［dbo］.［类别］AS C
        ON P.类别ID＝C.类别ID
    WHERE 类别名称＝@cName
    GROUP BY 类别名称
```

在上例中创建了一个名为 **MyProc3** 的存储过程，并定义了一个 nvarchar 类型的参数 @cName，这样用户在执行过程中只需加上参数就可以得到相应的结果。

### 4. 创建带输出参数的存储过程

**例 4 - 4**：创建一个存储过程，根据用户输入的产品类别名称，返回该类别的产品数量。其实现语句如下：

```
CREATE PROCEDURE MyProc4
    @cName NVARCHAR(15) ='饮料',
    @pCount INT OUTPUT
AS
    SELECT @pCount = COUNT(C. 类别 ID)
    FROM [dbo].[产品] AS P INNER JOIN [dbo].[类别] AS C
        ON P. 类别 ID = C. 类别 ID
    WHERE 类别名称 = @cName
    GROUP BY 类别名称
```

**注意**：尽量不要创建任何使用 sp_ 作为前缀的存储过程。因为 SQL Server 使用 sp_ 前缀指定系统存储过程，sp_开头的存储过程可能会与以后的某些系统存储过程发生冲突。

### 5. 创建带状态参数的存储过程

无论什么时候执行存储过程，总要返回一个结果码，用以指示存储过程的执行状态。如果存储过程执行成功，则返回的结果码是 0；如果存储过程执行失败，则返回的结果码一般是一个负数，它和失败的类型有关。

SQL Server 使用返回值 - 14 ~ 0 来表示存储过程的执行状态，值 - 99 ~ - 15 留作后用。我们也可以自定义 0 以上的返回状态值。

**例 4 - 5**：创建一个存储过程，根据用户输入的产品类别名称，返回该类别的产品数量。如果有输入的产品类别名称并统计出结果，则返回 1；否则输出出错信息。其实现语句如下：

```
CREATE PROCEDURE MyProc5
    @cName NVARCHAR(15) = NULL,
    @pCount INT OUTPUT
AS
    IF @cName is NULL
        BEGIN
            PRINT '请输入产品类别名称'
            RETURN
        END
    ELSE
        BEGIN
            SELECT @pCount = COUNT(C. 类别 ID)
            FROM [dbo].[产品] AS P INNER JOIN [dbo].[类别] AS C
                ON P. 类别 ID = C. 类别 ID
            WHERE 类别名称 = @cName
            GROUP BY 类别名称
            RETURN 1
        END
```

## 4.3.2　执行用户自定义存储过程

在 SQL Server 中执行存储过程可直接使用 EXECUTE 语句，其语法格式如下：

```
[｛ EXEC | EXECUTE ｝]
    ｛
        [@return_status =]
        ｛procedure_name [;number] | @procedure_name_var ｝
            [[@parameter =]｛ value
                                    | @variable [OUTPUT]
                                    | [DEFAULT]
                                    ｝
            ]
            [,…n]
            [WITH < execute_option > [,…n]]
    ｝
    [;]
< execute_option > :: =
｛
    RECOMPILE
    | ｛ RESULT SETS UNDEFINED ｝
    | ｛ RESULT SETS NONE ｝
    | ｛ RESULT SETS ( < result_sets_definition > [,…n]) ｝
｝
```

参数说明如下。

（1）@ return_status：可选整型变量，用于存储模块返回的状态。这个变量在用于 EXECUTE 语句前，必须在批处理、存储过程或函数中声明。在用于调用标量值用户定义函数时，@ return_status 变量可以为任意数据类型。

（2）procedure_name：指定要调用存储过程的名称。

（3）number：可选整数，可用于同名过程的分组。该参数不能在扩展存储过程中使用。

（4）@ procedure_name_var：代表存储过程名称的局部变量。

（5）@ parameter：存储过程中所使用的参数，与模块中定义的相同。

（6）value：传递给模块或传递命令的参数值。如果参数名没有被指定，则参数值要按在模块中定义的顺序提供。

（7）@ variable：用于存储参数或返回参数的变量。

（8）OUTPUT：指定存储过程或命令字符串返回一个参数。该存储过程或命令字符串中的匹配参数也必须使用关键字 OUTPUT 创建。使用游标变量作为参数时可使用该关键字。

（9）DEFAULT：根据存储过程的定义提供参数的默认值。

（10）WITH RECOMPILE：执行存储过程后，强制编译、使用和放弃新计划。如果该模块存在现有查询计划，那么该计划就保留在缓存。如果所提供的参数为非典型参数或数据有很大的改变，则使用该选项。

（11）RESULT SETS UNDEFINED：不保证返回任何结果（如果有），并且不提供任何定义。如果返回任何结果，则说明语句正常执行而没有发生错误；否则，不会返回任何结果。如果未提供 result_sets_option，则 RESULT SETS UNDEFINED 是默认行为。

（12）RESULT SETS NONE：保证执行语句不返回任何结果。如果返回任何结果，则会中止批处理。

（13）< result_sets_definition >：保证返回 result_sets_definition 中指定的结果。对于返回多个结果集的语句，需提供多个 result_sets_definition 部分。将每个 result_sets_definition 用括号括上，并以逗号隔开。

### 1. 执行不带参数的存储过程

**例 4 – 6**：执行例 4 – 1 创建的不带参数的存储过程。其实现语句如下：

```
exec MyProc1
```

执行结果如图 4 – 2 所示。

| | 产品ID | 产品名称 | 供应商ID | 类别ID | 单位数量 | 单价 | 库存量 | 订购量 | 再订购量 | 中止 |
|---|---|---|---|---|---|---|---|---|---|---|
| 1 | 1 | 苹果汁 | 1 | 1 | 每箱24瓶 | 18.00 | 39 | 0 | 10 | 1 |
| 2 | 2 | 牛奶 | 1 | 1 | 每箱24瓶 | 19.00 | 17 | 40 | 25 | 0 |
| 3 | 3 | 蕃茄酱 | 1 | 2 | 每箱12瓶 | 10.00 | 13 | 70 | 25 | 0 |
| 4 | 4 | 盐 | 2 | 2 | 每箱12瓶 | 22.00 | 53 | 0 | 0 | 0 |
| 5 | 5 | 麻油 | 2 | 2 | 每箱12瓶 | 21.35 | 0 | 0 | 0 | 1 |
| 6 | 6 | 酱油 | 3 | 2 | 每箱12瓶 | 25.00 | 120 | 0 | 25 | 0 |
| 7 | 7 | 海鲜粉 | 3 | 7 | 每箱30盒 | 30.00 | 15 | 0 | 10 | 0 |
| 8 | 8 | 胡椒粉 | 3 | 2 | 每箱30盒 | 40.00 | 6 | 0 | 0 | 0 |
| 9 | 9 | 鸡 | 4 | 6 | 每袋5... | 97.00 | 29 | 0 | 0 | 1 |

**图 4 – 2　不带参数的存储过程示例执行结果**

### 2. 执行带输入参数的存储过程

**例 4 – 7**：执行例 4 – 3 创建的带输入参数的存储过程。其实现语句如下：

```
DECLARE @inCName NVARCHAR(15)
SET @inCName ='饮料'
EXEC MyProc3 @inCName
```

执行结果如图 4 – 3 所示。

| | 类别名称 | 各类别产品数量 |
|---|---|---|
| 1 | 饮料 | 12 |

**图 4 – 3　带输入参数的存储过程示例执行结果**

### 3. 执行带输出参数的存储过程

**例 4 – 8**：执行例 4 – 4 创建的带输出参数的存储过程。其实现语句如下：

```
DECLARE @inCName NVARCHAR(15)
DECLARE @getPCount INT
```

SET @inCName ='调味品'

EXEC MyProc4 @inCName,@getPCount OUTPUT

PRINT '调味品的产品数量 ='+CAST(@getPCount as varchar(10))

执行结果如图 4 - 4 所示。

图 4 - 4　带输出参数的存储过程示例执行结果

#### 4. 执行带状态参数的存储过程

**例 4 - 9**：执行例 4 - 5 创建的带状态参数的存储过程 **MyProc5**。其实现语句如下：

-- 第一种情况:输入参数 - 产品类别名称为 NULL 值的情况

DECLARE @return_status INT

DECLARE @getPCount INT

EXEC @return_status =MyProc5 NULL,@getPCount OUTPUT

GO

-- 第二种情况:输入参数 - 产品类别名称正常输入的情况

DECLARE @return_status INT

DECLARE @getPCount INT

DECLARE @inCName NVARCHAR(15)

SET @inCName ='饮料'

EXEC @return_status =MyProc5 @inCName,@getPCount OUTPUT

PRINT '饮料的产品数量 ='+CAST(@getPCount as varchar(10))

PRINT '返回值 ='+CAST(@return_status as varchar(2))

GO

执行结果如图 4 - 5 所示。

图 4 - 5　带状态参数的存储过程示例执行结果

## 4.3.3　管理用户自定义存储过程

管理用户自定义存储过程的内容主要包括 3 个部分：查看、修改与删除存储过程。下面将详细说明修改存储过程所使用的 ALTER PROCEDURE 命令，其余命令的详细内容将在各部分中说明。ALTER PROCEDURE 语法规则如下：

ALTER { PROC | PROCEDURE } [schema_name.] procedure_name [; number]

```
[│ @parameter [type_schema_name.]data_type }
        [VARYING][ = default][OUT │ OUTPUT][READONLY]
    ] [,…n]
[WITH <procedure_option > [,…n]]
[FOR REPLICATION]
AS │ [BEGIN]sql_statement [;] […n][END]} [;]
<procedure_option > :: =
    [ENCRYPTION]
    [RECOMPILE]
```

其中各参数和保留字的具体含义请参看 CREATE PROCEDURE 命令。其中若干选项的说明如下。

（1）FOR REPLICATION：说明该存储过程只能在复制过程中执行，但这种类型的存储过程不能在订阅服务器上执行。只有在创建过滤存储过程时（仅当进行数据复制时过滤存储过程才被执行）才使用该选项。不能与 WITH RECOMPILE 同时使用。

（2）WITH ENCRYPTION：要求对存储在 syscomments 系统表中的存储过程定义文本进行加密。syscomments 表的 text 字段是包含有 CREATE PROCEDURE 语句的存储过程文本，使用该关键字无法通过查看 syscomments 表来查看存储过程内容。

（3）WITH RECOMPILE：要求 SQL Server 不要在缓存中保存存储过程的执行计划，而在每次执行时都重新对它进行编译。

说明：如果原来的存储过程定义是用 WITH ENCRYPTION 或 WITH RECOMPILE 创建的，那么只有在 ALTER PROCEDURE 中也包含这些选项时，这些选项才有效。

权限：ALTER PROCEDURE 权限默认授予 sysadmin 固定服务器角色成员、db_owner 和 db_ddladmin 固定数据库角色成员以及存储过程的所有者，且不可转让。用 ALTER PROCE-DURE 更改的存储过程的存储权限和启动属性保持不变。

**1. 查看存储过程**

SQL Server 中系统给用户提供了一个名为 OBJECT_DEFINITION 的存储过程，用于查询存储过程的信息。我们只需要在调用时将需要查询的存储过程名作为参数指定给 OBJECT_DEFINITION 就可以了，同时系统提供了 sp_help 和 sp_helptext 这两个用于查询存储过程的结构信息的系统存储过程。

例 4－10：创建一个存储过程 MyProc6，可查看某客户订单的客户 ID、客户名称、产品名称、发货日期、订货数量、订单 ID。使用 OBJECT_DEFINITION、sp_help、sp_helptext 查看存储过程。其实现语句如下：

```
CREATE PROCEDURE MyProc6 @cName nvarchar(30)
AS
    SELECT O.[客户 ID],[公司名称] AS 客户名称,P.产品名称,[发货日期],[数量] AS 订货数量,D.[订单 ID]
    FROM [DBO].[订单] AS O INNER JOIN [DBO].[订单明细] AS D
        ON O.订单 ID = D.订单 ID
        INNER JOIN [DBO].[产品] AS P ON D.产品 ID = P.产品 ID
```

        INNER JOIN［DBO］.［客户］AS C ON O.客户 ID＝C.客户 ID
    WHERE［公司名称］＝@cName
GO
SELECT OBJECT_DEFINITION(OBJECT_ID('MyProc6')) as OBJECT_DEFINITION
执行结果如图 4 – 6 所示，注意"…"后面还有存储过程的定义文本内容未显示。

| | OBJECT_DEFINITION执行结果 |
|---|---|
| 1 | CREATE PROCEDURE MyProc6 @cName nvarchar(30) ... |

**图 4 – 6  OBJECT_DEFINITION 查看存储过程**

执行 EXEC sp_help MyProc6 后，其结果如图 4 – 7 所示。

| | Name | Owner | Type | Created_datetime | | |
|---|---|---|---|---|---|---|
| 1 | MyProc6 | dbo | stored procedure | 2021-03-11 11:44:26.753 | | |

| | Parameter_name | Type | Length | Prec | Scale | Param_order | Collation |
|---|---|---|---|---|---|---|---|
| 1 | @cName | nvarchar | 60 | 30 | NULL | 1 | Chinese_PRC_CI_AS |

**图 4 – 7  sp_help 查看存储过程**

执行 EXEC sp_helptext MyProc6 后，其结果如图 4 – 8 所示。

| | Text |
|---|---|
| 1 | CREATE PROCEDURE MyProc6 @cName nvarchar(30) |
| 2 | AS |
| 3 | SELECT O.［客户ID］,［公司名称］AS 客户名称,P.产品名称,［发货日期］,［数... |
| 4 | FROM [DBO].［订单］AS O INNER JOIN [DBO].［订单明细］AS D |
| 5 | ON O.订单ID=D.订单ID |
| 6 | INNER JOIN [DBO].［产品］AS P ON D.产品ID=P.产品ID |
| 7 | INNER JOIN [DBO].［客户］AS C ON O.客户ID=C.客户ID |
| 8 | WHERE［公司名称］=@cName |

**图 4 – 8  sp_helptext 查看存储过程**

### 2. 重新编译存储过程

重新编译存储过程可以有以下 3 种方式。

（1）使用 sp_recompile 系统存储过程：该命令会强制在下次执行存储过程时对其重新编译。具体方法是从过程缓存中删除现有计划，强制在下次运行该存储过程时创建新计划。

（2）创建或修改存储过程时在其定义中指定 WITH RECOMPILE 选项，指明 SQL Server 将不为该存储过程缓存计划，在每次执行该存储过程时对其重新编译。当存储过程的参数值在各次执行间都有较大差异，导致每次均需创建不同的执行计划时，可使用 WITH RECOMPILE 选项。此选项并不常用，因为每次执行存储过程时都必须对其重新编译，这样会导致存储过程的执行变慢。

（3）执行存储过程时，我们还可以通过指定 WITH RECOMPILE 选项，强制在执行存储过程时对其进行重新编译。

由于上述工作都是完成重新编译存储过程的目的，因此本小节只演示修改存储过程的示例，其余操作类似。另外注意：如果在原来的存储过程定义时是使用 WITH ENCRYPTION 或 WITH RECOMPILE 创建的，那么只有在 ALTER PROCEDURE 中也包含这些选项时，这些选项才可继续有效。

**例 4-11**：将例 4-10 创建的存储过程 **MyProc6** 进行重新编译。其实现语句如下：

```
ALTER PROCEDURE MyProc6 @cName nvarchar(30)
WITH RECOMPILE
AS
    SELECT O.[客户 ID],[公司名称] AS 客户名称,P. 产品名称,[发货日期],[数量] AS 订货数量,D.[订单 ID]
    FROM [DBO].[订单] AS O INNER JOIN [DBO].[订单明细] AS D
        ON O. 订单 ID = D. 订单 ID
        INNER JOIN [DBO].[产品] AS P ON D. 产品 ID = P. 产品 ID
        INNER JOIN [DBO].[客户] AS C ON O. 客户 ID = C. 客户 ID
    WHERE [公司名称] = @cName
```

执行 EXEC sp_helptext MyProc6 后，其结果如图 4-9 所示。

| | Text |
|---|---|
| 1 | CREATE PROCEDURE MyProc6 @cName nvarchar(30) |
| 2 | WITH RECOMPILE |
| 3 | AS |
| 4 | SELECT O.[客户ID],[公司名称] AS 客户名称,P.产品名称,[发货日期],[数... |
| 5 | FROM [DBO].[订单] AS O INNER JOIN [DBO].[订单明细] AS D |
| 6 | ON O.订单ID=D.订单ID |
| 7 | INNER JOIN [DBO].[产品] AS P ON D.产品ID=P.产品ID |
| 8 | INNER JOIN [DBO].[客户] AS C ON O.客户ID=C.客户ID |
| 9 | WHERE [公司名称]=@cName |

**图 4-9  sp_helptext 查看重新编译修订的存储过程**

### 3. 加密存储过程

**例 4-12**：将例 4-10 创建的存储过程 **MyProc6** 进行加密。其实现语句如下：

```
ALTER PROCEDURE MyProc6 @cName nvarchar(30)
WITH ENCRYPTION
AS
    SELECT O.[客户 ID],[公司名称] AS 客户名称,P. 产品名称,[发货日期],[数量] AS 订货数量,D.[订单 ID]
    FROM [DBO].[订单] AS O INNER JOIN [DBO].[订单明细] AS D
        ON O. 订单 ID = D. 订单 ID
        INNER JOIN [DBO].[产品] AS P ON D. 产品 ID = P. 产品 ID
        INNER JOIN [DBO].[客户] AS C ON O. 客户 ID = C. 客户 ID
    WHERE [公司名称] = @cName
```

执行 EXEC sp_helptext MyProc6 后，其结果如图 4-10 所示。

消息
对象 'MyProc6' 的文本已加密。

**图 4-10  sp_helptext 查看加密修订的存储过程**

#### 4. 删除存储过程

SQL Server 可以使用 DROP PROCEDURE 语句来对存储过程进行删除。DROP PROCEDURE 的语法格式如下：

```
DROP (PROC | PROCEDURE} {[schema_name.] procedure}[,…n]
```

注意：在删除任何存储过程之前，请检查依赖对象，并且相应地修改这些对象。如果没有更新这些对象，则删除存储过程可能会导致依赖对象和脚本失败。检查存储过程依赖的对象信息，可使用下面的语句：

```
SELECT referencing_schema_name, referencing_entity_name, referencing_id,
        referencing_class_desc, is_caller_dependent
FROM sys.dm_sql_referencing_entities ('自定义存储过程名称','OBJECT');
```

**例 4 – 13**：将例 4 – 10 创建的存储过程 MyProc6 删除。其实现语句如下：

```
IF EXISTS(SELECT *
        FROM SYSOBJECTS
        WHERE NAME ='MyProc6' AND TYPE ='P')
    BEGIN
        DROP PROCEDURE MyProc6
    END
```

## 4.4　Oracle 的用户自定义存储过程

### 4.4.1　创建用户自定义存储过程

在 Oracle 中创建的存储过程，可以被多个应用程序调用，可以向存储过程传递参数，也可以通过存储过程传回参数。其语法格式如下：

```
CREATE [OR REPLACE] PROCEDURE [模式名].<存储过程名>
  [参数名 1 [IN | OUT | IN OUT]数据类型 [默认值],
    …
    参数名 n [IN | OUT | IN OUT]数据类型 [默认值]]
{AS | IS}
[局部变量声明]
    BEGIN
        <可执行语句;>
        [EXCEPTION <异常处理语句>;]
    END [<过程名>];
```

参数说明如下。

（1）OR REPLACE：关键字可选，如果包含该关键字，则在创建过程时如果该过程存在就重建。

（2）[IN｜OUT｜IN OUT]：参数模式。

①IN：表示参数是输入给存储过程的，并且在存储过程内不能修改，为默认值。

②OUT：表示参数在存储过程中将被赋值，可以传给过程体的外部。

③IN OUT：兼有输入参数和输出参数的特点，该类型的参数既可以向过程体传值，也可以在过程体中赋值。

（3）数据类型：指定参数的类型，但不能指定精度或长度。

（4）EXCEPTION：出现异常情况时需做的处理。

**1. 创建不带参数的存储过程**

**例 4 – 14**：创建统计"产品供销管理系统"数据库中产品总数量的存储过程。其 PL/SQL 语句如下：

```
CREATE PROCEDURE ora_Proc1
AS
    v_产品数量 number(5);
BEGIN
    SELECT COUNT(产品 ID) 产品数量 INTO v_产品数量
    FROM 产品;
    dbms_output.put_line('产品数量='‖v_产品数量);    -- 输出语句
EXCEPTION
    when no_data_found then dbms_output.put_line('no_data_found');
END;
```

该存储过程中定义了一个变量，通过 SELECT…INTO 语句将查询结果存于变量中。执行该存储过程，将显示产品表的产品数量。

**2. 创建带输入参数的存储过程**

**例 4 – 15**：创建统计"产品供销管理系统"数据库中某类别产品数量的存储过程，类别由输入参数指定。其 PL/SQL 语句如下：

```
CREATE PROCEDURE ora_Proc2 (v_CName in NVARCHAR2)
AS
    v_各类别产品数量 number(5);
BEGIN
    SELECT COUNT(C. 类别 ID) 各类别产品数量 INTO v_各类别产品数量
    FROM 产品  P JOIN 类别  C  ON P. 类别 ID = C. 类别 ID
    WHERE 类别名称 = v_CName
    GROUP BY 类别名称;
    dbms_output.put_line('类别名称='‖v_CName‖', 数量='‖v_各类别产品数量);
EXCEPTION
    when no_data_found then dbms_output.put_line('no_data_found');
END;
```

在上例中创建了一个带有输入参数的 ora_Proc2 存储过程，输入参数类型为 nvarchar2。

用户在调用存储过程查询时可指定产品类别来查询该产品数据量。但需要注意以下两点。

（1）在 Oracle 中，数据表别名不能加 AS，例如：

SELECT a.appname FROM appinfo a; —— 正确

SELECT a.appname FROM appinfo as a; —— 错误

（2）在存储过程中，利用 SELECT…INTO 命令，将查询结果值存入变量，语法如下：

SELECT 字段名 INTO 变量名

例4-14中，语句"SELECT COUNT（产品ID）产品数量 INTO v_产品数量 FROM 产品；"就是将查询的产品数量存入变量"v_产品数量"中。

Oracle 的存储过程与 SQL Server 的存储过程有所不同，SQL Server 存储过程中可以直接写出查询语句，无须使用变量存储查询结果列，无论该查询语句返回记录数目有多少，在调用存储过程时均可直接得到查询结果。而在 Oracle 存储过程中，必须使用 SELECT…INTO 语句来存储每一个查询结果的值，并用输出语句来显示结果，如果返回的结果是多条记录，则必须用游标逐条获取记录值，这样调用存储过程时才能查看查询结果值。

（3）在利用 SELECT…INTO 语句时，必须先确保数据库中有该条记录，否则会报出 no data found 异常。

可以在该语句之前，先利用 SELECT COUNT（*）FROM 查看数据库中是否存在该记录，如果存在，则再利用 SELECT…INTO 获取查询结果。

### 3. 创建带输入、输出参数的存储过程

例4-16：创建统计"产品供销管理系统"数据库中某类别产品数量的存储过程，类别由输入参数指定，产品数量由输出参数传出。其 PL/SQL 语句如下：

```
CREATE PROCEDURE ora_Proc3（v_CName in NVARCHAR2，v_各类别产品数量 out
int）
    AS
    BEGIN
    SELECT COUNT(C. 类别ID) 各类别产品数量 into v_各类别产品数量
        FROM 产品 P JOIN 类别  C  ON P. 类别ID = C. 类别ID
        WHERE 类别名称 = v_CName
        GROUP BY 类别名称；
        dbms_output.put_line（'类别名称 ='‖v_CName‖'，数量 ='‖v_各类别产品数量）；
    EXCEPTION
        when no_data_found then dbms_output.put_line('no_data_found')；
    END；
```

在此创建的存储过程带有输入、输出参数，输入参数的作用与上例相同，查询结果存入输出参数。当调用存储过程时，可以使用变量获取输出参数的值。

## 4.4.2　执行用户自定义存储过程

在 Oracle 中，执行用户存储过程的方式有以下3种。

（1）使用 EXECUTE 或 EXEC 命令执行存储过程，语法格式如下：

EXECUTE 模式名 . 存储过程名(参数 1,参数 2,…);

EXEC 是 SQL PLUS 的命令，只能在命令行方式下运行，可以执行存储过程或函数。当存储过程或函数没有参数时，EXEC 可以直接跟存储过程名，从而省略"( )"。

(2) 使用 CALL 命令执行存储过程，语法如下：

CALL 模式名 . 存储过程名(参数 1,参数 2,…);

CALL 是 SQL 命令，任何工具都可以使用，如在程序中调用存储过程就可以用 CALL。CALL 必须有括号，即使没有参数，CALL 也必须带上"( )"。

(3) 使用 BEGIN…END 语句块方式执行存储过程，语法格式如下：

BEGIN
　　　存储过程名(参数 1,参数 2,…);
END;

该方式适用于 PL/SQL，执行时不能带上 EXECUTE 或 CALL 命令。

需要注意的是，执行存储过程时，传递的参数必须与定义的参数的类型、个数和顺序一致。如果参数定义了默认值，则调用时可以省略参数。

### 1. 在命令行窗口中执行不带参数的存储过程

**例 4 – 17**：使用 EXECUTE 命令执行例 4 – 14 的存储过程。其 PL/SQL 语句如下：

SET SERVEROUTPUT ON；

EXEC ora_Proc1；

执行结果如图 4 – 11 所示。

```
PL/SQL procedure successfully completed.

产品数量=72
```

**图 4 – 11　执行不带参数的存储过程的结果**

### 2. 使用 CALL 命令执行带输入参数的存储过程

**例 4 – 18**：使用 CALL 命令执行例 4 – 15 的存储过程，指定输入参数值为"饮料"。其 PL/SQL 语句如下：

SET SERVEROUTPUT ON；

CALL ora_Proc2('饮料')；

执行结果如图 4 – 12 所示。

```
PL/SQL procedure successfully completed.

类别名称=饮料，数量=11
```

**图 4 – 12　执行带输入参数的存储过程的结果**

### 3. 在 PL/SQL 窗口使用 BEGIN…END 执行带输入、输出参数的存储过程

**例 4 – 19**：使用 BEGIN…END 执行例 4 – 16 的存储过程，指定输入参数值为"点心"，

并要求使用输出参数获取结果。其 PL/SQL 语句如下：

```
SET SERVEROUTPUT ON;
DECLARE
    var_产品名称 NVARCHAR2 (20);
    var_各类别产品数量 int;
BEGIN
    var_产品名称 : = '点心';
    ora_Proc3 (var_产品名称, var_各类别产品数量);
    dbms_output.put_line ('所查产品数量 ='‖var_各类别产品数量 );
END;
```

执行结果如图 4-13 所示。

```
PL/SQL procedure successfully completed.

类别名称=点心，数量=13
所查产品数量=13
```

图 4-13  执行带输入、输出参数的存储过程的结果

在调用存储过程时，如果输入、输出参数直接使用变量名传递值，则要求变量名与对应的参数顺序要一致。也可以在调用时为每个参数指定对应的变量名，则顺序可以随意。如例 4-19 中，调用语句也可以写为

```
ora_Proc3(v_各类别产品数量 = > var_各类别产品数量, v_CName = > var_产品
名称);
```

其运行结果也是一样的。

## 4.4.3  管理用户自定义存储过程

### 1. 修改存储过程

修改存储过程后，可以重新执行修改后的存储过程的语句，即在创建语句中加上 OR REPLACE 关键词。

例 4-20：修改例 4-14，在"产品供销管理系统"数据库中统计产品数量和平均单价。其 PL/SQL 语句如下：

```
CREATE OR REPLACE PROCEDURE ora_Proc1
AS
    v_产品数量 number(5);
    v_平均单价 number(10);
BEGIN
    SELECT COUNT(产品 ID) 产品数量, AVG(单价) into v_产品数量, v_平均单价
    FROM 产品;
    dbms_output.put_line ('产品数量 ='‖v_产品数量‖', 平均单价 ='‖v_平均单价 );
```

```
EXCEPTION
    when no_data_found then dbms_output.put_line('no_data_found');
END;
```

修改后，存储过程统计产品数量和平均单价两个值，调用存储过程的结果如图 4 - 14 所示。

```
PL/SQL procedure successfully completed.

产品数量=72, 平均单价=29
```

图 4 - 14　存储过程修改后的执行结果

### 2. 查看存储过程

Oracle 中要查看存储过程信息，需访问与存储过程有关的数据字典。查看存储过程分为查看存储过程所有者、创建时间等有关信息，以及查看存储过程代码。

如果要查看存储过程的代码，则主要查看 all_source 表或者 user_source 表。

**例 4 - 21**：查看例 4 - 16 创建的存储过程 ora_Proc3 的代码。具体实现语句如下：

```
select text from all_source where name ='ORA_PROC3' order by line;
```

查询结果如图 4 - 15 所示。

| | TEXT |
|---|---|
| 1 | PROCEDURE ora_Proc3 (v_CName in NVARCHAR2, v_各类别产品数量 out int) |
| 2 | AS |
| 3 | BEGIN |
| 4 | SELECT COUNT(C.类别ID) 各类别产品数量 into v_各类别产品数量 |
| 5 | FROM 产品 P JOIN 类别　C　ON P.类别ID = C.类别ID |
| 6 | WHERE 类别名称 = v_CName |
| 7 | GROUP BY 类别名称; |
| 8 | dbms_output.put_line ( '类别名称=' ‖ v_CName ‖ ', 数量=' ‖ v_各类别产品数量 ); |
| 9 | EXCEPTION |
| 10 | when no_data_found then dbms_output.put_line('no_data_found'); |
| 11 | END; |

图 4 - 15　从 all_source 表中查询存储过程有关信息

也可以从 user_source 表中查询，查询结果与图 4 - 15 一致。具体实现语句如下：

```
select text from user_source where name = 'ORA_PROC3' and type = 'PRO-CEDURE';
```

如果要查看存储过程的所有者、创建时间、是否有效等信息，则主要查看 all_objects 表或者 user_objects 表。

**例 4 - 22**：查看例 4 - 16 创建的存储过程 ora_Proc3 的有关信息。具体实现语句如下：

```
select * from all_objects where object_name ='ORA_PROC3';
```

需要注意的是，查询时，存储过程的名称需使用大写英文字母。查询结果如图 4 - 16 所示。

也可以从 user_objects 表中查询由用户创建的存储过程。具体实现语句如下：

| | OWNER | OBJECT_NAME | SUBOBJECT_NAME | OBJECT_ID | DATA_OBJECT_ID | OBJECT_TYPE | CREATED | LAST_DDL_TIME | TIMESTAMP | STATUS | TEMPORARY | GENERATED | SECONDARY | NAMESPACE | EDITION_NAME |
|---|---|---|---|---|---|---|---|---|---|---|---|---|---|---|---|
| 1 | SCOTT | ORA_PROC3 | (null) | 80520 | (null) | PROCEDURE | 11-JAN-22 | 22-JAN-22 | 2022-01-22:15:09:31 | VALID | N | N | N | 1 | (null) |

图 4-16　从 all_objects 表中查询存储过程有关信息

```
select * from user_objects where object_name ='ORA_PROC3';
```
查询结果如图 4-17 所示。

| | OBJECT_NAME | SUBOBJECT_NAME | OBJECT_ID | DATA_OBJECT_ID | OBJECT_TYPE | CREATED | LAST_DDL_TIME | TIMESTAMP | STATUS | TEMPORARY | GENERATED | SECONDARY | NAMESPACE | EDITION_NAME |
|---|---|---|---|---|---|---|---|---|---|---|---|---|---|---|
| 1 | ORA_PROC3 | (null) | 80520 | (null) | PROCEDURE | 11-JAN-22 | 22-JAN-22 | 2022-01-22:15:09:31 | VALID | N | N | N | 1 | (null) |

图 4-17　从 user_objects 表中查询存储过程有关信息

说明：all_objects 表和 user_objects 表中的 STATUS 字段表示存储过程或函数的状态，如果值为 VALID，则表示该存储过程有效（即通过编译）；如果值为 INVALID，则表示存储过程无效或需要重新编译。当 Oracle 调用一个无效的存储过程或函数时，首先试图对其进行编译，如果编译成功，则将状态置为 VALID 并执行；否则给出错误信息。

当一个存储过程编译成功，状态变为 VALID，会不会在某些情况下变成 INVALID？结论是完全可能的。例如，一个存储过程中包含对表的查询，如果该表被修改或删除，则存储过程的状态就会变成 INVALID。因此要注意存储过程和函数对其他对象的依赖关系。

如果要检查存储过程或函数的依赖性，则可以通过查询数据字典 USER_DEPENDEN-CIES 来确定。

例 4-23：查询 ora_Proc3 存储过程的依赖性。具体实现语句如下：
```
SELECT REFERENCED_NAME, REFERENCED_TYPE FROM USER_DEPENDENCIES
WHERE NAME ='ORA_PROC3';
```
执行结果如图 4-18 所示。

| | REFERENCED_NAME | REFERENCED_TYPE |
|---|---|---|
| 1 | STANDARD | PACKAGE |
| 2 | SYS_STUB_FOR_PURITY_ANALYSIS | PACKAGE |
| 3 | DBMS_OUTPUT | SYNONYM |
| 4 | 产品 | TABLE |
| 5 | 类别 | TABLE |

图 4-18　ora_Proc3 存储过程的依赖性查询结果

REFERENCED_NAME 为涉及的实体名，REFERENCED_TYPE 为涉及的实体类型。可以看出存储过程 ora_Proc3 依赖一些系统包、产品表和类别表。如果删除了产品表和类别表，那么 ora_Proc3 将变成无效。

**3. 重新编译存储过程**

重新编译存储过程的语法格式如下：
```
ALTER PROCEDURE <存储过程名> COMPILE;
```
数据库对象失效的原因有很多，常见的原因如下。

（1）当被引用对象的结构变更时，会使相关的依赖对象转变为 INVALID 状态。

数据库中的部分对象（如存储过程、函数、包、视图、触发器）往往需要直接或者间接地引用其他对象。对象的依赖包括直接和间接两种，其中直接依赖是指存储对象直接依赖于被引用对象，而间接依赖是指对象间接依赖于被引用对象。

要查看被引用的对象，可以通过以下 SQL 语句查看：

```
select * from dba_dependencies where name ='&objectname';
select * from all_dependencies where name ='&objectname';
select * from user_dependencies where name ='&objectname';
```

诸如存储过程、函数、包、视图、触发器等数据库对象，如果代码本身没有什么错误，只是引用的对象发生了变化，则会失效，但并不影响调用，因为 Oracle 在调用时会自动重新编译。如果其他对象变化后导致编译有错误，那么在调用时重新编译后也是错误并处于失效状态，所以调用会出错。

（2）发布 SQL 脚本（如包、存储过程、函数等）时，没有充分测试，编译时出错，这时对象变为无效。

（3）数据库升级、迁移时，出现大量无效对象（本质原因，个人臆测归结为原因1）。

（4）诸如此类各种情况：Oracle 会自动维护分区索引，对于全局索引，如果在对分区表操作时，没有指定 update index，则会导致全局索引失效，需要重建。

**例 4-24**：查看具体失效的存储过程，并重新编译。具体实现语句如下：

```
-- 查看失效存储过程
select owner, object_name, object_type, status
from dba_objects
where status = 'INVALID' and object_type = 'PROCEDURE';
-- 假设 ora_Proc3 已失效,需要重新编译,执行以下代码:
alter procdure ora_Proc3 compile;
```

此外，也可以使用 Oracle 提供的自动编译的接口来编译所有失效的过程、函数、触发器、包。具体实现语法如下：

```
DBMS_UTILITY.COMPILE_SCHEMA ( schema IN VARCHAR2 ,
                              compile_all IN BOOLEAN DEFAULT TRUE,
                              reuse _ settings  IN  BOOLEAN  DEFAULT
FALSE);
```

例如，执行以下命令则编译 SOCTT 模式中的所有失效对象：

```
exec dbms_utility.compile_schema( 'SCOTT' );
```

### 4. 删除存储过程

删除存储过程的语法格式如下：

```
DROP PROCEDURE <存储过程名称>;
```

**例 4-25**：删除存储过程 ora_ Proc3。具体实现语句如下：

```
drop procedure ora_Proc3;
```

本章小结与思考题（4）

# 第5章

## 用户自定义函数

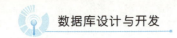

在 SQL Server 与 Oracle 中除了使用系统提供的函数外，用户还可以根据需要自定义函数，即用户自定义函数（User – Defined Functions，UDF）。与编程语言中的函数类似，用户自定义函数是接受参数、执行操作（如复杂计算）并将操作结果以值的形式返回的例程。返回值可以是单个标量值或结果集。

# 5.1 用户自定义函数概述

## 5.1.1 用户自定义函数的作用

函数与存储过程相似，也是数据库中存储的已命名 T – SQL 程序块或 PL/SQL 程序块。函数的主要特征是它必须有一个返回值，通过 return 来指定函数的返回类型。在函数的任何地方都可以通过 return expression 语句从函数返回，返回类型必须和声明的返回类型一致。用户自定义函数的作用有以下 3 个。

（1）允许模块化程序设计：只需创建一次函数并将其存储在数据库中，以后便可以在程序中调用任意次。用户自定义函数可以独立于程序源代码进行修改。

（2）执行速度更快：与存储过程相似，用户自定义函数通过缓存计划并在重复执行时重用它来降低 SQL 代码的编译开销。这意味着每次使用用户自定义函数时均无须重新解析和重新优化，从而缩短了执行时间。和用于计算任务、字符串操作和业务逻辑的 SQL 函数相比，公共语言运行库（Common Language Runtime，CLR）函数具有显著的性能优势。SQL 函数更适用于数据访问密集型逻辑。

（3）减少网络流量：基于某种无法用单一标量的表达式表示的复杂约束来过滤数据的操作，可以表示为函数。然后此函数便可在 WHERE 子句中调用，以减少发送至客户端的行数。

## 5.1.2 SQL Server 的用户自定义函数

SQL Server 中的用户自定义函数可以分为标量函数、表值函数两大类。

### 1. 标量函数

用户自定义标量函数返回在 RETURNS 子句中定义的类型的单个数据值。对于内联标量函数，返回的标量值是单条语句的结果。对于多语句标量函数，函数体可以包含一系列返回单个值的 T – SQL 语句。返回类型可以是除 text、ntext、image、cursor 和 timestamp 外的任何数据类型。

### 2. 表值函数

1）内联表值函数

内联表值函数（Inline Table – Valued Functions，ITVF）以表的形式返回一个返回值，即它返回的是一张表。内联表值函数没有由 BEGIN…END 语句括起来的函数体。其返回的表由一个位于 RETURN 子句中的 SELECT 命令段从数据库中筛选出来。内联表值函数的功能相当于一个参数化的视图。

2）多语句表值函数

多语句表值函数（Multi - Statement Table - Valued Functions，MSTVF）可以看作标量函数和内联表值函数的结合体。它的返回值是一张表，但它和标量函数一样，有一个用 BEGIN…END 语句括起来的函数体，返回值的表中的数据是由函数体中的语句插入的。由此可见，它可以进行多次查询，对数据进行多次筛选与合并，弥补了内联表值函数的不足。

### 5.1.3　Oracle 的用户自定义函数

**SQL Server** 的用户自定义函数的局限性

Oracle 中用户自定义函数的分类与 SQL Server 的分类不同。Oracle 的用户自定义函数主要根据参数的不同，可分为以下 3 种类型。

（1）in 参数类型：表示输入给函数的参数，该参数只能用于传值，不能被赋值。

（2）out 参数类型：表示参数在函数中被赋值，可以传给函数调用程序，该参数只能用于赋值，不能用于传值。

（3）in out 参数类型：表示参数既可以传值，也可以被赋值。

Oracle 的用户自定义函数的局限性，主要体现在以下 7 个方面。

（1）不支持 create、drop 等 DDL 命令。

（2）在 SQL 语句中调用的函数不能包括 INSERT、UPDATE 和 DELETE 语句。

（3）不支持动态 SQL。

（4）不支持"不确定"的函数，如常用的 getdate。"不确定"的函数是指输入参数相同，返回结果可能不同的函数。

（5）函数只能有一个返回值，如果想返回多个数据，则可通过 out 参数将数据传到函数外部。

（6）在 SQL 语句中只能直接调用带有 in 参数的函数，不能直接调用带有 out、in out 参数的函数，必须通过定义变量接受 out 参数和函数的返回值。

（7）在 SQL 语句中调用的函数只能使用 SQL 语句所支持的标准数据类型，而不能使用 PL/SQL 的特有数据类型，如 BOOLEAN、TABLE 和 RECODE。

# 5.2　创建 SQL Server 用户自定义函数

本节使用的用户自定义函数的语句是 SQL Server 中使用的 T - SQL 语句，需要注意其与其他 DBMS 的相应语句是有所差异的。

### 5.2.1　创建用户自定义函数的语法

#### 1. 创建标量函数

```
CREATE FUNCTION [schema_name.] function_name
```

```
([{@ parameter_name [AS] [type_schema_name.]scalar_parameter_data_type
    [ = default][READONLY]}
        [,…n]
    ]
)
RETURNS scalar_return_data_type
    [WITH < function_option > [[,]…n]]
    [AS]
    BEGIN
        function_body
        RETURN scalar_expression
    END
```

### 2. 创建内联表值函数

```
CREATE FUNCTION [schema_name.] function_name
([{@ parameter_name [AS] [type_schema_name.]scalar_parameter_data_type
    [ = default][READONLY]}
        [,…n]
    ]
)
RETURNS TABLE
    [WITH < function_option > [[,]…n]]
    [AS]
    RETURN [()select – stmt []]
```

### 3. 创建多语句表值函数

```
CREATE FUNCTION [schema_name.] function_name
([{@ parameter_name [AS] [type_schema_name.]scalar_parameter_data_type
    [ = default][READONLY]}
        [,…n]
    ]
)
RETURNS @return_variable TABLE < table_type_definition >
    [WITH < function_option > [[,]…n]]
    [AS]
    BEGIN
        function_body
        RETURN
    END
< function_option > :: = { ENCRYPTION | SCHEMABINDING | [INLINE = { ON
| OFF }}
```

```
< table_type_definition > ∷ =
    ({ < column_definition > < column_constraint >
        | < computed_column_definition >}
    [table_constraint] [,…n])
```

#### 4. 参数说明

（1）schema_name：用户自定义函数所属的模式（又称架构）的名称。

（2）function_name：用户自定义函数的名称。函数名称必须符合标识符的规则，对其所有者来说，该名称在数据库中必须是唯一的。

（3）@parameter_name：用户自定义函数的参数。CREATE FUNCTION 语句中可以声明一个或多个参数。函数最多可以有 1 024 个参数。在函数执行时，每个已声明参数的值必须由用户指定，除非该参数的默认值已经定义。如果函数的参数有默认值，则在调用该函数时必须指定 default 关键字才能获得默认值。这种行为不同于存储过程中有默认值的参数，在存储过程中省略参数也意味着使用默认值。使用@符号作为第一个字符来指定参数名称。参数名称必须符合标识符的规则。每个函数的参数仅用于该函数本身，相同的参数名称可以用在其他函数中。参数只能代替常量，而不能代替表名、列名或其他数据库对象的名称。

（4）scalar_parameter_data_type：参数的数据类型。所有标量数据类型（包括 bigint 和 sql_variant）都可用作用户自定义函数的参数。不支持 timestamp 数据类型和用户定义数据类型。不能指定非标量类型（如 cursor 和 table）。

（5）scalar_return_data_type：指标量函数的返回值。其可以是 SQL Server 支持的任何标量数据类型（text、ntext、image 和 timestamp 除外）。

（6）scalar_expression：指定标量函数返回的标量值。

（7）TABLE：指定表值函数的返回值为表。在内联表值函数中，通过单个 SELECT 语句定义 TABLE 返回值。内联表值函数没有相关联的返回变量。在多语句表值函数中，@return_variable 是 TABLE 变量，用于存储和累积应作为函数值返回的行。

（8）function_body：指定一系列 T–SQL 语句定义函数的值，这些语句合在一起不会产生副作用。function_body 只用于标量函数和多语句表值函数。在标量函数中，function_body 是一系列合起来求得标量值的 T–SQL 语句。在多语句表值函数中，function_body 是一系列填充表返回变量的 T–SQL 语句。

（9）select–stmt：指定义内联表值函数返回值的单个 SELECT 语句。

（10）ENCRYPTION：指出 SQL Server 加密包含 CREATE FUNCTION 语句文本的系统表列。使用 ENCRYPTION 可以避免将函数作为 SQL Server 复制的一部分发布。

（11）SCHEMABINDING：指定将函数绑定到它所引用的数据库对象中。如果指定了 SCHEMABINDING，则不能按照将影响函数定义的方式修改基对象，必须首先修改或删除函数定义本身，才能删除将要修改的对象的依赖关系。

（12）INLINE = {ON | OFF}：适用于 SQL Server 2019 和更高版本，指定是否应内联此标量函数。此子句仅适用于标量函数。INLINE 子句不是强制性的。如果未指定 INLINE 子句，则会基于用户自定义函数是否可内联而自动设定为 ON/OFF。如果指定了 INLINE = ON 但发现用户自定义函数不可内联，则会引发错误。此功能提高了在 SQL Server 中调用标量函数的查询性能。

（13）table_type_definition：该部分的内容与创建表相关语句的语法相同，这里就不一一说明了。

## 5.2.2　创建用户自定义函数的实例

### 1. 创建标量函数

**例 5-1**：创建一个用户自定义函数 funcGetDays，功能为可以根据订购日期和当前日期计算订购天数，并将订购天数返回给调用语句。具体实现语句如下：

```
CREATE FUNCTION funcGetDays
(@order_date datetime,@now_date datetime)
                    /*声明了两个变量,分别用于存放订购日期和当前日期*/
RETURNS int        /*指定返回值类型为 int 型*/
AS
BEGIN
RETURN(DATEDIFF(day,@order_date,@now_date))/*返回计算结果*/
END
```

### 2. 创建内联表值函数

**例 5-2**：创建一个用户自定义函数 funcGetProductInfo，功能为可以根据类别名称，返回该类别下的产品名称、类别名称信息。具体实现语句如下：

```
CREATE FUNCTION funcGetProductInfo
    ( @cName nvarchar(15))
RETURNS TABLE
AS
RETURN(
 SELECT [产品名称],[类别名称]
    FROM [dbo].[产品] AS P inner join [dbo].[类别] AS C
        ON P.类别 ID = C.类别 ID
 WHERE C.类别名称 = @cName
)
```

### 3. 创建多语句表值函数

**例 5-3**：创建一个用户自定义函数 funcGetProductIdInfo，功能为当没有输入类别名称时，返回所有的产品 ID、产品名称、类别名称信息。而当输入类别名称时，返回该类别的产品 ID、产品名称、类别名称信息。具体实现语句如下：

```
CREATE FUNCTION funcGetProductIdInfo
    ( @cName nvarchar(15) = NULL)
RETURNS @temp TABLE(
 产品 ID int primary key,
    产品名称 nvarchar(40),
```

```
    类别名称 nvarchar(15)
)
AS
BEGIN
  DECLARE @idCount int
  IF @cName is NULL
      BEGIN
          INSERT INTO @temp
          SELECT P. 产品 ID,P.[产品名称],C.[类别名称]
          FROM  [dbo].[产品] AS P inner join [dbo].[类别] AS C
              ON P. 类别 ID = C. 类别 ID
      END
  ELSE
      BEGIN
          INSERT INTO @temp
          SELECT P. 产品 ID,P.[产品名称],C.[类别名称]
          FROM  [dbo].[产品] AS P inner join [dbo].[类别] AS C
              ON P. 类别 ID = C. 类别 ID
          WHERE C. 类别名称 = @cName
      END
  RETURN  /* 将临时表变量 @temp 的结果返回给调用语句 */
END
```

# 5.3　创建 Oracle 用户自定义函数

## 5.3.1　创建用户自定义函数的语法

创建函数，需要有 CREATE PROCEDURE 或 CREATE ANY PROCEDURE 的系统权限，该权限可由系统管理员授予。创建用户自定义函数的语法格式如下：

```
CREATE [OR REPLACE] FUNCTION[模式名]. <函数名 >
  [(参数名 1 [IN │ OUT │ IN OUT] 参数数据类型 [DEFAULT 默认值 1],
      …
      参数名 n [IN │ OUT │ IN OUT] 参数数据类型 [DEFAULT 默认值 n])]
RETURN 返回值数据类型
  { IS │ AS }
      [局部声明]
```

```
BEGIN
    <可执行语句;>
    RETURN 返回值表达式;
    …
    [EXCEPTION
        <异常处理语句;>]
END [<函数名>];
```

参数说明如下。

（1）OR REPLACE：关键字可选，如果包含该关键字，则在创建函数时如果该函数存在就重建。

（2）[IN | OUT | IN OUT]：参数模式。

① IN：表示输入给函数的参数，该参数是只读的，只用于传值，不能被赋值；如果没有指明是 IN、OUT 或 IN OUT，则默认模式是 IN。

② OUT：表示参数在函数中被赋值，可以传给调用函数的程序，该参数是只写的，只用于赋值，不能传值给函数。

③ IN OUT：表示该参数是可读可写的，该类型的参数既可以向函数传值，也可以在函数中赋值。

（3）RETURN：在函数中有两处 RETURN，在定义部分的"RETURN 返回值数据类型"用来表示函数的数据类型，也就是返回值的类型，此部分不可省略。在执行部分的"RETURN 返回值表达式;"用来生成函数的返回值，其表达式的类型应该和定义部分说明的函数返回值的数据类型一致。在函数的执行部分可以有多个 RETURN 语句，但只有一个 RETURN 语句会被执行，一旦执行了 RETURN 语句，则函数结束并返回调用环境。

（4）EXCEPTION：出现异常情况时需做的处理。

## 5.3.2　创建用户自定义函数的实例

### 1. 创建带输入参数类型的函数

例 5-4：创建一个用户自定义函数 ora_funcGetDay，功能为可以根据订购日期和当前日期计算订购天数，并将订购天数返回给调用语句。具体实现语句如下：

```
CREATE FUNCTION ora_funcGetDay (order_date IN date, now_date IN date)
                        /*声明了两个变量,分别用于存放订购日期和当前日期*/
RETURN number        /*指定返回值类型为 number*/
AS
BEGIN
 RETURN(trunc(now_date - order_date));/*返回计算结果*/
END ora_funcGetDay;
```

### 2. 创建带输出参数类型的函数

例 5-5：创建一个用户自定义函数 ora_GetTCnt，功能为根据指定的类别 ID，查询类别名称和对应的产品记录数，将类别名称返回给调用语句，将记录数传给输出参数。具体实现语句如下：

```
CREATE FUNCTION ora_GetTCnt(v_Tno IN 类别 . 类别 ID% Type, v_Cnt OUT NUMBER)
RETURN 类别 . 类别名称% Type
AS
  v_Tname 类别 . 类别名称% Type;
BEGIN
  SELECT 类别名称, COUNT( * ) INTO v_Tname, v_Cnt
  FROM 类别 a, 产品 b
  WHERE a. 类别 ID = b. 类别 ID and a. 类别 ID = v_Tno
  GROUP BY a. 类别 ID, 类别名称;
  RETURN v_Tname;
END;
```

在该例中，v_Tno 是函数的输入参数，其类型与"类别"表的"类别 ID"字段的类型相同。

### 3. 创建带输入、输出参数类型的函数

**例 5 - 6**：创建一个用户自定义函数 ora_funcGetSqsum，功能为求两个数的平方和。两个数以输入、输出参数模式进行传递。具体实现语句如下：

```
CREATE OR REPLACE FUNCTION ora_funcGetSqsum(v_Sqn1 IN OUT number,v_
Sqn2 IN OUT number)
RETURN number
AS
BEGIN
  v_Sqn1 : = v_Sqn1 * v_Sqn1;
  v_Sqn2 : = v_Sqn2 * v_Sqn2;
  RETURN v_Sqn1 + v_Sqn2;
END;
```

# 5.4　用户自定义函数的调用

## 5.4.1　SQL Server 用户自定义函数的调用

当引用或唤醒调用用户自定义函数时，应指定函数名。而在括号内可指定称为参数的表达式，以提供将传递给参数的数据。当唤醒调用函数时不能在参数中指定参数名，必须提供所有参数的参数值，并且必须以 CREATE FUNCTION 语句定义参数的相同序列指定的参数值。

另外，调用函数时可运行 EXECUTE 语句，其不需要权限。但是，EXECUTE 字符串内引用的安全对象上需要权限。例如，如果字符串包含 INSERT 语句，则 EXECUTE 语句的调用方必须具有对目标表的 INSERT 权限。在遇到 EXECUTE 语句时，即使 EXECUTE 语句包含于模块内，也将检查权限。

**例 5-7：** 调用例 5-1 所创建的函数 funcGetDays。具体实现语句如下：

```
-- 第一种情况:直接输出返回值
PRINT '返回天数 =' + CAST(dbo.funcGetDays('2021-2-10',getdate()) AS nvarchar(10))
```

执行结果如图 5-1 所示。

```
-- 第二种情况:将函数应用于查询语句中
SELECT [公司名称] AS 客户名称,dbo.funcGetDays([订购日期],getdate()) AS 订购天数
FROM [dbo].[订单] AS O INNER JOIN [dbo].[客户] AS C
  ON O.客户ID = C.客户ID
```

执行结果如图 5-2 所示。

|   | 客户名称 | 订购天数 |
|---|---|---|
| 1 | 山泰企业 | 9016 |
| 2 | 东帝望 | 9015 |
| 3 | 实翼 | 9012 |
| 4 | 千固 | 9012 |
| 5 | 福星制衣厂股份有限公司 | 9011 |
| 6 | 实翼 | 9010 |
| 7 | 浩天旅行社 | 9009 |

消息

返回天数=29

图 5-1 例 5-1 的调用结果 1

图 5-2 例 5-1 的调用结果 2

**例 5-8：** 调用例 5-2 所创建的函数 funcGetProductInfo。该函数的返回结果为表，可以在此基础上进行进一步的数据筛选。具体实现语句如下：

```
SELECT * FROM dbo.funcGetProductInfo('饮料')
```

执行结果如图 5-3 所示。

**例 5-9：** 调用例 5-3 所创建的函数 funcGetProductIdInfo。具体实现语句如下：

```
-- 第一种情况:参数使用默认值 NULL
SELECT * FROM dbo.funcGetProductIdInfo(default)
```

执行结果如图 5-4 所示。

```
-- 第二种情况:类别名称为调味品
SELECT * FROM dbo.funcGetProductIdInfo('调味品')
```

执行结果如图 5-5 所示。

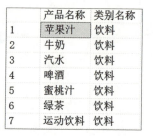

|   | 产品名称 | 类别名称 |
|---|---|---|
| 1 | 苹果汁 | 饮料 |
| 2 | 牛奶 | 饮料 |
| 3 | 汽水 | 饮料 |
| 4 | 啤酒 | 饮料 |
| 5 | 蜜桃汁 | 饮料 |
| 6 | 绿茶 | 饮料 |
| 7 | 运动饮料 | 饮料 |

图 5-3 例 5-2 的调用结果

| | 产品ID | 产品名称 | 类别名称 |
|---|---|---|---|
| 1 | 1 | 苹果汁 | 饮料 |
| 2 | 2 | 牛奶 | 饮料 |
| 3 | 3 | 蕃茄酱 | 调味品 |
| 4 | 4 | 盐 | 调味品 |
| 5 | 5 | 麻油 | 调味品 |
| 6 | 6 | 酱油 | 调味品 |
| 7 | 7 | 海鲜粉 | 特制品 |

图5-4　例5-3的调用结果1

| | 产品ID | 产品名称 | 类别名称 |
|---|---|---|---|
| 1 | 3 | 蕃茄酱 | 调味品 |
| 2 | 4 | 盐 | 调味品 |
| 3 | 5 | 麻油 | 调味品 |
| 4 | 6 | 酱油 | 调味品 |
| 5 | 8 | 胡椒粉 | 调味品 |
| 6 | 15 | 味精 | 调味品 |
| 7 | 44 | 蚝油 | 调味品 |

图5-5　例5-3的调用结果2

## 5.4.2　Oracle 用户自定义函数的调用

函数创建成功后，就可以在任何一个 PL/SQL 程序块中调用。函数的调用者应是函数的创建者或拥有 EXECUTE ANY PROCEDURE 系统权限的人，或是被函数的拥有者授予了函数执行权限的账户。

值得注意的是，不能像存储过程那样直接用 EXECUTE 命令来调用函数，因为函数是有返回值的，必须作为表达式的一部分来调用。无论在命令行还是在程序语句中，函数都可以通过函数名称直接在表达式中调用。语法格式如下：

变量名：= 函数名

**例5-10**：调用例5-4所创建的函数 ora_funcGetDay，查询两个日期之间相距的天数，两个输入参数传递格式用位置表示法直接在对应位置指定。具体实现语句如下：

SELECT ora_funcGetDay（TO_DATE（'2022-1-5'，'yyyy-mm-dd'），sysdate）FROM dual；

执行结果如图5-6所示。

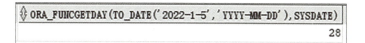

| ORA_FUNCGETDAY(TO_DATE('2022-1-5','YYYY-MM-DD'),SYSDATE) |
|---|
| 28 |

图5-6　例5-4的调用结果

**例5-11**：在 PL/SQL 程序块中调用例5-5所创建的函数 ora_GetTCnt，查询类型 ID 为"2"的类型名称和该类型对应的产品记录数。输入参数值传递格式用参数名称表示法，产品记录数用输出参数传递。具体实现语句如下：

```
SET SERVEROUTPUT ON；
DECLARE
  var_Tname 类别.类别名称% Type；
  var_Cnt NUMBER；
BEGIN
  var_Tname：= ora_GetTCnt(v_Tno = >2,var_Cnt)；
  Dbms_output.put_line('类别名称为:'‖var_Tname‖'，记录数为:'‖var_Cnt)；
END；
```

执行结果如图 5 - 7 所示。

例 5 - 12：在 PL/SQL 程序块中调用例 5 - 6 所创建的函数 ora_funcGetSqsum。具体实现语句如下：

```
SET SERVEROUTPUT ON;
DECLARE
    var_Sqn1 number;
    var_Sqn2 number;
    nSqsum number;
BEGIN
    var_Sqn1 : = 2;
    var_Sqn2 : = 3;
    nSqsum : = ora_funcGetSqsum(var_Sqn1,var_Sqn2);
    dbms_output.put_line(var_Sqn1);
    dbms_output.put_line(var_Sqn2);
    dbms_output.put_line('平方和为'‖nSqsum);
END;
```

执行结果如图 5 - 8 所示。

```
PL/SQL procedure successfully completed.

类别名称为：调味品，记录数为：12
```

图 5 - 7    例 5 - 5 的调用结果

```
PL/SQL procedure successfully completed.

4
9
平方和为13
```

图 5 - 8    例 5 - 6 的调用结果

# 5.5    SQL Server 用户自定义函数的管理

用户自定义函数的管理主要涉及修改与删除两个操作，注意修改用户自定义函数时是整体修改而不是局部修改。

## 5.5.1    修改用户自定义函数

用 ALTER FUNCTION 命令可以修改先前由 CREATE FUNCTION 语句创建的现有用户自定义函数，但不会更改权限，也不会影响相关的函数、存储过程或触发器。其语法格式如下：

### 1. 修改标量函数

```
ALTER FUNCTION [schema_name.] function_name
( [{ @ parameter_name [AS] scalar_parameter_data_type
    [ = default]}
    [,…n]
 ]
)
RETURNS scalar_return_data_type
    [WITH < function_option > [[,] …n]]
    [AS]
    BEGIN
        function_body
        RETURN scalar_expression
END
```

### 2. 修改内联表值函数

```
ALTER FUNCTION [schema_name.] function_name
( [{ @ parameter_name [AS] scalar_parameter_data_type
    [ = default]}
    [,…n]
 ]
)
RETURNS TABLE
    [WITH < function_option > [[,]…n]]
    [AS]RETURN [(]select – stmt [)]
```

### 3. 修改多语句表值函数

```
ALTER FUNCTION [schema_name.] function_name
( [{ @ parameter_name [AS] scalar_parameter_data_type
    [ = default]}
    [,…n]
 ]
)
RETURNS @return_variable TABLE < table_type_definition >
    [WITH < function_option > [[,]…n]]
    [AS]
    BEGIN
        function_body
        RETURN
    END
```

ALTER FUNCTION 命令的语法与 CREATE FUNCTION 的相同，各参数含义见创建用户自定义函数相应内容。使用 ALTER FUNCTION 命令其实相当于重建了一个同名的函数。

注意：不能用 ALTER FUNCTION 命令将标量函数更改为表值函数，反之亦然。同样地，也不能用 ALTER FUNCTION 命令将内联表值函数更改为多语句表值函数，反之亦然。

例 5 - 13：修改例 5 - 1 所创建的函数 funcGetDays，将其函数名改为 funcGetMonths；其功能改为根据订购日期和当前日期计算订购月数，并将订购月数返回给调用语句。具体实现语句如下：

```
sp_rename @objname = 'dbo.funcGetDays',@newname = 'funcGetMonths',
@objtype = 'OBJECT'
ALTER FUNCTION dbo.funcGetMonths
(@order_date datetime,@now_date datetime)
                             /*声明了两个变量,分别用于存放订购日期和当前日期*/
RETURNS int           /*指定返回值类型为 int 型*/
AS
BEGIN
    RETURN(DATEDIFF(month,@order_date,@now_date))/*返回计算结果*/
END
```

说明：可使用 sp_rename 系统存储过程来进行重命名。但是，SQL Server 建议通过先删除旧函数再重建新函数来完成重命名操作。

## 5.5.2  删除用户自定义函数

使用 DROP FUNCTION 命令从当前数据库中删除一个或多个用户自定义函数。其语法格式如下：

```
DROP FUNCTION [IF EXISTS]{[schema_name.] function_name}[,…n]
```

参数说明如下。

IF EXISTS：只有在函数已存在时才对其进行有条件的删除。该选项在 SQL 数据库中从 SQL Server 2016 开始可用。

schema_name：用户自定义函数所属的架构的名称。

function_name：要删除的用户自定义函数的名称。可以选择是否指定架构名称，不能指定服务器名称和数据库名称。

[,…n]：说明可以删除多个用户自定义函数。

注意：如果数据库中存在引用 DROP FUNCTION 的 T - SQL 函数或视图，并且这些函数或视图通过使用 SCHEMABINDING 创建，或者存在引用该函数的计算列、CHECK 约束或 DEFAULT 约束，则 DROP FUNCTION 将失败。如果存在引用此函数并且已生成索引的计算列，则 DROP FUNCTION 将失败。

**例 5 - 14**：将例 5 - 13 中修改函数名后的 funcGetMonths 用户自定义函数删除。具体实现语句如下：

```
drop function dbo.funcGetMonths
```

## 5.5.3　查看用户自定义函数信息

### 1. sys. sql_modules 系统表

sys. sql_modules 系统表可为用 SQL 定义的模块的每个对象（包括本机编译的标量用户定义函数）返回一行信息数据。其中，定义模块的对象类型可为 P（存储过程）、RF（复制筛选过程）、V（视图）、TR（SQL DML 触发器）、FN（SQL 标量函数）、IF（SQL 内联表值函数）、TF（SQL 多语句表值函数）和 R（规则）等。其主要的字段如表 5 - 1 所示。

表 5 - 1　sys. sql_modules 系统表中的主要字段

| 列名称 | 数据类型 | 说明 |
| --- | --- | --- |
| object_id | int | 包含对象的对象 ID，在数据库中是唯一的 |
| definition | nvarchar（max） | 定义此模块的 SQL 文本，还可以使用 OBJECT_DEFINITION 内置函数获取此值。NULL = 已加密 |

### 2. sys. objects 系统表

sys. objects 系统表会为在数据库内创建的每个用户定义的架构范围内的对象（包括本机编译的标量函数）都保存一行数据。其主要的字段如表 5 - 2 所示。

表 5 - 2　sys. objects 系统表中的主要字段

| 列名称 | 数据类型 | 说明 |
| --- | --- | --- |
| name | sysname | 对象名称 |
| object_id | int | 对象标识号，在数据库中是唯一的 |
| type | char(2) | 对象类型：<br>AF = 聚合函数（CLR）；C = CHECK 约束；D = DEFAULT（约束或独立）<br>F = FOREIGN KEY 约束；FN = SQL 标量函数<br>FS = 程序集（CLR）标量函数；FT = 程序集（CLR）表值函数<br>IF = SQL 内联表值函数；IT = 内部表；P = SQL 存储过程<br>PC = Assembly（CLR）存储过程；PG = 计划指南<br>PK = PRIMARY KEY 约束；R = 规则（旧式，独立）；RF = 复制筛选过程<br>U = 表（用户定义类型）；V = 视图<br>TF = SQL 表值函数；TR = SQL DML 触发器；TT = 表类型<br>UQ = UNIQUE 约束；X = 扩展存储过程 |

| 列名称 | 数据类型 | 说明 |
|---|---|---|
| type_desc | nvarchar(60) | 对对象类型的说明：<br>AGGREGATE_FUNCTION；CHECK_CONSTRAINT<br>CLR_SCALAR_FUNCTION；CLR_STORED_PROCEDURE<br>CLR_TABLE_VALUED_FUNCTION；CLR_TRIGGER<br>DEFAULT_CONSTRAINT；EXTENDED_STORED_PROCEDURE<br>FOREIGN_KEY_CONSTRAINT；INTERNAL_TABLE；PLAN_GUIDE<br>PRIMARY_KEY_CONSTRAINT；REPLICATION_FILTER_PROCEDURE<br>RULE；SEQUENCE_OBJECT<br>适用于 SQL Server 2012 (11. X) 及更高版本<br>SQL_SCALAR_FUNCTION；SQL_STORED_PROCEDURE<br>SQL_TABLE_VALUED_FUNCTION；SQL_TRIGGER；SYSTEM_TABLE<br>TABLE_TYPE；UNIQUE_CONSTRAINT；USER_TABLE；VIEW<br>SQL_INLINE_TABLE_VALUED_FUNCTION |
| create_date | datetime | 对象的创建日期 |
| modify_date | datetime | 上次使用 ALTER 语句修改对象的日期。如果对象是表或视图，则在创建或更改表或视图的索引时，modify_date 也会发生更改 |

**3. 查看实例**

例 5 –15：查看例 5 –2 中创建的用户自定义函数 funcGetProductInfo 的信息。具体实现语句如下：

```sql
SELECT sm.object_id,
    OBJECT_NAME(sm.object_id) AS object_name,
    o.type,
    o.type_desc,
    sm.definition,
    o.create_date,
    o.modify_date
FROM sys.sql_modules AS sm
JOIN sys.objects AS o ON sm.object_id = o.object_id
WHERE sm.object_id = OBJECT_ID('dbo.funcGetProductInfo')
ORDER BY o.type;
```

执行结果如图 5 –9 所示。

| | object_id | object_name | type | type_desc | definition | create_date | modify_date |
|---|---|---|---|---|---|---|---|
| 1 | 1525580473 | funcGetProductInfo | IF | SQL_INLINE_TABLE_VALUED_FUNCTION | CREATE FUNCTION funcGetProductInfo ... | 2021-07-25 15:36:34. 347 | 2021-07-25 15:36:34. 347 |

图 5 –9　查看用户自定义函数具体信息示例的执行结果

例 5－16：若只想查看用户自定义函数的文本内容，则可以调用 OBJECT_DEFINITION 函数。具体实现语句如下：

```
SELECT OBJECT_DEFINITION (OBJECT_ID('dbo.funcGetProductInfo'))
AS ObjectDefinition
```

执行结果如图 5－10 所示。

图 5－10　查看用户自定义函数文本内容示例的执行结果

# 5.6　Oracle 用户自定义函数的管理

## 5.6.1　修改用户自定义函数

修改函数可以像修改存储过程一样，使用带有 OR REPLACE 选项的命令重建函数。

例 5－17：修改例 5－4 所创建的函数 ora_funcGetDay，功能为可以根据订购日期和当前日期计算相差的月数，并将月数返回给调用语句。具体实现语句如下：

```
CREATE OR REPLACE FUNCTION ora_funcGetDay(order_date IN date, now_
date IN date)
                     /*声明了两个变量,分别用于存放订购日期和当前日期*/
RETURN number        /*指定返回值类型为 number 型*/
AS
BEGIN
     RETURN(months_between(now_date, order_date)); /*返回相差月数*/
END ora_funcGetDay;
```

进行计算的两个日期，如果都是月份的第一天或者都是月份的最后一天，则相差月数为整数；否则返回小数。

## 5.6.2　删除用户自定义函数

当函数不再使用时，用 DROP 命令将其删除。一个存储函数在不需要时可以删除，但删除的人应是函数的创建者或者是拥有 DROP ANY PROCEDURE 系统权限的人。其语法格式如下：

```
DROP FUNCTION [模式名.]函数名
```

例 5－18：删除例 5－4 所创建的函数 ora_funcGetDay。

```
DROP FUNCTION ora_funcGetDay;
```

### 5.6.3  查看用户自定义函数信息

与查询存储过程类似，可以通过对数据字典的访问来查询函数的有关信息，如果要查询当前用户的函数的源代码，则可以通过对 USER_SOURCE 数据字典视图的查询得到。

**例 5 – 19**：查询例 5 – 5 所创建的函数 ora_GetTCnt 的脚本。具体实现语句如下：

```
SELECT text FROM user_source WHERE name = 'ORA_GETTCNT';
```

执行结果如图 5 – 11 所示。

| | TEXT |
|---|---|
| 1 | FUNCTION ora_GetTCnt(v_Tno IN 类别.类别ID%Type, v_Cnt OUT NUMBER) |
| 2 | RETURN  类别.类别名称%Type |
| 3 | AS |
| 4 |   v_Tname 类别.类别名称%Type; |
| 5 | BEGIN |
| 6 |   SELECT 类别名称, COUNT(*) INTO v_Tname, v_Cnt |
| 7 |   FROM 类别 a, 产品 b |
| 8 |   WHERE a.类别ID = b.类别ID and a.类别ID = v_Tno |
| 9 |   GROUP BY a.类别ID, 类别名称; |
| 0 |   RETURN v_Tname; |
| 1 | END; |

图 5 – 11  查询函数 ora_GetTCnt 脚本的结果

**例 5 – 20**：查询函数 ora_GetTCnt 的参数。具体实现语句如下：

```
DESCRIBE ora_GetTCnt;
```

执行结果如图 5 – 12 所示。

| Argument Name | Type | In/Out | Default |
|---|---|---|---|
| <return value> | NVARCHAR2(15) | OUT | |
| V_TNO | NUMBER(38) | IN | |
| V_CNT | NUMBER | OUT | |

图 5 – 12  查询函数 ora_GetTCnt 参数的结果

**例 5 – 21**：查询函数 ora_GetTCnt 是否可用。具体实现语句如下：

```
SELECT STATUS FROM USER_OBJECTS WHERE OBJECT_NAME = 'ORA_GETTCNT';
```

执行结果如图 5 – 13 所示。

**例 5 – 22**：查询函数 ora_GetTCnt 的依赖性。具体实现语句如下：

```
SELECT REFERENCED_NAME,REFERENCED_TYPE FROM USER_DEPENDENCIES WHERE NAME = 'ORA_GETTCNT';
```

执行结果如图 5 – 14 所示。

| | REFERENCED_NAME | REFERENCED_TYPE |
|---|---|---|
| 1 | STANDARD | PACKAGE |
| 2 | SYS_STUB_FOR_PURITY_ANALYSIS | PACKAGE |
| 3 | 产品 | TABLE |
| 4 | 类别 | TABLE |

| | STATUS |
|---|---|
| 1 | VALID |

图 5 – 13  查询函数 ora_GetTCnt 状态的结果　　图 5 – 14  查询函数 ora_GetTCnt 依赖性的结果

### 5.6.4　重新编译用户自定义函数

重新编译用户自定义函数的原理与方法与重新编译用户自定义存储过程基本类似。重新编译一个用户自定义函数时，编译的人应是函数的创建者或者拥有 ALTER ANY PROCEDURE 系统权限的人。重新编译一个用户自定义函数的语法格式如下：

```
ALTER FUNCTION <函数名> COMPILE;
```

**例 5 - 23**：重新编译例 5 - 6 所创建的函数 ora_funcGetSqsum。具体实现语句如下：

```
ALTER function ora_funcGetSqsum COMPILE;
```

# 5.7　Oracle 程序包

## 5.7.1　程序包概述

### 1. 程序包含义

Oracle 中的程序包（简称包）是一组相关存储过程、函数、变量、常量和游标等 PL/SQL 程序设计元素的组合，作为一个完整的单元存储在数据库中，用名称来标识包。它具有面向对象程序设计语言的特点，是对这些 PL/SQL 程序设计元素的封装。包类似于 C# 和 Java 中的类，其中变量相当于类中的成员变量，存储过程和函数相当于类方法。把相关的模块归类为包，可使开发人员利用面向对象的方法进行存储过程的开发，从而提高系统性能。

包是可以将相关对象存储在一起的 PL/SQL 结构，其包含了两个分离的部件：包说明（包头）和包主体（包体）。每个部件都单独被存储在数据字典中，可查看数据字典 user_source、all_source、dba_source，分别了解包头与包体的详细信息。

包头：声明了程序包中的所有内容，如存储过程、函数、游标、类型、异常和变量等，其中存储过程和函数只包括接口信息，不包含任何子程序代码。程序包的包头是程序包的接口。在包头中定义的所有内容都可以由调用者使用，并且可以由具有这个程序包的 EXECUTE 权限的用户使用。在包头中定义的过程可以被执行，变量可以被引用，类型也能够被访问，这些是程序包的公共特性。

包体：包含了在包头中的存储过程和函数的实现代码。包体中还可以包括在规范中没有声明的变量、游标、类型、异常、存储过程和函数，但是它们是私有元素，只能由同一包体中其他存储过程和函数使用。程序包的包体是用户实际编写的子例程，用于实现包头中定义的接口。包头规范中显示的所有存储过程和函数都必须在包体中实现。

包头对于一个程序包来说是必不可少的，而包体有时则不一定是必需的。程序包中所包含的子程序及游标等必须在包头中声明，而它们的实现代码则包含在包体中。如果包头编译不成功，则包体编译也必定不成功。只有包头和包体编译都成功才能使用程序包。

### 2. 程序包的优点

程序包的优点主要如下。

（1）简化应用程序设计：程序包的说明部分和包体部分可以分别创建各编译。其主要体现在以下 3 个方面。

①可以在设计一个应用程序时，只创建各编译程序包的说明部分，然后编写引用该程序包的 PL/SQL 块。

②当完成整个应用程序的整体框架后，再回头来定义包体部分。只要不改变包的说明部分，就可以单独调试、增加或替换包体的内容，这不会影响其他的应用程序。

③更新包的说明后必须重新编译引用包的应用程序，但更新包体，则不需要重新编译引用包的应用程序，以快速进行应用程序的原型开发。

（2）模块化：可将逻辑相关的 PL/SQL 块或元素等组织在一起，用名称来唯一标识程序包。把一个大的功能模块划分为若干个小的功能模块，分别完成各自的功能。这样组织的程序包都易于编写、易于理解、更易于管理。

（3）信息隐藏：包中的元素可以分为公有元素和私有元素。公有元素不仅可被包内的存储过程、函数等访问，还可以被包外的 PL/SQL 访问。但私有元素只能被包内的存储过程、函数等访问。用户只需知道包的说明，不用了解包体的具体细节。

（4）效率高：在应用程序第一次调用程序包中的某个元素时，Oracle 将把整个程序包加载到内存中，当第二次访问程序包中的元素时，Oracle 将直接从内存中读取，而不需要进行磁盘 I/O 操作，同时位于内存中的程序包可被同一会话期间的其他应用程序共享。因此，程序包增加了重用性并提高了多用户、多应用程序环境的效率。

## 5.7.2 创建程序包

程序包的定义分为程序包说明定义和程序包主体定义两个部分。

### 1. 创建包头

包定义部分为应用程序的接口，声明包内数据类型、变量、常量、游标、子程序和异常错误处理等元素，这些元素为包的公有元素。其语法格式如下：

```
CREATE OR REPLACE PACKAGE[schema.] packge_name
{IS | AS}
  pl/sql_package_spec
END[packge_name];
```

参数说明如下。

schema：指定将要创建的包所属用户方案。

packge_name：将要创建的包的名称。

pl/sql_package_spec：声明部分。其形式如下：

[公有数据类型定义;]

[公有游标声明;]

[公有变量、常量声明;]

[公有函数声明;]

[公有过程声明;]

注意:

(1) 包头部分只应包含全局元素,元素要尽可能少,只包含外部访问接口所需的元素。

(2) 元素声明的顺序可以是任意的,但必须先声明后使用,所有元素是可选的。

(3) 过程和函数的声明只包括接口说明,不包括具体实现。

(4) 包头内变量如果没有赋初值,则系统将默认赋值为 NULL。

## 2. 创建包体

包体是包定义部分的具体实现,它定义了包定义部分所声明的游标和子程序,在包体中还可以声明包的私有元素。如果在包体中的游标或子程序并没有在包头中定义,那么这个游标或子程序是私有的。其语法格式如下:

```
CREATE OR REPLACE PACKAGE BODY [schema.]package_name
{IS | AS}
    pl/sql_package_body;
END [package_name];
```

参数说明如下。

schema:指定将要创建的包所属用户方案。

packge_name:将要创建的包的名称。

pl/sql_package_body:游标、函数、存储过程等的具体定义。其形式如下:

[私有数据类型定义;]

[私有变量、常量声明;]

[私有异常错误声明;]

[私有数声明和定义;]

[私有存储过程声明和定义;]

[公有游标定义;]

[公有函数定义;]

[公有存储过程定义;]

注意:

(1) 包体中函数和存储过程的接口必须与包头中的声明完全一致。

(2) 只有在包头已经创建的条件下,才可以创建包体;如果包头中不包含任何函数或过程,则可以不创建包体。

(3) 包内的存储过程和函数的定义不要使用 CREATE OR REPLACE 语句。

(4) 在包体中实现的存储过程、函数、游标的名称必须与包头中的存储过程、函数、游标一致,包括名称、参数的名称以及参数的模式(IN、OUT、IN OUT)。建议按包头中的次序定义包体中具体的实现。

(5) 在包体中声明的数据类型、变量、常量都是私有的,只能在包体中使用而不能被包体外的应用程序访问与使用。在包内声明常量、变量、类型定义、异常及游标时不使用DECLARE 语句。

例 5-24:创建的包为 Ora_Pack,该包中包含一个记录变量 TypeRec、一个函数和两个存储过程,实现对类别表的增加、查询。具体实现语句如下:

第一步：创建包头。

```
CREATE OR REPLACE PACKAGE   Ora_Pack
IS
    TypeRec 类别% ROWTYPE;

    Add 类别表…
    FUNCTION add_Type(v_TypeName IN VARCHAR2 , v_Remark IN VARCHAR2 )
    RETURN NUMBER;

    query 类别表…
    PROCEDURE query_Type(v_TypeName IN NVARCHAR2 );
END ora_PACK;
```

第二步：创建包体。

```
CREATE OR REPLACE PACKAGE BODY Ora_Pack
IS
    插入类型记录
    FUNCTION add_Type( v_TypeName IN VARCHAR2 , v_Remark IN VARCHAR2 )
    RETURN NUMBER
    IS
        v_TypeNo NUMBER;
        Typeno_remaining EXCEPTION; 自定义异常
        PRAGMA EXCEPTION_INIT(Typeno_remaining,-1);   -1 是违反唯一约
束条件的错误代码
    BEGIN
        查询表中已有的最大编号值,+1 后作为新记录编号值
        SELECT NVL(MAX( 类别 ID),0) +1 INTO v_TypeNo FROM 类别;
         INSERT  INTO 类别( 类别 ID, 类别名称, 说明) VALUES( v_Typeno, v_
TypeName, v_Remark);

        IF SQL% FOUND THEN
            RETURN 1;
        END IF;
        EXCEPTION
        WHEN Typeno_remaining THEN
            RETURN 0;
        WHEN OTHERS THEN
            RETURN -1;
    END add_Type;
```

```
    -- 查询指定名称的类型记录
    PROCEDURE query_Type( v_TypeName IN NVARCHAR2 )
    IS
    BEGIN
        SELECT * INTO TypeRec FROM 类别 WHERE 类别名称 = v_TypeName;
        -- 此处 TypeRec 是包头中定义的公共变量
        EXCEPTION
        WHEN NO_DATA_FOUND THEN
            DBMS_OUTPUT.PUT_LINE('温馨提示:数据库中没有名称为'||v_TypeName
||'的类别');
        WHEN TOO_MANY_ROWS THEN
            DBMS_OUTPUT.PUT_LINE('程序运行错误,请使用游标进行操作! ');
        WHEN OTHERS THEN
            DBMS_OUTPUT.PUT_LINE( SQLCODE||'-- --'||SQLERRM);
    END query_Type;
END Ora_Pack;
```

**例5-25:** 创建的包为 Ora_Pack_qryCP,查询指定类别的产品信息。具体实现语句如下:

第一步:创建包头。

```
CREATE OR REPLACE PACKAGE Ora_Pack_qryCP
IS
    TYPE CP_table_type IS TABLE OF 产品% ROWTYPE
    INDEX BY BINARY_INTEGER;
    PROCEDURE read_CP_table( v_TypeNo IN NUMBER, v_CP_table OUT CP_
table_type);
END Ora_Pack_qryCP;
```

第二步:创建包体。

```
CREATE OR REPLACE PACKAGE BODY Ora_Pack_qryCP
IS
    PROCEDURE read_CP_table( v_TypeNo IN NUMBER, v_CP_table OUT CP_
table_type)
    IS
        i BINARY_INTEGER : = 0;
    BEGIN
        FOR CP_record IN ( SELECT * FROM 产品 WHERE 类别 ID = v_
TypeNo) LOOP
            v_CP_table(i) : = CP_record;
            i : = i + 1;
```

```
        END LOOP;
    END read_CP_table;
END Ora_Pack_qryCP;
```

### 5.7.3 调用程序包

在不同场合下引用包内元素有不同的语法形式，主要有以下3种。

（1）在包内引用直接使用元素名称即可。

（2）在包定义之外引用包元素，需要添加包名前缀：[schema.]包名.元素名。

（3）访问远程包需要使用数据库链接，参数放最后：包.元素名@db_link [（参数)]。

**例 5 – 26**：调用 5 – 24 所创建的包 Ora_Pack，给类别表添加一条新的记录，并从表中查询新增记录信息。具体实现语句如下：

```
DECLARE
    varF NUMBER;
BEGIN
    varF : = Ora_Pack.add_Type('食用油', '花生油、大豆油1')；  -- 插入类型记录

    IF varF =  -1 THEN
        DBMS_OUTPUT.PUT_LINE('错误号:'‖SQLCODE‖',错误信息:'‖SQLERRM);
    ELSIF varF = 0 THEN
        DBMS_OUTPUT.PUT_LINE('提示:该类别记录已经存在! ');
    ELSE
        DBMS_OUTPUT.PUT_LINE('提示:添加记录成功! ');
        Ora_Pack.query_Type('食用油');                -- 查询新插入的类型
        DBMS_OUTPUT.PUT_LINE(Ora_Pack.TypeRec. 类别ID‖'-- -'‖
        Ora_Pack.TypeRec. 类别名称‖'-- -'‖ Ora_Pack.TypeRec. 说明);
    END IF;
END;
```

执行结果如图 5 – 15 所示。

**例 5 – 27**：调用 5 – 25 所创建的包 Ora_Pack_qryCP，指定类别 ID 为 1，查询对应的产品信息。具体实现语句如下：

```
DECLARE
    CP_table ora_Pack_qryCP.CP_table_type;
BEGIN
    Ora_Pack_qryCP.read_CP_table(1,CP_table); -- 查询类型ID为1的
产品

    DBMS_OUTPUT.PUT_LINE('属于类别1的产品有:');
    FOR i IN CP_table.FIRST ..CP_table.LAST LOOP
        DBMS_OUTPUT.PUT_LINE(CP_table(i). 产品ID‖' '‖CP_table(i).
```

```
产品名称);
    END LOOP;
END;
```

执行结果如图 5－16 所示。

```
提示:添加记录成功!
9---食用油---花生油、大豆油
```

图 5－15 调用包 Ora_Pack 的结果

```
属于类别1的产品有:
1  苹果汁
2  牛奶
24  汽水
34  啤酒
35  蜜桃汁
38  绿茶
39  运动饮料
67  矿泉水
70  苏打水
75  浓缩咖啡
76  柠檬汁
```

图 5－16 调用包 Ora_Pack_qryCP 的结果

### 5.7.4 程序包的管理

#### 1. 重新编译包

包与过程、函数一样，也是存储在数据库中的，可以随时查看其源码。若有需要，则在创建包时可以随时查看更详细的编译错误。

同样，为了避免调用的失败，在更新表的结构后，一定要记得重新编译依赖于它的程序包。在更新了包头或包体后，也应该重新编译包头与包体。其语法格式如下：

```
ALTER PACKAGE package_name COMPILE [PACKAGE | BODY | SPECIFICATION];
```

参数说明如下。

(1) PACKAGE：重新编译包头和包体。

(2) BODY：重新编译包体。

(3) SPECIFICATION：重新编译包头。

**例 5－28**：重新编译例 5－24 所创建的包的包体。具体实现语句如下：

```
ALTER PACKAGE Ora_Pack COMPILE BODY;
```

#### 2. 查看程序包信息

可以通过以下数据字典视图查看包的相关信息：DBA_SOURCE、USER_SOURCE、USER_ERRORS、DBA_OBJECTS、USER_OBJECTS。其具体用法与查看存储过程或函数是一样的，在此不再赘述。

**例 5－29**：查看例 5－25 所创建的包 Ora_Pack_qryCP 的源码。具体实现语句如下：

```
SELECT text FROM user_source WHERE name = 'ORA_PACK_QRYCP';
```

执行结果如图 5－17 所示。

```
1  PACKAGE Ora_Pack_qryCP
2  IS
3      TYPE CP_table_type IS TABLE OF 产品%ROWTYPE
4      INDEX BY BINARY_INTEGER;
5
6      PROCEDURE read_CP_table (v_TypeNo IN NUMBER, v_CP_table OUT CP_table_type);
7  END Ora_Pack_qryCP;
8  PACKAGE BODY Ora_Pack_qryCP
9  IS
10     PROCEDURE read_CP_table (v_TypeNo IN NUMBER, v_CP_table OUT CP_table_type)
11     IS
12         i BINARY_INTEGER := 0;
13     BEGIN
14         FOR CP_record IN ( SELECT * FROM 产品 WHERE 类别ID = v_TypeNo) LOOP
15             v_CP_table(i) := CP_record;
16             i := i + 1;
17         END LOOP;
18     END read_CP_table;
19 END Ora_Pack_qryCP;
```

图 5 – 17    查看包 Ora_Pack_qryCP 的源码

### 3. 删除包

可以使用 DROP PACKAGE 命令对不需要的包进行删除，语法格式如下：

DROP PACKAGE [BODY] [user.]package_name;

参数说明如下。

（1）BODY：表示删除包体，老没有 BODY 则表示同时删除包头和包体。

（2）package_name：要删除的包名。

例 5 – 30：删除程序包 Ora_Pack 的包体部分。具体实现语句如下：

DROP PACKAGE BODY Ora_Pack;

例 5 – 31：删除整个程序包 Ora_Pack。具体实现语句如下：

DROP PACKAGE Ora_Pack;

## 5.7.5    系统内置包

Oracle 系统内置包指 Oracle 系统已创建好的程序包，它扩展了 PL/SQL 功能。所有的系统预定义程序包多以 DBMS_或 UTL_开头，可以在 PL/SQL、Java 或其他程序设计环境中调用。常用的 Oracle 系统内置包如表 5 – 3 所示。

表 5 – 3    常用的 Oracle 系统内置包

| 包名称 | 说明 |
| --- | --- |
| DBMS_OUTPUT | 实现 PL/SQL 程序终端输出 |
| DBMS_ALERT | 实现数据改变时，触发器向应用发出警告 |
| DBMS_DDL | 实现访问 PL/SQL 中不允许直接访问的 DDL 操作 |
| DBMS_JOB | 实现作业管理 |

| 包名称 | 说明 |
|---|---|
| DBMS_DESCRIBE | 实现描述存储过程与函数 API |
| DBMS_PIPE | 实现数据库会话使用管道通信 |
| DBMS_SQL | 实现在 PL/SQL 程序内部执行动态 SQL |
| UTL_FILE | 实现 PL/SQL 程序处理服务器上的文本文件 |
| UTL_HTTP | 实现 PL/SQL 程序中检索 HTML（HyperText Markup Language，超文本标准语言）页面 |
| UTL_SMTP | 实现电子邮件特性 |
| UTL_TCP | 实现 TCP/IP 特性 |
| DBMS_FLASHBACK | 用于激活或禁止会话的 flashback 特征 |
| DBMS_OBFUSCATION_TOOLKIT | 用于加密和解密应用数据 |

以下举例简要说明 Oracle 系统内置包的使用，详细信息请查阅 Oracle 相关文档。

**1. DBMS_OUTPUT**

作用：用于输入和输出信息，使用存储过程 PUT 和 PUT_LINES 可以将信息发送到缓冲区，使用存储过程 GET_LINE 和 GET_LINES 可以显示缓冲区信息。

（1）DBMS_OUTPUT. PUT_LINE。

说明：存储过程 PUT_LINE 用于将一个完整行的信息写入缓冲区，会自动在行的尾部追加行结束符。

语法：DBMS_OUTPUT. PUT_LINE（item in number \ varchar2 \ date）。

（2）DBMS_OUTPUT. NEW_LINE。

说明：该过程用于在行的尾部追加行结束符。

语法：DBMS_OUTPUT. NEW_LINE。

（3）DBMS_OUTPUT. GET_LINES。

说明：存储过程 GET_LINES 用于取得缓冲区的多行信息。

语法：DBMS_OUTPUT. GET_LINES（lines out chararr，numlines in out integer）。

其中，lines 用于取得缓冲区的多行信息；numlines 指定要检索的行数，并返回实际检索的行数。

**例 5 - 32**：DBMS_OUTPUT 包显示 PL/SQL 块和子程序的调试信息。具体实现语句如下：

```
SET SERVEROUTPUT ON
BEGIN
  DBMS_OUTPUT.PUT_LINE('打印三角形');
  FOR i IN 1..9 LOOP
    FOR j IN 1..i LOOP
      DBMS_OUTPUT.PUT('*');
    END LOOP for_j;
    DBMS_OUTPUT.NEW_LINE;
```

```
    END LOOP for_i;
END;
```

### 2. DBMS_RANDOM

DBMS_RANDOM 可以用于快速生成随机数。

（1）DBMS_RANDOM. VALUE。

作用：生成一个指定范围的 38 位随机小数（小数点后 38 位），若不指定范围，则默认范围为 [0，1) 的随机数。注意，取值范围为左闭右开。

语法：DBMS_RANDOM. VALUE(low，high)

其中，low 和 high 指取值下限和上限。

（2）DBMS_RANDOM. RANDOM

作用：生成一个从 – power(2,31) 到 power(2,31) 的整数值，以二进制(binary_integer)存储。注意，区间为左闭右开。

语法：DBMS_RANDOM. RANDOM RETURN BINARY_INTEGER

（3）DBMS_RANDOM. SEED

作用：用于复位随机数种子，即生成一个指定起始点的随机数。对于相同的 seed 而言，随机数任意一次变化都是确定的。seed 有两种，一种是数值型的，另一种是字符型（最大长度为 2000）。

语法：DBMS_RANDOM. SEED(seed in binary_integer)

DBMS_RANDOM. SEED(seed in varchar2)

**例 5 – 33**：DBMS_RANDOM 包可用来生成随机正负整数。具体实现语句如下：

```
SET SERVEROUTPUT ON
DECLARE
    l_num NUMBER;
    counter NUMBER;
BEGIN
    counter:=1;
    WHILE counter < = 10
    LOOP
        l_num : = DBMS_RANDOM.RANDOM;
        DBMS_OUTPUT.PUT_LINE(l_num);
        counter:=counter +1;
    END LOOP;
END;
```

**UTL_FILE**

**本章小结与思考题**（5）

# 第6章

## 游　标

### 学习目标

1. 了解游标的概念，总结游标的作用与类型。
2. 学习并总结游标的种类与区别。
3. 能够说出游标声明的语法约定与参数含义，能结合实例进行游标声明与变量赋值操作。
4. 了解并总结隐式游标转换含义与影响因素。
5. 能够说出游标数据操作的语法约定与参数含义。
6. 能够尝试结合实例利用游标进行数据的读取、定位以及更新操作。
7. 学习并熟悉游标的信息查看等管理操作。

### 数据素养指标

1. 能够了解使数据便于使用的基本理念、管理方式与数据组织结构等。
2. 了解数据库中扩展 SQL 的高级特性，能够进行系统性的批量数据操作。
3. 能够利用基本语言工具，从数据模型中提取基本信息。
4. 能够熟练使用工具自动整合多种数据源。

### 本章导读

1. 游标概述：游标的概念；游标的作用；游标的优缺点；游标的类型。
2. 游标声明：基于 ISO 标准的声明游标语法约定与实例；T－SQL 扩展的声明游标语法约定与实例；游标变量的语法约定与实例；隐式游标转换规则。
3. 游标的数据操作：打开游标的语法约定；读取游标数据的操作约定；关闭游标的方法与注意事项；释放游标的操作约定；游标定位与数据更新的语法约定；游标操作的综合实例。
4. 查看游标：查看当前连接游标信息；查看某游标属性信息。

当对数据进行查询时，返回的是一组数据集合，数据量可能会比较大，如果需要对集合内的数据进行逐一读取操作，则可以考虑使用游标（CurSor）。在数据库中，游标是一个十分重要的概念，它提供了一种对从表中检索出的数据进行操作的灵活手段。

# 6.1  游标概述

事实上，游标是数据库开辟的一个缓冲区，如同水闸大坝下的缓冲池一样。游标是指向查询结果集的一个指针，是通过定义语句和一条 SELECT 语句关联的 SQL 语句。游标的实质是一种能从包含多条数据记录的结果集里每次提取一条记录的机制。

游标中包含游标结果集和游标指针两项内容。用户可使用游标查看结果集中向前或向后的查询结果，也可以将游标定位在任意位置查看结果。在 SQL Server 中，数据都是通过结果集的方式操作的，并没有描述表中单条记录的表达形式，只能通过 WHERE 子句来对查询结果进行限定，使用可以游标完美地弥补这种操作上的空缺，使数据在操作过程中更加灵活。

例如，现在需要将客户表中所有的数据都显示在网页上。通过 JDBC（Java Database Connectivily Java 数据库连接）与数据库取得联系后，用户不可能通过 SELECT 查询语句逐一获取表中每条记录中每个字段的信息。最合理的做法就是通过游标将结果集合在一起，然后采取遍历的方式逐一取得数据。在 SQL Server 中，完成这个工作的部分代码如下：

```
//定义 SQL 查询语句
String sql = "select * from 客户表";
//向数据库发 sql,并获取代表结果集的 ResultSet
ResultSet rs = st.executeQuery(sql);
//取出结果集的数据
while(rs.next()){
    listID.add(rs.getObject("客户 ID"));
    listCoName.add(rs.getObject("公司名称"));
    1istContactName.add(rs.getObject("联系人姓名"));
}
```

在上述代码中将查询结果放在了一个 RestultSet 对象中，这是 Java 中的一个结果集对象，它维护了一个指向表格行的游标。通过调用 next( )方法将游标依次向下移动，在这个过程中可以通过 list 容器将每一条记录中的字段信息都进行保存。

## 6.1.1  游标的优缺点

使用 SELECT 语句查询数据时返回的是一个结果集，在程序设计中往往对数据结果集的处理不是特别地方便和有效。概括来讲，SQL 的游标是一种临时的数据库对象，既可以用来存放在数据库表中的数据行副本，也可以指向存储在数据库中的数据行的指针。游标提供了在逐行的基础上操作表中数据的方法。

在程序的设计过程中，游标具有以下 3 个优点。

（1）使用游标可以对 SELECT 返回数据集中的每一条数据做相同或不同的操作，而不对数据集中的所有数据做同一个操作。

（2）使用游标可以对基于游标位置的数据进行更新和删除。

（3）游标可以很好地将数据库与程序连接起来。

当然，游标也同样有其局限性：处理大数据量时，效率低下，占用内存大。

一般来说，能使用其他方式处理数据时，最好不要使用游标。当然，当我们使用 WHILE 循环、子查询、临时表、表变量、用户自定义函数或其他方式都无法处理某种操作的时候，可以考虑使用游标。

## 6.1.2　游标的类型

游标由结果集（可以是 0 条、1 条或由相关的选择语句检索出的多条记录）和结果集中指向特定记录的游标位置组成。

### 1. SQL Server 游标类型

SQL Server 中支持以下 3 种类型的游标。

1）T – SQL 游标

使用 DECLARE CURSOR 语句创建的游标，主要作用在 T – SQL 脚本、存储过程和触发器中，它们使结果集的内容可用于其他 T – SQL 语句。T – SQL 游标主要用在服务器上，不支持提取数据块或多行数据。

2）API 游标

API 游标可以在 OLE DB、ODBC 以及 DB_library 中使用游标函数，主要作用在服务器上。当客户端程序通过 API（Application Program Interface，应用程序接口）调用游标函数时，SQL Server 的 OLE DB 提供者、DB_library 的动态链接库会将操作请求传递到服务器，服务器对 API 游标进行处理。API 游标包含静态游标、动态游标、只进游标、键集驱动游标 4 种。

3）客户端游标

客户端游标在客户机上缓存结果集时使用。ODBC 和 DB_library 都支持客户端游标。在客户端游标中，默认结果集用于将整个结果集高速缓存在客户端上，所有的游标操作都在此客户端高速缓存中执行。客户端游标只能是只进游标和静态游标，不支持键集驱动游标和动态游标。

**API 游标种类**

在如上介绍的 3 种游标中，T – SQL 游标和 API 游标都是运行在服务器中的，又被称为服务器游标，也被称为后台游标，而客户端游标被称为前台游标。

说明：T – SQL 游标主要用于存储过程、触发器和 T – SQL 脚本中，它们使结果集的内容可用于其他 T – SQL 语句。该游标也是本章节的主要内容。

### 2. Oracle 游标类型

Oracle 游标可分为静态游标和动态游标。

1）静态游标

静态游标就像是一个数据快照，打开游标后的结果集是对数据库数据的一个备份，数据不随着对表执行 DML 操作而改变。从这个特性来说，结果集是静态的。静态游标又可以分为显式游标和隐式游标。

（1）显式游标：使用之前必须由用户明确地定义、操作，用于处理返回多行数据的 SELECT 查询。打开游标后，可以利用游标的位置对结果集进行检索，返回单一的一条行记录，用户可以操作这条记录。游标关闭后，不能操作结果集中的记录。

（2）隐式游标：由系统自动进行操作，也称 SQL 游标，由 Oracle 自动管理。其用于处理 DML 语句和返回单行数据的 SELECT 查询，不需要声明、打开、关闭等，直接使用，在 SELECT 语句中加上 INTO 子句即可。

2）动态游标

动态游标可以分成自定义类型 REF 游标和系统类型 SYS_REFCURSOR 游标。

自定义类型 REF 游标是一种引用类型，类似于指针。自定义类型 REF 游标用于处理运行时才能确定的动态 SQL 查询结果，利用自定义类型 REF 游标，可以在程序间传递结果集（一个程序里打开游标变量，在另外的程序里处理数据）。也可以利用自定义类型 REF 游标实现 BULK SQL，提高 SQL 性能。

自定义类型 REF 游标分为两种：Strong REF 游标和 Weak REF 游标。

（1）Strong REF 游标：指定 retrun type，游标变量的类型必须和 return type 一致。

（2）Weak REF 游标：不指定 return type，能和任何类型的游标变量匹配。

由于篇幅问题，本章节中只介绍静态游标。

# 6.2　SQL Server 游标操作

## 6.2.1　SQL Server 游标声明

游标声明：定义了 T－SQL 服务器游标的属性，如游标的滚动行为和用于生成游标所操作的结果集的查询。DECLARE CURSOR 既接受基于 ISO（International Organization for Standardization，国际标准化组织）标准的语法，也接受使用一组 T－SQL 扩展的语法。

### 1. 游标声明语法

1）DECLARE CURSOR 命令（ISO 标准）

```
DECLARE <游标名 > [INSENSITIVE][SCROLL]CURSOR
    FOR select_statement
    [FOR ｜ READ ONLY ｜ UPDATE [OF column_name [,…n]] ｝]
```

选项说明如下。

（1）INSENSITIVE：指出所声明的游标为不敏感游标，即静态游标。这种游标所使用的数据被临时复制到 tempdb 数据库中，对这种游标的所有操作都基于 tempdb 数据库中的临时表。因此，游标结果集填充后，所有用户对游标基表数据的修改都不能反映到当前游标结果集中。此外，这种游标也不允许执行数据修改操作。当省略 INSENSITIVE 选项时，已提交的游标基表修改和删除操作能够反映到其后的游标提取结果中。

（2）SCROLL：指出该游标对于所有的提取选项（FIRST、LAST、PRIOR、NEXT、RELA-TIVE 和 ABSOLUTE）均可用。如果未在 ISO 标准的 DECLARE CURSOR 中指定 SCROLL，则 NEXT 是唯一支持的提取选项，且游标将变为 FORWARD_ONLY。如果指定了 FAST_FOR-WARD，则无法指定 SCROLL。

（3）select_statement：SELECT 查询语句决定游标结果集，但在其中不能使用 COMPUTE、COMPUTE BY、FOR BROWSE 和 INTO 等关键字。

（4）FOR READ ONLY 或 FOR UPDATE：说明游标为只读的或可修改的，默认是可修改的。

（5）UPDATE［OF column_name［，…n］］：定义可以修改的列。如果省略该选项，则允许修改所有列。

**例6-1**：创建一个库存量是 20~25 之间产品信息的游标，名字为 CS_Probucts1，其类型为只读的滚动游标。具体实现语句如下：

```
DECLARE CS_Probucts1 SCROLL CURSOR
FOR SELECT［产品 ID］,［产品名称］,［单价］,［库存量］,［订购量］,［再订购量］
    FROM［dbo］.［产品］
    WHERE［库存量］between 20 and 25
FOR Read Only
```

2）DECLARE CURSOR 命令（T-SQL 扩展）

```
DECLARE cursor_name CURSOR [LOCAL | GLOBAL]
    [FORWARD_ONLY | SCROLL]
    [STATIC | KEYSET | DYNAMIC | FAST_FORWARD]
    [READ_ONLY | SCROLL_LOCKS | OPTIMISTIC]
    [TYPE_WARNING]
    FOR select_statement
    [FOR UPDATE [OF column_name [,…n]]]
```

选项说明如下。

（1）LOCAL 和 GLOBAL：说明 DECLARE CURSOR 命令所声明的游标为局部游标或全局游标。

①局部游标的作用域为声明该游标的批处理、存储过程或触发器，全局游标的作用域为当前连接。在作用域外，游标是不可见的。

②当局部游标用于存储过程的返回参数时，只有当存储过程调用者中接收该返回参数的局部变量被释放时，局部游标才随之释放，而不是在存储过程运行结束时释放局部游标。而全局游标则在声明全局游标的连接断开时被自动释放。

③如果 LOCAL 和 GLOBAL 选项都没有指定，则其默认值由 default to local cursor 决定。如果 default to local cursor 被设置为 TRUE，则默认是局部游标；如果 default to local cursor 为 FALSE，则默认是全局游标。

（2）FORWARD_ONLY：只进游标说明 FETCH 语句中只能使用 NEXT 选项。

①当不指出 FAST_FORWARD、FORWARD_ONLY 和 SCROLL 时，静态游标、键集驱动

游标和动态游标的默认设置为 SCROLL，而其他游标的默认设置为 FORWARD_ONLY。

②当 DECLARE 语句中只指出 FORWARD_ONLY 选项，而没有使用 STATIC、KEYSET 和 DYNAMIC 参数说明游标类型时，默认为 DYNAMIC 游标。

（3）STATIC：与 ISO 标准声明中的 INSENSITIVE 关键字的功能相同，它将游标声明为静态游标，禁止应用程序通过它修改基表数据。

（4）DYNAMIC：将游标声明为动态游标，也就是说，其结果集是动态变化的，能够随时反映用户已提交的更改结果。提取动态游标数据时，不能使用 ABSOLUTE 提取选项定位游标指针。

（5）KEYSET：声明键集驱动游标，键集驱动游标中的数据行及其顺序是固定的。SQL Server 将能够唯一标识游标中各数据行的关键字集合存储到 tempdb 数据库中的一个临时表中，形成键集。

对于键集驱动游标，需注意以下 5 点。

①应用程序不能通过键集驱动游标向其基表插入数据。键集驱动游标填充后，无法看到其他用户向基表中插入的数据行。

②应用程序可以修改基表中的非键集列值，并能够看到其他用户或游标修改后的非键集列值。

③读取键集驱动游标中被删除的数据行时，@@FETCH_STATUS 参数将返回 –2。

④修改游标中的键集列相当于删除旧行，插入新行。读取被删除的旧行时，@@FETCH_STATUS 参数将返回 –2，而插入的新行对键集驱动游标是不可见的。

⑤可以看到通过 WHERE CURRENT OF 子句所修改的数据。

（6）FAST_FORWARD：指出启用优化的 FORWARD_ONLY 和 READ_ONLY 游标。如果使用 FAST_FORWARD 选项，则不能使用 SCROLL 和 FOR UPDATE 选项。此外，FAST_FORWARD 和 FORWARD_ONLY 选项是互斥的，两者不能同时使用。

（7）SCROLL_LOCKS：要求 SQL Server 在将数据读入游标的同时锁定基表中的数据行，以确保以后能够通过游标成功地对基表进行定位删除和修改操作。在同一个游标声明语句中，不能同时使用 FAST_FORWARD 选项和 SCROLL_LOCKS 选项。

（8）OPTIMISTIC：说明在填充游标时不锁定基表中的数据行。这时，应用程序通过游标对基表进行定位修改或删除操作时，SQL Server 首先检测游标填充之后表中数据是否被修改，如果数据已被修改，则 SQL Server 将停止应用程序的定位修改或删除操作。SQL Server 检查表中数据行是否被修改的方法是比较"时间戳"列值或行数据的奇偶校验和（无"时间戳"列时）。游标声明语句中如果指定了 FAST_FORWARD 选项，则不能使用 OPTIMISTIC 选项。OPTIMISTIC 选项的这种处理方式称为乐观并发控制方式。与之对应的是悲观并发控制方式，悲观并发控制在整个事务的持续时间内锁定资源。因此，在这种方式下，除非出现死锁，否则事务肯定会成功完成。

（9）TYPE_WARNING：指出在声明游标过程中，如果无法建立用户指定类型的游标而隐式转换为另一类型时，给客户端发出警告消息。

例 6 – 2：创建一个库存量是 30 ~ 45 之间产品信息的局部滚动动态游标，名字为 CS_Probucts2，并且该游标在无法隐式转换时会报错。具体实现语句如下：

```
DECLARE CS_Probucts2 CURSOR
```

```
LOCAL SCROLL DYNAMIC
TYPE_WARNING
FOR SELECT [产品 ID],[产品名称],[单价],[库存量],[订购量],[再订购量]
    FROM [dbo].[产品]
WHERE [库存量] between 30 and 45
```

### 2. 游标变量

我们可以把某个游标赋值给某个游标变量。游标数据类型是一种数据类型,用其进行游标变量声明的格式如下:

```
DECLARE @cursor_variable_name CURSOR
```

游标变量声明后,必须和某个游标相关联才能实现游标操作。

有以下两种方法建立游标和游标变量之间的关联。

(1) 先声明游标和游标变量,之后用 SET 语句将游标赋给游标变量。例如:

```
DECLARE @cur_var CURSOR
DECLARE C1 CURSOR
    FOR SELECT * FROM COURSE
SET @cur_var = C1
```

(2) 不声明游标,直接在 SET 语句中将各种游标定义赋给游标变量。例如:

```
DECLARE @cur_var CURSOR
SET @cur_var = CURSOR
    FOR SELECT * FROM COURSE
```

当游标变量与游标相关联之后,在 T – SQL 游标语句中就可以使用游标变量代替游标名,实现各种操作。例如:OPEN @ cur_var。

### 3. 隐式游标转换

应用程序可请求一个游标类型,之后执行请求的游标类型所不支持的 SQL 语句。在此类情形中,SQL Server Compact Edition 将尝试使用可以支持所请求的游标属性的其他游标类型。若无法创建这样的游标,则将返回错误。以下因素可触发 SQL Server 将游标从一种类型隐性转换为另一种类型,如表 6 – 1 所示。

表 6 – 1 隐式游标转换的因素

| 步骤 | 触发转换的操作 | 只进 | 快速只进 | 键集驱动 | 动态 | 转至步骤 |
|------|----------------|------|----------|----------|------|----------|
| 1 | 游标引用包含 TOP 子句的视图 | 变为静态 | 变为静态 | 变为静态 | 变为静态 | 完成 |
| 2 | 查询 FROM 子句没有引用表 | 变为静态 | | 变为静态 | 变为静态 | 完成 |
| 3 | 查询包含:<br>选择列表聚合<br>GROUP BY<br>UNION<br>DISTINCT<br>HAVING | 变为静态 | | 变为静态 | 变为静态 | 完成 |

| 步骤 | 触发转换的操作 | 只进 | 快速只进 | 键集驱动 | 动态 | 转至步骤 |
|------|----------------|------|----------|----------|------|----------|
| 4 | 查询在触发器内引用 inserted 或 deleted 表 | 变为静态 | | 变为静态 | 变为静态 | 完成 |
| 5 | 查询将触发器表联接到另一张表 | | 变为静态 | | | 完成 |
| 6 | 没有指定 READ_ONLY | | 变为静态 | | | 8 |
| 7 | ODBC API 服务器游标引用 text、ntext 或 image 列 | | 变为动态 | | | 8 |
| 8 | 查询生成内部工作表,如 ORDER BY 的列没有被索引覆盖 | 变为键集 | | | 变为键集 | 10 |
| 9 | 查询引用链接服务器中的远程表 | 变为键集 | 变为键集 | | 变为键集 | 10 |
| 10 | 查询至少引用了一个没有唯一索引的表 | | | 变为静态 | | 完成 |
| 11 | 游标引用 text、ntext 或 image 列;并且查询包含 TOP 子句 | | | 变为键集 | | 完成 |

游标声明好后,就可以对游标数据进行操作,操作的顺序是,打开游标,填充游标数据,读取数据,进行游标定位修改或删除操作,操作结束后还要关闭和释放游标。

## 6.2.2  打开游标

打开游标在声明以后,若要从游标中读取数据,则必须打开游标。打开一个 T – SQL 服务器游标使用 OPEN 命令。

**1. 语法格式**

OPEN { { [ GLOBAL ] < 游标名 > } | < 游标变量 > }

**2. 参数说明**

(1) GLOBAL:定义游标为一全局游标。

(2) 游标名:如果一个全局游标和一个局部游标都使用同一个游标名,则使用 GLOBAL 便表明其为全局游标;否则表明其为局部游标。

(3) 游标变量:定义的游标变量。当打开一个游标时,SQL Server 首先检查声明游标的语法是否正确,如果游标声明中有变量,则将变量值带入。

在打开游标时,如果游标声明语句中使用了 INSENSITIVE 或 STATIC 保留字,则 OPEN 命令将在 tempdb 数据库中产生一张临时表,将定义的游标结果集合复制到临时表中;如果在结果集中任何一行数据的大小超过 SQL Server 定义的最大行尺寸,则 OPEN 命令将失败。如果声明游标时使用了 KEYSET 选项,则 OPEN 命令将在 tempdb 数据库中建立临时表以保存键集。

在游标被成功打开之后,@@ CURSOR_ROWS 全局变量将用来记录游标内的数据行数。

为了提高性能，SQL Server 允许以异步方式从基础表向 KEYSET 或静态游标读入数据，即如果 SQL Server 的查询优化器估计从基础表中返回给游标的数据行已经超过 sp_configure 'cursor threshold'参数值，则 SQL Server 将启动另外一个独立的线程来继续从基础表中读入符合游标定义的数据行，此时可以从游标中读取数据进行处理而不必等到所有的符合游标定义的数据行都从基础表中读入游标。

@@CURSOR_ROWS 全局变量存储的是在调用@@CURSOR_ROWS 时，游标已从基础表中读入的数据行。@@CURSOR_ROWS 全局变量的返回值有 4 个，如表 6-2 所示。

表 6-2　@@CURSOR_ROWS 全局变量的返回值

| 返回值 | 描述 |
| --- | --- |
| -m | 表示正在向游标中载入数据，反映的是结果集当前的数据行数 |
| -1 | 表示该游标是一个动态游标，由于动态游标反映基础表的所有变化，符合游标定义的数据行经常变动，故无法确定 |
| 0 | 表示无符合条件的记录或游标已关闭 |
| n | 表示从基础表中读入数据已经结束，n 为游标中结果集的行数 |

如果所打开的游标在声明时带有 SCROLL 或 INSENSITIVE 保留字，那么@@CURSOR_ROWS 的值为正数，且为该游标的所有数据行。如果未加上这两个保留字中的任何一个，则@@CURSOR_ROWS 的值为 -1，说明该游标内只有一条数据记录。

## 6.2.3　读取游标数据

当游标被成功打开以后，就可以从游标中逐行地读取数据，以进行相关处理。从游标中读取数据主要使用 FETCH 命令。

### 1. 语法格式

```
FETCH [[NEXT | PRIOR | FIRST | LAST
              | ABSOLUTE{n | @nvar}
              | RELATIVE{n | @nvar}
            ]
            FROM
         ]
{{[GLOBAL] <游标名>} | @游标变量名}
[INTO @ <变量名>[,…n]]
```

### 2. 参数说明

（1）NEXT：说明如果是在 OPEN 后第一次执行 FETCH 命令，则返回结果集的第一行，否则使游标（指针）指向结果集的下一行；NEXT 是默认参数，也是最常用的一种方法。

（2）PRIOR、FIRST、LAST、ABSOLUTE{n | @nvar}、RELATIVE{n | @nvar}：

①以上各项只有在定义游标时使用了 SCROLL 选项才可以使用。

②PRIOR：返回结果集当前行的前一行，如果 FETCH PRIOR 是第一次读取游标中的数据，则无数据记录返回，并把游标位置设为第一行。

③FIRST：返回结果集的第一行。

④LAST：返回结果集的最后一行。

⑤ABSOLUTE {n|@nvar}：如果 n 或@nvar 为正数，则返回游标结果集中的第 n 或@nvar 行数据；如果 n 或@nvar 为负数，则返回游标结果集内倒数第 n 或@nvar 行数据。若 n 或@nvar 超过游标的数据子集范畴，则@@FETCH_STARS 返回 −1。在该种情况下，如果 n 或@nvar 为负数，则执行 FETCH NEXT 语句会得到第一行数据；如果 n 或@nvar 为正数，则执行 FETCH PRIOR 语句会得到最后一行数据。n 或@nvar 可以是固定值也可以是 smallint、tinyint 或 int 类型的变量。

⑥RELATIVE{n|@nvar}：若 n 或@nvar 为正数，则读取游标当前位置起向后的第 n 或@nvar 行数据；如果 n 或@nvar 为负数，则读取游标当前位置起向前的第 n 或@nvar 行数据。若 n 或@nvar 超过游标的数据子集范畴，则@@FETCH_STARS 返回 −1。在该种情况下，如果 n 或@nvar 为负数，则执行 FETCH NEXT 语句则会得到第一行数据；如果 n 或@nvar 为正数，则执行 FETCH PRIOR 语句会得到最后一行数据。n 或@nvar 可以是固定值也可以是 smallint、tinyint 或 int 类型的变量。

（3）INTO @＜变量名＞[，…n]：允许将使用 FETCH 命令读取的数据存放在多个变量中。在变量行中的每个变量必须与游标结果集中相应的列对应，每一变量的数据类型也要与游标中数据列的数据类型相匹配。

全局变量@@FETCH_STATUS：其返回上次执行 FETCH 命令的状态。在每次用 FETCH 从游标中读取数据时，都应检查该变量，以确定上次 FETCH 操作是否成功，从而决定如何进行下一步处理。@@FETCH_STATUS 全局变量有 3 个不同的返回值，如表 6－3 所示。

表 6－3　@@FETCH_STATUS 全局变量的返回值

| 返回值 | 描述 |
| --- | --- |
| 0 | FETCH 命令被成功执行 |
| −1 | FETCH 命令失败或所指定的范围超出了 |
| −2 | 要取的行不在记录集内，已从集合中删除 |

### 3. 注意事项

在使用 FETCH 命令从游标中读取数据时，应该注意以下两种情况。

（1）当使用 ISO 标准语法来声明一个游标，没有选择 SCROLL 选项时，只能使用 FETCH NEXT 语句来从游标中读取数据，即只能从结果集的第一行按顺序每次读取一行，由于不能使用 FIRST、LAST、PRIOR，所以无法回滚读取以前的数据。如果选择了 SCROLL 选项，则可能使用所有的 FETCH 操作。

（2）当使用 SQL Server 的扩展语法时，必须注意以下约定。

①若定义了 FORWARD_ONLY 或 FAST_FORWARD 选项，则只能使用 FETCH NEXT 语句。

②如果没有定义 DYNAMIC，FORWARD_ONLY 或 FAST_FORWARD 选项，而定义了 KEYSET、STATIC 或 SCROLL 中的任何一个，则可使用所有的 FETCH 操作。

③DYNAMIC SCROLL 游标支持所有的 FETCH 选项，但禁用 ABSOLUTE 选项。

## 6.2.4　关闭游标

在处理完游标中的数据之后必须关闭游标来释放数据结果集和定位于数据记录上的锁，有以下两种方法关闭游标。

### 1. 使用 CLOSE 命令关闭游标

使用 CLOSE 命令关闭游标的语法格式如下：

CLOSE {{[GLOBAL] 游标名} | 游标变量}

说明：CLOSE 命令关闭游标，但不释放游标占用的数据结构，应用程序可以再次执行 OPEN 命令打开和填充游标。

### 2. 自动关闭游标

游标可应用在存储过程、触发器和 T_SQL 脚本中，如果在声明游标与释放游标之间使用了事务结构，则在结束事务时游标会自动关闭，如以下执行过程。

（1）声明一个游标。

（2）打开游标。

（3）读取游标。

（4）BEGIN TRANSACTION。

（5）数据处理。

（6）COMMIT TRANSACTION。

（7）回到步骤（3）

当从游标中读取一条数据记录进行以 BEGIN TRANSACTION 为开头，COMMIT TRANSATI-ON 或 ROLLBACK TRANSACTION 为结束的事务处理时，在程序开始运行后，第一行数据能够被正确返回，经由步骤（7），程序回到步骤（3），读取游标的下一行，此时常会发现游标未打开的错误信息。其原因就在于当一个事务结束时，无论其是以 COMMIT TRANSACTION 还是以 ROLLBACK TRANSACTION 结束，SQL Server 都会自动关闭游标，所以当继续从游标中读取数据时就会造成错误。

解决这种错误的方法就是使用 SET 命令将 CURSOR_CLOSE_ON_COMMIT 这一参数设置为 OFF 状态。其目的就是让游标在事务结束时仍继续保持打开状态，而不会被关闭。使用 SET 命令的格式为 SET CURSOR_CLOSE_ON_COMMIT OFF。

**例 6 - 3**：创建一个 CS_Probucts3 游标，保存库存量是 45～60 之间的产品信息，遍历该游标将所有产品信息显示出来。具体实现语句如下：

```
USE [产品供销管理系统]
GO
DECLARE CS_Probucts3 CURSOR FOR
    SELECT [产品 ID],[产品名称],[单价],[库存量],[订购量],[再订购量]
```

```
        FROM [dbo].[产品]
        WHERE [库存量] between 45 and 60

DECLARE @productID INT,
        @productName CHAR(10),
        @monovalent MONEY,
        @inventory SMALLINT,
        @orderQuantity SMALLINT,
        @reorderQuantity SMALLINT
```
 -- 打开游标
```
OPEN CS_Probucts3
```
 -- 取游标第一行数据
```
FETCH NEXT FROM CS_Probucts3
    INTO @productID , @productName, @monovalent, @inventory, @order-
Quantity,@reorderQuantity
```
 -- 逐行显示产品信息,并取下一行数据
```
WHILE @@FETCH_STATUS = 0
BEGIN
    PRINT '产品 ID ='+CAST(@productID AS CHAR(5)) + '产品名称 ='+@ pro-
ductName +
            '单价 ='+LTRIM(CAST(@monovalent AS CHAR(6))) +CHAR(9) +
            '库存量 ='+CAST(@inventory AS CHAR(3)) +
            '订购量 ='+CAST(@orderQuantity AS CHAR(3)) +
            '再订购量 ='+CAST(@reorderQuantity AS CHAR(3))
    FETCH NEXT FROM CS_Probucts3
        INTO @productID , @productName, @monovalent, @inventory,
            @orderQuantity,@reorderQuantity
END
```
 -- 关闭游标,此时游标还可以重新打开
```
CLOSE CS_Probucts3
```
 -- 释放游标,在后面小节详细介绍
```
DEALLOCATE CS_Probucts3
```

## 6.2.5　释放游标

当 CLOSE 命令关闭游标时，并没有释放游标占用的数据结构。因此，若要使用 DEAL-LOCATE 命令，则删除游标与游标名或游标变量之间的联系，并且释放游标占用的所有系统资源。

**1．语法格式**

DEALLOCATE ｛｛［GLOBAL］游标名｝｜游标变量｝

**2．说明**

（1）对游标进行操作的语句使用游标名或游标变量引用游标。DEALLOCATE 可以删除游标与游标名或游标变量之间的关联。如果一个名称或变量是最后引用游标的名称或变量，则将释放游标，游标使用的任何资源也随之释放。用于保护提取隔离的滚动锁在 DEALLO-CATE 上释放。用于保护更新（包括通过游标进行的定位更新）的事务锁一直到事务结束才释放。

（2）DEALLOCATE ｛游标变量｝语句只删除对游标命名变量的引用。直到批处理、存储过程或触发器结束时变量离开作用域后，才会释放变量。在 DEALLOCATE ｛游标变量｝语句之后，可以使用 SET 语句使游标变量与另一个游标关联。

**例 6－4：**声明一个游标变量@ CS_Probucts4，给该变量赋值第一个游标后释放，再给该变量赋值第二个游标。具体实现语句如下：

```
DECLARE @CS_Probucts4 CURSOR
SET @CS_Probucts4 = CURSOR LOCAL SCROLL FOR
    SELECT * FROM [dbo].[产品]
-- 下面语句释放游标及游标占用的资源
DEALLOCATE @CS_Probucts4
-- 用 SET 命令将游标变量@CS_Probucts4 同另一个游标关联
SET @CS_Probucts4 = CURSOR LOCAL SCROLL FOR
    SELECT * FROM [dbo].[客户]
GO
```

不必显式释放游标变量，变量在离开作用域时被隐性释放。

**例 6－5：**首先在第一个批处理中创建一个全局游标 CS_Customer；然后在第二个批处理中创建一个游标变量@ CS_CustomerRef1，将其与全局游标 CS_Customer 关联后再取消关联，完成第一次数据的读取；最后在第三个批处理中创建一个游标变量@ CS_CustomerRef2，将其与全局游标 CS_Customer 关联后取消全局游标 CS_Customer，完成第二次数据的读取。由此，我们可以看到全局游标、游标变量关联后被取消的结果，对照说明中的内容，我们可以有更多的收获。具体实现语句如下：

```
-- 创建一个全局游标 CS_Customer,使其在创建它的批的外部仍然有效
DECLARE CS_Customer CURSOR GLOBAL SCROLL FOR
    SELECT [客户 ID],[公司名称] FROM [dbo].[客户]
OPEN CS_Customer
GO
-- 定义一个游标变量并使其与 CS_Customer 游标关联
DECLARE @CS_CustomerRef1 CURSOR
DECLARE @customerId1 NVARCHAR(5),@companyName1 NVARCHAR(40)
SET @CS_CustomerRef1 = CS_Customer
```

```
-- 取消游标变量和游标的关联
DEALLOCATE @CS_CustomerRef1
-- 游标 CS_Customer 依然存在
FETCH NEXT FROM CS_Customer
    INTO @customerId1,@companyName1
PRINT '第一个游标变量数据读取:'+'客户 ID ='+@customerId1 +
    SPACE(9) +'公司名称 ='+@companyName1
GO
-- 再次与游标建立关联
DECLARE @CS_CustomerRef2 CURSOR
DECLARE @customerId2 NVARCHAR(5),@companyName2 NVARCHAR(40)
SET @CS_CustomerRef2 = CS_Customer
-- 现在释放游标 CS_Customer
DEALLOCATE CS_Customer
-- 但游标依然存在,因为被游标变量@CS_CustomerRef2 引用着
FETCH NEXT FROM @CS_CustomerRef2
    INTO @customerId2,@companyName2
PRINT '第二个游标变量数据读取:'+'客户 ID ='+@customerId2 +
    SPACE(9) +'公司名称 ='+@companyName2
-- 游标在批处理结束后,随着最后一个游标变量作用域的结束而最终被释放
-- 变量的作用域是定义它的批处理区域
GO
-- 创建一个未命名的游标
DECLARE @CS_CustomerRef3 CURSOR
SET @CS_CustomerRef3 = CURSOR LOCAL SCROLL FOR
    SELECT [客户 ID],[公司名称] FROM [dbo].[客户]
-- 以下语句释放游标,因为已没有其他变量引用该游标
DEALLOCATE @CS_CustomerRef3
```

## 6.2.6 游标定位与数据更新

如果在声明游标时使用了 FOR UPDATE 语句，那么就可以在 UPDATE 或 DELETE 语句中以 WHERE CURRENT OF 关键字直接修改或删除当前游标中的当前行的数据。当改变游标中的数据时，这种变化会自动地影响到游标的基础表。但是如果在声明游标时选择了 IN-SENSITIVE 选项，则该游标中的数据不能被修改，具体含义请参见 6.2.1 小节中对 INSENSITIVE 选项的详细解释。

### 1. 游标定位修改 UPDATE 语句的格式

UPDATE 表名

SET 子句

WHERE CURRENT OF {{[GLOBAL]游标名}

{游标变量}

## 2. 游标定位删除 DELETE 语句的格式

DELETE FROM 表名

WHERE CURRENT OF {{[GLOBAL]游标名}

{游标变量}

说明：利用 WHERE CURRENT OF {游标名} 进行的修改或删除只影响当前行。

**例 6 - 6**：为客户表创建备份，在客户备份表上修改电话号码前 3 位是 091 客户的邮政编码，将其后面加上 -1。具体实现语句如下：

```
-- 创建客户表的备份,以防止数据误修改
SELECT * INTO [dbo].[客户备份表] FROM [dbo].[客户]
GO
DECLARE @customerId NVARCHAR(5),@companyName NVARCHAR(40)
DECLARE @postalCode NVARCHAR(10), @tel NVARCHAR(24)
DECLARE CS_UpdateCode CURSOR
    FOR
        SELECT [客户ID],[联系人姓名],[邮政编码],[电话]
        From [dbo].[客户备份表]
    FOR UPDATE OF [邮政编码]
OPEN CS_UpdateCode
FETCH NEXT FROM CS_UpdateCode INTO @customerId, @companyName, @
postalCode, @tel
    While @@fetch_status = 0
        BEGIN
            SELECT @customerId, @companyName,@postalCode, @tel
            IF @tel like '(091)%'
                BEGIN
                    Update [dbo].[客户备份表]
                    Set [邮政编码] = @postalCode +'-1'
                    Where current of CS_UpdateCode
                END
            FETCH NEXT FROM CS_UpdateCode INTO @customerId, @companyName,
                                        @postalCode, @tel
        END
CLOSE CS_UpdateCode
DEALLOCATE CS_UpdateCode
```

执行结果如图 6 - 1 所示。

| | 客户ID | 联系人姓名 | 邮政编码 | 电话 |
|---|---|---|---|---|
| 1 | BOLID | 陈先生 | 907987-1 | (091) 85552282 |
| 2 | FISSA | 刘小姐 | 458965-1 | (091) 25559444 |
| 3 | ISLAT | 周先生 | 502255-1 | (091) 65558888 |

图 6-1　游标定位更新结果

# 6.3　Oracle 游标操作

查询返回结果超过一行时，就需要一个显式游标。

这里要做一个声明，本章节中所说的游标通常是指显式游标，因此从现在起在没有特别指明的情况下，所说的游标都是指显式游标。

显式游标可以返回一条或多条记录，或一条也不返回。通常的操作顺序如下。

（1）声明游标，在 PL/SQL 块的声明部分声明，使用查询来定义游标的列和行。

（2）打开游标，在执行部分或异常处理部分使用 OPEN 命令来打开一个声明的游标。

（3）提取数据，用 FETCH 命令从游标中重复提取每条记录到数据结构中，直到数据集被提空。

（4）关闭游标，用 CLOSE 命令来关闭游标。

注意：在声明游标时，select_statement 不能包含 INTO 子句。当使用显示游标时，INTO 子句是 FETCH 语句的一部分。

## 6.3.1　Oracle 游标声明

游标必须在 PL/SQL 块的声明部分进行定义，游标定义时可以引用 PL/SQL 变量，但变量必须在游标定义之前定义。定义游标时并没有生成数据，只是将定义信息保存到数据字典中。游标定义后，可以使用 cursor_name% ROWTYPE 定义游标类型变量。

定义游标的语法格式如下：

```
CURSOR cursor_name[(parameter[,parameter]…)]  [RETURN datatype]
IS
select_statement;
```

参数说明如下。

（1）cursor_name：游标名。

（2）parameter：可选的游标参数。游标参数只能为输入参数，其格式如下：

```
parameter_name[IN] datatype[ {:=│DEFAULT} expression]
```

（3）RETURN datatype：可选的游标返回数据。其应与 select_statement 中的选择列表在次序和数据类型上匹配，一般是记录数据类型或带% ROWTYPE 的数据。

例 6-7：创建一个库存量是 20~25 之间产品信息的游标，名字为 OCS_Probucts1。具体实现语句如下：

```
DECLARE
  CURSOR OCS_Probucts1
  IS
    SELECT 产品 ID，产品名称，单价，库存量，订购量，再订购量
    FROM 产品
    WHERE 库存量 between 20 and 25
```

在游标定义中，SELECT 语句中不一定非要是表，可以是视图，也可以是从多个表或视图中选择的列，甚至可以使用"＊"来选择所有的列。

## 6.3.2　打开游标

打开游标时，系统会检查变量的值，执行游标定义时对应的 SELECT 语句，将查询结果检索到工作区中。但是在执行游标取回命令之前，并没有真正取回记录。打开命令初始化游标指针，使其指向活动集的第一条记录。

游标一旦被打开，就无法再次被打开，除非先关闭。游标忽略所有在游标被打开之后，对数据执行的 SQL DML 命令（INSERT、UPDATE、DELETE 和 SELECT），因此只有在需要时才打开它。要刷新活动集时只需关闭并重新打开游标即可。用户在打开游标后，可以使用系统变量% ROWCOUNT 查看游标中数据行的数目。

打开游标的语法格式如下：

OPEN cursor_name[([parameter = >] value[,[parameter = >] value]…)]；

参数说明如下。

（1）cursor_name：之前声明的游标名。

（2）[parameter = >] value：指定游标参数输入值。

**例 6 - 8：**打开游标 Probucts。具体实现语句如下：

OPEN Probucts；

## 6.3.3　游标取值

打开游标后，SELECT 语句的结果被临时存放到游标结果集中，使用 FETCH 语对游标取值。对游标第一次执行 FETCH 语句时，它将工作区中的第一条记录赋给变量，并使工作区的指针指向下一条记录。这样，如果在一个循环内反复使用 FETCH 语句，就可以检索工作区的每一条记录。

游标取值的方式有以下两种。

（1）使用 FETCH 语句只能提取一行数据，语法格式如下：

FETCH cursor_name INTO variable[,variable]…；

或

FETCH cursor_name INTO RecordType variable；

第一种格式中的变量名 variable 是用来从游标中接收数据的标量变量，需要事先定义。标量变量的个数和类型应与 SELECT 语句中的字段变量的个数和类型一致。

第二种格式一次将一行数据取到记录变量中，需要事先定义记录类型的变量，或者使用%ROWTYPE定义记录变量，这种形式使用起来比较方便，不必分别定义和使用多个变量。

（2）通过使用 FETCH…BULK COLLECT INTO 语句每次可以提取多行数据，语法格式如下：

FETCH cursor_name BULK COLLECT INTO variable[,variable],…[limit rows];

或

FETCH cursor_name BULK COLLECT INTO RecordType variable;

这两种格式与（1）的两种格式一样。limit rows 为每次取数据块的大小（记录数），相当于缓冲区的大小，可以不指定 limit rows 的大小。

## 6.3.4 关闭游标

当提取和处理完游标结果集数据后，应及时关闭游标。游标一旦关闭，其占用的资源就被释放，游标变成无效，不能再使用 FETCH 语句取其中的数据。关闭后的游标可以使用OPEN命令再次打开。

关闭游标的语法格式如下：

CLOSE cursor_name;

**例 6-9**：使用标量变量接收游标数据的方式，创建一个 OCS_Probucts2 游标，保存指定产品编号的产品信息，并将产品信息显示出来。具体实现语句如下：

```
/*打开显示模式 */
SET ServerOutput ON;
DECLARE                         -- 开始声明部分
    -- 声明标量变量,用来保存游标中的各个列
    v_ProductName 产品 . 产品名称% type;
    v_MonoValent 产品 . 单价% type;
    v_Inventory 产品 . 库存量% type;
    -- 定义游标,varType 为参数,指定用户类型编号
    CURSOR OCS_Probucts2(v_ProductID 产品 . 产品 ID% type)
    IS
        SELECT 产品名称,单价,库存量
        FROM 产品
        WHERE 产品 ID = v_ProductID;
BEGIN                           -- 开始程序体
    OPEN OCS_Probucts2(1);
    -- 读取当前游标位置的数据
    FETCH OCS_Probucts2 INTO  v_ProductName,v_Monovalent,v_Inventory;
    dbms_output.put_line('产品名称:'‖v_ProductName ‖',单价:'‖v_MonoVa-
lent ‖',
```

```
库存量:'‖v_Inventory);                    -- 显示读取的数据
    CLOSE  OCS_Probucts2;                 -- 关闭游标
END;                                      -- 结束程序体
```

## 6.3.5　游标属性

每个显式游标具有 4 个属性:％ ISOPEN、％ FOUND、％ NOTFOUND 和％ ROWCOUNT。这些属性附在游标名后面使用，即可得到有关多行查询执行中的有用信息。这些属性只能用在过程性语句 PL/SQL 中，而不能用在 SQL 语句中。游标属性说明如表 6 - 4 所示。

表 6 - 4　游标属性说明

| 属性名 | 说明 |
|---|---|
| ％ ISOPEN | 逻辑值，判断游标是否已打开。如果游标未打开，则其值为 FALSE；否则为 TRUE |
| ％ FOUND | 逻辑值，判断游标是否指向数据行。如果游标当前指向一行数据，则返回 TRUE；否则为 FALSE。该属性常用于控制游标循环的结束 |
| ％ NOTFOUND | 逻辑值，判断游标是否没指向数据行。其值是％ FOUND 属性值的非。该属性常用于控制游标循环的结束 |
| ％ ROWCOUNT | 返回游标当前已提取的记录的行数，每成功提取一次数据行的值加 1 |

**例 6 - 10**：使用记录变量接收游标数据的方式，创建一个 OCS_Customer 游标，保存客户编号和公司名称信息；使用游标属性，判断游标状态，使用 LOOP 循环将前 3 行信息显示出来。具体实现语句如下：

```
/*打开显示模式 */
SET ServerOutput ON;
DECLARE                                    -- 开始声明部分
    --声明变量,参照字段的 type 来声明类型
    TYPE CustomerRecord IS RECORD
    (CustomerId 客户 . 客户 ID% Type,
    CustomerName 客户 . 公司名称% Type);
    --定义记录变量
    v_CustomerRecord CustomerRecord;
    --定义游标
    CURSOR OCS_Customer
    IS
        SELECT 客户 ID,公司名称
      FROM 客户;
BEGIN                                      -- 开始程序体
    IF OCS_Customer% ISOPEN = FALSE Then -- 判断游标是否已经打开
    OPEN OCS_Customer;
    END IF;
```

```
    -- 读取当前游标位置的数据
    -- WHILE OCS_Customer% FOUND              -- 如果当前游标有效,则执行循环
LOOP
        FETCH OCS_Customer INTO v_CustomerRecord; -- 使用记录变量保存游标值
        EXIT When OCS_Customer% NOTFOUND; -- 如果游标没有取到值,则退出循环
        dbms_output.put_line('客户ID:'‖v_CustomerRecord.CustomerId
‖',公司名称:'‖v_CustomerRecord.CustomerName);
        IF OCS_Customer% ROWCOUNT = 3   THEN -- 已经读取3条记录,则退出循环
            EXIT;
        END IF;
    END LOOP;
    CLOSE   OCS_Customer;                     -- 关闭游标
END;                                          -- 结束程序体
/
```

**例 6 – 11**:使用游标变量接收游标数据的方式,创建一个 OCS_Probucts3 游标,保存库存量是 45 ~ 60 之间的产品信息;使用 WHILE 循环,将前 2 行产品信息显示出来。具体实现语句如下:

```
/*打开显示模式 */
SET ServerOutput ON;
DECLARE                                        -- 开始声明部分
    -- 定义游标,指定用户类型编号
    CURSOR OCS_Probucts3
    IS
        SELECT 产品 ID,产品名称,单价,库存量
        FROM 产品
        WHERE 库存量 between 45 and 60;
    -- 定义游标变量
    v_Product OCS_Probucts3% ROWTYPE;
BEGIN                                          -- 开始程序体
    IF OCS_Probucts3% ISOPEN = FALSE Then    -- 判断游标是否已经打开
        OPEN OCS_Probucts3;
    END IF;
    -- 读取当前游标位置的数据
    FETCH OCS_Probucts3 INTO v_Product;      -- 使用游标变量保存值
    WHILE OCS_Probucts3% FOUND                -- 如果当前游标有效,则执行循环
    LOOP
        -- 显示读取的数据
        dbms_output.put_line('产品编号:'‖v_Product. 产品 ID ‖',产品名称:'
‖v_Product. 产品名称 ‖',单价:'‖v_Product. 单价 ‖',库存量:'‖v_Product. 库存量);
```

```
        IF OCS_Probucts3% ROWCOUNT = 2 THEN   --已经读取两条记录,则退出循环
            EXIT;
        END IF;
        FETCH OCS_Probucts3 INTO  v_Product; --继续读取当前游标位置的数据
    END LOOP;
    CLOSE   OCS_Probucts3;                    -- 关闭游标
END;                                          -- 结束程序体
/
```

**例6-12**: 为不影响数据库中原有的数据, 这里创建一张订单明细备份表。

```
CREATE TABLE 订单明细备份
AS
SELECT * FROM 订单明细;
```

从订单明细表中查询总价(单价*数量)大于500的记录, 并根据这些记录的订单ID, 在订单明细备份表中删除对应的订单记录。以下代码使用FETCH…BULK COLLECT INTO批量地读取游标数据, 并使用FORALL语句批量删除数据。

```
DECLARE
    TYPE OrderDetailRecord is table of 订单明细% ROWTYPE;
    v_OrdDetail OrderDetailRecord;
    CURSOR Ocs_OrdDetail
    IS
        SELECT *
        FROM 订单明细
        WHERE 单价*数量 >500;
BEGIN
    IF Ocs_OrdDetail% ISOPEN = FALSE Then
        OPEN Ocs_OrdDetail;
    END IF;
    LOOP
        FETCH Ocs_OrdDetail BULK COLLECT INTO v_OrdDetail limit 256;
                                -- 批量读取数据,每次最多256条
        dbms_output.put_line('fetch counts: '‖v_OrdDetail.count);
        FORALL i IN 1..v_OrdDetail.count -- FORALL 用于批量删除数据
            DELETE 订单明细备份  WHERE 订单ID = v_OrdDetail(i). 订单ID;
        COMMIT;
        EXIT WHEN Ocs_OrdDetail% NOTFOUND;
    END LOOP;
    CLOSE Ocs_OrdDetail;
END;
```

在处理一个大数据量的表中的数据时(如百万条数据), 使用CURSOR来逐条处理的时

候，耗时较长。如果采用 Oracle 提供的 FETCH…BULK COLLECT INTO 和 FORALL 编写程序，则耗时将大大降低，原因如下。

（1）使用 FETCH…BLUK COLLECT INTO 一次取出一个数据集合，比用 CURSOR 逐条取数据效率高，尤其是在网络不大好的情况下。但 FETCH…BLUK COLLECT INTO 需要大量内存。

（2）使用 FORALL 比 FOR 效率高，因为前者只切换一次上下文，而后者的上下文切换次数与循环次数相同。

FORALL 用于批量插入、修改、删除数据。语法格式如下：

FORALL 下标变量(只能当作下标被引用) IN 下限 .. 上限
  sql 语句;　　　-- 只允许一条 sql 语句

例 6 - 12 中，FORALL i IN 1 .. v_OrdDetail. count 也可以写成如下形式：

FORALL i IN v_OrdDetail.first .. v_OrdDetail.last

## 6.3.6　游标 FOR 循环

由于游标中有多行数据，因此游标中数据的处理常常和循环一起使用。在前面介绍的循环结构中，FOR 循环用于游标的处理最为方便。FOR 循环游标的语法格式如下：

FOR record_name IN (corsor_name[(parameter[,parameter]…)] LOOP
  Statements
END LOOP;

参数说明如下。

（1）record_name：和游标类型相同的记录型变量。

（2）cursor_name：游标名。

（3）parameter：游标参数值。

FOR 循环游标的优点主要表现在以下 3 个方面。

（1）只需要按照正常的声明方式声明，不需要显式地打开、关闭，它会自动打开和关闭游标。

（2）记录型变量不需要用户定义，系统自动隐含地定义了一个数据类型为 %ROWTYPE 的记录变量，其结构与游标查询语句返回的记录集的结构相同，并以此作为循环的计算器。

（3）FOR 循环自动获取数据到记录型变量，读取数据时不需要进行测试数据的存在、定义存放数据的变量等操作。

例 6 - 13：用 FOR 循环游标实现例 6 - 11。具体语句如下：

SET ServerOutput ON;
DECLARE
  CURSOR OCS_Probucts3
  IS
    SELECT 产品 ID,产品名称,单价,库存量
    FROM 产品
    WHERE 库存量 between 45 and 60;

```
BEGIN
    FOR v_Product IN  OCS_Probucts3 LOOP   -- 自动定义 v_Product 与游标
相同类型,并 OPEN 游标
        dbms_output.put_line('产品编号:'‖v_Product. 产品ID ‖',产品名称:'
‖v_Product. 产品名称 ‖',单价:'‖v_Product. 单价 ‖',库存量:'‖v_Product. 库存量);
                                        -- 自动读取数据
    END LOOP;                           -- 自动 CLOSE 游标
END;
```

对比例6-11和例6-13的代码,可以看出 FOR 循环游标的简洁性与高效性。

## 6.3.7　游标定位与数据更新

游标修改和删除操作,即在游标定位下,修改或删除表中指定的数据行。这时,要求游标查询语句中必须使用 FOR UPDATE 选项,以便在打开游标时锁定游标结果集在表中对应数据行的所有列或部分列。

为了正在处理的行不被另外的用户改动,Oracle 提供了一个 FOR UPDATE 子句对所选择的行进行锁定,使 Oracle 锁定游标结果集的行,可以防止其他事务处理更新或删除相同的行,直到用户的事务处理提交或回退为止。

游标修改和删除操作的语法包括以下两个部分。

(1) 在游标声明部分,需要加上 FOR UPDATE 子句,格式如下:

```
SELECT column_list FROM table_list
FOR UPDATE [OF column[,column]…] [NOWAIT]
```

(2) 在更新操作语句中,需要加上 WHERE CURRENT OF 子句。

①在 UPDATE 语句中,格式如下:

```
UPDATE 表名 SET 子句
WHERE CURRENT OF cursor_name
```

②在 DELETE 语句中,格式如下:

```
DELETE FROM 表名
WHERE CURRENT OF cursor_name
```

注意:

(1) UPDATE 语句仅更新在游标声明的 FOR UPDATE 子句处列出的列。如果没有列出任何列,那么所有的列都可以更新。

(2) UPDATE 或 DELETE 后的事务提交 COMMIT 一般是在提取循环完成以后才完成的,因为 COMMIT 将释放由该会话持有的所有锁。因为 FOR UPDATE 子句获得了锁,所以 COMMIT 将释放这些锁。当锁被释放了,该游标就无效了。因此,后继的提取操作都将返回 Oracle 错误。

例6-14:为客户表创建备份,在客户备份表上修改电话号码前3位是091客户的邮政编码,将其后面加上-1。具体实现语句如下:

```
DECLARE
    CURSOR OCS_UpdateCode
```

```
        IS
            SELECT 客户 ID,联系人姓名,邮政编码,电话
FROM 客户备份表 FOR UPDATE;
BEGIN
    FOR v_cur_UpdateCode IN OCS_UpdateCode LOOP
        IF v_cur_UpdateCode.电话 like '(091)%' THEN
                    Update 客户备份表
                    Set 邮政编码 = v_cur_UpdateCode.邮政编码 ‖'-1'
                    WHERE CURRENT OF OCS_UpdateCode;
                END IF;
    END LOOP;
END;
```

执行完后,查询客户备份表,结果如图 6-2 所示。

| | 客户ID | 联系人姓名 | 邮政编码 | 电话 |
|---|---|---|---|---|
| 1 | BOLID | 陈先生 | 907987-1 | (091) 85552282 |
| 2 | FISSA | 刘小姐 | 458965-1 | (091) 25559444 |
| 3 | ISLAT | 周先生 | 502255-1 | (091) 65558888 |

图 6-2　例 6-14 执行游标定位更新数据后的结果

## 6.3.8　隐式游标

显式游标主要是用于对查询语句的处理,尤其是在查询结果为多条记录的情况下。而如果程序中用到 SELECT…INTO 这种单行查询语句,一次只能从数据库中提取一行数据,或其他 DML 操作,包括 UPDATE、INSERT、DELETE 操作,则由 Oracle 系统自动地为这些操作设置游标并创建其工作区。这些由系统隐含创建的游标称为隐式游标,隐式游标的名称为 SQL,这是由 Oracle 系统定义的。

对于隐式游标的操作,如定义、打开、取值及关闭操作,都由 Oracle 系统自动地完成,无须用户进行处理。在隐式游标的工作区中,所存放的数据是与用户自定义的显式游标无关的、最新处理的一条 SQL 语句。

当系统使用一个隐式游标时,可以通过隐式游标的属性来了解操作的状态和结果,进而控制程序的流程。隐式游标可以使用名字 SQL 来访问,但要注意,通过 SQL 游标名总是只能访问前一个 DML 操作或单行 SELECT 操作的游标属性。因此,通常在刚刚执行完操作之后,立即使用 SQL 游标名来访问属性。隐式游标的属性如表 6-5 所示。

表 6-5　隐式游标的属性

| 属性 | 值 | SELECT | INSERT | UPDATE | DELETE |
|---|---|---|---|---|---|
| SQL% ISOPEN | | FALSE | FALSE | FALSE | FALSE |
| SQL% FOUND | TRUE | 有结果 | | 成功 | 成功 |
| | FALSE | 无结果 | | 失败 | 失败 |

续表

| 属性 | 值 | SELECT | INSERT | UPDATE | DELETE |
|---|---|---|---|---|---|
| SQL% NOTFUOND | TRUE | 无结果 | | 失败 | 失败 |
| | FALSE | 有结果 | | 成功 | 失败 |
| SQL% ROWCOUNT | | 返回行数，只为1 | 插入的行数 | 修改的行数 | 删除的行数 |

**例 6－15：** 使用隐式游标的属性，判断对客户工资的修改是否成功。具体实现语句如下：

```
SET SERVEROUTPUT ON
BEGIN
    Update 客户备份表
    Set 邮政编码 = 邮政编码 || '-2'
    WHERE 电话 like '(031)%';

    IF SQL% FOUND THEN
        DBMS_OUTPUT.PUT_LINE('成功修改客户资料！共修改记录'||SQL% ROWCOUNT
||'条。');
        COMMIT;
    ELSE
        DBMS_OUTPUT.PUT_LINE('修改客户资料失败！');
    END IF;
END;
```

执行结果如图 6－3 所示。

```
PL/SQL procedure successfully completed.

成功修改客户资料！共修改记录4条。
```

图 6－3　例 6－15 的执行结果

# 6.4　SQL Server 查看游标

在 T－SQL 程序中，执行以下系统存储过程和函数能够检索游标属性信息和状态信息。
（1）sp_cursor_list：检索当前为连接打开的所有服务器游标的信息。
（2）sp_describe_cursor：检索游标属性信息，如作用域、名称、类型、状态和行数。
（3）sp_describe_cursor_columns：检索游标结果集中的列属性。
（4）sp_describe_cursor_tables：检索游标锁引用的基表信息。
（5）@@CURSOR_STATUS：读取游标状态或检查游标变量是否与游标相关联。

## 6.4.1 查看当前连接的游标信息

### 1. 语法格式

```
sp_cursor_list [@cursor_return =]cursor_variable_name OUTPUT
    ,[@cursor_scope =]cursor_scope
```

### 2. 参数说明

（1）@ cursor_return = cursor_variable_name OUTPUT：已声明的游标变量的名称。cursor_variable_name 是游标，无默认值。该游标是可滚动、动态的只读游标。所有可见的游标信息将保存在 cursor_variable_name 游标中。我们可遍历该游标来获取所有可见游标的信息。

（2）@ cursor_scope = cursor_scope：指定要报告的游标级别。cursor_scope 是 int 类型，无默认值，可以是下列值之一。

①1：报告所有本地游标。

②2：报告所有全局游标。

③3：报告本地游标和全局游标。

### 3. 实例

**例 6-16**：创建一个 CS_Probucts5 游标，调用 sp_cursor_list 系统存储过程并使用@ Report 游标接收报告信息。具体实现语句如下：

```
DECLARE CS_Probucts5 CURSOR
LOCAL SCROLL DYNAMIC
TYPE_WARNING
FOR SELECT [产品 ID],[产品名称],[单价],[库存量],[订购量],[再订购量]
    FROM [dbo].[产品]
        WHERE [库存量] between 45 and 60;
OPEN CS_Probucts5;
DECLARE @Report CURSOR;
 --查看所有的本地与全局游标信息,并将报告信息保存到@ Report 游标中
EXEC sp_cursor_list @cursor_return = @Report OUTPUT ,
    @cursor_scope = 3;
 --逐行读取@Report 游标中的报告信息
FETCH NEXT FROM @Report;
WHILE (@@FETCH_STATUS < > -1)
    BEGIN
        FETCH NEXT FROM 4@Report;
    END
 --关闭@Report 游标
CLOSE @Report;
DEALLOCATE @Report;
```

-- 关闭 CS_Probucts5 游标

CLOSE CS_Probucts5;

DEALLOCATE CS_Probucts5;

执行结果如图 6 - 4 所示。

| | reference_name | cursor_name | cursor_scope | status | model | concurrency | scrollable | open_status | cursor_rows | fetch_status | column_count | row_count | last_operation | cursor_handle |
|---|---|---|---|---|---|---|---|---|---|---|---|---|---|---|
| 1 | CS_Probucts5 | CS_Probucts5 | 1 | 1 | 3 | 3 | | -1 | -9 | 6 | 0 | 1 | | 180150055 |

图 6 - 4　sp_cursor_list 查看的游标信息

执行结果说明如下。

（1）reference_name：用于引用游标的名称。如果通过 DECLARE CURSOR 语句中给定的名称引用游标，则引用名称与游标名称相同。如果通过变量引用游标，则引用名称为游标变量的名称。本例通过 DECLARE CURSOR 语句引用游标，所以引用的游标名称为 CS_Probucts5。

（2）cursor_name：显示来自 DECLARE CURSOR 语句的游标名称，本例为 CS_Probucts5。

（3）cursor_scope：1 表示 LOCAL、2 表示 GLOBAL，所以本例为局部游标。

（4）status：等于 1，说明该游标处于打开状态。

（5）model：等于 3，说明是动态（DYNAMIC）游标。

（6）concurrency：等于 3，说明使用 OPTIMISTIC 选项，即当游标更新数据时采用乐观并发控制方式处理基表的数据。

（7）scrollable：等于 0，说明游标只能前进；等于 1，说明游标可滚动（SCROLL）。

（8）open_status：等于 0，说明游标是关闭的；等于 1，说明游标是打开的。

（9）cursor_rows：结果集中合格的行数。等于 -1 是因为本例的游标为动态游标，而动态游标可反映所有更改，所以游标符合条件的行数会不断变化。动态游标不一定能检索所有符合条件的行。

（10）fetch_status：此游标上次提取的状态。等于 -9，说明尚未对游标进行数据提取。

（11）column_count：此游标结果集中的列数有 6 列。

（12）row_count：此游标上次对游标的操作所影响的行数为 1 行。

（13）last_operation：上次对游标执行的操作。0 表示没有对游标执行操作；1 表示 OPEN；2 表示 FETCH；3 表示 INSERT；4 表示 UPDATE；5 表示 DELETE；6 表示 CLOSE；7 表示 DEALLOCATE。

（14）cursor_handle：在服务器作用域内的游标的唯一标识值。

## 6.4.2　查看某游标的属性信息

### 1. 语法格式

sp_describe_cursor [@cursor_return = ]output_cursor_variable OUTPUT

　　　{ [,[@cursor_source = ]N'local',[@cursor_identity = ]N'local_cursor_name']

　　　　　|[,[@cursor_source = ]N'global',[@cursor_identity = ]N'global_cursor_name']

　　　　　|[,[@cursor_source = ]N'variable',[@cursor_identity = ]N'in-

```
put_cursor_variable']
         ⊢[;]
```

### 2. 参数说明

（1）@ cursor_return = output_cursor_variable OUTPUT：声明的用于接收游标输出的游标变量的名称。output_cursor_variable 是游标，无默认值，并且在调用 sp_describe_cursor 时，不能与任何游标相关联。返回的游标是可滚动的动态只读游标。

（2）@ cursor_source = N'local ' │N'global ' │N'variable'：指定使用以下哪一个名称来指定所报告的游标：本地游标、全局游标或游标变量的名称。

（3）@ cursor_identity = N 'local_cursor_name'：由具有 LOCAL 关键字或默认设置为 LOCAL 的 DECLARE CURSOR 语句创建的游标名称。local_cursor_name（128）为 nvarchar。

（4）@ cursor_identity = N 'global_cursor_name'：

①由具有 GLOBAL 关键字或默认设置为 GLOBAL 的 DECLARE CURSOR 语句创建的游标名称。global_cursor_name（128）为 nvarchar。

②global_cursor_name 还可以是由 ODBC 应用程序打开，然后通过调用 SQLSetCursorName 进行命名的 API 服务器游标的名称。

（5）@ cursor_identity = N 'input_cursor_variable'：与打开的游标关联的游标变量的名称。input_cursor_variable（128）为 nvarchar。

### 3. 实例

**例 6 – 17**：创建一个 CS_Products6 游标，调用 sp_describe_cursor 存储过程并使用@ Report 游标接收查看信息。具体实现语句如下：

```
USE [产品供销管理系统];
GO
--创建并打开一个静态游标 CS_Probucts6
DECLARE CS_Probucts6 CURSOR STATIC FOR
SELECT [产品 ID],[产品名称],[单价],[库存量],[订购量],[再订购量]
    FROM [dbo].[产品]
    WHERE [库存量] between 60 and 70;
OPEN CS_Probucts6;
--声明一个游标变量以保存 sp_describe_cursor 返回的游标属性信息
DECLARE @Report CURSOR;
--执行 sp_describe_cursor 存储过程
EXEC master.dbo.sp_describe_cursor @cursor_return = @Report OUTPUT,
        @cursor_source = N'global', @cursor_identity = N'CS_Probucts6';
--读取@Report 游标变量中的所有游标属性信息
FETCH NEXT FROM @Report;
WHILE (@@FETCH_STATUS < > -1)
    BEGIN
        FETCH NEXT FROM @Report;
    END
```

```
-- 关闭并释放游标变量 @Report
CLOSE @Report;
DEALLOCATE @Report;
GO
-- 关闭并释放游标 CS_Probucts6
CLOSE CS_Probucts6;
DEALLOCATE CS_Probucts6;
```

执行结果如图 6 - 5 所示。

| | reference_name | cursor_name | cursor_scope | status | model | concurrency | scrollable | open_status | cursor_rows | fetch_status | column_count | row_count | last_operation | cursor_handle |
|---|---|---|---|---|---|---|---|---|---|---|---|---|---|---|
| 1 | CS_Probucts6 | CS_Probucts6 | 2 | 1 | 1 | 1 | 0 | 1 | 4 | -9 | 6 | 0 | 1 | 180150075 |

**图 6 - 5　sp_describe_cursor 查看的游标信息**

# 6.5　Oracle 查看游标

在 Oracle 程序中，游标相关的信息都记录在系统数据字典中，如果需要了解游标有关信息，则可以通过查询数据字典来获得。与游标相关且常用的数据字典有如下 7 个。

（1）V$parameter：关于初始化参数的信息，含有 342 个动态参数，可以使用 SHOW PARAMETER 来快速查询想要知道的参数。

（2）V$open_cursor：列出每一个用户会话当前打开和解析的游标。

（3）V$sql：获取正在执行的 SQL 语句、SQL 语句的执行时间、SQL 语句的等待事件。

（4）V$session：基础信息视图，用于找寻用户 SID 或 SADDR。

（5）V$sesstat：存储 session 从 login 到 logout 的详细资源使用统计，包括以下内容。

①事件发生次数的统计，如用户提交数。

②数据产生、存取或者操作的 total 列（如 redo size）。

③执行操作所花费的时间累积，如 session CPU 占用（如果 TIMED_STATISTICS 值为 TRUE）。

（6）V$statname：指对统计信息的说明。

（7）V$session_cached_cursor：如果游标对应的 SQL 被执行 3 次以上，并且游标已经关闭，则会被存入 session_cached_cursor。

**例 6 - 18：** 查看系统设置的游标缓存中允许的最大游标数。具体实现语句如下：

```
SELECT VALUE
FROM V$parameter
WHERE name = 'open_cursors';
```

或者用 SHOW PARAMETER 来获得配置文件（init. ora）中为 Oracle 配置的最大游标数。语句如下：

```
SHOW PARAMETER open_cursors;
```

一般情况下，Oracle 默认游标数为 300。

**例 6 – 19**：修改 Oracle 最大游标数。具体实现语句如下：

```
ALTER SYSTEM
SET open_cursors =2000 scope =both;
```

根据游标占用情况分析访问数据库的程序在资源释放上是否正常，如果程序释放资源没有问题，则加大游标缓存中允许的最大游标数。

**例 6 – 20**：查看当前缓存中所有用户打开的游标数。具体实现语句如下：

```
SELECT COUNT( * ) FROM V$open_cursor;
```

**例 6 – 21**：查看当前缓存中各用户的打开游标总数。具体实现语句如下：

```
SELECT user_name, COUNT( * )
FROM V$open_cursor
GROUP BY user_name;
```

**例 6 – 22**：查看当前缓存中指定的游标执行语句。具体实现语句如下：

```
SELECT q.sql_text
FROM V$open_cursor o,V$sql q
WHERE q.hash_value =o.hash_value and o.sid =96;
```

查询语句中，不同的游标需要指定不同 SID 值。

在 V$open_cursor 与 V$sql 两个视图中都有 HASH_VALUE 和 ADDRESS 两个字段，这两个字段用于鉴别默认被 session 执行的 SQL 语句。如果为 null 或 0，则说明这个 session 没有执行任何 SQL 语句。

**例 6 – 23**：查看 SOCTT 用户使用情况。具体实现语句如下：

```
SELECT o.sid, osuser, machine,o.sql_id,o.sql_text,o.cursor_type, COUNT
( * ) num_curs
FROM V$open_cursor o, V$session s
WHERE user_name = 'SCOTT'AND o.sid = s.sid
GROUP BY o.sid, osuser, machine,o.sql_id,o.sql_text,o.cursor_type
ORDER BY num_curs desc;
```

如果要查询所有用户的游标情况，则去掉 user_name。

**例 6 – 24**：查找数据库各用户的各个终端缓存中的游标数。具体实现语句如下：

```
SELECT AA.USERNAME, AA.MACHINE, SUM(AA.VALUE)
FROM ( SELECT A.VALUE, S.MACHINE, S.USERNAME
    FROM V$sesstat A, V$statname B, V$session S
    WHERE A.STATISTIC# = B.STATISTIC# AND S.SID = A.SID
        AND B.NAME = 'session cursor cache count') AA
GROUP BY AA.USERNAME, AA.MACHINE
ORDER BY AA.USERNAME, AA.MACHINE;
```

V$sesstat 常用列说明如下。

（1）SID：session 唯一 ID。

（2）STATISTIC#：资源唯一 ID，相当于编号。

（3）VALUE：资源使用。

V$statname 常用列说明如下。

（1）STATISTIC#：资源唯一 ID，相当于编号。

（2）NAME：统计量的名称。

查询语句中，NAME = 'session cursor cache count'指定了缓存中的游标。

**例 6 - 25**：查找数据库当前 session 中各用户的各个终端打开的游标数。具体实现语句如下：

```
SELECT AA.USERNAME, AA.MACHINE, SUM(AA.VALUE)
FROM (SELECT A.VALUE, S.MACHINE, S.USERNAME
      FROM V$sesstat A, V$statname B, V$session S
      WHERE A.STATISTIC# = B.STATISTIC# AND S.SID = A.SID
          AND B.NAME = 'opened cursors current') AA
GROUP BY AA.USERNAME, AA.MACHINE
ORDER BY AA.USERNAME, AA.MACHINE;
```

查询语句中，NAME = ' opened cursors current '指定了打开的游标。

本章小结与思考题（6）

# 第 7 章

## 触发器

### 学习目标

1. 理解并能够用自己的语言解释触发器的概念，总结触发器的优缺点。
2. 能够结合实际，尝试用自己的语言说明触发器的作用。
3. 学习并总结触发器的类型与区别。
4. 能结合触发器的实际操作场景，说明 DML 触发器的工作原理。
5. 能够说出创建触发器的语法约定与参数含义，能结合实例进行各类触发器创建操作。
6. 学习并熟悉触发器的管理操作。
7. 能够尝试结合实例利用触发器进行数据完整性、安全性方向的管理操作。
8. 学习并总结触发器的限制规则。

### 数据素养指标

1. 能检验判断收集到的数据的正确性，并能剔除明显错误或无效的数据。
2. 能够结合实际情况采取合适的工具提高数据检索性能与效率。
3. 能够灵活地应用安全性管理工具完成安全操作工作。

### 本章导读

1. 触发器概述：触发器的概念；触发器的作用；DML、DDL 以及 LOGON 触发器的作用；DML 触发器的工作原理。

2. 触发器的创建与管理：创建 DML、DDL 以及 LOGON 触发器的语法约定；查看、重命名、禁用或启用、修改以及删除触发器的管理操作。

3. DML 触发器操作实例：INSERT、UPDATE、DELETE 以及 INSTEAD OF 4 种 DML 触

发器的操作应用实例。

4. 其他触发器操作实例：DDL 触发器的操作应用实例；LOGON 触发器的操作应用实例。

5. 触发器的限制。

触发器是 SQL 提供给程序员和数据分析员用来保证数据完整性的一种方法，它是与表事件相关的特殊的存储过程。它的执行不是由程序调用，也不是手工启动，而是由事件来触发，例如当对一张表进行操作时就会激活它执行。触发器经常用于加强数据的完整性约束以及业务规则等。

# 7.1 触发器概述

第 5 章已经介绍了一般意义的存储过程，即用户自定义的存储过程和系统存储过程。本章将介绍一种特殊的存储过程，即触发器。本章将从触发器的概念、作用、类型、工作原理以及触发器的创建、管理和使用等方面进行介绍，使读者了解如何定义触发器，如同创建和使用各种不同复杂程度的触发器。

## 7.1.1 触发器的概念及优缺点

### 1. 触发器的概念

触发器是一种特殊类型的存储过程。创建触发器时会对其进行定义，以便在对特定表或列做特定类型的数据修改时执行。触发器可以查询其他表，而且可以包含复杂的 SQL 语句。触发器主要用于强制服从复杂的业务规则或要求。例如，我们可以根据客户当前的账户状态，控制是否允许插入新订单。触发器也可用于强制引用完整性，以便在多张表中添加、更新或删除行时，保留在这些表之间所定义的关系。

触发器不同于我们前面介绍过的存储过程，它不由用户直接调用。触发器主要是通过事件进行触发而被执行的，而存储过程可以通过存储过程名字而被直接调用。当对某一表进行诸如 UPDATE、INSERT、DELETE 这些操作时，DBMS 就会自动执行触发器所定义的 SQL 语句，从而确保对数据的处理必须符合由这些 SQL 语句所定义的规则。如果不符合规则，则不会将数据内容提交到数据库服务器，减少数据库服务器的压力和错误的发生。因此，存储过程和触发器都是提高数据库服务器性能的有力工具。

触发器和引发触发器执行的 SQL 语句是一种事务处理的模式，如果事务成功，则 SQL Server 就会返回事务执行前的状态。与表结构中设置的 CHECK 约束相比，触发器是一种对数据完整性的强制性手段。

例如，在"产品供销管理系统"数据库中有产品表，其主要属性包括产品 ID、产品名称、单价、库存量、订购量、再订购量等；订单表的主要属性有订单 ID、订货日期等；订单明细表的主要属性有订单 ID、产品 ID、数量等。假如，一笔订单中有多笔订单明细，而每插入一笔订单明细记录，其数量都会引起产品表中的库存量的减少；当订单数量超过该产品的库存时我们需要增加总订购量（订购量表示库存不足时该产品的总订购量），并且新增再订购量（表示该产品最新的订购量）的修订等。因此，我们可以看到，当向订单明细表中添加一条新订单明细记录时，另一张产品表相应的多个字段也需要发生相应改变。

在数据库的设计过程中经常会有多张表中存在相应字段互相影响的情况，如果只更改一张表中的内容，那么就会出现数据完整性被破坏的情况，而这些字段内容实施级联更新的工作只利用外键约束是无法实现的，我们可以通过触发器编写复杂的逻辑操作代码来实现。

### 2. 触发器的优缺点

1）优点

（1）强化约束：强制复杂业务的规则和要求，能实现比 CHECK 语句更为复杂的约束。

（2）跟踪变化：触发器可以侦测数据库内的操作，从而禁止数据库中未经许可的更新和变化。触发器是自动执行的，一旦设立就存在一种触发机制，永远监控着数据库的事件状态。

（3）级联运行：侦测数据库内的操作时，可自动级联影响整个数据库的各项内容。

（4）嵌套调用：触发器可以调用一个或多个存储过程。触发器最多可以嵌套 32 层。

2）缺点

（1）可移植性差。

（2）占用服务器资源，给服务器造成压力。

（3）执行速度主要取决于数据库服务器的性能与触发器代码的复杂程度。

（4）嵌套调用一旦出现问题，排错困难，而且数据容易造成不一致，后期维护不方便。

## 7.1.2　触发器的作用

触发器是数据库中一种重要的数据库对象，它的主要作用如下。

（1）完成比约束更复杂的数据约束：触发器可以实现比约束更为复杂的数据约束，并检查所做的 SQL 操作是否被允许。例如，在产品库存表里，如果要删除一条产品记录，那么在删除记录时，触发器可以检查该产品库存数量是否为 0，如果不为 0 则取消该删除操作。

（2）修改其他数据表里的数据：当一个 SQL 语句对数据表进行操作的时候，触发器可以根据该 SQL 语句的操作情况来对另一张数据表进行操作。例如，当一笔订单取消的时候，触发器可以自动修改产品库存表，在订购量的字段上减去被取消订单的订购数量。

（3）调用更多的存储过程：约束的本身是不能调用存储过程的，但是触发器本身就是一种存储过程，而存储过程是可以嵌套使用的，所以触发器可以调用一个或多个存储过程。

（4）返回自定义的错误信息：约束是不能返回信息的，而触发器可以。例如，插入一条重复记录时，可以返回一个具体的、友好的错误信息给前台应用程序。

（5）更改原本要操作的 SQL 语句：触发器可以修改原本要操作的 SQL 语句。例如，原本的 SQL 语句是要删除数据表里的记录，但该数据表里的记录是重要记录，不允许被删除，那么触发器可以不执行该语句。

（6）防止数据表结构被更改或数据表被删除：为了保护已经建好的数据表，触发器可以在接收到 DROP 和 ALTER 开头的 SQL 语句里，不进行对数据表的操作。

（7）发送 SQL Mail：在 SQL 语句执行完之后，触发器可以判断更改过的记录是否达到一定条件，如果达到这个条件，那么触发器可以自动调用 SQL Mail 来发送邮件。例如，当一笔订单完成交费之后，可以向物流人员发送 Email，通知他尽快发货。

由以上可知，触发器可以解决高级形式的业务规则或复杂行为限制以及实现定制记录等问题。另外，触发器是一个数据库对象。我们知道，一个 DML 触发器和 3 个部分的内容有关：激活触发器的表、激活触发器的数据修改语句和触发器要采取的动作。触发器性能通常比较低，当运行触发器时，系统处理的大部分时间花费在参照其他表的处理上，因为这些表既不在内存中也不在数据库设备上，而删除表和插入表总是位于内存中。可见，触发器所参照的其他表的位置决定了操作要花费的时间长短。

## 7.1.3 触发器的类型

### 1. SQL Server 触发器类型

在 SQL Server 中，触发器总共分为 3 类：数据操作语言（Data Manipulation Language，DML）触发器、数据定义语言（Data Definition Language，DDL）触发器以及登录（LOGON）触发器。

1）DML 触发器

DML 触发器是一种依附于特定表或者视图的操作代码，当数据库服务器中有数据操作事件时，触发器中的代码被自动生效执行。SQL Server 中触发 DML 触发器的数据操作事件主要有 3 种：INSERT 事件、UPDATE 事件和 DELETE 事件。DML 触发器可用于强制业务规则和数据完整性、查询其他表并包括复杂的 T－SQL 语句。将触发器和触发它的语句作为可在触发器内回滚的单个事务对待，如果检测到错误（如磁盘空间不足），则整个事务即自动回滚。

DML 触发器的类型主要有以下两种。

（1）AFTER 触发器：在执行 INSERT、UPDATE、MERGE 或 DELETE 语句的操作之后执行的触发器。如果违反了约束，则永远不会执行 AFTER 触发器。因此，该触发器不能用于任何可能防止违反约束的处理。对于在 MERGE 语句中指定的每个 INSERT、UPDATE 或 DELETE 操作，将为每个 DML 操作触发相应的触发器。

（2）INSTEAD OF 触发器：INSTEAD OF 触发器替代触发语句的标准操作。因此，触发器可用于对一个或多个列执行错误或值检查，然后在插入、更新或删除行之前执行其他操作。例如，当在工资表中"小时工资"列的更新值超过指定值时，可以将触发器定义为产生错误消息并回滚该事务，或在将记录插入工资表之前将新记录插入审核记录。

INSTEAD OF 触发器的主要优点是可以使不能更新的视图支持更新。例如，基于多个基表的视图必须使用 INSTEAD OF 触发器来支持引用多张表中数据的插入、更新和删除操作。INSTEAD OF 触发器的另一个优点是用户可以编写这样的逻辑代码：在允许批处理的其他部分成功的同时拒绝批处理中的某些部分。

AFTER 触发器和 INSTEAD OF 触发器之间的区别如表 7－1 所示。

表 7-1  **AFTER 触发器与 INSTEAD OF 触发器的区别**

| 项目 | AFTER 触发器 | INSTEAD OF 触发器 |
|---|---|---|
| 适用范围 | 表 | 表和视图 |
| 每张/个表或视图包含触发器的数量 | 每个触发操作（UPDATE、DELETE 和 INSERT）包含多个触发器 | 每个触发操作（UPDATE、DELETE 和 INSERT）包含一个触发器 |
| 级联引用 | 无任何限制条件 | 不允许在作为级联引用完整性约束目标的表上使用 INSTEAD OF UPDATE 和 INSTEAD OF DELETE 触发器 |
| 执行 | 晚于：<br>约束处理<br>声明性引用操作<br>创建插入和删除的表<br>触发操作 | 之前：约束处理<br>代替：触发操作<br>之后：创建插入和删除的表 |
| 执行顺序 | 含有 AFTER 触发器的 SQL 语句执行顺序：触发语句（INSERT/UPDATE/DELETE）→开始事务（如果没有显式定义）→约束处理→写日志→填充 inserted 表和 deleted 表→激活 AFTER 触发器→提交事务（如果没有显式定义） | 含有 INSTEAD OF 触发器的 SQL 语句执行顺序：触发语句（INSERT/UPDATE/DELETE）→开始事务（如果没有显式定义）→填充 inserted 表和 deleted 表→激活 INSTEAD OF 触发器→约束处理→写日志→提交事务（如果没有显式定义） |
| 插入和删除的表中的 varchar（max）、nvarchar(max) 和 varbinary(max) 列引用 | 允许 | 允许 |
| 插入和删除的表中的 text、ntext 和 image 列引用 | 不允许 | 允许 |

2）DDL 触发器

当数据库或服务器中出现了 DDL 事件时，就会激活 DDL 触发器。使用 DDL 触发器可以防止对数据库架构进行某些更改或记录数据库架构中的更改或事件。DDL 事件主要与以关键字 CREATE、ALTER、DROP、GRANT、DENY、REVOKE 或 UPDATE STATISTICS 开头的 T-SQL 语句对应。执行 DDL 操作的系统存储过程也可以激发 DDL 触发器。

考虑使用 DDL 触发器的场景如下。

（1）防止对数据库架构进行某些更改。

（2）希望数据库中发生某种情况以响应数据库架构的更改。

（3）记录数据库架构的更改或事件。

在响应当前数据库或服务器上处理的 T-SQL 事件时，可以触发 DDL 触发器。触发器的作用域取决于事件。例如，每当数据库中或服务器实例上发生 CREATE_TABLE 事件时，都会激发为响应 CREATE_TABLE 事件创建的 DDL 触发器。仅当服务器实例上发生 CREATE_LOGIN 事件时，才能激发为响应 CREATE_LOGIN 事件创建的 DDL 触发器。

3）LOGON 触发器

LOGON 触发器是为响应 LOGON 事件而激发的存储过程，与 SQL Server 实例建立用户会话时将引发此事件。LOGON 触发器将在登录的身份验证阶段完成之后且用户会话实际建立之前激发。因此，来自触发器内部且通常将到达用户的所有消息（如错误消息和来自 PRINT 语句的消息）均会传送到 SQL Server 错误日志。如果身份验证失败，则将不激发 LOGON 触发器。

我们可以使用 LOGON 触发器来审核和控制服务器会话，如跟踪登录活动、限制 SQL Server 的登录名或限制特定登录名的会话数。

我们可以对 LOGON 事件定义多个触发器，通过使用 sp_settriggerorder 系统存储过程，可以将这些触发器中的任何一个指定为针对某事件激发的第一个或最后一个触发器。SQL Server 不保证其他类型触发器的执行顺序。

### 2. Oracle 触发器类型

在 Oracle 中，触发器的类型与 SQL Server 中的类似，但细节处有所不同。Oracle 触发器总共分为 3 类：DML 触发器、INSTEAD OF 触发器、数据库事件触发器。

1）DML 触发器

Oracle 的 DML 触发器的触发事件与 SQL Server 触发器一样，创建在表上，也称表级触发器，因为对某张表进行 DML 操作时会触发该触发器运行而得名。可触发 DML 触发器的 DML 操作包括 INSERT、UPDATE、DELETE 3 种事件。在 Oracle 中，DML 触发器可以根据触发时序和触发级别进行进一步划分。

（1）根据触发时序的不同，Oracle 触发器可以分为 BEFORE 触发器和 AFTER 触发器。

①BEFORE 触发器：在执行触发事件之前触发当前所创建的触发器。

②AFTER 触发器：在执行触发事件之后触发当前所创建的触发器。

（2）根据触发级别的不同，Oracle 触发器可以分为语句级触发器和行级触发器。

①语句级（STATEMENT）触发器：无论 DML 语句影响多少行数据，其所引起的触发器仅执行一次。DML 操作可能会影响很多行，可用于对数据的安全保护等。当省略 FOR EACH ROW 选项时，BEFORE 和 AFTER 触发器为语句级触发器。

②行级（ROW）触发器：指当某触发事件发生时，如果受到该操作影响的数据库中的数据为多行，则对于其中的每个数据行，只要它们符合触发约束条件，均激活一次触发器。关键词 FOR EACH ROW，可以用来实现数据的审计功能、数据完整性、参照完整性等。

由于在同一张表上可以定义多个 DML 触发器，因此触发器本身和引起触发器的 SQL 语句在执行的顺序上有先后关系。每张表最多可建立 12 种触发器，如表 7-2 所示。

表 7 – 2    Oracle 的 12 种 DML 触发器

| 时序 | 事件 | | |
|---|---|---|---|
| | **INSERT** | **UPDATE** | **DELETE** |
| BEFORE | BEFORE INSERT | BEFORE UPDATE | BEFORE DELETE |
| | BEFORE INSERT FOR EACH ROW | BEFORE UPDATE FOR EACH ROW | BEFORE DELETE FOR EACH ROW |
| AFTER | AFTER INSERT | AFTER UPDATE | AFTER DELETE |
| | AFTER INSERT FOR EACH ROW | AFTER UPDATE FOR EACH ROW | AFTER DELETE FOR EACH ROW |

2）INSTEND OF 触发器

INSTEAD OF 触发器是 Oracle 专门为进行视图操作而提供的一种处理方法。在 Oracle 中，一些复杂的视图，因为级联表所产生的视图不能执行 UPDATE、INSERT、DELETE 等 DML 操作，所以用 INSTEND OF 触发器来代替数据库视图上的 DML 操作。

INSTEAD OF 触发器没有 BEFORE、AFTER 等关键字，并且不可以建立在 WITH CHECK OPTION 选项的视图上，因此只能是行级触发器。

3）数据库事件触发器

数据库事件触发器可以分为用户事件触发器和系统事件触发器。

（1）用户事件触发器：定义在模式或数据库上，触发事件包括模式用户的登录或退出，或对数据库对象的创建和修改（DDL 事件）。

（2）系统事件触发器：定义在整个数据库上，指在 Oracle 数据库系统的事件中进行触发的触发器，如 Oracle 实例的启动与关闭、对数据库的登录或退出。

数据库事件触发器的触发事件的级别如表 7 – 3 所示。

表 7 – 3    数据库事件触发器的触发事件的级别

| 种类 | 关键字 | 允许的触发时机 | 说明 |
|---|---|---|---|
| 模式级 | CREATE | BEFORE、AFTER | 创建新对象时触发 |
| | ALTER | BEFORE、AFTER | 修改数据库或数据库对象时触发 |
| | DROP | BEFORE、AFTER | 删除对象时触发 |
| 数据库级 | STARTUP | AFTER | 数据库打开时触发 |
| | SHUT DOWN | BEFORE | 在使用 NORMAL 或 IMMEDIATE 选项关闭数据库时触发 |
| | SERVER ERROR | AFTER | 发生服务器错误时触发 |
| 数据库级 与模式级 | LOG ON | AFTER | 当用户连接到数据库，建立会话时触发 |
| | LOG OFF | BEFORE | 当会话从数据库中断开时触发 |
| | GRANT | BEFORE、AFTER | 执行 GRANT 语句授权之前、之后触发 |

续表

| 种类 | 关键字 | 允许的触发时机 | 说明 |
|---|---|---|---|
| 数据库级<br>与模式级 | REVOKE | BEFORE、AFTER | 执行 REVOKE 语句收回权限之前、之后触发 |
| | RENAME | BEFORE、AFTER | 执行 RENAME 语句更改数据库对象名称之前、之后触发 |
| | AUDIT/NOAUDIT | BEFORE、AFTER | 执行 AUDIT 或 NOAUDIT 语句进行审计或停止审计之前、之后触发 |
| | DDL | BEFORE、AFTER | 执行大多数 DDL 语句之前、之后触发 |

4）复合触发器

复合触发器是 Oracle 11g 新增加的特性，是对 DML 触发器的扩展，因此它只支持 DML 操作。复合触发器指的是对 DML 触发器当中的多种类型的触发器进行复合。例如，一个触发器当中包含 AFTER（或 BEFORE）的行级触发器和 AFTER（或 BEFORE）的语句级触发器，来完成一些更为复杂的操作。复合触发器可以建立在表或视图上，可在以下 4 个时序点激活。

（1）BEFORE STATEMENT：触发语句执行前。

（2）BEFORE EACH ROW：触发语句影响每一行之前。

（3）AFTER EACH ROW：触发语句影响每一行之后。

（4）AFTER STATEMENT：触发语句执行后。

因此，一个复合触发器内可以包含多达 4 个激活时序点，但至少应具备以上 4 个激活时序点中的任意一个。在每一个 TPS（Timing – Point Section，激活时序点部分）内，均可定义触发器的执行代码和异常处理代码，但它们只能共享一个声明区，并且在声明部分不能包含 AUTONOMOUS_ TRANSACTION 伪指令。

## 7.1.4  触发器工作原理

本小节主要阐述的是 DML 触发器的工作原理，对 DDL 以及 LOGON 触发器的工作原理不做说明。

### 1. SQL Server 触发器的工作原理

在 SQL Server 中 DML 触发器有两张特殊的表：插入表（inserted 表）和删除表（deleted 表）。这两张表既是逻辑表也是虚表；由系统在内存中创建，不会存储在数据库中，并且这两张表是由系统管理的。因此，这两张表具有如下 4 个特点。

（1）不允许用户直接对其修改。

（2）两张表的结构总是与被该触发器作用的表的结构相同。

（3）两张表是动态驻留在内存中的，当触发器工作完成时，这两张表也被删除。这两张表主要保存因用户操作而被影响到的原数据值或新数据值。

（4）两张表是只读的，且只在触发器内部可读，即用户不能向这两张表写入内容，但可以在触发器中引用表中的数据。例如，在触发器内可用如下语句查看 deleted 表中的信息：

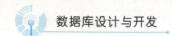

```
SELECT * FROM deleted
```

1）DML 触发器 INSERT 的原理

当发生 INSERT 事件触发触发器时，新的数据行就会被插入触发器的目标表和 inserted 表。inserted 表是一张逻辑表，它包含了已经插入的数据行的一个副本及 INSERT 语句中已记录的插入动作。inserted 表还允许引用由初始化 INSERT 语句而产生的日志数据。触发器通过检查 inserted 表来确定是否执行触发器动作或如何执行它。inserted 表中的行总是触发器表中的一行或者多行的副本。

场景：增加学生信息时，要校验其年龄，暂定其年龄必须大于 18，否则新增失败。

2）DML 触发器 UPDATE 的原理

我们可将 UPDATE 语句看成两步操作：捕获数据前像的 DELETE 语句和捕获数据后像的 INSERT 语句。当在定义有触发器的表上执行 UPDATE 语句时，原始行（前像）被移入 deleted 表，更新行（后像）被移入 inserted 表。

触发器检查 deleted 表和 inserted 表以及被更新的表，来确定是否更新了多行以及如何执行触发器动作。可以使用 IF UPDATE 语句定义一个监视指定列的数据更新的触发器。这样，就可以让触发器隔离出特定列的活动。当它检测到指定列已经更新时，触发器就会进一步执行适当的动作，如发出错误信息指出该列不能更新，或者根据新的更新的列值执行一系列的动作语句。

场景：专业信息 ID 被修改，对应的学生信息中的专业 ID 也相应进行修改。

3）DML 触发器 DELETE 的原理

当触发 DELETE 触发器后，从受影响的表中删除的行将被放置到一张特殊的 deleted 表中。deleted 表是一张逻辑表，它保留已被删除数据行的一个副本。deleted 表还允许引用由初始化 DELETE 语句产生的日志数据。

使用 DELETE 触发器时，需要考虑以下的事项和原则。

（1）当某行被添加到 deleted 表中时，它就不再存在于数据库表中。因此，deleted 表和数据库表没有相同的行。

（2）创建 deleted 表时，空间是从内存中分配的。deleted 表总是被存储在高速缓存中。

（3）为 DELETE 动作定义的触发器并不执行 TRUNCATE TABLE 语句，原因在于日志不记录 TRUNCATE TABLE 语句。

场景：学校某选修课被取消。处理逻辑：在删除课程的同时，需要删除该课程的选课信息。

**2. Oracle 触发器的工作原理**

在 Oracle 中没有 deleted、inserted 表，与之相对应的，引入了相关名称的:old 和:new 两个标识符，来访问和操作当前被处理记录中的数据，且只在行级触发器中使用。:new 和:old（称为伪记录）作为 triggering_table% ROWTYPE 类型的两个变量，用来访问数据变更前后的值。

1）DML 触发器 INSERT 的原理

当发生 INSERT 事件触发触发器时，:new 记录变量存储了新插入的一行记录，引用所插入的记录的字段的方法是 "::new. 字段名"。但要注意，INSERT 语句是插入一条新记录，所以不存在:old 记录，此时:old 记录值为 NULL。

2）DML 触发器 UPDATE 的原理

当 UPDATE 语句执行时，被修改的记录相当于先被删除，再插入一条新记录，修改前的原数据值被存入:old 变量中，修改后的新数据值则存入:new 变量中。因此，在 UPDATE 语句触发时，可以访问到的值有 ":old. 字段名" ":new. 字段名"。

3）DML 触发器 DELETE 的原理

当触发 DELETE 触发器后，被删除的记录行被存入:old 变量，通过 ":old. 字段名" 来读取，由于没有新的记录产生，故:new 变量的记录值为 NULL。

:old 和:new 两个记录变量的使用规则如表 7 - 4 所示。

表 7 - 4　　:old 和:new 两个记录变量的使用规则

| 触发事件 | :old | :new |
|---|---|---|
| INSERT | 未定义，所有字段都为 NULL | 当语句完成时，被插入的记录 |
| UPDATE | 更新前的原始记录 | 当语句完成时，更新后的记录 |
| DELETE | 记录被删除前的原始值 | 未定义，所有字段都为 NULL |

此外，需要特别注意的是，在 Oracle 中，一个 DML 触发器如果是 BEFORE 行触发器类型，则允许在触发器中修改:new 值。因为 BEFORE 类型触发器触发时，对于数据库表中的 DML 操作还没有真正执行，此时可以修改:new 值，使插入的值发生改变。在 AFTER 触发器中，DML 操作已经执行完毕，即:new 的赋值已经结束了，此时只能读取内容。因此，在 AFTER 触发器中不能对:new 赋值，只能取值，否则会出错。

场景：生成销售记录单。当插入一行销售数据前，要访问价格表中相应货物的单价，然后和这行销售数据的数量进行相乘得到总金额，将该行的金额替换成相乘的结果。

# 7.2　SQL Server 触发器的创建与管理

触发器的创建将从 DML 触发器、DDL 触发器、LOGON 触发器分别进行说明。触发器创建完成后，我们还将继续了解触发器的查看、修改与删除等相关操作。

## 7.2.1　DML 触发器的创建

### 1. 语法格式

```
CREATE TRIGGER [schema_name .]trigger_name
ON { table | view }
[WITH <dml_trigger_option > [,…n]]
{ FOR | AFTER | INSTEAD OF }
{ [INSERT][,][UPDATE][,][DELETE]}
[WITH APPEND]
```

```
[NOT FOR REPLICATION]
AS｛sql_statement[;][,…n]｝
<dml_trigger_option>::=[ENCRYPTION]
```

### 2. 参数说明

（1）trigger_name：用于指定创建触发器的名称，其名称在当前数据库中不能重复。

（2）table｜view：用于指定执行触发器的表或视图，即触发器表或触发器视图。

（3）FOR｜AFTER：用于指定触发器只有在 SQL 语句中指定数据操作完成后才能被触发，有关级联操作和约束性检查也成功后才能执行触发器。如果 AFTER 关键字没有指定，则 AFTER 为默认值，该类型的触发器只能创建在表上，视图上不能创建。

（4）INSTEAD OF：一种动作执行前的触发类型，用触发器代替触发语句进行操作。在表或视图中只能定义一个 INSTEAD OF 触发器，但可以定义多个 AFTER 触发器。

[INSERT][,][UPDATE][,][DELETE]：用于指定数据库在执行哪种数据操作事件时响应触发器，可以一次指定多个关键字，用逗号隔开。

WITH APPEND：表明增加另外一个已存在的触发器。只有在兼容性水平（指某一数据库行为与以前版本的 SQL Server 兼容程度）不大于 65 时才使用该参数。WITH APPEND 不能与 INSTEAD OF 触发器一起使用，或者如果显式声明 AFTER 触发器，也不能使用该子句。只有当出于向后兼容而指定 FOR 时（没有 INSTEAD OF 或 AFTER），才能使用 WITH AP-PEND。以后的版本将不支持 WITH APPEND 和 FOR（将被解释为 AFTER）。

NOT FOR REPLICATION：表明当复制处理修改与触发器相关联的表时，触发器不能被执行。

AS：其后面的内容为触发器要执行的操作代码。

sql_statement：指定触发器中执行 T–SQL 语句时的代码，触发器可以包含任意数量和种类的 T–SQL 语句，但也有例外。

ENCRYPTION：用于加密 syscomments 表中包含的 CREATE TRIGGER 语句的文本条目，使用此参数可以防止将触发器作为系统复制的一部分而发布出去。

### 3. 实例

**例 7–1**：创建一个触发器 Change_Display，当向产品表中插入一条记录时，自动显示该表中的记录。该触发器创建成功后，当对产品表的插入操作执行成功时，将会显示产品数据表中的全部记录。但是需要说明的是，本例中出现的 SELECT 显示结果的语句是不建议在触发器中出现的。因为触发器是由事件自动触发执行的，其容易造成结果内容的不可控。特别是当程序复杂、代码量大时，不但容易出错，还不容易排查错误。具体实现语句如下：

```
CREATE TRIGGER Change_Display
On[dbo].[产品]AFTER INSERT
AS
    SELECT * FROM[dbo].[产品]
```

## 7.2.2 DDL 触发器的创建

### 1. 语法格式

```
CREATE TRIGGER trigger_name
ON { ALL SERVER | DATABASE }
[WITH <ddl_trigger_option > [,…n]]
{ FOR | AFTER } { event_type | event_group } [,…n]
AS { sql_statement[;][,…n][;]}
<ddl_trigger_option > ::= [ ENCRYPTION]
```

### 2. 参数说明

（1）ALL SERVER：将 DDL 触发器的作用域应用于当前服务器。如果指定了此参数，则只要当前服务器中的任何位置出现 event_type 或 event_group，就会激发该触发器。

（2）DATABASE：将 DDL 触发器的作用域应用于当前数据库。

（3）event_type：启动后触发 DDL 触发器的 T－SQL 事件的名称。例如，CREATE_TABLE、DROP_TABLE、ALTER_TABLE 等。由于 DDL 事件名称数量庞大，因此具体可参见微软在线帮助手册，输入关键字"DDL 事件"搜索即可。

（4）event_group：预定义的 T－SQL 事件分组的名称。例如，指定 FOR DDL_TABLE_EVENTS（10018）的 DDL 触发器或事件通知涵盖 CREATE TABLE、ALTER TABLE 和 DROP TABLE 等 T－SQL 语句。由于 DDL 事件组名称同样数量庞大，因此具体可参见微软在线帮助手册，输入关键字"DDL 事件组"搜索即可。

其他参数可参见 7.2.1 小节中的内容。

### 3. 实例

例 7-2：创建 DDL 触发器，禁止修改或者删除数据表。具体实现语句如下：

```
CREATE TRIGGER DDL_DropOrAlterTable
ON DATABASE
FOR DROP_TABLE,ALTER_TABLE
AS
    PRINT '对不起,您不能对数据表进行操作,请联系数据库管理员!'
    ROLLBACK
```

ON 关键字后面的 DATABASE 指的是此触发器的作用域是当前数据库；DROP_TABLE，ALTER_TABLE 指定 DDL 触发器的触发事件，当前数据库发生删除表和修改表事件时，本触发器被触发，报错并回滚已完成的操作。

## 7.2.3 LOGON 触发器的创建

### 1. 语法格式

```
CREATE TRIGGER trigger_name
```

```
ON ALL SERVER
[WITH <logon_trigger_option> [,…n]]
{ FOR| AFTER } LOGON
AS { sql_statement[;][,…n][;]}
<logon_trigger_option> :: =
    [ENCRYPTION]
    [EXECUTE AS Clause]
```

**2. 参数说明**

LOGON 触发器的语法参数除了 LOGON 关键字外，与其他两种触发器的参数基本相同，这里就不再重复说明了。需要说明的是，登录触发器的作用范围是服务器级的。

**3. 实例**

**例 7 - 3**：创建一个触发器 Logon_TimeLimit，当登录名为 log_test 的用户登录时，只能在 8:00—17:30 的时间段内登录。具体实现语句如下：

```
CREATE TRIGGER Logon_TimeLimit
ON ALL SERVER
WITH EXECUTE AS 'log_test'
FOR LOGON
AS
    BEGIN
        IF ORIGINAL_LOGIN( ) ='log_test' AND
            CONVERT(char(10),getdate( ),108) BETWEEN '8:00:00' AND '17:30:00'
        ROLLBACK
    END
```

说明：完成此触发器测试，需要先创建一个登录用户 log_test。CONVERT( )是数据类型转换函数，本例将当前系统时间转换成 char(10)的数据类型，并提取出 hh:mm:ss。

## 7.2.4　SQL Server 触发器的管理操作

**1. 触发器的查看**

可以使用系统存储过程 sp_help、sp_helptext 和 sp_depends 分别查看有关触发器的不同信息。下面将分别对其进行介绍说明。

1）sp_help

通过该系统存储过程，可以了解触发器的一般信息，如触发器的名字、属性、类型、创建时间。使用 sp_help 系统存储过程的语法格式如下：

```
sp_help'触发器名'
```

**例 7 - 4**：查看例 7 - 1 中已经建立的 Change_Display 触发器。具体实现语句如下：

```
sp_help 'Change_Display'
```

执行结果如图 7 - 1 所示。

| | Name | Owner | Type | Created_datetime |
|---|---|---|---|---|
| 1 | Change_Display | dbo | trigger | 2021-03-14 10:36:55.420 |

图 7-1 **sp_help** 查看触发器的结果

2）sp_helptext

通过 sp_helptext 能够查看触发器的正文信息，语法格式如下：

sp_helptext '触发器名'

**例 7-5**：查看例 7-1 已经建立的 Change_Display 触发器的命令文本。具体实现语句如下：

sp_helptext 'Change_Display'

执行结果如图 7-2 所示。

3）sp_depends

通过 sp_depends 能够查看指定触发器所引用的表或指定的表所涉及的所有触发器。其语法格式如下：

sp_depends '触发器名'

sp_depends '表名'

| | Text |
|---|---|
| 1 | CREATE TRIGGER Change_Display |
| 2 | On [dbo].[产品] AFTER INSERT |
| 3 | AS |
| 4 | SELECT * FROM [DBO].[产品] |

图 7-2 **sp_helptext** 查看触发器的结果

**例 7-6**：查看例 7-1 已经建立的 Change_Display 触发器所涉及的表。具体实现语句如下：

sp_depends 'Change_Display'

执行结果如图 7-3 所示。

| | name | type | updated | selected | column |
|---|---|---|---|---|---|
| 1 | dbo.产品 | user table | no | yes | 产品ID |
| 2 | dbo.产品 | user table | no | yes | 产品名称 |
| 3 | dbo.产品 | user table | no | yes | 供应商ID |
| 4 | dbo.产品 | user table | no | yes | 类别ID |
| 5 | dbo.产品 | user table | no | yes | 单位数量 |
| 6 | dbo.产品 | user table | no | yes | 单价 |
| 7 | dbo.产品 | user table | no | yes | 库存量 |
| 8 | dbo.产品 | user table | no | yes | 订购量 |
| 9 | dbo.产品 | user table | no | yes | 再订购量 |
| 10 | dbo.产品 | user table | no | yes | 中止 |

图 7-3 **sp_depends** 查看触发器的结果

注意：用户必须在当前数据库中查看触发器的信息，而且被查看的触发器必须已经被创建。

**2. 触发器的重命名**

如果我们需要对触发器进行重命名，则可以直接使用系统过程 sp_rename 来完成，其语法格式如下：

sp_rename [@objname = ]'object_name' , [@newname = ]'new_name'

    [ , [@objtype = ]'object_type']

参数说明如下。

（1）object_name：对象名称。在这里，我们输入的是触发器的旧名称。

（2）new_name：新名称。在这里，我们输入的是触发器的新名称。

（3）object_type：要重命名的对象的类型。其值可以是 COLUMN（列）、DATABASE（数据库）、INDEX（索引）、OBJECT（数据库对象）等。触发器对应的 object_type = OBJECT。

**例 7 - 7**：将例 7 - 1 已经建立的 Change_Display 触发器名称改为 New_Change_Display。具体实现语句如下：

```
sp_rename @objname ='Change_Display',@newname ='New_Change_Display'
    ,@objtype ='OBJECT'
```

### 3. 触发器的禁用与启用

1）触发器的禁用

触发器一旦创建完成便处于监听状态，只要触发 DML（INSERT、DELETE、UPDATE）事件或者 DDL 事件时，触发器就会被触发。如果想创建完触发器后暂时让其停止工作，则可以使用 DISABLE TRIGGER 语句。其语法格式如下：

```
DISABLE TRIGGER { [schema_name .]trigger_name [,…n] | ALL }
ON { object_name | DATABASE | ALL SERVER } [;]
```

参数说明如下。

（1）schema_name. trigger_name：完整的触发器名称为"模式名称 . 触发器名称"；也可称为"架构名称 . 触发器名称"。

（2）ALL：表示禁用在 ON 子句作用域中定义的所有触发器。

（3）object_name：DML 触发器所绑定的表名或视图名。

（4）DATABASE：对于 DDL 触发器所绑定的数据库作用域。

（5）ALL SERVER：对于 DDL 触发器所绑定的服务器作用域。

**例 7 - 8**：将例 7 - 7 中已经建立的 New_Change_Display 触发器禁用。具体实现语句如下：

```
DISABLE TRIGGER dbo.New_Change_Display
ON [dbo].[产品];
```

2）触发器的启用

同样地，我们也可以使用 ENABLE TRIGGER 语句重新对触发器进行启用，操作方法和禁用触发器基本相同。其语法格式如下：

```
ENABLETRIGGER { [schema_name .]trigger_name [,…n] | ALL }
    ON { object_name | DATABASE | ALL SERVER } [;]
```

**例 7 - 9**：将例 7 - 8 中禁用的 New_Change_Display 触发器重新启用。具体实现语句如下：

```
ENABLE TRIGGER dbo.New_Change_Display
ON [dbo].[产品];
```

## 7.2.5  SQL Server 触发器的更新操作

### 1. 触发器的修改

我们可以对已创建好的触发器进行属性的修改和定义，通过删除原有触发器再重新创建一个同名的触发器达到修改的目的，或通过 ALTER TRIGGER 语句直接对原有触发器的内容进行重新设定。

1）修改 DML 触发器的语法格式

```
ALTER TRIGGER [schema_name .]trigger_name
ON { table | view }
[WITH <dml_trigger_option > [,…n]]
{ FOR | AFTER | INSTEAD OF }
{ [INSERT][,][UPDATE][,][DELETE]}
[WITH APPEND]
[NOT FOR REPLICATION]
AS { sql_statement  [;][,…n]}
```

由上述可见，修改 DML 触发器的语法与创建 DML 触发器的语法格式是一样的。DDL 触发器的修改同样如此，其语法格式略。

2）实例

例 7 – 10：将例 7 – 7 中的 New_Change_Display 触发器改为不能为产品表插入数据，当插入数据时会报错并回滚事务。具体实现语句如下：

```
ALTER TRIGGER dbo.New_Change_Display
On [dbo].[产品] AFTER INSERT
AS
    RAISERROR('表中不允许删除记录',1,1);
    ROLLBACK TRANSACTION;
```

注意：RAISERROR 函数的第二个参数值为 1 表示该消息属于不太严重的状态信息或报表错误的信息性消息；RAISERROR 函数的第 3 个参数值为 1 表示消息状态值为 1。第 3 个参数的取值范围是 0 ~ 255。如果在多个位置引发相同的用户定义错误，则针对每个位置使用唯一的状态号有助于找到引发错误的代码段，以方便错误代码的定位。

## 2. 触发器的删除

当触发器不再使用时，我们可以使用 DROP TRIGGER 语句将其删除。其语法格式如下。

1）删除 DML 触发器的语法格式

```
DROP TRIGGER [IF EXISTS][schema_name.]trigger_name [,…n][;]
```

2）删除 DDL 触发器的语法格式

```
DROP TRIGGER [IF EXISTS]trigger_name [,…n]
ON { DATABASE | ALL SERVER }[;]
```

例 7 – 11：将 DML 触发器 New_Change_Display 删除。具体实现语句如下：

```
IF EXISTS(
      SELECT name FROM sysobjects
      WHERE name ='New_Change_Display' AND type = 'TR'
   )
   DROP TRIGGER dbo.New_Change_Display
   GO
```

**例7-12**：将 DDL 触发器 DDL_DropOrAlterTable 删除。具体实现语句如下：

```
IF EXISTS(
        SELECT * FROM sys.triggers
        WHERE name ='DDL_DropOrAlterTable' AND parent_class = 0
)
DROP TRIGGER DDL_DropOrAlterTable
ON DATABASE
```

注意：上述代码中先判断是否存在该触发器再执行删除语句。执行完成后，我们还需要查看是否已经完成删除操作，而不能看到消息"命令已成功完成。"就判断已完成删除操作。

# 7.3　Oracle 触发器的创建与管理

## 7.3.1　触发器组成

在创建触发器之前，先考虑 Oracle 触发器的若干个组成部分，其包括触发对象、触发事件、触发时间、触发操作、触发条件、触发频率。

（1）触发对象：包括表、视图、模式、数据库。只有在这些对象上发生了符合触发条件的触发事件，才会执行触发操作。

（2）触发事件：激发触发器被触发的事件，如 DML 语句（INSERT、UPDATE、DELETE 语句对表或视图执行数据处理操作）、DDL 语句（CREATE、ALTER、DROP 语句在数据库中创建、修改、删除模式对象）、数据库系统事件（系统启动或退出、异常错误）、用户事件（登录或退出数据库）等。

（3）触发时间：指定触发器在触发事件完成之前（BEFORE）还是之后（AFTER）执行。如果指定为 AFTER，则表示先执行触发事件，再执行触发器；如果指定为 BEFORE，则表示先执行触发器，再执行触发事件。

（4）触发操作：触发器被触发之后的目的和意图，也就是触发器要做的事情，如 PL/SQL 块。

（5）触发条件：由 WHEN 子句指定一个逻辑表达式。只有当该表达式的值为 TRUE 时，遇到触发事件才会自动执行触发器，使其执行触发操作。

（6）触发频率：说明触发器内定义的动作被执行的次数。

## 7.3.2　DML 触发器的创建

### 1. 语法格式

```
CREATE [OR REPLACE] TRIGGER [schema.]trigger_name
  {BEFORE | AFTER }
```

```
    {DELETE │ INSERT │ UPDATE [OF column1 , …]}
ON [schema.]table
  [REFERENCING { OLD [AS] old │ NEW [AS] new }]
  [FOR EACH ROW]
  [WHEN (when_condition)]
  pl/sql_block;
```

### 2. 参数说明

（1）schema. trigger_name：模式. 触发器名。

（2）DELETE │ INSERT │ UPDATE：分别指明删除、插入和修改操作。

（3）schema. table：模式. 表名，指明触发的对象。

（4）FOR EACH ROW：指定操作的触发器为操作修改的每一行都调用一次，即行级触发器。

（5）REFERENCING：相关名称，用来参照当前的新、旧列值，默认的相关名称分别为 OLD 和 NEW。触发器的 PL/SQL 块中应用相关名称时，必须在它们之前加冒号（:），但在 WHEN 子句中则不能加冒号。

（6）OLD：修饰访问操作完成前列的值。

（7）NEW：修饰访问操作完成后列的值。

（8）WHEN：说明触发约束条件。WHEN 子句指定的触发约束条件只能用在 BEFORE 和 AFTER 行触发器中，不能用在 INSTEAD OF 行触发器和其他类型的触发器中。

### 3. 实例

**例7-13**：创建一个语句级触发器 Tri_OraChangCP，当对产品表执行增、删、改操作时，显示操作成功的信息提示。具体实现语句如下：

```
CREATE OR REPLACE TRIGGER Tri_OraChangCP
AFTER INSERT OR UPDATE OR DELETE ON 产品  -- 产品表的插入、修改、删除操作后触发
BEGIN
    DBMS_OUTPUT.PUT_LINE ('操作已完成');
END Tri_OraChangCP;
 -- 测试
    SET SERVEROUTPUT ON;
UPDATE 产品 SET 单价 =18 WHERE 产品 id =1;
```

**例7-14**：创建一个行级 DML 触发器，确保插入和修改产品信息时，单价必须大于等于0。具体实现语句如下：

```
CREATE OR REPLACE TRIGGER tri_CheckCP
BEFORE INSERT OR UPDATE ON 产品
FOR EACH ROW
BEGIN
    IF :new. 单价 < 0 THEN
      RAISE_APPLICATION_ERROR ( -20101,'单价不能为负数');
    END IF;
```

```
END tri_CheckCP;
 -- 测试
set SERVEROUTPUT on;
UPDATE 产品 SET 单价 = -18 WHERE 产品 id = 1;
```

DML 触发器有以下 3 点需要注意。

（1）各类 DML 触发器的执行顺序如下。

①BEFORE 语句级。

②BEFORE 行级。

③DML 操作。

④AFTER 行级。

⑤AFTER 语句级。

（2）如果有多个触发器被定义为相同时间、相同事件触发，且最后定义的触发器是有效的，则最后定义的触发器被触发，其他触发器不执行。

（3）一个触发器可由多个不同的 DML 操作触发。在触发器中，可用 INSERTING、DELETING、UPDATING 谓词来区别不同的 DML 操作。这些谓词可以在 IF 分支条件语句中作为判断条件来使用。

定义一个触发器时要考虑上述多种情况，并根据具体的需要来决定触发器的种类。

## 7.3.3 INSTEND OF 触发器的创建

INSTEND OF 触发器只能定义在视图上，而 DML 触发器只能定义在表上。INSTEND OF 触发器由 DML 操作激发，而 DML 操作本身并不执行。

### 1. 语法格式

```
CREATE [OR REPLACE] TRIGGER [schema.]trigger_name
INSTEAD OF triggering_event [OF column_name]
ON view_name
     [FOR EACH ROW]
pl/sql_block;
```

### 2. 参数说明

（1）schema. trigger_name：模式 . 触发器名。

（2）INSTEAD OF：用于对视图的 DML 触发。

（3）triggering_event：触发事件。

（4）view_name：视图名，指明触发的对象。

（5）FOR EACH ROW：指定操作的触发器为操作修改的每一行都调用一次，INSTEAD OF 触发器只能在行级上触发，所以可以忽略。

### 3. 实例

例 7-15：创建基于产品类别的平均价格视图的 INSTEAD OF 触发器 tri_AvgInsert，当向视图中插入类别信息时，实现向类别表中插入对应记录。具体实现语句如下：

-- 创建产品类别的平均价格视图

CREATE OR REPLACE VIEW v_类别平均价格

AS

　　SELECT 类别 . 类别 ID,类别名称, ROUND( AVG( 单价),2) AS 平均单价

　　FROM 产品,类别

　　WHERE 产品 . 类别 ID = 类别 . 类别 ID

GROUP BY 类别 . 类别 ID,类别名称;


-- 创建 INSTEAD OF 触发器,当向视图中插入类别信息时,实现向类别表中插入对应记录

CREATE OR REPLACE TRIGGER tri_AvgInsert

INSTEAD OF INSERT ON v_类别平均价格

FOR EACH ROW

BEGIN

　　INSERT INTO 类别( 类别 ID,类别名称)

　　VALUES (:new. 类别 ID,:new. 类别名称);

　　DBMS_OUTPUT. PUT_LINE ('类别表插入已完成');

END tri_AvgInsert;

-- 测试

INSERT INTO v_类别平均价格( 类别 ID,类别名称)

values(10,'清洁用品');

## 7.3.4　数据库事件触发器的创建

数据库事件触发器是指基于 Oracle 系统事件所建立的触发器。通过使用数据库事件触发器，可提供跟踪系统或数据库变化的机制。

### 1. 语法格式

CREATE OR REPLACE TRIGGER [schema.] trigger_name

{ BEFORE | AFTER }

{ ddl_event_list | databse_event_list }

ON { DATABASE | [schema.] SCHEMA }

[WHEN (condition)]

pl/sql_block;

### 2. 参数说明

（1）schema. trigger_name：模式 . 触发器名。

（2）ddl_event_list：DDL 触发事件。

（3）databse_event_list：数据库系统触发事件。

（4）ON { DATABASE | [schema.] SCHEMA }：指明触发的对象，DATABASE 为数据库级别，SCHEMA 为模式级别。

(5) WHEN：说明触发约束条件。condition 为一个逻辑表达式，其中必须包含相关名称。

### 3. 实例

**例7-16**：创建一个数据库事件触发器，禁止删除例7-15 所创建的视图 "v_类别平均价格"。具体实现语句如下：

常用事件属性函数

```
CREATE OR REPLACE TRIGGER tri_Drop
BEFORE DDL ON SCHEMA
BEGIN
    IF ora_sysevent = 'DROP' AND ora_dict_obj_type = 'VIEW' AND ora_
dict_obj_name = 'v_类别平均价格'  THEN
        RAISE_APPLICATION_ERROR( -20004,'不允许删除视图:v_类别平均价格');
    END IF;
END tri_Drop;
 -- 测试
DROP view v_类别平均价格;
```

## 7.3.5　复合触发器的创建

复合触发器实际上是作为一个整体定义的4个不同的触发器。例如，UPDATE 复合触发器将 BEFORE STATEMENT、BEFORE EACH ROW、AFTER STATEMENT 和 AFTER EACH ROW 都合并到一个复合触发器中。

### 1. 语法格式

```
CREATE [OR REPLACE] TRIGGER triqger name
FOR {INSERT | UPDATE | UPDATE OF column1[,column2,…] |DELETE}
ON table name
COMPOUND TRIGGER
[declare section]
[BEFORE STATEMENT IS
    BEGIN
        tps body
    END BEFORE STATEMENT;]
[BEFORE EACH ROW IS
    BEGIN
        tps_body
    END BEFORE EACH ROW;]
[AFTER STATEMENT  IS
    BEGIN
        tps body
    END AFTER STATEMENT;]
```

```
[AFTER EACH ROW
    BEGIN
        tps body
    END AFTER EACH ROW;]
END [trigger name];
```

### 2. 参数说明

COMPOUND TRIGGER：说明创建复合触发器。

BEFORE STATEMENT、BEFORE EACH ROW、AFTER STATEMENT、AFTER EACH ROW：指出复合触发器的激活时序，至少要定义其中一个时序。

复合触发器与单个触发器的语法有以下区别。

（1）单个触发器的头部是 BEFORE（AFTER）[动作] ON [对象] FOR [触发级别]，而复合触发器的头部是 FOR [动作] ON [对象] COMPOUND TRIGGER。

复合触发器中包含多个触发条件，每个触发条件都各自编写一段代码块，有自己的 BEGIN 和 END。单个触发器只有一个触发条件。

复合触发器最后有个 END，这个 END 实际上没有对应的 BEGIN。

### 3. 实例

例7-17：在客户备份表中创建一个复合触发器，显示复合触发器的触发顺序。具体实现语句如下：

```
CREATE OR REPLACE TRIGGER tri_Cus_comp
FOR INSERT OR UPDATE OR DELETE ON 客户备份表
COMPOUND TRIGGER
BEFORE STATEMENT IS
BEGIN
    DBMS_OUTPUT.PUT_LINE( '1.Before Statement');
END BEFORE STATEMENT;
BEFORE EACH ROW IS
BEGIN
    DBMS_OUTPUT.PUT_LINE( '2.Before Each Row');
END BEFORE EACH ROW;
AFTER EACH ROW IS
BEGIN
    DBMS_OUTPUT.PUT_LINE ( '3.After Each Row');
END AFTER EACH ROW;
AFTER STATEMENT IS
BEGIN
    DBMS_OUTPUT.PUT_LINE( '4.After statement');
END AFTER STATEMENT;
END tri_Cus_comp;
-- 测试
```

```
SET SERVEROUTPUT ON
INSERT INTO 客户备份表
SELECT * FROM 客户 WHERE rownum = 1;
```

复合触发器有以下 9 点需要注意。

（1）复合触发器合并了所有的定时触发器。

（2）复合触发器仅限执行 DML 操作，不支持 DDL 和系统操作。

（3）复合触发器只可在行级代码块中使用:OLD 和:NEW 变量标识符（BEFORE EACH ROW，AFTER EACH ROW）。

（4）复合触发器不支持 PRAGMA_AUTONOMOUS_TRANSACTION。

（5）可使用 WHEN 语句来提升触发器性能，但复合触发器不支持。

（6）所有的定时触发器共享一个声明部分中的变量，直到事务结束。

（7）允许在复合触发器中重复执行某定时触发器。

（8）INSERTING、UPDATING 和 DELETING 谓词在复合触发器中仍然有效。

（9）解决变异表错误 Resolve mutating table error（ORA – 04091）。

## 7.3.6  Oracle 触发器的管理操作

### 1. 查看触发器信息

与触发器相关的数据字典有 user_triggers、all_triggers、dba_triggers、user_objects 等。

例 7 – 18：从 user_triggers 中查询触发器信息。具体实现语句如下：

```
SELECT * FROM user_triggers;
```

例 7 – 19：从 user_objects 中查询触发器信息。具体实现语句如下：

```
SELECT * FROM user_objects WHERE object_type = 'TRIGGER';
```

### 2. 启用和禁用触发器

数据库触发器的状态包括有效状态和无效状态两种。

有效状态（ENABLE）：当触发事件发生时，处于有效状态的数据库触发器将被触发。

无效状态（DISABLE）：当触发事件发生时，处于无效状态的数据库触发器将不会被触发，此时就跟没有这个数据库触发器一样。

数据库触发器的这两种状态可以互相转换，语法格式如下：

```
ALTER TRIGGER trigger_name [DISABLE | ENABLE];
```

一张表上定义了多个触发器，禁用或启用表上的所有触发器的语句如下：

```
ALTER TABLE [schema.]table_name {ENABLE|DISABLE} ALL TRIGGERS;
```

两条语句的区别在于，ALTER TRIGGER 语句一次只能改变一个触发器的状态，而 ALTER TABLE 语句一次能够改变与指定表相关的所有触发器的使用状态。

例 7 – 20：禁用触发器 Tri_OraChang。具体实现语句如下：

```
ALTER TRIGGER Tri_OraChang DISABLE;
```

例 7 – 21：启用触发器 Tri_OraChang。具体实现语句如下：

```
ALTER TRIGGER Tri_OraChang ENABLE;
```

**例 7 - 22**：禁用产品表上的所有触发器。具体实现语句如下：

```
ALTER TABLE 产品 DISABLE ALL TRIGGERS;
```

**例 7 - 23**：启用产品表上的所有触发器。具体实现语句如下：

```
ALTER TABLE 产品 ENABLE ALL TRIGGERS;
```

### 3. 修改触发器

Oracle 也提供 ALTER TRIGGER 语句，该语句只是用于重新编译或验证现有触发器，或是设置触发器是否可用。修改触发器还是使用 CREATE OR REPLACE 语句来实现。

**例 7 - 24**：修改触发器 tri_CheckCP，确保插入和修改产品信息时，单价必须大于 0。具体实现语句如下：

```
CREATE OR REPLACE TRIGGER tri_CheckCP
BEFORE INSERT OR UPDATE ON 产品
FOR EACH ROW
BEGIN
    IF :new. 单价 < = 0 THEN
      RAISE_APPLICATION_ERROR ( -20101,'单价不能为负数或 0');
    END IF;
END tri_CheckCP;
```

### 4. 重新编译触发器

如果在触发器内调用其他函数或存储过程，那么当这些函数或存储过程被删除或修改后，触发器的状态将被标识为无效。当 DML 语句激活一个无效触发器时，Oracle 将重新编译触发器代码，如果编译时发现错误，则将导致 DML 语句执行失败。

如果编译过程中发现错误，则可以使用 DBA_ERRORS （或者 USER_ERRORS）视图查看错误的具体信息，语句如下：

```
SELECT * FROM DBA_ERRORS WHERE TYPE ='TRIGGER';
```

可以调用 **ALTER TRIGGER** 语句重新编译已经创建的触发器，语法格式如下：

```
ALTER TRIGGER [schema.] trigger_name COMPILE [DEBUG]
```

其中，DEBUG 参数要求 PL/SQL 编译器生成并存储供 PL/SQL 调试器使用的代码。

**例 7 - 25**：重新编译触发器 tri_CheckCP。具体实现语句如下：

```
ALTER TRIGGER tri_CheckCP COMPILE;
```

### 5. 删除触发器

使用 DROP TRIGGER 语句可以删除指定的触发器，语法格式如下：

```
DROP TRIGGER [schema.] trigger_name
```

删除其他用户模式中的触发器名称，需要具有 DROP ANY TRIGGER 系统权限，当删除建立在数据库上的触发器时，用户需要具有 ADMINISTER DATABASE TRIGGER 系统权限。此外，当删除表或视图时，建立在这些对象上的触发器也随之删除。

**例 7 - 26**：删除触发器 tri_Cus_comp。具体实现语句如下：

```
DROP TRIGGER tri_Cus_comp;
```

# 7.4 SQL Server 触发器操作实例

## 7.4.1 DML 触发器操作实例

DML 触发器的操作实例将从 INSERT、UPDATE 与 DELETE 3 种触发情况进行举例说明。读者查看时请注意设置这 3 种触发器的实操应用意义。

### 1. INSERT 触发器

当向表中添加记录时触发 INSERT 触发器，此时在 inserted 内存表中存放的是要增加到该触发器作用的表中的新的元组，而 deleted 表此时为空。

例 7 - 27：创建一个 DML 触发器 DML_InsertOrderDetails。其要求如下。

（1）监测订单明细的插入记录中的数量信息。

（2）当订单明细的数量值大于产品表中对应产品的库存量时，说明库存不足。此时，我们需要增加订购量（订购量表示库存不足时该产品的总订购量），并将再订购量（再订购量表示该产品最新的订购量）改为订单明细的数量。

（3）当订单明细的数量值小于产品表对应产品的库存量时，库存量需减去订单明细的数量。

具体实现语句如下：

```
CREATE TRIGGER DML_InsertOrderDetails
On [dbo].[订单明细] AFTER INSERT  AS
    DECLARE @quantity AS SMALLINT
    DECLARE @orderId AS INT,@productId AS INT
    SELECT @orderId=[订单 ID],@productId=[产品 ID],@quantity=[数量]
    FROM INSERTED
    DECLARE @inventory AS SMALLINT,@orderQuantity AS SMALLINT,@re-
orderQuantity  AS SMALLINT
    SELECT @inventory=P.库存量,@orderQuantity=P.订购量,@reorder-
Quantity=P.再订购量
    FROM [dbo].[产品] AS P
    WHERE P.产品 ID=@productId
    IF(@quantity>@inventory)
        BEGIN
            UPDATE [dbo].[产品]
            SET [订购量]=[订购量]+@quantity
                ,[再订购量]=@quantity
            WHERE [产品 ID]=@productId
```

```
        END
    ELSE
        BEGIN
            UPDATE [dbo].[产品]
            SET [库存量]=[库存量]-@quantity
                ,[再订购量]=@quantity
            WHERE [产品ID]=@productId
        END
```

-- 测试步骤 1:查询 O.[订单 ID]=10381 的记录

```
SELECT P.[产品 ID],P.产品名称,O.[订单 ID],OD.[数量],P.库存量,P.订购量,
P.再订购量
FROM [dbo].[产品] AS P INNER JOIN [dbo].[订单明细] AS OD
    ON P.[产品 ID]=OD.产品 ID inner join [dbo].[订单] AS O
    ON OD.订单 ID=O.订单 ID
WHERE O.[订单 ID]=10381
```

查询结果如图 7-4 所示。

| | 产品ID | 产品名称 | 订单ID | 数量 | 库存量 | 订购量 | 再订购量 |
|---|---|---|---|---|---|---|---|
| 1 | 74 | 鸡精 | 10381 | 14 | 4 | 20 | 5 |

图 7-4 某产品的某笔订单明细的查询结果

由上图我们可以知道,[订单 ID]=10381 的订单目前有一条订单明细。

-- 测试步骤 2:查询产品 ID=4 的产品信息

```
SELECT [产品 ID],[产品名称],[库存量],[订购量],[再订购量]
FROM [dbo].[产品] AS P
WHERE P.产品 ID=4
```

查询结果如图 7-5 所示。

| | 产品ID | 产品名称 | 库存量 | 订购量 | 再订购量 |
|---|---|---|---|---|---|
| 1 | 4 | 盐 | 53 | 0 | 0 |

图 7-5 产品 ID=4 的产品信息

-- 测试步骤 3:向订单明细表中插入[订单 ID]=10381,[产品 ID]=4 的一条新的订单明细记录

```
INSERT [dbo].[订单明细]([订单 ID],[产品 ID],[数量],[单价],[折扣])
VALUES(10381,4,1,18.00,0)
```

插入后的结果如图 7-6 所示。

| | 产品ID | 产品名称 | 订单ID | 数量 | 库存量 | 订购量 | 再订购量 |
|---|---|---|---|---|---|---|---|
| 1 | 4 | 盐 | 10381 | 1 | 52 | 0 | 1 |
| 2 | 74 | 鸡精 | 10381 | 14 | 4 | 20 | 5 |

图 7-6 对"盐"插入一条订购明细后触发器操作的结果

由上图我们可以知道，触发器完成了更新库存量与再订购量的操作。

-- 测试步骤4:查询产品ID=8的产品信息

SELECT［产品ID],［产品名称],［库存量],［订购量],［再订购量]

FROM［dbo].［产品] AS P

WHERE P.产品ID=8

查询结果如图7-7所示。

| | 产品ID | 产品名称 | 库存量 | 订购量 | 再订购量 |
|---|---|---|---|---|---|
| 1 | 8 | 胡椒粉 | 6 | 0 | 0 |

图7-7　产品ID=8的产品信息

-- 测试步骤5:向订单明细表中插入[订单ID]=10381,[产品ID]=8的一条新的订单明细记录

INSERT［dbo].［订单明细]([订单ID],［产品ID],［数量],［单价],［折扣])

VALUES(10381,8,3,21.35,0)

插入后的结果如图7-8所示。

| | 产品ID | 产品名称 | 库存量 | 订购量 | 再订购量 |
|---|---|---|---|---|---|
| 1 | 8 | 胡椒粉 | 3 | 0 | 3 |

图7-8　对"胡椒粉"插入一条订购明细后触发器操作的结果

## 2. UPDATE 触发器

当更新表中的元组时触发执行 UPDATE 触发器。UPDATE 触发器通常用于数据的级联修改。

可以用 UPDATE (column) 测试在指定的列上进行的 INSERT 或 UPDATE 操作,其不能用于 DELETE 操作,可以指定多列。因为在 ON 子句中指定了表名,所以在 IF UPDATE 子句中的列名前不要包含表名。在 INSERT 操作中,IF UPDATE 将返回 TRUE 值,因为这些列插入了显式值或隐性值 (NULL),也可以用 COLUMNS_UPDATED 函数来测试是否更新了指定的列。COLUMNS_UPDATED 函数返回 varbinary 位模式,表示插入或更新了表中的哪些列。COLUMNS_UPDATED 函数以从左到右的顺序返回位,最右边的位表示表中的第一列;向左的下一位表示第二列,以此类推。例如,表中有5列,若要判断第二列是否被更新,则要测试 COLUMNS_UPDATED 是否返回2 (二进制00010)。

此时,我们可能会用到 inserted 表和 deleted 表。这时,inserted 表存放的是执行 UPDATE 操作的表中被修改的那些记录修改之后的新值,而 deleleted 表存放的是执行 UPDATE 操作的表中被修改的那些记录修改之前的旧值。

例7-28:创建一个 DML 触发器 DML_UpdateOrderDetails,要求当修改订单明细单价时,能根据原价自动计算并更新折扣。具体实现语句如下:

```
CREATE TRIGGER DML_UpdateOrderDetails
ON［dbo].［订单明细] AFTER UPDATE
AS
    IF(UPDATE([单价]))
```

```
BEGIN
    DECLARE @newPrice AS MONEY,@price AS MONEY
    DECLARE @orderId AS INT,@productId AS INT
    -- 从 inserted 表中查询更新的新单价以及相关信息
    SELECT @newPrice =[单价],@orderid =[订单 ID],@productid =
[产品 ID]

    FROM INSERTED
    -- 查询更新了新单价的产品原价
    SELECT @price =[单价]
    FROM [dbo].[产品]
    WHERE [产品 ID] =@productid
    -- 修订[折扣]值,小数点保留两位
    UPDATE [dbo].[订单明细]
    SET [折扣] =ROUND(@newPrice/@price,2)
    WHERE [订单 ID] =@orderid AND [产品 ID] =@productid
END
```

-- 测试步骤 1:查询 P.[产品 ID] =24 AND [订单 ID] =10498 的产品价格相关信息
SELECT P.[产品 ID],P.[产品名称],P.单价 AS 原价,OD.单价,OD.折扣,OD.[订单 ID]
FROM [dbo].[订单明细] AS OD INNER JOIN [dbo].[产品] AS P
    ON OD.产品 ID =P.产品 ID
WHERE P.[产品 ID] =24 AND [订单 ID] =10498
查询结果如图 7 -9 所示。

| | 产品ID | 产品名称 | 库存量 | 订购量 | 再订购量 |
|---|---|---|---|---|---|
| 1 | 8 | 胡椒粉 | 3 | 0 | 3 |

图 7 -9  查询某产品的价格相关信息的结果

-- 测试步骤 2:修改[订单明细]中的单价
UPDATE [dbo].[订单明细]
SET [单价] =3.6
WHERE [订单 ID] =10498 AND [产品 ID] =24
修改后的结果如图 7 -10 所示。

| | 产品ID | 产品名称 | 原价 | 单价 | 折扣 | 订单ID |
|---|---|---|---|---|---|---|
| 1 | 24 | 汽水 | 4.50 | 3.60 | 0.8 | 10498 |

图 7 -10  更新订单明细的单价后触发器操作的结果

### 3. DELETE 触发器

当删除表中数据时触发执行 DELETE 触发器,用它可以实现级联删除。此时,我们可能会用到 deleted 表,该表中存放的是刚刚被删除的那些元组,而 inserted 表为空。

例 7 -29:创建一个 DML 触发器 DML_DeleteOrderDetails,要求当某个订单的订单明细被删除时，该订单记录也自动被删除。具体实现语句如下：

```
CREATE TRIGGER DML_DeleteOrderDetails
ON [dbo].[订单明细] AFTER DELETE
AS
    DECLARE @deletedCount AS SMALLINT,@count AS SMALLINT
    DECLARE @orderId AS INT
     --统计 deleted 表中删除记录的个数
    SELECT @deletedCount = COUNT(*),@orderId =[订单 ID]
    FROM DELETED
    GROUP BY [订单 ID]
     --统计订单明细表对应订单明细的个数
    SELECT @count = COUNT(*)
    FROM [dbo].[订单明细]
    WHERE [订单 ID] = @orderId
    IF(@count = 0) --如果订单的所有明细都被删除
        BEGIN
            DELETE FROM [dbo].[订单]
            WHERE [订单 ID] = @orderID
        END
 --测试步骤 1:数据准备
 --插入一条订单数据
INSERT [dbo].[订单]([客户 ID],[雇员 ID],[订购日期],[到货日期],[发货日期],[运货商],[运货费],[货主名称],[货主地址],[货主城市],[货主地区],[货主邮政编码],[货主国家])
VALUES('RATTC',1,'2021 -3 -13',NULL,NULL,1
        ,36.8,'张先生','国货西路 12 号','福州','华东','350001','中国')
 --插入 4 条订单明细数据
INSERT [dbo].[订单明细]([订单 ID],[产品 ID],[数量],[单价],[折扣])
VALUES(11078,8,3,21.35,0),(11078,1,2,18.00,0),(11078,3,3,19.00,0),(11078,4,1,22.00,0)
```

插入后的结果如图 7 - 11 所示。

| | 产品ID | 产品名称 | 订单ID | 数量 | 库存量 | 订购量 | 再订购量 |
|---|---|---|---|---|---|---|---|
| 1 | 1 | 苹果汁 | 11079 | 2 | 39 | 0 | 10 |
| 2 | 3 | 蕃茄酱 | 11079 | 3 | 13 | 70 | 25 |
| 3 | 4 | 盐 | 11079 | 1 | 52 | 0 | 1 |
| 4 | 8 | 胡椒粉 | 11079 | 3 | 3 | 0 | 3 |

**图 7 - 11 插入订单与订单明细测试数据后的查询结果**

```
 --测试步骤 2:删除一条订单明细
DELETE FROM [dbo].[订单明细]
WHERE [订单 ID] =11078 AND [产品 ID] =8
 --测试步骤 3:删除剩余 3 条订单明细
```

DELETE FROM [dbo].[订单明细]

WHERE [订单ID]=11078 AND [产品ID] IN(1,3,4)

当删除全部订单明细后，其对应的订单记录也会一起被删除，其结果如图7-12所示。

| 产品ID | 产品名称 | 订单ID | 数量 | 库存量 | 订购量 | 再订购量 |
|--------|----------|--------|------|--------|--------|----------|

图7-12　删除全部订单明细测试数据后的查询结果

## 7.4.2　INSTEAD OF 触发器操作实例

用 INSTEAD OF 可以指定执行触发器而不是执行触发语句本身，从而屏蔽原来的 SQL 语句，转向执行触发器内部的 SQL 语句。对同一操作只能定义一个 INSTEAD OF 触发器。

例7-30：创建一个 DML 触发器 DML_DeleteOrders，要求当删除某条订单记录时先查看该订单是否还有订单明细，只有该订单的所有订单明细都被删除了，该订单的记录才能被删除。具体实现语句如下：

```
CREATE TRIGGER DML_DeleteOrders
ON [dbo].[订单] INSTEAD OF DELETE
AS
    DECLARE @deletedCount AS SMALLINT,@count AS SMALLINT
    DECLARE @orderId AS INT
    IF EXISTS(SELECT *
            FROM [dbo].[订单明细] AS OD INNER JOIN DELETED AS D
                ON OD.订单ID=D.订单ID)
        BEGIN
            PRINT '该订单还有订单明细未删除,不能删除!'
        END
    ElSE
        BEGIN
            PRINT '该订单订单明细已全部删除,该订单删除成功!'
            DELETE FROM [dbo].[订单]
                FROM [dbo].[订单] AS O,DELETED AS D
            WHERE O.订单ID=D.订单ID
        END
```

测试数据如图7-13所示。

```
-- 测试步骤1:无法删除的情况
DELETE FROM [dbo].[订单] WHERE [订单ID]=11080
```

执行结果如图7-14所示。

```
-- 测试步骤2:删除所有订单明细后,再删除订单
DELETE FROM [dbo].[订单明细] WHERE [订单ID]=11080 AND [产品ID] IN(1,3,4,8)
```

| | 产品ID | 产品名称 | 订单ID | 数量 | 库存量 | 订购量 | 再订购量 |
|---|---|---|---|---|---|---|---|
| 1 | 1 | 苹果汁 | 11080 | 2 | 39 | 0 | 10 |
| 2 | 3 | 蕃茄酱 | 11080 | 3 | 13 | 70 | 25 |
| 3 | 4 | 盐 | 11080 | 1 | 52 | 0 | 1 |
| 4 | 8 | 胡椒粉 | 11080 | 3 | 3 | 0 | 3 |

图 7 - 13　例 7 - 30 的测试数据

执行结果如图 7 - 15 所示。

消息
该订单还有订单明细未删除，不能删除！

消息
该订单订单明细已全部删除，该订单删除成功！

图 7 - 14　例 7 - 30 无法删除的情况　　　　图 7 - 15　例 7 - 30 成功删除的情况

## 7.4.3　DDL 触发器操作实例

例 7 - 31：创建一个在工作时间不允许创建、修改和删除视图的 DDL 数据库级别触发器。本例中使用了 EVENTDATA( )函数，它可以捕获有关激发 DDL 触发器的事件的信息。此函数返回一个 XML 值，包括下列信息：事件时间、在执行触发器时连接的系统进程 ID（SPID）、激发触发器的事件类型。具体实现语句如下：

```
CREATE TRIGGER DDL_View                          -- 创建触发器
ON DATABASE FOR create_view,drop_view,alter_view  -- 指定触发器事件
AS
    IF(DATEPART(hour,getdate()) between 9 and 17)
    BEGIN
        DECLARE @EventData XML
        SET @EventData = EVENTDATA();
        SELECT 'DDL_View 已禁止工作时间对视图进行 DDL 的 create、drop、al-
ter 操作'
        SELECT @EventData.value('(/EVENT_INSTANCE/EventType)[1]'
                ,'nvarchar(max)') AS EventType,        -- 事件类型
            @EventData.value('(/EVENT_INSTANCE/PostTime)[1]'
                ,'nvarchar(max)') AS PostTime,         -- 事件触发的时间
            @EventData.value('(/EVENT_INSTANCE/DatabaseName)[1]'
                ,'nvarchar(max)') AS DatabaseName,     -- 数据库名
            @EventData.value('(/EVENT_INSTANCE/ObjectName)[1]'
                ,'nvarchar(max)') AS ObjectName,       -- 操作的对象名称
            @EventData.value('(/EVENT_INSTANCE/ObjectType)[1]'
                ,'nvarchar(max)') AS ObjectType,       -- 操作的对象类型
            @EventData.value('(/EVENT_INSTANCE/TSQLCommand/Com-
```

```
mandText)[1]'
                        ,'nvarchar(max)') as CommandText    -- 操作命令文本
        ROLLBACK      -- 对操作进行回滚,也可以不回滚
    END
```

### 7.4.4　LOGON 触发器操作实例

例 7－32：创建一个 LOGON 触发器 LOGON_ConnectionLimit，如果登录名 Login_test 已经创建了 3 个用户会话，则 LOGON 触发器将拒绝由该登录名启动的登录尝试。具体实现语句如下：

```
USE master;
GO
-- 若存在 LOGON 触发器 LOGON_ConnectionLimit,先删除
IF EXISTS ( SELECT * FROM sys.server_triggers
            WHERE name = N'LOGON_ConnectionLimit' )
BEGIN
    DROP TRIGGER LOGON_ConnectionLimit
    ON ALL SERVER ;
END ;
-- 创建一个 LOGON 用户 Login_test
CREATE LOGIN Login_test WITH PASSWORD = '123' MUST_CHANGE,
    CHECK_EXPIRATION = ON;
GO
-- 给该登录用户授予浏览服务器状态的权限
GRANT VIEW SERVER STATE TO Login_test;
GO
-- 创建 LOGON 触发器 LOGON_ConnectionLimit
CREATE TRIGGER LOGON_ConnectionLimit
ON ALL SERVER WITH EXECUTE AS 'Login_test'
FOR LOGON
AS
    BEGIN
        IF ORIGINAL_LOGIN() = 'Login_test' AND
            (SELECT COUNT(*)
            FROM sys.dm_exec_sessions
            WHERE is_user_process = 1 AND
                original_login_name = 'Login_test') > 3
            ROLLBACK;
        END;
```

### 7.4.5　触发器的限制

DML 触发器在使用过程中是有一定的限制条件的，具体如下。

（1）CREATE TRIGGER 必须是批处理中的第一条语句，并且只能应用于一张表。

（2）触发器只能在当前的数据库中创建，但是可以引用当前数据库的外部对象。

（3）如果指定了触发器架构名称来限定触发器，则将以相同的方式限定表名称。

（4）在同一条 CREATE TRIGGER 语句中，可以为多种用户操作（如 INSERT 和 UPDATE）定义相同的触发器操作。

（5）如果表由外键定义了级联 DELETE/UPDATE 操作，则无法对此表定义 INSTEAD OF DELETE/UPDATE 触发器。

（6）在触发器内可以指定任意的 SET 语句。选择的 SET 参数在触发器执行期间保持有效，然后恢复为原来的设置。

（7）如果触发了一个触发器，那么结果将返回给执行调用的应用程序，就像使用存储过程一样。为了避免由于触发器触发而向应用程序返回结果，请不要添加返回结果的 SELECT 语句，也不要在触发器中添加给变量赋值的语句。如果触发器包含将结果返回给用户的 SELECT 语句或执行变量赋值的语句，则需要特殊处理触发器。必须将返回的结果写入所有允许修改触发器表的应用程序。如果必须在触发器中进行变量赋值，则应该在触发器的开头使用 SET NOCOUNT 语句以避免返回任何结果集。

（8）虽然 TRUNCATE TABLE 语句实际上就是 DELETE 语句，但它不会激活触发器，因为操作不记录各个行的删除。不过，只有有权运行 TRUNCATE TABLE 语句的用户，才需要担心是否要规避无意中触发的 DELETE 触发器。

（9）无论是否记录，WRITETEXT 语句都不激活触发器。

（10）不得在 DML 触发器中使用下列 T – SQL 语句。

①ALTER DATABASE。

②CREATE DATABASE。

③DROP DATABASE。

④RESTORE DATABASE。

⑤RESTORE LOG。

⑥RECONFIGURE。

（11）如果对作为触发操作目标的表或视图使用 DML 触发器，则不得在 DML 触发器的主体中使用下列 T – SQL 语句。

①CREATE INDEX（包括 CREATE SPATIAL INDEX 和 CREATE XML INDEX）。

②ALTER INDEX。

③DROP INDEX。

④DROP TABLE。

⑤DBCC DBREINDEX。

⑥ALTER PARTITION FUNCTION

⑦用于执行以下操作的 ALTER TABLE：添加、修改或删除列；切换分区；添加或删除 PRIMARY KEY 或 UNIQUE 约束。

# 7.5 Oracle 触发器实例

## 7.5.1 DML 行级触发器实例

行级触发器要求当一个 DML 语句操作影响数据库中的多行数据时，对于其中的每个数据行，只要它们符合触发约束条件，均激活一次触发器。当触发器被触发时，要使用被插入、更新或删除的记录中的列值，有时要使用操作前、后列的值。实现的方法是使用:NEW 修饰符访问操作完成后列的值；使用:OLD 修饰符访问操作完成前列的值。对不同 DML 操作，使用方式也不同，具体如下。

（1）INSERT 可以使用:new；

（2）DELETE 可以使用:old；

（3）UPDATE 可以使用:new 和:old。

例 7－33：在 Oracle 中创建一个 DML 触发器 tri_InsertOrderDetails，完成例 7－27 的要求，即当订单明细中新增一条记录时，如果订单明细中的数量大于产品表中对应产品的库存量，则订购量增加，同时再订购量改为订单明细数量；否则库存量减去订单明细数量。具体实现语句如下：

```
CREATE OR REPLACE TRIGGER tri_InsertOrderDetails
AFTER INSERT ON 订单明细
FOR EACH ROW
DECLARE
  v_Inventory 产品.库存量% TYPE;            -- 库存量
BEGIN
    -- 查询所定产品信息
    SELECT 库存量 into v_Inventory          -- 订购量,再订购量
    FROM 产品
    WHERE 产品ID = :new.产品ID;
    IF :new.数量 > v_Inventory THEN
      UPDATE 产品
      SET 订购量 = 订购量 + :new.数量,再订购量 = :new.数量
      WHERE 产品ID = :new.产品ID;
    ELSE
      UPDATE 产品
      SET 库存量 = 库存量 - :new.数量,再订购量 = :new.数量
      WHERE 产品ID = :new.产品ID;
    END IF;
END tri_InsertOrderDetails;
```

-- 测试步骤1:查询订单 ID=10381 的记录

SELECT P. 产品 ID,P. 产品名称,O. 订单 ID,OD. 数量,P. 库存量,P. 订购量 AS 总订购量,P. 再订购量

FROM 产品 P INNER JOIN 订单明细 OD ON P. 产品 ID=OD. 产品 ID

    INNER JOIN 订单 O ON OD. 订单 ID=O. 订单 ID

WHERE O. 订单 ID=10381

查询结果如图 7-16 所示。

| | 产品ID | 产品名称 | 订单ID | 数量 | 库存量 | 总订购量 | 再订购量 |
|---|---|---|---|---|---|---|---|
| 1 | 74 | 鸡精 | 10381 | 14 | 4 | 20 | 5 |

图 7-16　某产品的某笔订单明细的查询结果

-- 测试步骤2:查询产品 ID=5 的产品信息

SELECT 产品 ID,产品名称,库存量,订购量 AS 总订购量,再订购量

FROM 产品　P

WHERE P. 产品 ID=5

查询结果如图 7-17 所示。

| | 产品ID | 产品名称 | 库存量 | 总订购量 | 再订购量 |
|---|---|---|---|---|---|
| 1 | 5 | 麻油 | 0 | 0 | 0 |

图 7-17　产品 ID=5 的产品信息

-- 测试步骤3:向订单明细表中插入订单 ID=10381,产品 ID=5 的一条新的订单明细记录

INSERT INTO 订单明细(订单 ID,产品 ID,数量,单价,折扣)

VALUES(10381,5,1,50.00,0)

插入后的查询订单结果如图 7-18 所示。

| | 产品ID | 产品名称 | 订单ID | 数量 | 库存量 | 总订购量 | 再订购量 |
|---|---|---|---|---|---|---|---|
| 1 | 74 | 鸡精 | 10381 | 14 | 4 | 20 | 5 |
| 2 | 5 | 麻油 | 10381 | 1 | 0 | 1 | 1 |

图 7-18　插入一条订购明细后触发器操作的结果

由上图可以知道，触发器完成了更新库存量与再订购量的操作。

-- 测试步骤4:查询产品 ID=8 的产品信息

SELECT 产品 ID,产品名称,库存量,订购量,再订购量

FROM 产品

WHERE 产品 ID=8

查询结果如图 7-19 所示。

| | 产品ID | 产品名称 | 库存量 | 订购量 | 再订购量 |
|---|---|---|---|---|---|
| 1 | 8 | 胡椒粉 | 3 | 0 | 3 |

图 7-19　产品 ID=8 的产品信息

-- 测试步骤5:向订单明细表中插入订单 ID =10381,产品 ID =8 的一条新的订单明细记录

INSERT INTO 订单明细(订单 ID,产品 ID,数量,单价,折扣)

VALUES(10381,8,3,21.35,0)

插入后的查询订单结果如图 7 - 20 所示。

| 产品ID | 产品名称 | 订单ID | 数量 | 库存量 | 总订购量 | 再订购量 |
|---|---|---|---|---|---|---|
| 1 | 74 鸡精 | 10381 | 14 | 4 | 20 | 5 |
| 2 | 5 麻油 | 10381 | 1 | 0 | 1 | 1 |
| 3 | 8 胡椒粉 | 10381 | 3 | 0 | 0 | 3 |

图 7 - 20　插入一条订购明细后触发器操作的结果

## 7.5.2　DML 语句级触发器实例

触发器同时包含多个事件（插入、更新、删除），为了区分具体是哪个事件可以使用相应的 3 个条件谓词：INSERTING、UPDATING、DELETING。

（1）INSERTING：当触发事件为 INSERT，该谓词返回 TRUE；否则为 FALSE。

（2）UPDATING：当触发事件为 UPDATE，该谓词返回 TRUE；否则为 FALSE。

（3）DELETING：当触发事件为 DELETE，该谓词返回 TRUE；否则为 FALSE。

例 7 - 34：创建一个触发器 tri_OrderLog，当订单明细表中的内容发生变化时，记录下操作的用户名、日期、动作等信息。具体实现语句如下：

```
-- 创建日志表:记录每次订单明细表中更新数据的信息
CREATE TABLE order_log(
    update_by VARCHAR2(20),
    update_at DATE,
    action VARCHAR2(10)
);
-- 创建触发器,记录对订单明细表的操作
CREATE OR REPLACE TRIGGER tri_OrderLog
AFTER INSERT OR UPDATE OR DELETE
ON 订单明细
BEGIN
  IF INSERTING THEN
    INSERT INTO order_log
    VALUES(user,sysdate,'INSERT');
  ELSIF DELETING THEN
    INSERT INTO order_log
    VALUES(user,sysdate,'DELETE');
  ELSIF UPDATING THEN
    INSERT INTO order_log
```

```
          VALUES(user,sysdate,'UPDATE');
      END IF;
    END tri_OrderLog;
```

-- 测试步骤 1:向订单明细表中插入数据触发语句级触发器

```
INSERT INTO 订单明细(订单 ID,产品 ID,数量,单价,折扣)
VALUES(10381,4,3,15.00,0);
```

-- 测试步骤 2:修改订单明细表中数据触发语句级触发器

```
UPDATE 订单明细
SET 单价 =16.00
WHERE 订单 ID =10381 AND 产品 ID =4;
```

-- 测试步骤 3:删除订单明细表中数据触发语句级触发器

```
DELETE FROM 订单明细 WHERE 订单 ID =10381 AND 产品 ID =4;
```

-- 测试步骤 4:查看日志表 order_log

```
SELECT * FROM order_log;
```

| | UPDATE_BY | UPDATE_AT | ACTION |
|---|---|---|---|
| 1 | SCOTT | 28-MAR-22 | INSERT |
| 2 | SCOTT | 28-MAR-22 | UPDATE |
| 3 | SCOTT | 28-MAR-22 | DELETE |

**图 7 - 21　更新订单明细后触发器操作的结果**

查询结果如图 7 - 21 所示。

注意：根据不同的场景，触发器的触发时机不同。在本例中，在 BEFORE 和 AFTER 关键字的选择上，要考虑到两者的不同。BEFORE 适合在对用户的权限进行控制时使用，只有有权限的才能执行相应的 DML 或者 DDL、DCL、TCL 操作。AFTER 适合对日志等进行记录，如果用户在执行 SQL 发生了错误，则回滚事务，相当于没有实际操作，所以在成功执行后再进行日志操作。

## 7.5.3　INSTEAD OF 触发器实例

INSTEAD OF 触发器会替代触发语句转而执行触发器操作。只能对视图和对象视图建立 INSTEAD OF 触发器，而不能对表、模式和数据库建立 INSTEAD OF 触发器。

由于视图有可能是由多张表进行联结而成，因而并非所有的联结都是可更新的。这时可以用 INSTEAD OF 触发器来实现对视图的更新。

例 7 - 35：创建一个 INSTEAD OF 触发器，实现对订单视图的删除操作。要求当订单明细表中某一个订单 ID 完全删除时，级联删除订单表中对应的订单信息。具体实现语句如下：

-- 创建订单视图,可以查看订单明细信息和产品库存信息

```
CREATE OR REPLACE VIEW v_OrderCP
AS
    SELECT P. 产品 ID,P. 产品名称,O. 订单 ID,OD. 单价,OD. 数量,P. 库存量,P.
订购量 AS 总订购量,P. 再订购量
    FROM 产品 P INNER JOIN 订单明细 OD ON P. 产品 ID = OD. 产品 ID
        INNER JOIN 订单 O ON OD. 订单 ID = O. 订单 ID;
```

-- 由于视图 v_OrderCP 是基于多张表创建的,无法对该视图直接进行 DML 操作

```
-- 创建触发器,实现对视图的删除,同时实现级联删除
CREATE OR REPLACE TRIGGER tri_ViewOrderCP
INSTEAD OF DELETE ON v_OrderCP
DECLARE
  v_count NUMBER;
BEGIN
  DELETE FROM 订单明细
  WHERE 订单ID = :old.订单ID AND 产品ID = :old.产品ID;
  SELECT COUNT(*) INTO v_count
FROM 订单明细
WHERE 订单ID = :old.订单ID;
  IF v_count = 0 THEN  -- 如果订单的所有明细都被删除
DELETE FROM 订单
WHERE 订单ID = :old.订单ID;
  END IF;
END tri_ViewOrderCP;
-- 测试步骤1:数据准备
-- 插入一条订单数据
INSERT INTO 订单(订单ID,客户ID,雇员ID,订购日期,到货日期,发货日期,运货商,
运货费,货主名称,货主地址,货主城市,货主地区,货主邮政编码,货主国家)
  VALUES(11078,'RATTC',1,TO_DATE('2021-3-13','YYYY-MM-DD'),NULL,
NULL,1,36.8,'张先生','国货西路12号','福州','华东','350001','中国');
  -- 插入4条订单明细数据
INSERT INTO 订单明细(订单ID,产品ID,数量,单价,折扣)
VALUES(11078,8,3,21.35,0);
INSERT INTO 订单明细(订单ID,产品ID,数量,单价,折扣)
VALUES(11078,1,2,18.00,0);
INSERT INTO 订单明细(订单ID,产品ID,数量,单价,折扣)
VALUES(11078,3,3,19.00,0);
INSERT INTO 订单明细(订单ID,产品ID,数量,单价,折扣)
VALUES(11078,4,1,22.00,0);
```

查询视图结果如图7-22所示。

| | 产品ID | 产品名称 | 订单ID | 单价 | 数量 | 库存量 | 总订购量 | 再订购量 |
|---|---|---|---|---|---|---|---|---|
| 1 | 8 | 胡椒粉 | 11078 | 21.35 | 3 | 0 | 9 | 3 |
| 2 | 1 | 苹果汁 | 11078 | 18 | 2 | 33 | 0 | 2 |
| 3 | 3 | 蕃茄酱 | 11078 | 19 | 3 | 4 | 70 | 3 |
| 4 | 4 | 盐 | 11078 | 22 | 1 | 46 | 0 | 1 |

图 7-22  插入订单与订单明细测试数据的查询视图结果

—— 测试步骤 2：删除一条订单明细

DELETE FROM v_OrderCP

WHERE 订单 ID = 11078 AND 产品 ID = 8；

查询视图结果如图 7 - 23 所示。

| | 产品ID | 产品名称 | 订单ID | 单价 | 数量 | 库存量 | 总订购量 | 再订购量 |
|---|---|---|---|---|---|---|---|---|
| 1 | 1 | 苹果汁 | 11078 | 18 | 2 | 33 | 0 | 2 |
| 2 | 3 | 蕃茄酱 | 11078 | 19 | 3 | 4 | 70 | 3 |
| 3 | 4 | 盐 | 11078 | 22 | 1 | 46 | 0 | 1 |

图 7 - 23　删除一条测试数据的查询视图结果

—— 测试步骤 3：删除剩余 3 条订单明细

DELETE FROM v_OrderCP

WHERE 订单 ID = 11078 AND 产品 ID IN(1,3,4)；

当删除全部订单明细后，其对应的订单记录也会一起被删除。这时查询订单表的结果如图 7 - 24 所示。

| 订单ID | 客户ID | 雇员ID | 订购日期 | 到货日期 | 发货日期 | 运货商 | 运货费 | 货主名称 | 货主地址 | 货主城市 | 货主地区 | 货主邮... | 货主国家 |
|---|---|---|---|---|---|---|---|---|---|---|---|---|---|

图 7 - 24　删除全部订单明细测试数据后的订单表查询结果

注意：

（1）INSTEAD OF 触发器只能被创建在视图上，并且该视图没有指定 WITH CHECK OPTION 选项。

（2）INSTEAD OF 触发器不能指定 BEFORE 或 AFTER 选项。

（3）INSTEAD OF 触发器相当于行级触发器，所以不用加 FOR EACH ROW。

（4）INSTEAD OF 触发器可以使用:new 引用，但不能更改引用的值。例如，:new. salary = :new. salary + 1000。

（5）没有必要在针对一张表的视图上创建 INSTEAD OF 触发器，只要创建 DML 触发器就可以了。

### 7.5.4　数据库事件触发器实例

例 7 - 36：创建一个模式级别的系统触发器，用来记录 DDL 操作的具体信息。具体实现语句如下：

```
-- 创建记录 DDL 事件的表
CREATE TABLE ddl_event(
    crt_date timestamp PRIMARY KEY, -- DDL 事件发生的时间
    event_name VARCHAR2(20), -- DDL 事件名字
    user_name VARCHAR2(10), -- DDL 事件操作的用户名字
    obj_type VARCHAR2(20), -- DDL 事件操作的数据库对象类型
    obj_name VARCHAR2(20) -- DDL 事件的类数据库对象名字
```

```
);
    -- 创建系统触发器,调用事件函数
CREATE OR REPLACE TRIGGER tri_DDL
AFTER DDL ON SCHEMA
BEGIN
    INSERT INTO ddl_event
    VALUES(systimestamp,ora_sysevent,ora_login_user,ora_dict_obj_
type,ora_dict_obj_name);
END tri_DDL;
```

-- 测试:在当前用户模式下,创建一张测试表。当该表 DDL 操作成功执行后,查看 ddl_
event 表

```
CREATE TABLE test (
    col1 NUMBER,
    col2 NUMBER
);
SELECT * FROM ddl_ event;
```

查询结果如图 7-25 所示。

| | CRT_DATE | EVENT_NAME | USER_NAME | OBJ_TYPE | OBJ_NAME |
|---|---|---|---|---|---|
| 1 | 28-MAR-22 05.54.37.379000000 PM | CREATE | SCOTT | TABLE | TEST |

图 7-25　查询 **ddl_event** 表的情况

例 7-37:建立触发器,记载登录和退出动作。具体实现语句如下:

```
-- 创建记录信息的表
CREATE TABLE log_event(
    user_name VARCHAR2(10),
    address VARCHAR2(20),
    logon_date timestamp,
    logoff_date timestamp
);
-- 创建 LOGON 触发器
CREATE OR REPLACE TRIGGER tri_LogOn
AFTER LOGON ON DATABASE
BEGIN
    INSERT INTO log_event(user_name, address, logon_date)
    VALUES (ora_login_user, ora_client_ip_address, systimestamp);
END tri_LogOn;
-- 创建退出触发器
CREATE OR REPLACE TRIGGER tr_LogOff
BEFORE LOGOFF ON DATABASE
```

```
BEGIN
    INSERT INTO log_event (user_name, address, logoff_date)
    VALUES (ora_login_user, ora_client_ip_address, systimestamp);
END tr_LogOff;
```

## 7.5.5  复合触发器实例

**例 7 - 38**：创建一个复合触发器 tri_CompoundCus，此触发器在周末时间不允许更新客户表数据；在更新数据时，要求将所有增加的客户 ID 自动变为大写；在删除客户时，如果订单表中存在该客户的订单信息，则不允许删除客户。具体实现语句如下：

```
CREATE OR REPLACE TRIGGER tri_CompoundCus
FOR INSERT OR UPDATE OR DELETE ON 客户
COMPOUND TRIGGER
BEFORE STATEMENT IS                        -- 表级,语句执行前触发
  v_curweek VARCHAR2(20);                  -- 声明周末不能更新
BEGIN
    SELECT to_char(SYSDATE,'day') INTO v_curweek FROM dual;
    IF UPPER(TRIM(v_curweek)) IN ('SATURDAY','SUMDAY') THEN
      RAISE_APPLICATION_ERROR( -20004,'周末不允许更新客户表');
    END IF;
    EXCEPTION
      WHEN OTHERS THEN
        DBMS_OUTPUT.PUT_LINE(SQLCODE‖SQLERRM);
END BEFORE STATEMENT;
BEFORE EACH ROW IS                         -- 行级,语句执行前触发
  v_Cnt NUMBER;                            -- 声明平均工资变量
BEGIN
    IF INSERTING OR UPDATING THEN
      :new. 客户 ID : = upper(:new. 客户 ID);
    END IF;
    IF DELETING THEN
      SELECT COUNT( * ) INTO v_Cnt FROM 订单
      WHERE 客户 ID = :old. 客户 ID;
      IF v_Cnt > 0 THEN
        RAISE_APPLICATION_ERROR( -20005,'该客户有订单信息,不能删除该客户');
      END IF;
    END IF;
    EXCEPTION
      WHEN OTHERS THEN
        DBMS_OUTPUT.PUT_LINE(SQLCODE‖SQLERRM);
END BEFORE EACH ROW;
```

END tri_CompoundCus;

-- 测试步骤1:插入客户信息,其中客户 ID 使用小写

SET SERVEROUTPUT ON

INSERT INTO 客户(客户 ID,公司名称,联系人姓名,地址,电话)

VALUES('rose','承运','秦小姐','朝阳路1号','(010) 85787282');

-- 插入后,客户 ID 被改为大写,查询客户

SELECT * FROM 客户 WHERE 客户 ID = 'ROSE';

查询结果如图7-26所示。

| | 客户ID | 公司名称 | 联系人姓名 | 联系人职务 | 地址 | 城市 | 地区 | 邮政编码 | 国家 | 电话 | 传真 |
|---|---|---|---|---|---|---|---|---|---|---|---|
| 1 | ROSE | 承运 | 秦小姐 | (null) | 朝阳路1号 | (null) | (null) | (null) | (null) | (010) 85787282 | (null) |

图7-26 查询客户的情况

-- 测试步骤2:把日期改成周末,执行语句

UPDATE 客户 SET 客户 ID ='rose1' WHERE 客户 ID ='ROSE'

拒绝修改,结果如图7-27所示。

-- 测试步骤3:删除有订单的客户信息

-- 首先插入 ROSE 客户的订单信息

INSERT INTO 订单(订单 ID,客户 ID,雇员 ID,订购日期,到货日期,发货日期,运货商,运货费,货主名称,货主地址,货主城市)

```
0 rows updated.

-20004ORA-20004: 周末不允许更新客户表
```

图7-27 周末修改客户表的情况

VALUES(11079,'ROSE',1,TO_DATE('2022-3-13','YYYY-MM-DD'),NULL,NULL,1,65.00,'秦小姐','朝阳路1号','北京');

-- 然后删除客户信息

DELETE FROM 客户 WHERE 客户 ID = 'ROSE';

给出的错误提示信息如图7-28所示。

```
Error report -
SQL Error: ORA-02292: integrity constraint (SCOTT.订单_FK01) violated - child record found
02292. 00000 - "integrity constraint (%s.%s) violated - child record found"
*Cause:    attempted to delete a parent key value that had a foreign
           dependency.
*Action:   delete dependencies first then parent or disable constraint.
-20005ORA-20005: 存在该客户的订单信息,不能删除该客户
```

图7-28 删除有订单的客户出错的情况

本章小结与思考题（7）

# 第8章

## 主语言与数据库交互

### 学习目标

1. 学习并自行完成高级语言开发环境、编译工具以及插件的安装与配置。
2. 了解并总结 ODBC、OLE DB、JDBC、pyodbc 与 pymssql 的基本概念与环境配置。
3. 能够尝试结合实例利用 Java 语言，结合 JDBC 进行数据的操作。
4. 能够尝试结合实例利用 Python 语言，结合 pyodbc 或 pymssql 进行数据的操作。
5. 能够尝试结合实例利用 C/C++ 语言，结合 ODBC 进行数据的操作。

### 数据素养指标

1. 能够了解高级语言数据操作的意义与大致方向，有目的地选择某些高级语言作为学习方向。
2. 能够利用语言，进行不同数据源之间的数据操作。

### 本章导读

1. 基础环境概述：VSCode 的安装与配置；Java 与 Python 、C/C++ 语言的编译工具安装与配置；VSCode 中各语言插件的安装与配置；ODBC 的概念与数据源的配置；OLE DB 的概念；JDBC 的概念、工作原理与代码包的安装与配置；pyodbc 与 pymssql 的概念。

2. Java 语言操作 SQL：Java 语言操作 SQL 的语句；运行的注意事项；基于 JDBC 的操作语句设置。

3. Python 语言操作 SQL：Python 语言操作 SQL 的语句；运行的注意事项；基于 pyodbc 与 pymssql 的操作语句设置。

4. C/C++ 语言操作 SQL：C/C++ 语言操作 SQL 的语句；编译时的注意事项；基于 ODBC 的操作语句设置。

DBMS 允许通过其他高级语言与其进行客户端的编程交互。由于不同的 DBMS 允许接入的高级语言、驱动以及接入方式会有所差异。因此，本部分的内容将以 SQL Server/Oracle 与高级语言的交互进行说明。

# 8.1 基础环境概述

在高级语言与数据库进行交互之前，用户首先需要了解安装各高级语言的工具、集成开发环境（Integrated Development Environment，IDE）以及与 DBMS 连接的数据库驱动方式。本节将主要介绍 3 种高级语言工具（Java、Python、C/C++）的下载、安装与配置说明；微软开源的 IDE 工具（VSCode）的安装以及 3 种高级语言的扩展插件说明；SQL Server 与 Oracle 接入的驱动方式与操作工具。

## 8.1.1 VSCode 与高级语言环境设置

### 1. VSCode 下载及安装

在官网下载 Visual Studio Code（简称 VSCode）。

（1）安装路径自行选择，例如安装路径可以为 C:\Program Files\Microsoft VS Code。

（2）安装完成进入 VSCode，单击"扩展"按钮，在搜索框中输入 chinese，选中 Chinese (Simplified) Language Pack for Visual Studio Code 插件，如图 8 – 1 所示（如果已完成汉化，则插件包显示"卸载"，未安装情况下此处应显示 install）。

图 8 – 1　VSCode 汉化操作界面

### 2. 各语言编译器下载与安装

1）Java 编译器

首先单击下列地址下载 JDK（Java SE Development Kit），其下载界面如图 8 – 2 所示。

https://www. oracle. com/technetwork/java/javase/downloads/jdk8 – downloads –2133151. html

注意：该地址为 JDK 8.0 版本，而目前最新 JDK 版本为 16.0，其下载地址是不一样的，具体可以进入 Oracle 官网查看；另外，需要在官网完成注册才能进行下载。用户可根据自己的系统选择不同的 JDK 下载版本。

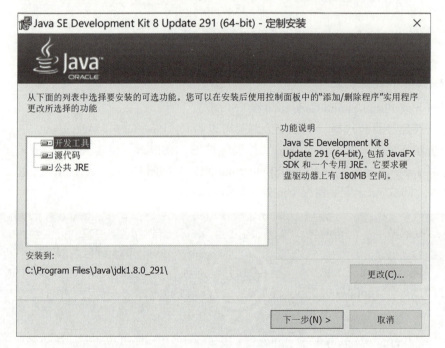

图 8 - 2　JDK 下载界面

以安装 JDK 8.0 为例，其安装界面如图 8 - 3 所示，注意安装路径。

图 8 - 3　JDK 安装界面

安装完成后，注意配置环境变量。

开始→设置→"查找设置"中输入"编辑系统环境变量"→"系统属性"的"高级"选项卡中单击"环境变量"→单击"新建"按钮→变量名为 JAVA_HOME，变量值为 C:\Program Files\Java\jdk1.8.0_291（即 JDK 的安装路径）

开始→设置→"查找设置"中输入"编辑系统环境变量"→"系统属性"的"高级"选项卡中单击"环境变量"→单击"编辑"按钮→变量名为 Path，在原变量值的最后面加上 %JAVA_HOME%\bin。

配置完毕后，按快捷键〈Win + R〉，在运行对话框中输入 cmd。在命令提示符窗口中输入 java - version，若显示如图 8 - 4 所示的内容，则表示配置成功。

```
C:\Users\zhui>java -version
java version "1.8.0_291"
Java(TM) SE Runtime Environment (build 1.8.0_291-b10)
Java HotSpot(TM) 64-Bit Server VM (build 25.291-b10, mixed mode)
```

图 8 – 4　Java 配置成功界面

2）Python 编译器

首先单击 https://www.python.org/downloads/windows/地址进行 Python 编译器下载，单击 Downloads→Windows，进入 Windows 版本的 Python 下载界面，如图 8 – 5 所示。

注意：用户同样需要根据自己的系统选择不同的 Python 下载版本，目前 Python 最新的版本为 3.9。

图 8 – 5　Python 下载界面

环境变量配置与其他语言类似，其配置成功界面如图 8 – 6 所示。

```
C:\Users\zhui>python
Python 3.9.0 (tags/v3.9.0:9cf6752, Oct  5 2020, 15:34:40) [MSC v.1927 64 bit (AMD64)] on win32
Type "help", "copyright", "credits" or "license" for more information.
>>>
```

图 8 – 6　Python 配置成功界面

3）C 与 C++ 编译器

MinGW（Minimalist GNU for Windows）是一个适用于微软 Windows 应用程序的极简开发环境。MinGW 提供了一个完整的开源编程工具集，适用于原生 MS – Windows 应用程序的开发，并且不依赖于任何第三方 C 编译器运行时的 DLL。MinGW 主要供在 MS – Windows 平台上工作的开发人员使用，但也可跨平台使用，MinGW 包括以下部分。

（1）GCC（GUN Compiler Collection，GUN 编译器套件）的一个移植，包括 C、C++、ADA 和 FORTRAN 编译器。

（2）GNU Binutils（GUN Binary Utilities，GUN 的二进制工具集），如 as、ld、ar 等。

（3）一个命令行安装程序，带有可选的 GUI（Graphical User Interface，图形用户接口）前端（mingw – get），其用于 MS – Windows 上的 MinGW 和 MSYS 部署。

（4）一个 GUI 首次设置工具（mingw – get – setup），可以帮助启动并运行 mingw – get。

MinGW – w64 是原始 mingw.org 项目的升级版，该项目旨在支持 Windows 系统上的 GCC

编译器。它在 2007 年进行了分支，以便为 64 位和新 API 提供支持。从那以后，它得到了广泛的使用和分发。其下载地址为 https://sourceforge.net/projects/mingw-w64/files/mingw-w64/，单击进入后的界面如图 8-7 所示。

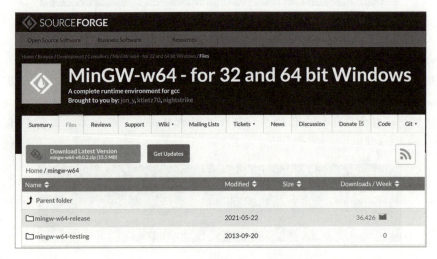

图 8-7  MinGW-w64 下载界面

入门用户可以使用图 8-8 所示的在线安装包，下载完成后进行线上安装，设置界面如图 8-9 所示。接着，用户需要选择安装目录，假设安装目录为 C:\Program Files\mingw-w64\x86_64；单击 Next 按钮后开始下载安装；等待片刻即安装完成，单击 Next 按钮完成安装即可。

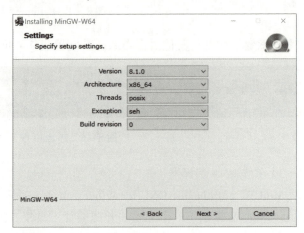

**MinGW-W64 Online Installer**
• MinGW-W64-install.exe

图 8-8  MinGW-w64 在线安装包　　　　　图 8-9  MinGW-w64 安装设置界面

用户还可以使用图 8-10 所示的离线安装包，下载完成后进行线下安装。Windows 10 64 位的用户可以选择 x86_64-win32-seh 版本；Windows 10 32 位的用户可选择 i686-win32 版本，如 i686-win32-sjlj 版本；而 Linux 的用户则选择 posix 版本，如 x86_64_posix-sjlj。以 Windows 10 64 位的版本为例，下载得到的是 x86_64-8.1.0-release-win32-seh-rt_v6-rev0.7z 压缩文件，将其解压到适当的位置。

注意：mingw-w64 的路径里最好不要带空格、中文。

右击"我的电脑"，在弹出的快捷菜单中单击"属性"选项，在图 8-11、图 8-12 的界面中配置环境变量，在 Path 环境变量中添加一条新记录 C：\Program Files\mingw − w64\x86
_64\mingw64\bin，完成环境变量的配置工作。

图 8 − 10　MinGW − w64 离线安装包　　　　　图 8 − 11　环境变量选择界面

图 8 − 12　Path 环境变量配置界面

　　环境变量配置完毕后，调用快捷键〈Win + R〉，在运行对话框中输入 cmd。在命令提示
符窗口中输入 gcc − v，若显示如图 8 − 13 所示的内容，则表示配置成功。

```
C:\Users\WAVE>gcc -v
Using built-in specs.
COLLECT_GCC=gcc
COLLECT_LTO_WRAPPER=E:/mingw64/bin/../libexec/gcc/x86_64-w64-mingw32/8.1.0/lto-wrapper.exe
Target: x86_64-w64-mingw32
Configured with: ../../../src/gcc-8.1.0/configure --host=x86_64-w64-mingw32 --build=x86_64-w64-mingw32 --target=x86_64-w
64-mingw32 --prefix=/mingw64 --with-sysroot=/c/mingw810/x86_64-810-win32-sjlj-rt_v6-rev0/mingw64 --enable-shared --enabl
e-static --enable-targets=all --enable-multilib --enable-languages=c,c++,fortran,lto --enable-libstdcxx-time=yes --enabl
e-threads=win32 --enable-libgomp --enable-libatomic --enable-lto --enable-graphite --enable-checking=release --enable-fu
```

图 8 − 13　GCC 配置成功界面

### 3. 各语言的 VSCode 扩展插件

1）Java 扩展插件

单击"扩展"按钮，在搜索框中输入 Java，安装 Java 扩展包，如图 8-14 所示。

图 8-14　VSCode 的 Java 扩展插件

2）Python 扩展插件

单击"扩展"按钮，在搜索框中输入 Python，安装 Python 扩展包，如图 8-15 所示。

图 8-15　VSCode 的 Python 扩展插件

3）C/C++ 扩展插件

单击"扩展"按钮，在搜索框中输入 C/C++，安装 C/C++ 扩展包，如图 8-16 所示。

图 8-16　VSCode 的 C/C++ 扩展插件

## 8.1.2 ODBC

开放数据库连接（Open Database Connectivity，ODBC）主要的功能是提供了一组用于数据库访问的编程接口。其主要的特点是，如果应用程序使用 ODBC 作数据源，那么这个应用程序与所使用的数据库或数据库引擎是无关的，为应用程序的跨平台和可移植奠定了基础。

在 Windows 10 操作系统上，创建 ODBC 数据源的步骤如下。

（1）创建 ODBC 数据源：单击"设置"按钮，搜索"控制面板"，单击"系统和安全"→"管理工具"选项，双击"ODBC 数据源（32 位或 64 位）"选项，如图 8 – 17 所示。

图 8 – 17 ODBC 数据源管理程序

由上图可以看到，这里存在 3 种类型的数据源名称（Data Source Name，DSN）。其中，用户 DSN：只允许创建该 DSN 的用户使用该数据源。系统 DSN：所有登录该服务器的用户都能使用该数据源。文件 DSN：配置信息保存在文件中，所有登录的用户均可使用。用户可视情况的不同设置不同的 DNS，一般可采用系统 DSN。

（2）单击"添加"按钮，进入"创建新数据源"对话框，然后选择 ODBC Driver 17 for SQL Server 或者 Oracle in Ora Db11g_home 1，如图 8 – 18 所示。

（3）输入数据源的名称、描述信息，SQL Server 输入所在服务器，Oracle 输入 TNS 服务器名。由于数据库是安装在本机上的，故可以设置本地机 127.0.0.1 或使用下拉列表框显示本机上的数据库的服务器名称，如图 8 – 19 所示。

（a）

（b）

图 8－18　选择数据源的驱动程序

（a）选择"ODBC Driver 17 for SQL Server"；（b）选择"Oracle in Ora Dbllg_homel"

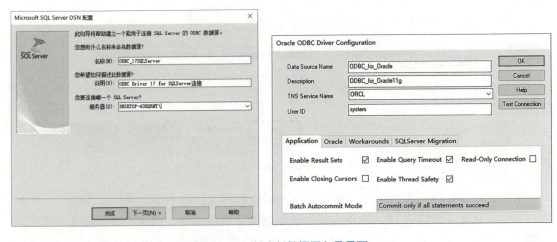

图 8－19　创建新数据源向导界面

　　（4）如果是 Oracle，则配置已经完成。如果是 SQL Server，则继续配置。用户可以选择"集成 Windows 身份验证"或者"使用用户输入登录 ID 和密码的 SQL Server 验证"方式连接 SQL Server，如图 8－20 所示。前者使用 SQL Server 上的 Windows 身份验证方法，用 Windows 的登录账号与密码完成身份验证；后者使用 SQL Server 上的 SQL 身份验证方式，配置时需要输入 SQL Server 的登录账号与密码完成身份验证。

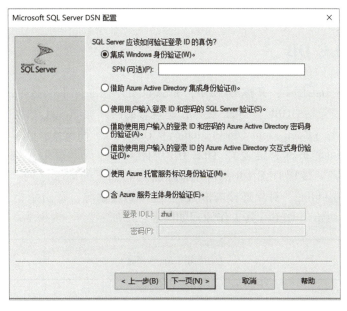

图 8 – 20　DSN 配置向导界面 1

（5）单击“下一页”按钮，设置默认数据库。在下一个向导界面中单击“完成”按钮，完成后单击“测试数据源”按钮查看测试结果，如图 8 – 21 所示。如果连接成功，则会显示相应具体信息。

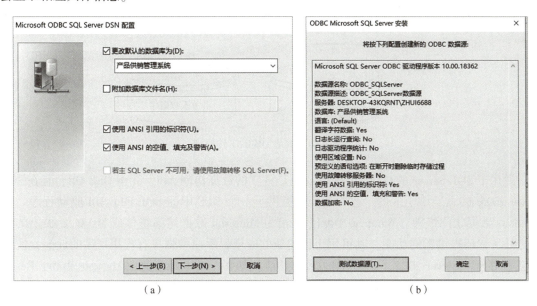

（a）　　　　　　　　　　　　　　　　　　（b）

图 8 – 21　DSN 配置向导界面 2

（a）配置界面；（b）安装界面

说明：有三代不同的 Microsoft ODBC Driver for SQL Server。第一代 SQL Server ODBC 驱动程序目前已经停止更新；第二代 SQL Server Native Client 是一个用于 OLE DB 和 ODBC 的独立库，对于 SQL Server 2012 之后的新功能不提供支持。而在 SQL Server 2012 之后，开发了

新的 ODBC Driver for SQL Server，作为 Microsoft ODBC Driver for SQL Server 驱动支持。

### 8.1.3　OLE DB

OLE DB（OLE Database，又称 OLEDB）是微软设计的通向不同数据源的低级应用程序接口。OLE DB 不仅包括 ODBC 的 SQL 能力，还具有面向其他非 SQL 数据类型的通路。作为微软的组件对象模型（Component Object Model，COM）的一种设计，OLE DB 是一组读写数据的方法（在过去可能被称为渠道）。OLE DB 中的对象主要包括数据源对象、阶段对象、命令对象和行组对象。使用 OLE DB 的应用程序会用到如下的请求序列：初始化 OLE（Object Linking and Embedding，对象连接与嵌入）、连接到数据源、发出命令、处理结果、释放数据源对象并停止初始化 OLE。其工作原理如图 8-22 所示。

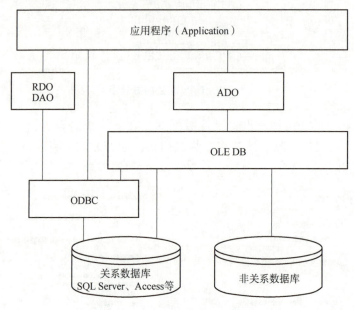

图 8-22　OLE DB 的工作原理

适用于 SQL Server 的 OLE DB 驱动程序是独立的数据访问 API，用于 OLE DB，是在 SQL Server 2005（9. x）中引入的。该驱动程序提供了一个 DLL 中的 SQL OLE DB 驱动程序。除 Windows 数据访问组件（Windows DAC，以前为 Microsoft 数据访问组件或 MDAC）提供的功能之外，它还提供新的功能。其可用于创建新的应用程序或增强现有应用程序的性能，使其能够利用 SQL Server 2005（9. x）中引入的功能，如多个活动结果集（Multiple Active Result Sets，MARS）、用户定义数据类型、查询通知、快照隔离和 XML 数据类型支持。

有 3 个不同时代的 Microsoft OLE DB Provider for SQL Server，分别介绍如下。

（1）Microsoft OLE DB Provider for SQL Server（SQLOLEDB）目前仍作为 Windows 数据访问组件的一部分提供。但是，微软不再对其进行维护，不建议在新开发中使用此驱动程序。

（2）从 SQL Server 2005（9. x）开始，SQL Server Native Client（SQLNCLI）将包含一个 OLE DB 提供的程序接口，并且是通过 SQL Server 2012（11. x）与 SQL Server 2005（9. x）一起提供的 OLE DB 程序调用。但其于 2011 年宣布弃用，不建议在新开发中使用此驱动程序。

（3）新的 OLE DB 提供程序被称为 Microsoft OLE DB Driver for SQL Server（MSOLEDBSQL）。

Microsoft OLE DB Provider for Oracle 允许 Activex 数据对象（Activex Data Objects，ADO）访问 Oracle 数据库，主要需要注意的配置如下。

（1）连接字符串参数。需将 ConnectionString 属性的 Provider 参数设置为 MSDAORA，读取 Provider 属性也将返回此字符串。

（2）典型连接字符串如下：

```
"Provider = MSDAORA; Data Source = serverName; User ID = userName;
Password = userPassword;"
```

它包含下列关键字。

①Provider：指定 OLE DB Provider for Oracle。

②Data Source：指定服务器的名称。

③User ID：指定用户名称。

④Password：指定用户密码。

（3）提供者特有的连接参数。除了由 ADO 定义的连接参数以外，该提供者还支持几种提供者特有的连接参数。与 ADO 连接属性相同，这些提供者特有的属性可以通过 Connection 的 Properties 集合或作为 ConnectionString 的一部分进行设置。

参数说明如下。

①Window Handle：指示用于提示详细信息的窗口句柄。

②Locale Identifier：指示唯一的 32 位数字（如 1033），该数字指定与用户语言相关的首选项。这些首选项指示格式化日期和时间的方式、按字母顺序排列项目的方式、比较字符串的方式等。

③OLE DB Services：指示把 OLE DB 服务指定为启用或禁用的位掩码。

④Prompt：指示在建立连接后是否提示用户。

⑤Extended Properties：字符串，包含提供者特有的、扩展的连接信息。此属性仅用于不能通过属性机制描述的提供者特有的连接信息。

## 8.1.4　JDBC

Java 数据库连接（Java Database Connectivity，JDBC）是一种用于执行 SQL 语句的 Java API，可以为多种关系数据库提供统一访问，由一组用 Java 语言编写的类和接口组成。JDBC 提供了一种基准，据此可以构建更高级的工具和接口，使数据库开发人员能够编写数据库应用程序。其工作原理如图 8 - 23 所示。

### 1. Microsoft JDBC Driver for SQL Server

Microsoft JDBC Driver for SQL Server 是微软公司发布的一个 Type 4 JDBC 驱动程序，它通过 Java 平台中可用的标准 JDBC API 提供数据库连接。通过这些程序，用户可以从任何 Java 应用程序、应用程序服务器或支

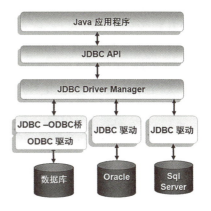

图 8 - 23　JDBC 的工作原理

持 Java 的小程序访问 SQL Server。目前 Microsoft JDBC Driver for SQL Server 9.2 版本是正式发布（General Availability，GA）版本。其支持 Java 8、11 和 15。其操作步骤如下。

（1）驱动程序的下载地址为 https://go. microsoft. com/fwlink/? linkid = 2155948；下载完成后的文件名为 sqljdbc_9.2.1.0_chs. zip。

（2）用户需将该压缩文件解压到自定义的路径下，设其路径为 C：\Program Files\Microsoft JDBC DRIVER 9.2 for SQL Server，则该目录下会有 mssql – jdbc – 9.2.1. jre8. jar、mssql – jdbc – 9.2.1. jre11. jar、mssql – jdbc – 9.2.1. jre15. jar 文件，分别对应于 Java 8、11 和 15 的驱动程序。

（3）用户还需配置环境变量 CLASSPATH。例如，CLASSPATH = .；C：\Program Files\Microsoft JDBC Driver 9.2 for SQL Server\mssql – jdbc – 9.2.1. jre11. jar。如果 CLASSPATH 缺少正确的 jar 文件的条目，则应用程序将引发常见的 class not found 异常。

在 VSCode 创建好 Java 工程后，用户可通过配置 Java 运行环境（Configure Java Runtime），查看其运行环境信息并进行相应操作，如图 8 – 24 所示。

图 8 – 24 VSCode 配置 Java 运行环境界面

### 2. Oracle JDBC

1）Oracle JDBC 驱动程序

VSCode 中 Java 工程 lib 配置界面如图 8 – 25 所示。Oracle JDBC 驱动程序用于让 Java 程序中的 JDBC 语句访问 Oracle 数据库。Oracle 11g 提供了 4 种 JDBC 程序。

图 8 – 25 VSCode 中 Java 工程 lib 配置界面

（1）OCI 驱动：OCI（Oracle Call Interface，Oracle 调用接口）类似于传统的 ODBC 驱动，它需要 Oracle Call Interface 和 Net8，在运行 Java 的计算机上要安装 Oracle 数据库客户端软件，适合部署在中间层上的程序，不适用于 APPLET。

（2）Thin 驱动：Thin 驱动是全部用 Java 编写的驱动程序，占用内存最小，通过 Java Sockets 通信，不需要安装 Oracle 数据库客户端软件，有很好的移植性，通常用在 Web 应用开发中。Thin 驱动只支持 TCP/IP，并且要求服务器端启动和运行 Oracle Net。

（3）服务器端内部驱动：服务器端内部驱动用于编写在数据库服务端运行并且访问同一会话的代码。该驱动支持任何在 Oracle 数据库服务器端运行的代码，如 Java 存储过程、EJB（Enterprise Java Beors，企业级 Java Bean）。但是，它只访问本服务器，允许 JVM（Java

Virtual Machine，Java 虚拟机）和 SQL 引擎直接交互。

（4）服务器端 Thin 驱动：该驱动程序功能上和 Thin 驱动类似，但只用于编写服务器端运行并需要访问本服务器或一个远程服务器上的另一个会话的代码。

下载 Oracle JDBC 驱动包，然后在 Java 项目下引入 JDBC 驱动 jar 包，如图 8 − 26 所示。

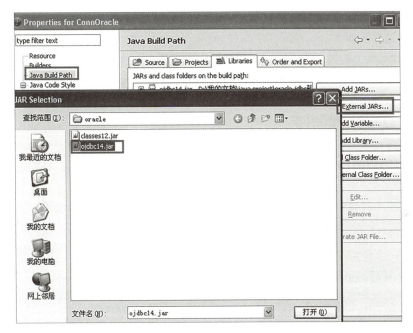

图 8 − 26　引入 JDBC 驱动 jar 包

2）Oracle JDBC 的操作步骤

JDBC 连接数据库的程序，包含如下步骤。

（1）加载 JDBC 驱动程序。在连接数据库之前，首先要加载想要连接的数据库的驱动到 JVM，可以通过 java. lang. Class 类的静态方法 forName（String className）实现。例如，Class. forName（"oracle. jdbc. OracleDriver"）。

（2）提供 JDBC 连接的 URL。连接 URL 定义了连接数据库时的协议、子协议、数据源标识。书写形式为"协议：子协议：数据源标识"。

①协议：在 JDBC 中总是以 jdbc 开始。

②子协议：桥连接的驱动程序或是 DBMS 名称。

③数据源标识：标记找到数据库来源的地址与连接端口。

例如：jdbc：oracle：thin：@ DBS：1521：CPGL。

（3）创建数据库的连接。

要连接数据库，需要向 java. sql. DriverManager 请求并获得 Connection 对象，该对象就代表一个数据库的连接。使用 DriverManager 的 getConnectin（String url、String username、String password）方法传入指定的欲连接的数据库的路径、数据库的用户名和密码来获得 Connection 对象。

例如，建立与数据库 CPGL 的连接。

```
Connection con = DriverManager.getConnection("jdbc:oracle:thin:@
DBS:1521:CPGL","CPGLadministrator","manager");
```

（4）创建一个 Statement 实例。要执行 SQL 语句，必须获得 java. sql. Statement 实例，Statement 实例分为以下 3 种类型。

①执行静态 SQL 语句，通常通过 Statement 实例实现。

②执行动态 SQL 语句，通常通过 PreparedStatement 实例实现。

③执行数据库存储过程，通常通过 CallableStatement 实例实现。

具体的实现方式如下：

```
Statement stmt = con.createStatement();
PreparedStatement pstmt = con.prepareStatement(sql);
CallableStatement cstmt =con.prepareCall("{CALL demoSp(?,?)}");
```

其中 "?" 表示 IN 参数的占位符。

### 8.1.5  pyodbc、pymssql 与 cx_Oracle

微软的官网主要提供了两种支持 Python 连接 SQL Server 的方式：pyodbc 与 pymssql。

#### 1. pyodbc

pyodbc 是一个开源 Python 模块，它使访问 ODBC 数据库变得简单。其遵循 Python 的 DB API 2.0 规范，开源地址为 https://github. com/mkleehammer/pyodbc。pyodbc 的工作原理与 JDBC 的原理类似，这里就不再列图说明了。需要说明的是，pyodbc 不仅支持 SQL Server，也支持多种数据库以及数据库相关工具。例如，关系数据库 Excel、Access、MySQL、Oracle、SQLite、PostgreSQL；数据仓库工具 Hive、Teradata；大数据工具 Google BigQuery 等。

#### 2. pymssql

pymssql 也是一个 Python 的数据库接口。其基于 FreeTDS 构建，遵循 Python 的 DB API 规范，而 FreeTDS 是一个 C 语言连接 SQL Server 的公共开源库。pymssql 的官网地址为 http://www. pymssql. org/，其体系架构如图 8 - 27 所示。其中，注意以下两个部分。

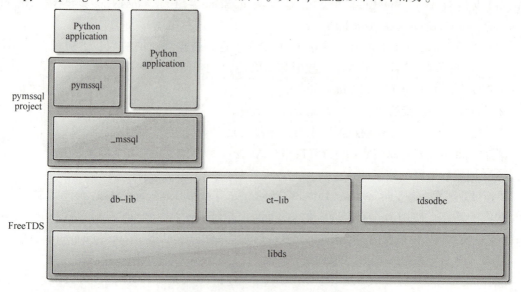

图 8 - 27  pymssql 的体系架构

（1）pymssql：遵从 DB API 1.0 规范的接口，实现了对_mssql 模块的更高级别的封装。

（2）_mssql：若用户想提高访问性能，则可以直接使用_mssql 模块。

### 3. cx_Oracle

Python 可使用 cx_Oracle 包来连接 Oracle 数据库，其操作步骤如下。

（1）下载 instant client。下载链接为 http://www.oracle.com/technetwork/topics/winx64soft – 089540.html，需要有 Oracle 的账号才能下载。

（2）将下载好的文件解压到某一位置并配置环境变量。

（3）在 cmd 加载 cx_Oracle 包，命令如下：

```
pip install cx_Oracle
```

（4）Python 连接 Oracle 数据库，语句如下：

```
import cx_Oracle as cx
con = cx.connect('用户名','密码','域名:端口号/实例名')
```

Java 语言操作 SQL

Python 语言操作 SQL

例 8 – 4：基于 pymssql
的 Python 语言操作
SQL Server

基于 pyodbc 的
Python 语言
操作 Oracle

# 8.2 C/C++ 语言操作 SQL

本节主要介绍使用 C/C++ 语言连接 SQL Server 操作。C/C++ 作为客户端操作 SQL Server 的方式主要有两种：一种是使用 ODBC Driver for SQL Server 驱动的 ODBC 方式，另一种是使用 OLE DB Driver for SQL Server 驱动的 OLE DB 方式。需要说明的是，在 Windows 环境下，MinGW – w64 的 include 目录中支持 ODBC 的相关头文件兼容性较好，使用 VSCode 相对容易进行开发编程；而 OLE DB Driver for SQL Server 的 msoledbsql.h 则缺少相应依赖支持，需要使用 Visual Studio 2005 及其后续版本的开发软件环境。另外，Linux 环境包含支持 msoledbsql.h 的依赖文件，用户可以在 Linux 环境下进行 OLE DB 开发编程。因此，本节将只介绍基于 ODBC 的 C 语言操作 SQL Server 实例。而基于 OLE DB 的操作实例则可以安装 Visual Studio 或在 Linux 环境下进行，本节将不再进行介绍说明。

例 8 – 6

本章小结与思考题（8）

# 第 9 章

# 数据库恢复技术

## 学习目标

1. 学习并用自己的语言说明事务概念产生的原因。

2. 学习事务处理语句的语法，总结事务与批处理的区别。

3. 熟悉并用实例说明事务的 ACID 特性。

4. 能列举 DBMS 中的事务种类。

5. 能列举数据库故障的种类以及产生原因。

6. 能列举 SQL Server 和 Oracle 不同的数据备份的种类以及区别。

7. 能列举 SQL Server 日志文件的格式与内容，日志文件的具体作用；理解并说明日志文件的登记原则。

8. 理解并用自己的语言说明 SQL Server 和 Oracle 不同数据库的不同恢复策略与方法。

9. 能够说出 SQL Server 检查点技术产生的原因，以及检查点的技术解决方案。

10. 能够解释 SQL Server 数据库镜像的概念；说明 DBMS 中数据库镜像的技术方案。

11. 能够解释 Oracle 数据库的备份策略和恢复策略。

12. 能够解释 SQL Server 备份设备、备份介质，简单、大容量日志与完整恢复模式，完整、差异、部分、事务日志、文件和文件组备份等概念。

13. 能够利用 SQL 语句完成 SQL Server 备份介质创建，设置数据库恢复模式，各种数据备份与数据还原等一系列操作。

14. 能够解释 SQL Server 介质集、介质簇与备份集等概念；能够利用 SQL 语句完成查看备份信息的操作。

15. 能够解释 Oracle 的物理恢复概念和逻辑恢复概念。

16. 能够进行 Oracle 归档备份和非归档备份；能够利用两种方式进行逻辑备份和恢复。

1. 能预防数据风险（如人为或自然灾害等对数据的破坏）的发生。
2. 能将数据多形式渠道保存，做好备份。

## 本章导读

1. 事务：事务的概念、事务的特性、SQL Server 的事务分类以及 SQL Server 的事务处理语句。

2. 数据库恢复概述：数据库恢复的概念；故障的种类。

3. 数据库备份恢复机制：恢复机制的关键问题；数据备份的概念；数据备份的种类与区别；日志文件的格式与内容；日志文件的作用；日志文件的登记原则；事务、系统与介质等故障恢复的解决步骤与方法；检查点技术的产生原因；检查点的技术概念；检查点技术的数据恢复步骤与方法。

4. 数据库镜像：数据库镜像的概念；SQL Server 的数据库镜像部署体系。

5. DBMS 的备份与恢复操作：备份设备、备份介质，简单、大容量日志与完整恢复模式，完整、差异、部分、事务日志、文件和文件组备份等概念；修改数据库恢复模式的语法约定与实例；备份计划的制订；备份操作的语法约定与实例；备份信息的查看操作与实例；数据还原操作的语法约定与实例。

DBMS 应该具备的功能中有 3 个密切相关的功能，用以保证数据库是可靠、一致的：事务支持、数据库恢复技术以及并发控制服务。其中，事务是一系列的数据库操作，是数据库应用程序的基本逻辑单元。它是理解数据库恢复技术和并发控制技术的关键。本章将主要介绍事务以及数据库恢复技术。

# 9.1　事　　务

本节中涉及的事务相关知识点包括：事务的概念、事务的特性、SQL Server 的事务分类以及 SQL Server 的事务处理语句。

## 9.1.1　事务的概念

事务是指用户定义的一个数据库操作序列，这些操作要么全做，要么全不做，是一个不可分割的工作单位。例如，在关系数据库中，一个事务可以是一条 SQL 语句、一组 SQL 语句或整个程序。事务和程序是两个概念。从数据库的角度来看，应用程序的一次执行可由一个事务或者多个事务组成。

为了更好地理解事务，我们可以通过以下例子进行说明。

员工（员工编号 – cno，员工姓名，职务，性别，工资，部门编号）

员工管理资产（资产编号 – pno，资产类型，资产金额，资产所有人编号，员工编号，部门编号）

事务 1：在该数据库上执行的一个简单事务为更新员工编号为 x 的员工的工资。可以将此事务简单地表述成如下伪代码 1：

```
read(员工编号 = x,工资)
工资 = 工资 * 1.1
write(员工编号 = x,工资)
```

由上述代码可见，我们把对数据库数据项 x 的读、写操作分别标记为 read（x）和 write（x），如果有必要，则还会添加其他的标记。例如，用标记 read（员工编号 = x，工资）表示我们想要读取主关键字值为 x 的元组的数据项工资的值。在示例中，事务是由两个数据库操作（读和写）和一个非数据库操作（工资 = 工资 * 1.1）组成。

事务 2：由于某员工离职，需要删除员工编号为 x 的员工的记录。这里，我们要删除的元组同样来自关系员工，并且要在员工管理资产表里找到所有由该员工负责管理的资产，然后将其重新指派给另外一名员工编号为 y 的员工。其表述成如下伪代码 2：

```
delete(员工编号 = x)
for all 员工管理资产 records,pno
        begin
                read(资产编号 = pno,cno)
                if(员工编号 = x)then
                        begin
                                员工编号 = y
                                write(资产编号 = pno,cno)
                        end
        end
```

在上面一系列的操作中，若并非所有的操作都被执行，则数据库的引用完整性将遭到破坏，数据库也将处于不一致的状态：一个在数据库中已经不存在的员工还在继续管理着公司资产。

在事务处理过程中，尽管我们允许数据库的一致性暂时遭到破坏，但是事务应该总是能够将数据库从一种一致的状态转换到另一种一致的状态。例如，代码 2 的事务在执行过程中，可能会有某个时刻，此时员工管理资产表中的一个元组已经被更新为新的员工编号 y，而另外一个元组的员工编号依然是 x。但是在事务结束后，所有需要更新的元组都应该包含新的 y 的值。

## 9.1.2　事务的处理

事务可能有以下两种结果。如果执行成功，也就是说事务最终被提交，则数据库将到达一种新的一致的状态。另外，如果事务没有执行成功，则意味着事务被撤销。如果事务被撤销，则数据库必须要还原到事务开始之前的一致的状态，我们称这样的事务被回滚或者撤销了。已经提交了的事务不能被撤销，如果发现已提交的事务是错误的，那么我们必须执行另外一个补偿事务来消除该事务已经产生的影响。需要注意的是，根据导致事务失败的原因的不同，被回滚的事务有可能在稍后重启，或许在重启以后可以成功执行并提交。

DBMS 无法得知哪些更新操作将被组合在一起以构成一个独立的逻辑事务。因此，DBMS 必须提供一种允许用户自己定义事务边界的方法。很多数据操作语言中都使用关键字 BEGIN TRANSACTION、COMMIT 和 ROLLBACK（或者其他等效语句）来划定事务的界限。如果不使用这些关键字，那么通常会将整个程序视为一个事务，DBMS 将在程序正确结束后自动执行 COMMIT 操作，或者如果程序不能成功执行，则将自动执行 ROLLBACK 操作。

### 1. SQL Server 事务处理语句

下面，我们来看一下 SQL Server 的事务处理语句。

1）建立事务

语句格式：

BEGIN TRANSACTION [事务的名称 @变量] [WITH MARK ['描述标记的字符串']]

功能：定义显式事务，标识一个事务的开始，即启动事务。

2）结束事务

语句格式：

COMMIT TRANSACTION [事务的名称 | @变量]

或

COMMIT [WORK]

功能：标识一个事务的结束，说明事务被成功执行，事务内所修改的数据被永久保存到数据库中。因此，不能在发出 COMMIT TRANSACTION 语句之后回滚事务。

如果全局变量@@TRANCOUNT 为 1，则 COMMIT TRANSACTION 释放连接占用的资源，并将变量@@TRANCOUNT 减少到 0；如果@@TRANCOUNT 大于 1，则 COMMIT TRANSACTION 使@@TRANCOUNT 按 1 递减；如果@@TRANCOUNT 为 0，则发出 COMMIT TRANSACTION 将会导致出现错误，因为没有相应的 BEGIN TRANSACTION。

3）回滚事务

语句格式：

ROLLBACK TRANSACTION [事务的名称 @变量 | 保存点 | @ 保存点变量]

或

ROLLBACK [WORK]

功能：标识一个事务的结束，说明事务执行过程中遇到错误，事务内所修改的数据被回滚到事务执行前的状态。它将清除自事务的起点到某个保存点所做的任何数据修改，并且释放由事务控制的资源。

4）设置保存点

语句格式：

SAVE TRANSACTION <保存点 | @保存点变量 >

功能：在事务内设置保存点。保存点定义事务可以返回的位置。当事务开始时，一直控制事务中所使用的资源直到事务完成，当将事务的一部分回滚到保存点，将继续控制资源直到事务完成或回滚全部事务。

在事务内允许有重复的保存点名称，但 ROLLBACK TRANSACTION 若使用重复的保存点名称，则只回滚到最近的使用该保存点的 SAVE TRANSACTION。在存储过程中，不带事务名称和保存点的 ROLLBACK TRANSACTION 语句将所有语句回滚到最远的 BEGIN TRANSACTION。

"@保存点变量"是用户定义的变量，必须使用 char、varchar、nchar 或者 nvarchar 数据类型来声明该变量。

### 2. Oracle 事务处理语句

1）SET TRANSACTION 开始事务

在 Oracle 中，当执行一组 SQL 语句时，会自动开始一个事务，也可以通过 SET TRANSACTION 语句手动开始一个事务。

事务和批处理的区别

语句格式如下：

```
SET TRANSACTION [READ ONLY | READ WRITE][ISOLATION LEVEL
[SERIALIZE | READ COMMITED][USE ROLLBACK SEGMENT 'segment_
name'][NAME 'transaction_name'];
```

参数说明如下。

（1）READ ONLY：可以将事务设置为只读事务。

（2）READ WRITE：可以将事务设置为读/写事务。

（3）ISOLATION LEVEL：如果指定该参数，则它有以下两个选项。

①ISOLATION LEVEL SERIALIZE：如果事务尝试更新由另一个事务更新并未提交的资源，则事务将失败。

②ISOLATION LEVEL READ COMMITTED：如果事务需要另一个事务持有的行锁，则事务将等待，直到行锁被释放。

（4）USE ROLLBACK SEGMENT：可选的。如果指定该参数，则它将事务分配给由 segment_name 标识的回滚段，该段是用单引号括起来的段名称。

（5）NAME：为 transaction_name 标识的事务分配一个名称，该事务用单引号括起来。

功能：用来设置事务的各种状态，如只读、读/写、隔离级别、为事务分配名称或将事务分配回滚段等。

2）COMMIT 提交事务

语句格式如下：

```
COMMIT [WORK][COMMENT clause][WRITE clause][FORCE clause];
```

参数说明如下。

（1）WORK：可选的。它被 Oracle 添加为符合 SQL 标准。使用或不使用 WORK 参数来执行 COMMIT 都将产生相同的结果。

（2）COMMENT clause：可选的。它用于指定与当前事务关联的注释，该注释最多可以包含 255 个字节的文本。如果出现问题，则它将与事务 ID 一起存储在名为 DBA_2PC_PENDING 的系统视图中。

（3）WRITE clause：可选的。它用于指定将已提交事务的重做信息写入重做日志的优先级。用这个子句，有以下两个参数可以指定。

①WAIT 或 NOWAIT（如果省略，则 WAIT 是默认值）。

②IMMEDIATE 或 BATCH（IMMEDIATE 是省略时的默认值）。

（4）FORCE clause：可选的。它用于强制提交可能已损坏或有疑问的事务。可以用以下 3 种方式指定 FORCE。

①FORCE'string'，[integer]。

②FORCE CORRUPT_XID'string'。

③FORCE CORRUPT_XID_ALL。

功能：用来提交当前事务的所有更改。提交后，其他用户将能够看到所做的更改。

3）ROLLBACK 回滚事务

语句格式如下：

ROLLBACK [WORK][TO [SAVEPOINT] savepoint_name | FORCE 'string'];

参数说明如下。

（1）WORK：可选的。它被 Oracle 添加为符合 SQL 标准。使用或不使用 WORK 参数来发出 ROLLBACK 都会产生相同的结果。

（2）TO SAVEPOINT savepoint_name：可选的。ROLLBACK 语句撤销当前会话的所有更改，直到由 savepoint_name 指定的保存点。如果省略该子句，则所有更改都将被撤销。

（3）FORCE'string'：可选的。它用于强制回滚可能已损坏或有问题的事务。使用此子句，可以将单引号中的事务 ID 指定为字符串。可以在系统视图中找到名为 DBA_2PC_ PENDING 的事务标识。必须拥有 DBA 权限才能访问系统视图：DBA_2PC_PENDING 和 V\$CORRUPT_XID_LIST。无法将有问题的事务回滚到保存点。

功能：用来撤销当前事务或有问题的事务。

4）SAVEPOINT 设置事务的保存点

语句格式如下：

SAVEPOINT savepoint_name;

参数说明如下。

savepoint_name：指定的保存点。

功能：用来设置事务内的保存点。事务回滚时，可以回滚到指定的保存点。

注意：

（1）保存点名字保持唯一。

（2）如果后面新设置的一个保存点的名字和前面的一个保存点名字重复，则前一个保存点将被取消。

（3）设置保存点后，事务可以继续提交，全部回退或者回退到具体一个保存点。

（4）撤销的处理必须是在没有发出 COMMIT 命令的前提下才能有效。

## 9.1.3　事务的特性

事务具有 4 个特性：原子性（Atomicity）、一致性（Consistency）、隔离性（Isolation）和持续性（Durability）。这 4 个特性简称为 ACID 特性。

### 1. 原子性

原子性是指，事务是数据库的逻辑工作单位，事务中包括的操作要么都做，要么都不做。

### 2. 一致性

一致性是指，事务执行的结果必须是使数据库从一个一致状态变到另一个一致状态。因此，当数据库只包含成功提交事务的结果时，就说数据库处于一致状态。如果数据库系统在运行中发生故障，有些事务尚未完成就被迫中断，这些未完成的事务对数据库所做的修改有一部分已写入物理数据库，则这时数据库就处于一种不正确的状态，或者说是不一致的状态。例如，某公司在银行中有 A、B 两个账号，现在公司想从账号 A 中取出一万元存入账号 B。那么就可以定义一个事务，该事务包括两个操作，第一个操作是从账号 A 中减去一万元，第二个操作是向账号 B 中加入一万元。这两个操作要么全做，要么全不做。全做或者全不做，数据库都处于一致性状态。如果只做一个操作，则逻辑上就会发生错误，这时数据库就处于不一致的状态了。可见一致性与原子性是密切相关的。

### 3. 隔离性

隔离性是指，一个事务的执行不能被其他事务干扰，即一个事务的内部操作及使用的数据对其他并发事务是隔离的，并发执行的各个事务之间不能互相干扰。

### 4. 持续性

持续性也称永久性（Permanence），指一个事务一旦提交，它对数据库中数据的改变就应该是永久性的，接下来的其他操作或故障不应该对其执行结果有任何影响。

事务是恢复和并发控制的基本单位，所以下面的讨论均以事务为对象。

保证事务 ACID 特性是事务管理的重要任务。事务 ACID 特性可能遭到破坏的因素主要有以下两个。

（1）多个事务并行运行时，不同事务的操作交叉执行。

（2）事务在运行过程中被强行停止。

在第一个因素下，DBMS 必须保证多个事务的交叉运行不影响这些事务的原子性；在第二个因素下，DBMS 必须保证被强行停止的事务对数据库和其他事务没有任何影响。

## 9.1.4 事务的分类

### 1. SQL Server 的事务模式

SQL Server 的事务模式可分为显式事务、隐式事务和自动事务 3 种。

1）显式事务

显式事务是指由用户执行 SQL 事务语句而定义的事务，这类事务又称用户定义事务。事务以 BEGIN TRANSACTION 语句开始，即启动一个事务，以 COMMIT TRANSACTION 或 COMMIT WORK 结束，说明事务被成功执行，事务内所修改的数据被永久保存到数据库中。或者以 ROLLBACK TRANSACTION 或 ROLLBACK WORK 结束，说明事务执行过程中遇到错误，事务内所修改的数据被回滚到事务执行前的状态。

2）隐式事务

在隐式事务模式下，当前事务提交或回滚后，SQL Server 自动开始下一个事务。因此，隐式事务不需要使用 BEGIN TRANSACTION 语句启动事务，而只需要用户使用 COMMIT

TRANSACTION、COMMIT WORK、ROLLBACK TRANSACTION、ROLLBACK WORK 等语句提交或回滚事务。在提交或回滚事务后，SQL Server 自动开始下一个事务。

执行 SET IMPLICIT_TRANSACTIONS ON 语句可使 SQL Server 进入隐式事务模式。

在隐式事务模式下，当执行下面任意一条语句时，可使 SQL Server 重新启动下一个事务。这些语句如下：所有 CREATE 语句、ALTER TABLE、所有 DROP 语句、TRUNCATE TABLE、GRANT、REVOKE、INSERT、UPDATE、DELETE、SELECT、OPEN、FETCH。

需要关闭隐式事务模式时，执行 SET IMPLICIT_TRANSACTIONS OFF 语句即可。

3）自动事务

在自动事务模式下，当一条语句被成功执行后，它被自动提交，而当它执行过程中产生错误时，被自动回滚。自动事务模式是 SQL Server 的默认事务管理模式，当与 SQL Server 建立连接后，直接进入自动事务模式，直到使用 BEGIN TRANSACTION 语句开始一个显式事务，或者使用 SET IMPLICIT_TRANSACTIONS ON 连接选项进入隐式事务模式为止。

而当显式事务被提交或 IMPLICIT_TRANSACTIONS 被关闭后，SQL Server 又进入自动事务管理模式。

### 2. Oracle 的事务模式

与 SQL Server 的事务模式不同，默认情况下，在 Oracle 中一个事务自动开始于上一个事务结束后的首条可执行的 SQL 语句。可执行的 SQL 语句指产生了对实例的调用的 SQL 语句，包括 DML 和 DDL 语句。

根据 Oracle 事务的提交方式不同，Oracle 的事务模式可以分为显式提交、隐式提交、自动提交 3 种。

1）显式提交

对于一般的事务操作，Oracle 默认需要显示提交。

显式提交：COMMIT。以成功的方式结束事务，组成事务的 DML 语句全部生效。

显式回滚：ROLLBACK。以失败的方式结束事务，组成事务的 DML 语句全部取消。

保存点：SAVEPOINT。

2）隐式提交

隐式提交：当下列任意一种情况发生时，会发生隐式提交。

（1）执行一条 DDL（CREATE、ALTER、DROP、TRUNCATE、RENAME）语句。

（2）执行一条 DCL（GRANT、REVOKE）语句。

（3）从 SQL PLUS 中正常退出（使用 EXIT 或 QUIT 命令退出）。

隐式回滚：当下列任意一种情况发生时，会发生隐式回滚。

（1）从 SQL PLUS 中强制退出。

（2）客户端连接到服务器端异常中断。

（3）系统崩溃。

3）自动提交

若把 AUTOCOMMIT 设置为 ON，则在插入、修改、删除语句执行后，系统将自动进行提交。其格式如下：

```
SQL > SET AUTOCOMMIT ON
```

# 9.2　数据库恢复概述

尽管数据库系统中采取了各种保护措施来防止数据库的安全性和完整性被破坏，保证并发事务的正确执行，但是计算机系统中硬件的故障、软件的错误、操作员的失误以及恶意的破坏仍是不可避免的，这些故障轻则造成运行事务非正常中断，影响数据库中数据的正确性，重则破坏数据库，使数据库中全部或部分数据丢失。因此，DBMS必须具有把数据库从错误状态恢复到某一已知的正确状态（亦称为一致状态或完整状态）的功能，这一功能就称为数据库恢复。

故障的种类

恢复子系统是 DBMS 的一个重要组成部分，而且还相当庞大，常常占整个系统代码的 10% 以上。数据库系统所采用的恢复技术是否行之有效，不仅对系统的可靠程度起着决定性作用，而且对系统的运行效率也有很大影响，是衡量系统性能优劣的重要指标。

# 9.3　SQL Server 数据库备份恢复机制

恢复机制涉及的两个关键问题是，如何建立冗余数据，以及如何利用这些冗余数据实施数据库恢复。建立冗余数据最常用的技术是数据备份和登记日志文件。通常在一个数据库系统中，这两种方法是一起使用的。

另外，除上述两种恢复机制外，还有数据库恢复策略以及检查点机制。因此，DBMS 提供的恢复机制大概有以下 4 种。

（1）备份机制：周期性地对数据库进行备份。

（2）日志机制：跟踪当前事务的状态与数据库的变化。

（3）恢复策略机制：能够使数据库在发生故障以后仍能恢复到一个一致状态。

（4）检查点技术：能够保证正在进行的对数据库的更新操作的永久性。

## 9.3.1　数据备份

### 1. 数据备份的概念

数据备份是数据库恢复中采用的基本技术。所谓备份即数据库管理员定期地将整个数据库复制到磁带、磁盘或其他存储介质上保存起来的过程。这些备用的数据称为后备副本或后援副本。

当数据库遭到破坏后可以将后备副本重新装入，但重装后备副本只能将数据库恢复到备份时的状态，要想恢复到故障发生时的状态，必须重新运行自备份以后的所有更新事务。例如，在图 9-1 中，系统在 $T_a$ 时刻停止运行事务，进行数据库备份，在 $T_b$ 时刻备份完毕，得到 $T_b$ 时刻的数据库一致性副本。系统运行到 $T_f$ 时刻发生故障。为恢复数据库，首先由数据库管理员重装数据库后备副本，将数据库恢复至 $T_b$ 时刻的状态，然后重新运行从 $T_b \sim T_f$ 时刻的所有更新事务，这样就把数据库恢复到故障发生前的一致状态。

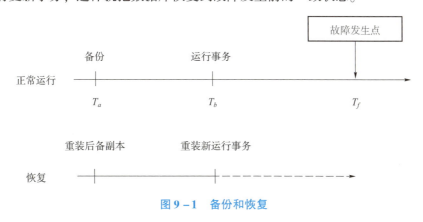

图 9-1　备份和恢复

备份是十分耗费时间和资源的，不能频繁进行。数据库管理员应该根据数据库的使用情况确定一个适当的备份周期。

**2. 数据备份的分类**

备份可分为静态备份、动态备份、海量备份与增量备份。

1）静态备份

静态备份是在系统中无运行事务时进行的备份操作，即备份操作开始的时刻数据库处于一致状态，而备份期间不允许（或不存在）对数据库的任何存取、修改活动。显然，静态备份得到的一定是一个数据一致性的副本，如图 9-2 所示。

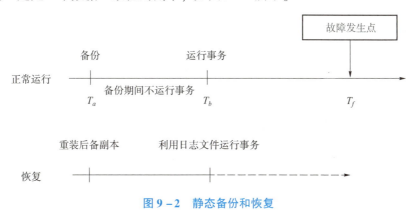

图 9-2　静态备份和恢复

静态备份简单，但备份必须等待正运行的用户事务结束才能进行。同样，新的事务必须等待备份结束才能执行。显然，这会降低数据库的可用性。

2）动态备份

动态备份是指转储期间允许对数据库进行存取或修改，即备份和用户事务可以并发执行。

动态备份可以克服静态备份的缺点，它不用等待正在运行的用户事务结束，也不会影响新事务的运行。但是，备份结束时后备副本上的数据并不能保证正确有效。例如，在备份期

间的某个时刻 $T_c$，系统把数据 $A=100$ 备份到磁带上，而在下一时刻 $T_d$，某一事务将 $A$ 改为 200。备份结束后，后备副本上的 $A$ 已是过时的数据。为此，必须把备份期间各事务对数据库的修改活动登记下来，建立日志文件。这样，后备副本加上日志文件就能把数据库恢复到某一时刻的正确状态，如图 9-3 所示。

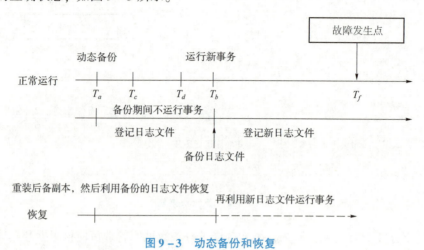

图 9-3　动态备份和恢复

3）海量备份与增量备份

海量备份是指每次备份全部数据库，增量备份则指每次只备份上一次备份后更新过的数据。从恢复角度来看，使用海量备份得到的后备副本进行恢复一般来说会更方便。但如果数据库很大，事务处理又十分频繁，则增量备份方式更实用、更有效。

数据备份有两种方式，分别可以在两种状态下进行，因此数据备份方法可以分为 4 类：动态海量备份、动态增量备份、静态海量备份和静态增量备份，如表 9-1 所示。

表 9-1　数据备份分类

| 备份方式 | 备份状态 | |
| --- | --- | --- |
| | 动态备份 | 静态备份 |
| 海量备份 | 动态海量备份 | 静态海量备份 |
| 增量备份 | 动态增量备份 | 静态增量备份 |

## 9.3.2　日志文件

### 1. 日志文件的格式和内容

日志文件是用来记录事务对数据库的更新操作的文件。不同数据库系统采用的日志文件的格式并不完全一样。概括起来日志文件主要有两种格式：以记录为单位的日志文件和以数据块为单位的日志文件。

1）以记录为单位的日志文件

对于以记录为单位的日志文件，日志文件中需要登记的内容包括以下 3 个部分。

（1）各个事务的开始（BEGIN TRANSACTION）标记。

（2）各个事务的结束（COMMIT 或 ROLLBACK）标记。

（3）各个事务的所有更新操作。

这里每个事务的开始标记、每个事务的结束标记和每个更新操作均作为日志文件中的一个日志记录。

每个日志记录主要包括以下内容。

（1）事务标识（标明是哪个事务）。

（2）操作的类型（插入、删除或修改）。

（3）操作对象（记录内部标识）。

（4）更新前数据的旧值，又可称前像。对插入操作而言，此项为空值。

（5）更新后数据的新值，又可称后像。对删除操作而言，此项为空值。

（6）日志管理信息，如指向某事务（所有操作）的前一条或下一条日志记录的指针。

2）以数据块为单位的日志文件

对于以数据块为单位的日志文件，日志记录的内容包括事务标识和被更新的数据块。由于将更新前的整个块和更新后的整个块都放入日志文件，故操作类型和操作对象等信息就不必放入日志记录了。

### 2. 日志文件的作用

日志文件在数据库恢复中起着非常重要的作用，可以用来进行事务故障恢复和系统故障恢复，并协助后备副本进行介质故障恢复。具体作用如下。

（1）事务故障恢复和系统故障恢复必须用日志文件。

（2）在动态备份方式中必须建立日志文件，后备副本和日志文件结合起来才能有效地恢复数据库。

（3）在静态备份方式中也可以建立日志文件，当数据库被毁坏后可重新装入后备副本把数据库恢复到转储结束时刻的正确状态，然后利用日志文件把已完成的事务进行重做处理，对故障发生时尚未完成的事务进行撤销处理。这样不必重新运行那些已完成的事务程序就可把数据库恢复到故障前某一时刻的正确状态。

### 3. 登记日志文件

为保证数据库是可恢复的，登记日志文件时必须遵循以下两条原则。

（1）登记的次序严格按并发事务执行的时间次序。

（2）必须先写日志文件，后写数据库。

把对数据的修改写到数据库中和把表示这条修改的日志记录写到日志文件中是两个不同的操作。有可能在这两个操作之间发生故障，即这两个写操作只完成了一个。如果先写了数据库修改，而在运行记录中没有登记这个修改，则以后就无法恢复这个修改了。如果先写日志文件，但没有修改数据库，则按日志文件恢复时只不过是多执行一次不必要的事务撤销操作，并不会影响数据库的正确性。因此，为了安全，一定要先写日志文件，即首先把日志记录写到日志文件中，然后写数据库修改。这就是"先写日志文件"原则。

## 9.3.3　SQL Server 数据库恢复策略

当系统运行过程中发生故障，利用数据库后备副本和日志文件就可以将数据库恢复到故障前的某个一致状态。不同故障的恢复策略和方法也不一样。

### 1. 事务故障的恢复

事务故障是指事务在运行至正常终止点前被终止，这时恢复子系统应利用日志文件撤销此事务已对数据库进行的修改。事务故障的恢复是由系统自动完成的，对用户是透明的。系统的恢复步骤如下。

（1）反向扫描日志文件（即从最后向前扫描日志文件），查找该事务的更新操作。

（2）对该事务的更新操作执行逆操作，即将日志记录中"更新前的值"写入数据库。这样，如果记录中是插入操作，则相当于做删除操作（因为此时"更新前的值"为空）；若记录中是删除操作，则做插入操作；若是修改操作，则相当于用修改前的值代替修改后的值。

（3）继续反向扫描日志文件，查找该事务的其他更新操作，并做同样处理。

（4）如此处理下去，直至读到此事务的开始标记，事务故障恢复就完成了。

### 2. 系统故障的恢复

系统故障造成数据库不一致状态的原因有两个：一是未完成事务对数据库的更新可能已写入数据库，二是已提交事务对数据库的更新可能还留在缓冲区没来得及写入数据库。因此，恢复操作就是要撤销故障发生时未完成的事务，重做已完成的事务。

系统故障的恢复是由系统在重新启动时自动完成的，不需要用户干预。系统的恢复步骤如下。

（1）正向扫描日志文件（即从头扫描日志文件），找出在故障发生前已经提交的事务（这些事务既有 BEGIN TRANSACTION 记录，也有 COMMIT 记录），将其事务标识记入重做队列（REDO – LIST）。同时找出故障发生时尚未完成的事务（这些事务只有 BEGIN TRANS-ACTION 记录，无相应的 COMMIT 记录），将其事务标识记入撤销队列（UNDO – LIST）。

（2）对撤销队列中的各个事务进行撤销处理。进行撤销处理的方法是，反向扫描日志文件，对每个撤销事务的更新操作执行逆操作，即将日志记录中"更新前的值"写入数据库。

（3）对重做队列中的各个事务进行重做处理。进行重做处理的方法是，正向扫描日志文件，对每个重做事务重新执行日志文件登记 的操作，即将日志记录中"更新后的值"写入数据库。

### 3. 介质故障的恢复

发生介质故障后，磁盘上的物理数据和日志文件被破坏，这是最严重的一种故障，恢复方法是重装数据库，然后重做已完成的事务。

（1）装入最新的数据库备份副本（离故障发生时刻最近的备份副本），使数据库恢复到最近一次备份时的一致状态。

对于动态备份的数据库副本，还需同时装入备份开始时刻的日志文件副本，利用恢复系统故障的方法（即 REDO + UNDO），才能将数据库恢复到一致状态。

（2）装入相应的日志文件副本（备份结束时刻的日志文件副本），重做已完成的事务。即首先扫描日志文件，找出故障发生时已提交的事务的标识，将其记入重做队列；然后正向扫描日志文件，对重做队列中的所有事务进行重做处理，即将日志记录中"更新后的值"

写入数据库。这样就可以将数据库恢复至故障前某一时刻的一致状态了。

介质故障的恢复需要数据库管理员的介入，但数据库管理员只需要重装最近备份的数据库副本和有关的各日志文件副本，然后执行系统提供的恢复命令即可，具体的恢复操作仍由DBMS完成。

### 9.3.4　检查点技术

#### 1. 产生检查点技术的原因

可以根据日志文件中的信息，在数据库发生故障时进行恢复。在应用这种机制时的一个难点是，当故障发生时，我们不知道应该在日志文件中向前搜索多远才可以不用重做那些已经安全地写到数据库中的事务，如图9-4所示。

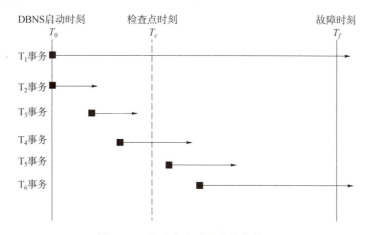

图9-4　故障产生时的多事务情况

图9-4显示了一组并发执行的事务 $T_1$、$T_2$、$T_3$、$T_4$、$T_5$、$T_6$ 在 DBMS 启动时刻（$T_0$）之后，在 $T_f$ 时刻出现故障之前的情况。

假设在故障发生前，事务 $T_2$ 和 $T_3$ 的数据已经被写到二级存储器（可认为该数据已经保存到数据库中，事务已经完成永久性操作）。显然，当故障发生时，事务 $T_1$ 和 $T_6$ 还未提交。因此，在重启时，恢复管理器必须撤销事务 $T_1$ 和 $T_6$，以保证数据的完整性。然而，恢复管理器并不清楚另外两个（已提交）事务 $T_4$ 和 $T_5$ 所做的修改是否已经被写入了位于非易失存储器上的数据库。之所以不确定，是因为易失数据库缓冲区里的数据可能已经被写入磁盘，也可能还未来得及写入磁盘。在缺乏更多信息的情况下，恢复管理器不得不重做事务 $T_2$、$T_3$、$T_4$ 和 $T_5$。

由上可见，在不考虑检查点技术的情况下，为了保证数据的完整性恢复，DBMS 需要进行大量的搜索与事务后续处理（撤销与重做）。因此，我们可以采用一种称为检查点的技术，来限制搜索的范围以及对日志文件进行后续处理的工作量。

#### 2. 检查点的技术概念

检查点是数据库与事务日志文件之间的同步点，在该点上所有的缓冲区都被强制写入二级存储器。

检查点记录包括以下内容。

（1）建立检查点时刻所有正在执行的事务清单。

（2）这些事务最近一个日志记录的地址。

重新开始文件用来记录各个检查点记录在日志文件中的地址，图 9 - 5 说明了建立检查点 $C_i$ 时对应的日志文件和重新开始文件。

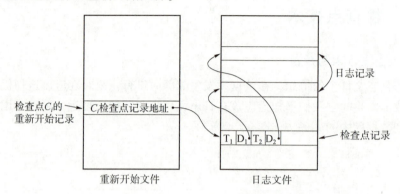

图 9 - 5　具有检查点的日志文件和重新开始文件

动态维护日志文件的方法是，周期性地执行建立检查点、保存数据库状态的操作。具体步骤如下。

①将当前日志缓冲区中的所有日志记录写入磁盘的日志文件。

②在日志文件中写入一个检查点记录。

③将当前数据缓冲区的所有数据记录写入磁盘的数据库。

④把检查点记录在日志文件中的地址写入一个重新开始文件。

恢复子系统可以定期或不定期地建立检查点，保存数据库状态。检查点可以按照预定的一个时间间隔建立，如每隔一小时建立一个检查点；也可以按照某种规则建立检查点，如日志文件已写满一半时建立一个检查点。

如图 9 - 4 所示，如果我们假设在 $T_c$ 时刻有一个检查点，那么事务 $T_2$、$T_3$ 所做的修改应该已经被写入二级存储器。这种情况下，恢复管理器就不会重做事务 $T_2$、$T_3$。但是，恢复管理器必须重做事务 $T_4$ 和 $T_5$。因为 $T_4$ 和 $T_5$ 是在检查点之后提交的。恢复管理器必须撤销事务 $T_1$ 和 $T_6$，因为 $T_1$ 和 $T_6$ 在故障发生时仍处于活跃状态。

### 3. 使用检查点进行恢复的步骤

系统使用检查点进行恢复的步骤如下。

（1）从重新开始文件中找到最后一个检查点记录在日志文件中的地址，由该地址在日志文件中找到最后一个检查点记录。

（2）由该检查点记录得到检查点建立时刻所有正在执行的事务清单 ACTIVE - LIST。

这里建立以下两个事务队列。

①UNDO - LIST：需要执行撤销操作的事务集合。

②REDO - LIST：需要执行重做操作的事务集合。

把 ACTIVE - LIST 暂时放入 UNDO - LIST，REDO_LIST 暂时为空。

（3）从检查点开始正向扫描日志文件。若有新开始的事务 $T_i$，则把 $T_i$ 暂时放入 UNDO -

LIST；若有提交的事务 $T_j$，则把 $T_j$ 从 UNDO – LIST 移到 REDO – LIST；直到日志文件结束。

（4）对 UNDO – LIST 中的每个事务执行撤销操作，对 REDO – LIST 中的每个事务执行重做操作。

## 9.3.5 数据库镜像

### 1. 数据库镜像的概述

数据库镜像是 DBMS 根据 DBA 的要求，自动把整个数据库或其中的关键数据复制到另一个磁盘上，每当主数据库更新时，DBMS 会自动把更新后的数据复制过去，即 DBMS 自动保证镜像数据与主数据的一致性。当出现介质故障时，可由镜像磁盘继续提供数据库的可用性，同时 DBMS 自动利用镜像磁盘进行数据库的修复，不需要关闭系统和重装数据库副本。没有出现故障时，数据库镜像还可以用于并发操作，即当一个用户对数据库加排他锁修改数据时，其他用户可以读镜像数据库，而不必等待该用户释放锁。

### 2. SQL Server 的数据库镜像

图 9 – 6 为 SQL Server 的数据库镜像部署体系。

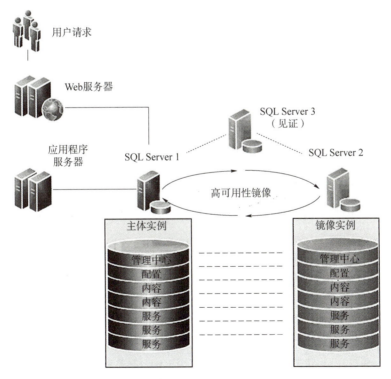

**图 9 – 6  SQL Server 的数据库镜像部署体系**

（1）在"数据库镜像会话"中，主体服务器（SQL Server1）和镜像服务器（SQL Server2）相互通信和协作，并双方互补。主体服务器角色上的数据库副本为生产数据库。数据库镜像会尽快将主体数据库中执行的每一项操作（如插入、更新和删除等）在镜像数据库中进行重新执行。这一过程是通过将活动事务日志记录的流发送到镜像服务器来完成的，这可以尽快将日志记录按顺序应用到镜像数据库中。而且数据库镜像是在物理日志记录级别执行这一"重做"操作的。

（2）见证服务器（SQL Server3）的作用是验证指定的伙伴服务器是否已启动并正常运行。如果镜像服务器与主体服务器断开，但见证服务器仍与主体服务器保持连接，则镜像服务器无法启动故障转移。因此，只有在镜像服务器和见证服务器都与主体服务器断开连接之后，镜像服务器仍和见证服务器保持相互连接时，镜像服务器才启动自动故障转移。

### 3. DBMS 数据库镜像的运行模式

（1）高性能模式（异步运行）：事务不需要等待镜像服务器将日志写入磁盘便可提交，这样可最大限度地提高性能。这意味着事务不需要等待镜像服务器将日志写入磁盘便可提交，而此操作允许主体服务器在事务滞后时间最短的条件下运行，但可能会丢失某些数据。

（2）高安全模式（同步运行）：当会话开始时，镜像服务器使镜像数据库尽快与主体数据库同步。一旦同步了数据库，事务将在双方提交，这会延长事务滞后的时间。

（3）具有故障转移功能的高安全性模式（见证服务器）：这种模式最大的优点就是主体服务器断线时，镜像服务器上的数据库副本会自动启用，作为生产数据库为客户端提供服务。在这一结构中，见证服务器并不能用于数据库，其主要作用是通过验证主体服务器是否已启用并运行来支持自动故障转移。

# 9.4　SQL Server 的备份与恢复操作

SQL Server 备份和恢复（也称还原）组件为保护存储在 SQL Server 数据库中的关键数据提供了基本安全保障。数据库的备份是一个长期的过程，而恢复只在发生事故后进行，恢复程度的好坏很大程度上依赖于备份的情况。数据库管理员应针对具体的业务要求制订详细的数据库备份与灾难恢复策略，并通过模拟故障对每种可能的情况进行严格测试，只有这样才能保证数据的高可用性。本节将详细介绍 SQL Server 的备份与恢复操作。

## 9.4.1　SQL Server 的备份设备

### 1. 备份设备与介质的概念

备份设备指要写入 SQL Server 备份及能从中还原这些备份的磁盘或磁带设备。SQL Server 备份也可以写入 Azure Blob 存储服务（说明：Azure 是微软公司的开放式云计算平台，其支持云端的 SQL Server 分布式数据库），并且使用 URL 格式来指定备份文件的目标和名称。

备份介质又称备份媒体，指已写入一个或多个备份的一个或多个磁带或磁盘文件。凡是用于存储信息的设备必须要有"媒体"。如果写日记用的"日记本"是设备，则日记本中的"白纸"就是媒体。同理，"光驱"是设备，"光碟"是媒体；"磁带机"是设备，"磁带"是媒体等。例如：sp_addumpdevice 'DISK', '设备 1', 'c:\backup\F1. BAK'命令创建了一个备份设备"设备 1"，其媒体就是文件 F1. BAK 所占用的"磁盘介质"。本小节的操作备份介质主要完成 SQL Server 的本地备份与还原操作。

### 2. 创建备份设备与介质

创建备份设备可以使用系统存储过程 sp_addumpdevice，其语法格式如下：

```
sp_addumpdevice [@devtype =]'device_type'
                , [@logicalname =]'logical_name'
                , [@physicalname =]'physical_name'
```

参数说明如下。

（1）［@ devtype =］'device_type'：备份设备的类型。device_type 是 varchar（20），无默认值，其选项值如表 9 - 2 所示。

表 9 - 2　device_type 的选项值

| 值 | 说明 |
| --- | --- |
| disk | 硬盘文件作为备份设备 |
| tape | Microsoft Windows 支持的任何磁带设备。注意：该选项值在后续版本中会取消 |

（2）［@ logicalname =］'logical_name'：备份和还原语句中使用的备份设备的逻辑名称。logical_name 无默认值且不能为 NULL。

（3）［@ physicalname =］'physical_name'：备份设备的物理名称。物理名称必须遵从操作系统文件名规则或网络设备的通用命名约定，并且必须包含完整路径。physical_name 为 nvarchar（260），没有默认值，且不能为 NULL。

**例 9 - 1**：添加两个磁盘备份设备 mydiskdump_full 与 mydiskdump_log，其物理名称分别为 C:\MyDataBase\BackUp\diskdump_full. bak 和 C:\MyDataBase\BackUp\diskdump_log. bak。具体实现语句如下：

```
USE master;
GO
EXEC sp_addumpdevice 'disk', 'mydiskdump_full', 'C:\MyDataBase\BackUp\diskdump_
full.bak';
EXEC sp_addumpdevice 'disk', 'mydiskdump_log', 'C:\MyDataBase\BackUp\diskdump_
log.bak';
```

### 3. 查看备份介质

sp_addumpdevice 将备份介质信息添加到 sys. backup_devices 系统视图。我们可以使用该系统视图查看例 9 - 1 新创建的磁盘备份设备。

**例 9 - 2**：查看例 9 - 1 所创建的 mydiskdump_full 与 mydiskdump_log 的磁盘备份设备。具体实现语句如下：

```
SELECT * FROM sys.backup_devices
WHERE NAME ='mydiskdump_full' or NAME ='mydiskdump_log'
```

执行结果如图 9 - 7 所示。

注意：目前，该备份介质文件在相应文件夹下还无法显示，当备份操作使用该备份介质后即可见。

| | name | type | type_desc | physical_name |
|---|---|---|---|---|
| 1 | mydiskdump_full | 2 | DISK | C:\MyDataBase\BackUp\diskdump_full.bak |
| 2 | mydiskdump_log | 2 | DISK | C:\MyDataBase\BackUp\diskdump_log.bak |

图9-7　查看备份介质

#### 4. 删除备份介质

删除备份介质语句的语法格式如下：

sp_dropdevice [@logicalname = ]'device'[, [@delfile = ]'delfile']

参数说明如下。

（1）[@logicalname = ] 'device'：master. dbo. sysdevices. name 中列出的数据库设备或备份设备的逻辑名称。

（2）[@delfile = ] 'delfile'：指定是否应删除物理备份设备文件。delfile 是varchar（7）。如果指定为 delfile，则删除物理备份设备磁盘文件。

例9-3：删除例9-1所创建的 mydiskdump_full 的磁盘备份设备。具体实现语句如下：

EXEC sp_dropdevice @logicalname ='mydiskdump_full',@delfile = delfile;

## 9.4.2　SQL Server 的恢复模式

在 SQL Server 的备份与恢复操作中，很多人只把关注点放在备份上面，而没有在意恢复模式，其实所有的备份都应该将恢复模式作为切入点。恢复模式实际上是一个控制备份还原行为的数据库级别选项。SQL Server 目前有 3 种恢复模式：简单恢复模式（后面简称简单模式），完整恢复模式（后面简称完整模式），大容量日志恢复模式（后面简称大容量模式）。

#### 1. 简单模式

简单模式：某些操作可以被最小日志化。这种模式下，不支持日志备份、时间点恢复和页恢复，且文件恢复功能仅限于次要数据文件中的只读文件。

简单模式是3种模式中最容易管理的，可以进行完整、差异和文件备份，但是不能做日志备份（完整、差异、文件与日志备份将在9.4.3 小节中说明）。在这种模式下，每当检查点进程发生时，会自动把日志文件中不活动的日志写入数据文件，写入后，对应的日志文件中的空间就可供新事务使用，注意这种空间重用或者截断并不自动减少日志文件的物理大小，如果需要减少空间，则需要使用 DBCC SHRINKFILE/DATABASE 等命令实现。让日志空间重用的过程称为截断。在简单模式下这个过程称为自动截断。在这种模式下，日志通常不需要管理，但是对于单个的大事务，日志文件可能会增长得很快，这种情况下最好把单个的大事务拆分为多个短事务。简单模式最主要的限制是不能进行日志备份，即无法进行时间点还原。在一些测试与开发要求不严格的环境下，可以使用这种模式。

简单来说，这种模式的优点是易于管理，大部分情况下不需要管理日志；缺点是不能进行事务日志备份，无法进行时间点还原，数据丢失的风险较大。

#### 2. 完整模式

完整模式：默认恢复模式。它会完整记录下操作数据库的每一个步骤。使用完整模式可以将整个数据库恢复到一个特定的时间点，这个时间点可以是最近一次可用的备份、一个特定的日期和时间或标记的事务。

在完整模式下，所有数据库操作都被完整地记录在日志中，并且不是自动截断。它支持任何备份还原策略，特别是时间点还原。即使发生检查点进程，不活动的事务也不会截断到数据文件中。唯一能控制日志文件的只有日志备份，所以在这种模式下日志备份极其重要，一方面提供时间点还原，另一方面控制日志文件大小。日志文件会完整保存自上一次日志备份后的事务。使用 copy_only 或者 no_truncate 选项均不会截断日志。这种模式能够执行所有类型的备份还原选项，特别是可以进行时间点恢复，保证数据接近 0 丢失。这是几乎所有正式环境（也称生产环境）使用的恢复模式。

### 3. 大容量模式

大容量模式：对完整模式的补充。简单地说就是要对大容量操作进行最小日志记录，节省日志文件的空间（如导入数据、批量更新、SELECT INTO 等操作时）。例如，一次在数据库中插入数十万条记录时，在完整模式下每一条插入记录的动作都会记录在日志中，使日志文件变得非常大，在大容量模式下，只记录必要的操作，不记录所有日志，这样一来，可以大大提高数据库的性能，但是由于日志不完整，一旦出现问题，数据将可能无法恢复。因此，一般只有在需要进行大量数据操作时才将恢复模式改为大容量模式，数据处理完毕之后，马上将恢复模式改回完整模式。

### 4. 修改数据库恢复模式

修改数据库恢复模式的语法格式如下：

```
ALTER DATABASE { database_name | CURRENT }
SET
    { RECOVERY { FULL | BULK_LOGGED | SIMPLE }
    | PAGE_VERIFY { CHECKSUM | TORN_PAGE_DETECTION | NONE } }
```

参数说明如下。

（1）database_name：需要修改数据库恢复模式的数据库名称。

（2）CURRENT：当前数据库。

（3）RECOVERY { FULL | BULK_LOGGED | SIMPLE }：FULL 表示完整模式；BULK_LOGGED 表示大容量模式；SIMPLE 表示简单模式。

（4）PAGE_VERIFY { CHECKSUM | TORN_PAGE_DETECTION | NONE }：

①为 PAGE_VERIFY 数据库选项启用 CHECKSUM 后，SQL Server 数据库引擎会在向磁盘中写入页面时计算整个页面内容的校验和并将该值存储在页头中。从磁盘中读取页时，将重新计算校验和，并与存储在页头中的校验和值进行比较。这有助于提供高级别的数据文件完整性。

②为 PAGE_VERIFY 数据库选项启用 TORN_PAGE_DETECTION 后，SQL Server 数据库引擎会在将页面写入磁盘时，将每个 512 字节扇区的特定两位模式保存在 8 KB 数据库页面并存储在数据库页头中。从磁盘中读取页时，页头中存储的残缺位将与实际的页扇区信息进行比较。如果值不匹配，则表明只有页面的一部分被写入磁盘。在这种情况下，将同时在 SQL Server 错误日志和 Windows 事件日志中报告错误消息 824（指示页撕裂错误）。如果页面写入确实不完整，则数据库恢复通常会检测到页撕裂。我们可以这样理解 TORN_PAGE_DETECTION 的实现：页大小为 8 KB，磁盘扇区大小为 512 字节，假设每个扇区用第一个字节的第一个位来反转，页头中有 16 个位记录扇区的反转位，另外 16 个位记录位的反转是否

为手动反转，即区分是否为页面实际修改。例如，一个已经在内存中的页，其 16 个扇区对应的 16 个反转位为 0000 0000 0000 0000 0000，这 16 个位保存在页头上。该页要写入磁盘时，重新检查扇区反转位，发现 16 个反转位为 1000 0000 0000 0000。因为所有的位都要和磁盘上的对应位反转。因此，我们要把磁盘扇区上的 16 个位反转为 1111 1111 1111 1111，页头和这一致。但是因为第一个反转位已经为 1，反转反映的是系统修改值。因此，保存反转状态的 16 个位为 0111 1111 1111 1111。当 I/O 完成后，再次调入此页时，我们首先检查页面是否完整。检验方法是，页头的 16 个位是否和 16 个扇区反转位一致，若一致则表示完整；否则表示不完整。无论是页头这个扇区没写，还是其他扇区没写，都能判断出来。检验完成之后，要还原扇区中的反转位，使其变成实际值。这时，第一个扇区的反转位不用反转，因为其本身是位 1 的，其他 15 个扇区的反转位应该反转。

**例 9-4**：设置"产品供销管理系统"数据库的恢复模式为完整模式。具体实现语句如下：

```
USE master;
GO
ALTER DATABASE [产品供销管理系统]
SET RECOVERY FULL;
```

执行结果如图 9-8 所示。

图 9-8    查看数据库恢复模式

## 9.4.3    SQL Server 的备份操作

### 1. 备份方式

SQL Server 提供了多种备份方式：完整备份、差异备份、部分备份、事务日志备份、文件和文件组备份。

1）完整备份

完整备份是指备份整个数据库的所有内容，包括事务日志。该备份方式需要比较大的存储空间来存储备份文件，备份时间也比较长，在还原数据时，也只要还原一个备份文件。因此，SQL Server 中的完整备份可以理解为是一种海量备份。例如，在 2012 年 1 月 1 日早上 8 点进行了完整备份，那么将来在还原时，就可以恢复到 2012 年 1 月 1 日早上 8 点时的数据库状态。

2）差异备份

差异备份是完整备份的补充，只备份上次完整备份后更改的数据。相对于完整备份来说，差异备份的数据量比完整备份小，备份的速度也比完整备份快。因此，差异备份通常作为常用的备份方式。在还原数据时，要先还原前一次所做的完整备份，然后还原最后一次所做的差异备份，这样才能让数据库里的数据恢复到与最后一次差异备份时的内容相同。因此，SQL Server 中的差异备份可以理解为是一种增量备份。需要注意的是差异备份与增量备份是有区别的。增量备份备份的是自上一次备份（包含完整备份、差异备份、增量备份）之后有变化的数据，而差异备份备份的是自上一次完整备份之后有变化的数据。

例如，在 2012 年 1 月 1 日早上 8 点进行了完整备份后，在 1 月 2 日和 1 月 3 日又分别进行了差异备份，那么在 1 月 2 日的差异备份里记录的是从 1 月 1 日到 1 月 2 日这一段时间里的数据变动情况，而在 1 月 3 日的差异备份里记录的是从 1 月 1 日到 1 月 3 日这一段时间里的数据变动情况。因此，如果要还原到 1 月 3 日的数据库状态，那么只要先还原 1 月 1 日做的完整备份，再还原 1 月 3 日做的差异备份就可以了。

而如果在 2012 年 1 月 1 日早上 8 点进行了完整备份后，在 1 月 2 日和 1 月 3 日又分别进行了增量备份。那么在还原时首先需要还原 1 月 1 日做的完整备份，接着还原 1 月 2 日做的增量备份，最后还原 1 月 3 日做的增量备份才能恢复到 1 月 3 日的数据库状态。

差异备份所基于的完整备份称为差异备份的"基准"。完整备份（仅复制备份除外）可以用作一系列差异备份的基准，包括数据库备份、部分备份和文件备份。文件差异备份的基准备份可以包含在完整备份、文件备份或部分备份中。

3）部分备份

部分备份用于简单模式中，旨在提高对非常大的数据库（包含一个或多个只读文件组）进行备份的灵活性。部分备份在希望不包括只读文件组时非常有用。部分备份与完整备份类似，但部分备份不包含所有文件组。而对于读写数据库，部分备份包含主文件组、每个读写文件组以及（可选）一个或多个只读文件中的数据。只读数据库的部分备份仅包含主文件组。

4）事务日志备份

事务日志备份只备份事务日志里的内容。事务日志记录了上一次完整备份或事务日志备份后数据库的所有变动过程。事务日志记录的是某一段时间内的数据库变动情况，因此在进行事务日志备份之前，必须要进行完整备份。与差异备份类似，事务日志备份生成的文件较小、占用时间较短，但是在还原数据时，除了先要还原完整备份之外，还要依次还原每个事务日志备份，而不是只还原最后一个事务日志备份（这是与差异备份的区别）。

事务日志备份是以事务日志文件作为备份对象，相当于将数据库里的每一个操作都记录下来了。假设在 2012 年 1 月 1 日早上 8 点进行了完整备份后，到 1 月 2 日早上 8 点为止，数据库里的数据变动了 100 次，如果此时做了差异备份，那么差异备份记录的是第 100 次数据变动后的数据库状态，而如果此时做了事务日志备份，则备份的将是这 100 次的数据变动情况。

又如，在 2012 年 1 月 1 日早上 8 点进行了完整备份后，在 1 月 2 日和 1 月 3 日又进行了事务日志备份，那么在 1 月 2 日的事务日志备份里记录的是从 1 月 1 日到 1 月 2 日这一段时间里的数据变动情况，而在 1 月 3 日的事务日志备份里记录的是从 1 月 2 日到 1 月 3 日这一段时间里的数据变动情况。因此，如果要还原到 1 月 3 日的数据库状态，则需要先还原 1 月 1 日做的完整备份，再还原 1 月 2 日做的事务日志备份，最后还要还原 1 月 3 日所做的事务日志备份。

5）文件和文件组备份

如果在创建数据库时，为数据库创建了多个数据库文件或文件组，则可以使用文件和文件组备份方式。使用文件和文件组备份方式可以只备份数据库中的某些文件，该备份方式在数据库文件非常庞大时十分有效。由于每次只备份一个或几个文件或文件组，因此可以分多次来备份数据库，避免大型数据库备份的时间过长。另外，由于文件和文件组备份只备份其中一个或多个数据文件，因此当数据库里的某个或某些文件损坏时，可能只还原损坏的文件或文件组备份。

### 2. 备份计划

了解了数据库备份方式后，我们便可以针对自己的数据库利用以上方式来备份数据库。合理备份数据库需要考虑几方面，首先是数据安全，其次是备份文件大小，最后是做备份和还原能承受的时间范围。

例如，如果数据库里每天变动的数据量很小，可以每周（周日）做一次完整备份，以后的每天下班前做一次事务日志备份，那么一旦数据库发生问题，可以将数据恢复到前一天下班时的状态。当然，我们也可以在周日时做一次完整备份，周一到周六每天下班前做一次差异备份，这样一旦数据库发生问题，同样可以将数据恢复到前一天下班时的状态。只是一周的后几天做差异备份时，备份的时间和备份的文件都会随之增加。但这也有一个好处，在数据损坏时，只要恢复完整备份的数据和前一天差异备份的数据即可，不需要恢复每一天的事务日志备份，恢复的时间会比较短。

如果数据库里的数据变动得比较频繁，损失一个小时的数据都是十分严重的损失时，用以上的方式备份数据就不可行了，此时可以交替使用3种备份方式来备份数据库。例如，每天下班时做一次完整备份，在两次完整备份之间每隔八个小时做一次差异备份，在两次差异备份之间每隔一个小时做一次事务日志备份。如此一来，一旦数据损坏不仅可以将数据恢复到最近一个小时以内的状态，又能减少数据库备份数据的时间和备份数据文件的大小。

在上述内容中，我们提到当数据库文件过大不易备份时，可以分别备份数据库文件或文件组，将一个数据库分多次备份。在现实操作中，还有一种情况可以使用到数据库文件和文件组的备份。例如，在一个数据库中，某些表里的数据变动得很少，而某些表里的数据却经常改变，那么可以考虑将这些数据表分别存储在不同的文件或文件组里，然后通过不同的备份频率来备份这些文件和文件组。但使用文件和文件组来进行备份还原数据时也要分多次才能将整个数据库还原，所以除非数据库文件大到备份困难，否则不要使用该备份方式。

针对以上备份方案，数据还是可能会不完整。例如，我们昨天夜间12点做了完整备份，每隔一个小时做了一次事务日志备份，最后一次事务日志备份是今天中午12点，现在是今天中午12点10分，发现数据库数据遭到丢失或破坏，可最后一次事务日志备份是今天中午12点，如果我们此时将数据库恢复到12点，那么12点后至12点10分前没遭到破坏的操作数据将丢失（例如数据库有3张表，一张表的数据遭到破坏，其他两张表的数据被其他用户变动）。此时就要用到尾部日志备份，尾部日志备份原理是从最后一次事务日志备份的时间点开始，将之后的所有操作进行备份，还原时便可以找到12点后操作的正确数据了。需要注意的是，进行尾部日志备份时，将强制停止数据库，此时如果不停止数据库，则还有用户继续操作，尾部日志备份将失去意义。SQL Server中，如果用户最后一次备份事务日志后，对数据进行过改动，即发生过事务日志记录（也就是当前日志文件记录的日志序列号大于最后一次事务日志备份里记录的最大日志序列号，SQL Server 通过日志序列号来区分日志的记录），并尚未进行尾部日志备份，那么它会提示并要求用户必须先做尾部日志备份。

### 3. 备份操作的语法格式

1）完整与差异备份操作的语法格式

```
BACKUP DATABASE { database_name | @database_name_var }
    TO <backup_device> [,…n]
    [ <MIRROR TO clause> ][next-mirror-to]
    [WITH { DIFFERENTIAL
            | <general_WITH_options> [,…n]}][;]
 <backup_device>:: =
 {
    {logical_device_name | @logical_device_name_var }
    | {DISK | TAPE | URL} = { 'physical_device_name' | @physical_device_
name_var | 'NUL' }
 }
 <MIRROR TO clause>:: = MIRROR TO <backup_device> [,…n]
 <general_WITH_options> [,…n]:: =
    {COMPRESSION | NO_COMPRESSION }
    |DESCRIPTION = { 'text' | @text_variable }
    |NAME = { backup_set_name | @backup_set_name_var }
    |ENCRYPTION
    |{EXPIREDATE = { 'date' | @date_var }
    |RETAINDAYS = { days | @days_var } }
```

参数说明如下。

（1）database_name | @ database_name_var：需要备份的数据库名称或者数据库名称变量名。

（2）TO <backup_device> [, … n]：用于备份的介质集合。

（3）MIRROR TO <backup_device> [, … n]：指定一组辅助备份设备（最多3个）。MIRROR TO 子句和 TO 子句必须指定相同类型和数量的备份设备。最多可以使用 3 个 MIRROR TO 子句。此选项仅在 SQL Server 的 Enterprise 版中可用。

（4）DIFFERENTIAL：表示使用差异备份。

（5）{COMPRESSION | NO_COMPRESSION }：仅适用于 SQL Server 2008 Enterprise 和更高版本；指定是否对此备份执行备份压缩，覆盖服务器级默认设置。

（6）DESCRIPTION = { 'text' | @ text_variable }：指定备份集的说明描述。

（7）NAME = { backup_set_name | @ backup_set_name_var }：指定备份集的名称。

（8）EXPIREDATE = { 'date' | @ date_var }：指定备份集到期和允许被覆盖的日期。

（9）RETAINDAYS = { days | @ days_var }：指定必须经过多少天才可以覆盖该备份媒体集。

（10）ENCRYPTION：用于指定将备份加密。可指定加密备份所用的加密算法，或指定 NO_ENCRYPTION 以不加密备份。建议进行加密以帮助保护备份文件的安全。可指定的加密算法为 AES_128、AES_192、AES_256、TRIPLE_DES_3KEY、NO_ENCRYPTION。

2）部分与部分差异备份操作的语法格式

```
BACKUP DATABASE { database_name | @database_name_var }
    READ_WRITE_FILEGROUPS [ , < read_only_filegroup > [ ,…n]]
    TO < backup_device > [ ,…n]
    [ <MIRROR TO clause > ][next-mirror-to]
    [WITH { DIFFERENTIAL | < general_WITH_options > [ ,…n]}][ ;]
```

参数说明如下。

（1）READ_WRITE_FILEGROUPS [ , < read_only_filegroup > [ , … n]]：表示进行部分备份。

（2）DIFFERENTIAL：该选项与 READ_WRITE_FILEGROUPS 一起使用，表示进行部分差异备份。

其余参数说明同上。

3）事务日志备份操作的语法格式

```
BACKUP LOG { database_name | @database_name_var }
    TO < backup_device > [ ,…n]
    [ <MIRROR TO clause > ][next-mirror-to]
    [WITH { < general_WITH_options > | < log-specific_optionspec >
} [ ,…n]] [ ;]
```

参数说明：除 BACKUP LOG 命令外，命令中的其余参数同上。

4）文件与文件组备份操作的语法格式

```
BACKUP DATABASE { database_name | @database_name_var }
    < file_or_filegroup > [ ,…n]
    TO < backup_device > [ ,…n]
    [ <MIRROR TO clause > ][next-mirror-to]
    [WITH { DIFFERENTIAL | < general_WITH_options > [ ,…n]}][ ;]
```

参数说明如下：

file_or_filegroup：只能与 BACKUP DATABASE 一起使用，用于指定某个数据库文件或文件组包含在文件备份中，或指定某个只读文件或文件组包含在部分备份中。除 file_ or_ file-group 参数外，其余参数同上。

**4. 实例**

1）备份操作实例 1

```
USE master;
GO
ALTER DATABASE [产品供销管理系统]
SET RECOVERY FULL;
```

例 9-5：向备份设备 mydiskdump_full 中添加一次完整备份。具体实现语句如下：

```
BACKUP DATABASE [产品供销管理系统] TO mydiskdump_full
WITH NAME ='PSS_FullBackup_202104211057',INIT;
```

-- 先删除部分数据以完成备份操作,方便查看数据还原情况
USE [产品供销管理系统]
GO
ALTER TABLE [dbo].[客户备份表] ADD CONSTRAINT PK_客户备份表
PRIMARY KEY([客户 ID])
GO
DELETE FROM [dbo].[客户备份表]
WHERE [客户 ID] LIKE 'WOLZ[BCD]'
GO
SELECT * FROM [dbo].[客户备份表]
ORDER BY [客户 ID] DESC
GO

**例 9 - 6**：向备份设备 mydiskdump_log 中添加一次完整备份, 本次参数使用 TO logical_device_name, 即 mycliskdump_log。具体实现语句如下：

BACKUP DATABASE [产品供销管理系统] TO mydiskdump_log
WITH NAME ='PSS_FullLogBackup_202104211258',INIT,FORMAT;
 -- 测试数据:第一次事务日志备份操作完成前,完成第一次数据修改
insert into [dbo].[客户备份表]
values('WOLZB','中兴电科','张先生','物主','高新区 45 号','福州','华东','350001',
'中国','(0591)8356129',null)

**例 9 - 7**：向备份设备 mydiskdump_log 中添加第一次事务日志备份, 本次参数使用 TO DISK。具体实现语句如下：

BACKUP Log [产品供销管理系统]
TO DISK ='C:\MyDataBase\BackUp\diskdump_log.bak'
WITH NAME ='PSS_LogBackup_202104211150';
 -- 测试数据:第一次事务日志备份操作完成后,完成第二次数据修改
insert into [dbo].[客户备份表]
values('WOLZC','华为集团','李先生','销售代表','高新区 46 号','福州','华东','350001',
'中国','(0591)8356130',null)

**例 9 - 8**：向备份设备 mydiskdump_log 中添加第二次事务日志备份, 本次参数使用 TO DISK。具体实现语句如下：

BACKUP Log [产品供销管理系统]
TO DISK ='C:\MyDataBase\BackUp\diskdump_log.bak'
WITH NAME ='PSS_LogBackup_202104211202';
 -- 测试数据:第二次事务日志备份操作完成后,完成第三次数据修改
update [dbo].[客户备份表]
set [联系人姓名] ='王先生'
where [客户 ID] ='WOLZC'

**例 9 - 9**：向备份设备 mydiskdump_full 中添加差异备份, 本次参数使用 TO DISK。具体实现语句如下：

BACKUP DATABASE [产品供销管理系统]

TO DISK ='C：\MyDataBase \BackUp \diskdump_full.bak'

WITH DIFFERENTIAL,NAME ='PSS_DiffBackup_201104232053'

上述备份操作先完成一次完整备份，接着完成两次事务日志备份，最后完成一次差异备份。其操作结果如图9-9所示。

| 名称 | 类型 | 组件 | 服务器 | 数据库 | 位置 | 开始日期 | 完成日期 | 第一个… | 最后一 |
|---|---|---|---|---|---|---|---|---|---|
| PSS_FullBacku… | 数据库 | 完整 | DESK… | 产品… | 1 | 2021… | 2021… | 5400… | 5400 |
| | 数据库 | 差异 | DESK… | 产品… | 2 | 2021… | 2021… | 5400… | 5400 |

| 名称 | 类型 | 组件 | 服务器 | 数据库 | 位置 | 开始日期 | 完成日期 | 第一个… | 最后一 |
|---|---|---|---|---|---|---|---|---|---|
| PSS_FullLOGBackup_2… | 数据库 | 完整 | DESK… | 产品… | 1 | 2021… | 2021… | 5400… | 5400. |
| PSS_LogBackup_20210… | | 事务日志 | DESK… | 产品… | 2 | 2021… | 2021… | 5400… | 5400. |
| PSS_LogBackup_20210… | | 事务日志 | DESK… | 产品… | 3 | 2021… | 2021… | 5400… | 5400. |

图9-9　备份操作实例1结果

2）备份操作实例2

例9-10：向备份设备 mydiskdump_filegroup 中添加备份，本次参数使用 disk。具体语句如下：

EXEC sp_adddumpdevice 'disk', 'mydiskdump_filegroup', 'C：\MyDataBase \BackUp \diskdump_filegroup.bak';

GO

BACKUP DATABASE [产品供销管理系统]

FileGroup = 'Primary'　　-- 数据文件组的逻辑名

TO mydiskdump_filegroup

WITH NAME ='PSS_FileGroupBackup_202104232215',init;

其操作结果如图9-10所示。

| 名称 | 类型 | 组件 | 服务器 | 数据库 | 位置 | 开始日期 | 完成日期 | 第一个… | 最后 |
|---|---|---|---|---|---|---|---|---|---|
| PSS_FileGro… | 文件 | 完整 | DESK… | 产品… | 1 | 2021… | 2021… | 5400… | 540 |

图9-10　备份操作实例2结果

## 9.4.4　SQL Server 备份信息的查看

### 1. 相关概念

（1）介质集又称媒体集，指包含一个或多个备份介质的集合的备份。介质集是备份介质（磁带或磁盘文件）的有序集合，使用固定类型和数量的备份设备向其写入一个或多个备份操作。介质集是在备份操作过程中通过格式化备份介质从而在备份介质（或备份媒体）上创建的。设置格式后，每个文件或磁带都包含介质集的介质标头，可以开始接收备份内容。有了标头后，备份操作会将指定数据备份到为该操作指定的所有备份设备的备份介质中。

（2）介质簇，又称媒体簇，由在介质集中的单个非镜像设备或一组镜像设备上创建的备份构成。介质集所使用的备份设备的数量决定了介质集中的介质簇的数量。例如，如果介质集使用两个非镜像设备，则该介质集包含两个介质簇。

（3）备份集，成功的备份操作将向介质集中添加一个备份集。从备份所属的介质集方面对备份集进行说明。如果备份介质只包含一个介质簇，则该簇包含整个备份集。如果备份介质包含多个介质簇，则备份集分布在各个介质簇之间。在每个介质上，备份集都包含说明备份集的标头。

介质集举例

介质簇举例

备份集举例

### 2. BACKUP 语句中的相关参数

```
< Media Set Options > :: =
    {NOINIT | INIT }
    | {NOSKIP | SKIP }
    | {NOFORMAT | FORMAT }
    |MEDIADESCRIPTION = {text | @text_variable }
    |MEDIANAME = { media_name | @media_name_variable }
```

参数说明如下。

（1）{NOINIT｜INIT}：用于控制备份操作是追加到还是覆盖备份介质中的现有备份集，默认为追加到介质中最新的备份集（NOINIT）。

（2）{NOSKIP｜SKIP}：用于控制备份操作是否在覆盖介质中的备份集之前检查它们的过期日期和时间。NOSKIP 指示 BACKUP 语句在可以覆盖介质上的所有备份集之前先检查它们的过期日期，此选项为默认行为。

（3）{NOFORMAT｜FORMAT}：用于指定是否应该在用于此备份操作的卷上写入介质标头（如果是一样标头的备份，那么合起来就是一个介质集），以覆盖任何现有的介质标头和备份集。NOFORMAT 选项为默认行为。使用该选项的备份操作，对于原来的介质卷不做格式化，直接使用原来的介质标头和备份集信息。需谨慎使用 FORMAT，格式化介质集的任何一个卷都将使整个介质集不可用。

（4）MEDIADESCRIPTION = { text ｜ @ text\_variable }：指定介质集的描述说明。

（5）MEDIANAME = { media_name ｜ @ media\_name\ _variable}：指定整个备份介质集的名称。

SQL Server 备份信息查看的具体实例见二维码。

例 9 – 11 ~ 例 9 – 19

## 9.4.5　SQL Server 的还原操作

用户执行的数据库还原操作是指系统出现故障时，由系统管理员或数据库所有者从数据库备份和日志备份中还原系统或用户数据库。数据库的备份权限可以由数据库所有者授予其他用户，但还原操作权限不能授予他人。

### 1. 还原操作的准备工作

1）检索备份信息

（1）首先使用系统存储过程 sp_helpdevice 查看都有哪些备份设备。

（2）其次使用 restore headeronly from ＜备份设备＞命令查看备份头信息。

（3）最后使用 restore filelistonly from ＜备份设备＞命令查看备份设备中的文件信息。

2）断开用户和要还原数据库的连接

还原数据前，系统管理员应当断开准备恢复的数据库和客户端应用程序之间的一切连接，并且执行还原操作的管理员也必须更改数据库连接到主数据库，否则不能启动还原进程。

3）备份事务日志

在执行任何还原操作之前，如果用户备份事务日志，则有助于保证数据的完整性，可以作为还原工作中的最后一步，使用日志备份来还原数据库。如果用户在还原之前不备份事务日志，那么用户将丢失从最近一次数据库备份到数据库和客户断开之间的数据更新。

4）确定还原操作人员的权限

在 SQL Server 中，具有下列角色的成员具有还原操作的权限（还原操作权限不能授予其他人员）。

（1）固定的服务器角色 sysadmin（系统管理员）。

（2）固定的数据库角色 db_owner（数据库所有者）。

（3）固定的数据库角色 db_creator（数据库创建者）。

### 2. 还原操作的语法格式

1）数据库还原操作的语法格式

```
RESTORE DATABASE｛database_name｜@database_name_var｝
    ＜files_or_filegroups＞[,…n]
    [FROM ＜backup_device＞[,…n]]
    [WITH
        ｛
            [RECOVERY｜NORECOVERY｜STANDBY =
                ｛standby_file_name｜@standby_file_name_var｝]
            |,＜general_WITH_options＞[,…n]
            |,＜point_in_time_WITH_options－RESTORE_DATABASE＞
        ｝[,…n]][;]
＜files_or_filegroups＞:: =
    ｛FILE =｛logical_file_name_in_backup｜@logical_file_name_in_
backup_var｝
        |FILEGROUP =｛logical_filegroup_name｜@logical_filegroup_
name_var｝
        |READ_WRITE_FILEGROUPS
    ｝
＜general_WITH_options＞[,…n]:: =
    MOVE 'logical_file_name_in_backup' TO 'operating_system_file_name'
[,…n]
```

```
|REPLACE
|RESTART
|FILE = { backup_set_file_number | @backup_set_file_number }
|PASSWORD = { password | @password_variable }
```

<point_in_time_WITH_options - RESTORE_DATABASE >::= { STOPAT = {datetime | @datetime_var } }

参数说明如下。

（1）NORECOVERY：指出在执行数据库恢复后不回滚未提交的事务。

（2）RECOVERY：与 NORECOVERY 作用相反，它要求在执行数据库还原操作时，回滚未提交的事务，其为默认设置。

（3）STANDBY = {standby_file_name | @ standby_file_name_var}：指定一个允许撤销还原效果的备用文件。也就是说，在还原时，将未提交的事务写入一个备用文件，然后回滚未提交的事务，保证数据的一致性，将数据库设置为"备用/只读"状态，使用户可以访问数据库，并能在后续继续使用日志备份来还原数据库。

（4）MOVE 'logical_file_name_in_backup' TO 'operating_system_file_name'：将 logical_file_name_in_backup 数据文件移动到 operating_system_file_name 参数指定的文件位置。默认时，logical_file_name_in_backup 被恢复到它原来的位置。使用 MOVE 参数可以将指定的数据文件恢复到同一个服务器的不同位置，或其他服务器中。

（5）REPLACE：关闭数据库恢复操作前的安全检查，重新建立所有的数据库及其相关文件，无论与其同名的数据库文件是否存在。未指定 REPLACE 选项时，RESTORE DATA-BASE 语句在恢复数据库前要执行安全检查。如果发现下列情况，那么它将放弃数据库恢复操作：服务器上存在同名的数据库；数据库名称与备份集中记录的数据库名称不同。

（6）RESTART：要求 RESTORE 语句从上次中断点开始重新执行被中断的恢复操作。这样能够节省时间。使用 RESTART 选项时，RESTORE 语句的其他参数设置应与上次恢复时一样。

（7）FILE = { backup_set_file_number | @ backup_set_file_number }：在一个备份介质上，可能存在多个备份集合数据，使用 FILE 参数指出恢复数据库时所使用的是哪次备份集合数据。例如，file_number = 3 说明使用在介质上的第三次备份所产生的备份数据，即 9.4.4 小节中查看备份操作信息中的 position 字段值。

（8）STOPAT = {date_time | @ date_time_var}：说明 RESTORE 语句只恢复指定日期和时间之前的数据库内容，这一选项只适用于从日志备份中恢复数据库。

2）日志还原操作的语法格式

```
RESTORE LOG { database_name | @ database_name_var }
    [ <file_or_filegroup_or_pages > [,…n]]
    [FROM <backup_device > [,…n]]
    [WITH
        {
            [RECOVERY | NORECOVERY | STANDBY =
                {standby_file_name | @ standby_file_name_var }]
            |, <general_WITH_options > [,…n]
            |, <point_in_time_WITH_options - RESTORE_LOG >
        }
```

```
    [,…n]
  ][;]
```

参数说明：基本同上。

3）还原文件或文件组操作的语法格式

```
RESTORE DATABASE { database_name | @ database_name_var }
    < file_or_filegroup > [,…n]
    [FROM < backup_device > [,…n]]
    WITH { [RECOVERY | NORECOVERY]
    [, < general_WITH_options > [,…n]]
} [,…n][;]
```

参数说明：基本同上。

**3. 实例**

**例 9 – 20**：从完整备份 PSS_FullBackup_202104211057 中恢复"产品供销管理系统"数据库。具体实现语句如下：

```
RESTORE DATABASE 产品供销管理系统
FROM [mydiskdump_full]
WITH RECOVERY
```

还原结果如图 9 – 11 所示。

| | 客户ID | 公司名称 | 联系人姓名 | 联系人职务 | 地址 | 城市 | 地区 | 邮政编码 | 国家 | 电话 | 传真 |
|---|---|---|---|---|---|---|---|---|---|---|---|
| 1 | WOLZD | 永辉集团 | 何女士 | 销售代表 | 高新区47号 | 福州 | 华东 | 350001 | 中国 | (0591)8356131 | NULL |
| 2 | WOLZC | 华为集团 | 王先生 | 销售代表 | 高新区46号 | 福州 | 华东 | 350001 | 中国 | (0591)8356130 | NULL |
| 3 | WOLZB | 中兴电科 | 张先生 | 物主 | 高新区45号 | 福州 | 华东 | 350001 | 中国 | (0591)8356129 | NULL |
| 4 | WOLZA | 汉典电机 | 刘先生 | 物主 | 潼关路 41 号 | 天津 | 华北 | 421008 | 中国 | (030) 56427012 | (030) 56427012 |

**图 9 – 11　第一次完整备份还原后的结果**

**例 9 – 21**：从第一次日志备份 PSS_LogBackup_202104211150 中恢复数据。具体实现语句如下：

```
USE master
GO
RESTORE DATABASE 产品供销管理系统  -- 要完成日志备份还原,先要进行完整备份还原
FROM [mydiskdump_log]
WITH FILE =1, -- FILE =1 使用的是[mydiskdump_log]中 position =1,即第一
```
次的完整备份操作
```
    NORECOVERY,                         -- 在还原操作最后再使用 RECOVERY,这里只
能设置为 NORECOVERY
    REPLACE                             -- 由于例 9 –20 完成一次数据库操作,日志
文件有更新,需要备份完才能再次进行还原操作
                                        -- 在这里,不备份日志文件,故直接使用 REPLACE
参数完成还原覆盖
    GO
RESTORE LOG 产品供销管理系统            -- 完成第一次日志备份还原
FROM [mydiskdump_log]
```

```
        WITH FILE=2,                    -- FILE=2 使用的是[mydiskdump_log]中
position=2,即第一次的日志备份操作
        RECOVERY,                       -- 在还原操作最后使用 RECOVERY
        REPLACE
```

还原结果如图 9 – 12 所示。

| | 客户ID | 公司名称 | 联系人姓名 | 联系人职务 | 地址 | 城市 | 地区 | 邮政编码 | 国家 | 电话 | 传真 |
|---|---|---|---|---|---|---|---|---|---|---|---|
| 1 | WOLZB | 中兴电科 | 张先生 | 物主 | 高新区45号 | 福州 | 华东 | 350001 | 中国 | (0591)8356129 | NULL |
| 2 | WOLZA | 汉典电机 | 刘先生 | 物主 | 潼关路 41 号 | 天津 | 华北 | 421008 | 中国 | (030) 56427012 | (030) 56427012 |

图 9 – 12　第一次日志备份还原后的结果

**例 9 – 22：** 从差异备份 PSS_DiffBackup_202104232053 中恢复数据。具体实现语句如下：

```
USE master
GO
RESTORE DATABASE 产品供销管理系统        -- 要完成差异备份还原,先要进行完整备份还原
FROM [mydiskdump_log]
    WITH FILE=1,                        -- FILE=1 使用的是[mydiskdump_log]中
position=1,即第一次的完整备份操作
                                        -- 注意:完整备份要还原到差异备份最近的一次
        NORECOVERY,                     -- 在还原操作最后再使用 RECOVERY,这里只
能设置为 NORECOVERY
        REPLACE                         -- 由于例 9 – 21 完成一次数据库操作,日志
文件有更新,需要备份完才能再次进行还原操作
                                        -- 在这里,不备份日志文件,故直接使用 REPLACE
参数完成还原覆盖
        GO
RESTORE DATABASE 产品供销管理系统        -- 完成第一次日志备份还原
FROM [mydiskdump_full]
    WITH FILE=2,                        -- FILE=2 使用的是[mydiskdump_full]
中 position=2,即第一次的日志备份操作
        RECOVERY,                       -- 在还原操作最后使用 RECOVERY
        REPLACE
```

还原结果如图 9 – 13 所示。

| | 客户ID | 公司名称 | 联系人姓名 | 联系人职务 | 地址 | 城市 | 地区 | 邮政编码 | 国家 | 电话 | 传真 |
|---|---|---|---|---|---|---|---|---|---|---|---|
| 1 | WOLZC | 华为集团 | 王先生 | 销售代表 | 高新区46号 | 福州 | 华东 | 350001 | 中国 | (0591)8356130 | NULL |
| 2 | WOLZB | 中兴电科 | 张先生 | 物主 | 高新区45号 | 福州 | 华东 | 350001 | 中国 | (0591)8356129 | NULL |
| 3 | WOLZA | 汉典电机 | 刘先生 | 物主 | 潼关路 41 号 | 天津 | 华北 | 421008 | 中国 | (030) 56427012 | (030) 56427012 |

图 9 – 13　第一次差异备份还原后的结果

**例 9 – 23：** 从文件组备份 PSS_FileGroupBackup_202104232215 中恢复数据。具体实现语句如下：

```
USE master
GO
```

```
RESTORE DATABASE 产品供销管理系统
FILE ='产品代销管理系统'                          -- 注意:还原数据文件时应该使用与备份时相
同的逻辑文件名称
FROM [mydiskdump_filegroup]
WITH FILE =1,                                    -- FILE =1 使用的是[mydiskdump_file-
group]中 position =1,即第一次的文件组备份操作
                                                 -- 注意:完整备份要还原到差异备份最近的一次
    RECOVERY,                                    -- 在还原操作最后使用 RECOVERY,这里只能
设置为 NORECOVERY
    REPLACE                                      -- 由于例 9 - 22 完成一次数据库操作,日志
文件有更新,需要备份完才能再次进行还原操作
                                                 -- 在这里,不备份日志文件,故直接使用 REPLACE
参数完成还原覆盖
```

还原结果如图 9 – 14 所示。

| | 客户ID | 公司名称 | 联系人姓名 | 联系人职务 | 地址 | 城市 | 地区 | 邮政编码 | 国家 | 电话 | 传真 |
|---|---|---|---|---|---|---|---|---|---|---|---|
| 1 | WOLZD | 永辉集团 | 何女士 | 销售代表 | 高新区47号 | 福州 | 华东 | 350001 | 中国 | (0591)8356131 | NULL |
| 2 | WOLZC | 华为集团 | 王先生 | 销售代表 | 高新区46号 | 福州 | 华东 | 350001 | 中国 | (0591)8356130 | NULL |
| 3 | WOLZB | 中兴电科 | 张先生 | 物主 | 高新区45号 | 福州 | 华东 | 350001 | 中国 | (0591)8356129 | NULL |
| 4 | WOLZA | 汉典电机 | 刘先生 | 物主 | 潼关路 41 号 | 天津 | 华北 | 421008 | 中国 | (030) 56427012 | (030) 56427012 |

图 9 –14　第一次文件组备份还原后的结果

**例 9 – 24**:如果例 9 – 20 正在用备份设备 mydiskdump_full 恢复数据库时突然断电,现重新启动服务器接着完成恢复工作。具体实现语句如下:

```
RESTORE DATABASE 产品供销管理系统
FROM [mydiskdump_full]
WITH RECOVERY,RESTART
```

# 9.5　Oracle 数据库备份恢复机制

## 9.5.1　Oracle 的备份

Oracle 的备份就是创建一个数据库副本到磁盘,其从不同角度可以有以下分类。

### 1. 从物理角度与逻辑角度分类

(1) 物理备份:对数据库操作系统的物理文件(如数据文件、控制文件和日志文件等)的备份。物理备份可以分成以下两种。

①脱机备份,又称冷备份。脱机备份是在关闭数据的时候进行的,数据库处于静止状态下,将所有数据库文件复制到另一个磁盘。

②联机备份,又称热备份。联机备份是在数据库运行过程中进行的,数据库必须运行在归档日志模式下。

（2）逻辑备份：利用 Oracle 提供的导出工具，对数据库逻辑组件（如表和存储过程等数据对象）的备份。

### 2. 从数据库的备份策略角度分类

（1）完全备份：每次对数据进行完全备份后，将构成 Oracle 数据库的全部数据库文件、在线日志文件和控制文件的一个操作系统备份。完全备份是在数据库正常关闭之后进行的，在此时，所有构成数据库的全部文件是关闭的，并与当前点一致。在数据库打开时不能进行完全备份。由完全备份得到的数据文件在任何类型的介质恢复模式中都是有用的。

（2）增量备份：只有那些在上次完全备份或者增量备份后被修改的文件才会被备份，例如单个表空间中全部数据文件完全备份后对其中的单个数据文件或控制文件进行增量备份。其优点是备份数据量小，需要的时间短；缺点是恢复的时候需要依赖之前的备份记录，出问题的风险较大。

（3）差异备份：备份那些从上次完全备份之后被修改过的文件。从差异备份中恢复数据的时间较短，因为其只需要两份数据，即最后一次完全备份和最后一次差异备份，缺点是每次备份的时间较长。

## 9.5.2　Oracle 的恢复策略

恢复就是指发生故障后，利用已备份的各种文件，将数据库恢复到故障时刻的状态或恢复到故障时刻之前的某个一致状态，重新建立一个完整的数据库。

### 1. Oracle 数据库的恢复过程

Oracle 数据库的恢复实际包含以下两个过程。

（1）数据库修复（Database Restore）：利用备份的数据库文件替换已经损坏的数据库文件，将损坏的数据库文件恢复到备份时刻的状态。该操作主要是在操作系统级别上完成的。

（2）数据库恢复（Database Recovery）：数据库例程恢复中的两个重要操作是前滚和回滚。其中前滚是执行联机重写日志来使备份更接近当前状态，而回滚是还原未提交事务中的修改。

数据库恢复时首先利用数据库的归档重做日志文件、联机重做日志文件，采用前滚技术重做备份以后所有的事务；最后利用回滚技术取消发生故障时已写入重做日志文件但没有提交的事务，将数据库恢复到某个一致状态。

### 2. Oracle 数据库的恢复分类

根据数据库恢复时使用的备份不同分类如下。

（1）物理恢复：利用物理备份来恢复数据库，即利用物理备份文件恢复损毁文件，其是在操作系统级别上进行的。

（2）逻辑恢复：利用逻辑备份的二进制文件，使用 Oracle 提供的导入工具（如 Impdp、Import）将部分或全部信息重新导入数据库，恢复损毁或丢失的数据。

根据数据库恢复程度的不同分类如下。

（1）完全恢复：使用 SQL 恢复命令应用归档日志和重做日志将数据文件恢复到最接近当前时间的时间点。这种恢复是通过装载数据库备份并应用所有的重做日志做到的。

（2）不完全恢复：将数据库恢复到数据库失败前的某一时刻的状态。这种恢复是通过

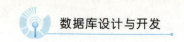

装载数据库备份并应用部分的重做日志做到的。在不完全恢复后，必须在启动数据库时用 RESETLOGS 选项重设联机重做日志。

# 9.6　Oracle 的备份与恢复操作

## 9.6.1　Oracle 的物理备份

### 1. 脱机备份

脱机备份又称冷备份，是数据库文件的物理备份，需要在数据库关闭状态下进行。脱机备份要备份的文件包括所有数据文件、控制文件、联机重做日志文件、init.ora 文件和 SPFILE 文件（可选）。这些文件构成一个数据库关闭时的完整映像。

**例 9 – 25**：把"产品供销管理系统"数据库的所有数据文件、重做日志文件和控制文件都备份。具体步骤如下。

（1）通过数据字典，查询当前数据库所有数据文件、控制文件、联机重做日志文件，初始化参数文件的位置。

① 以 SYSDBA 身份登录 Oracle。

```
SQL > conn SYS as SYSDBA
```

② 查询数据文件的信息。

```
SQL > SELECT file_id, file_name,tablespace_name,bytes
    FROM dba_data_files
      ORDER BY file_id;
```

③ 查看数据库中临时文件的分布情况。

```
SQL > SELECT file_id, file_name,tablespace_name
    FROM dba_temp_files
      ORDER BY file_id;
```

查询结果如图 9 – 15 所示。

```
SQL> SELECT file_id, file_name,tablespace_name,bytes
  2  FROM dba_data_files
  3  ORDER BY file_id;

 FILE_ID FILE_NAME                                          TABLESPACE_NAME               BYTES
-------- -------------------------------------------------- ---------------        ------------
       1 C:\APP\312_1\ORADATA\ORCL\SYSTEM01.DBF             SYSTEM                   723517440
       2 C:\APP\312_1\ORADATA\ORCL\SYSAUX01.DBF             SYSAUX                   513802240
       3 C:\APP\312_1\ORADATA\ORCL\UNDOTBS01.DBF            UNDOTBS1                  89128960
       4 C:\APP\312_1\ORADATA\ORCL\USERS01.DBF              USERS                     5242880
       5 C:\APP\312_1\ORADATA\ORCL\EXAMPLE01.DBF            EXAMPLE                 104857600
       6 G:\CPGL\CPGLDF1.DBF                                CPGXGL_TBS               20971520
       7 G:\CPGL\CPGLDF2.DBF                                CPGXGL_TBS               20971520

已选择7行。

SQL> SELECT file_id, file_name,tablespace_name
  2  FROM dba_temp_files
  3  ORDER BY file_id;

 FILE_ID FILE_NAME                                          TABLESPACE_NAME
-------- -------------------------------------------------- ---------------
       1 C:\APP\312_1\ORADATA\ORCL\TEMP01.DBF               TEMP
       2 G:\CPGL\CPGLDFTEMP1.DBF                            CPGXGLTEMP_TBS
```

图 9 – 15　数据文件和临时文件的查询信息

④查看数据库中控制文件的分布情况。

SQL＞SELECT *

　　　FROM V$CONTROLFILE;

⑤查看数据库中日志文件的分布情况。

SQL＞SELECT GROUP#,TYPE,MEMBER

　　　FROM V$LOGFILE

　　　ORDER BY GROUP#;

⑥查看数据库中参数文件 SPFILE 的分布情况。

SQL＞SHOW PARAMETER SPFILE;

查询结果如图9-16所示。

```
SQL> SELECT *
  2  FROM V$CONTROLFILE;

STATUS   NAME                                                        IS_ BLOCK_SIZE FILE_SIZE_BLKS
-------  ----------------------------------------------------------  --- ---------- --------------
         C:\APP\312_1\ORADATA\ORCL\CONTROL01.CTL                     NO       16384            594
         C:\APP\312_1\FLASH_RECOVERY_AREA\ORCL\CONTROL02.CTL         NO       16384            594

SQL> SELECT GROUP#,TYPE,MEMBER
  2  FROM V$LOGFILE
  3  ORDER BY GROUP#;

    GROUP# TYPE    MEMBER
---------- ------- ----------------------------------------------------
         1 ONLINE  C:\APP\312_1\ORADATA\ORCL\REDO01.LOG
         2 ONLINE  C:\APP\312_1\ORADATA\ORCL\REDO02.LOG
         3 ONLINE  C:\APP\312_1\ORADATA\ORCL\REDO03.LOG

SQL> SHOW PARAMETER SPFILE;

NAME                                 TYPE        VALUE
------------------------------------ ----------- ------------------------------
spfile                               string      C:\APP\312_1\PRODUCT\11.2.0\DB
                                                 HOME_1\DATABASE\SPFILEORCL.ORA
```

图9-16　控制文件、日志文件、参数文件的查询信息

（2）修改数据库的归档模式为 NOARCHIVELOG：如果归档模式是 ARCHIVELOG，则修改为 NOARCHIVELOG；否则不用修改。

SQL＞SELECT open_mode FROM V$database;

SQL＞SHUTDOWN IMMEDIATE

SQL＞STARTUP MOUNT　　　----MOUNT 状态下才能修改归档模式

SQL＞ALTER DATABASE NOARCHIVELOG;

（3）正常关闭要备份的实例。

SQL＞conn sys as sysdba

SQL＞SHUTDOWN IMMEDIATE

（4）备份数据库：使用操作系统的备份工具，备份 Oracle_base\oradata 目录下所有的数据文件、重做日志文件、控制文件和参数文件，同时备份 Oracle_base\flash_recovery_area 目录下所有文件。具体格式如下：

SQL＞HOST COPY 原文件名称 目标路径名称

（5）启动数据库。

SQL＞STARTUP

脱机备份需要注意以下几点。单独使用时，只能提供到"某一个时间点"的恢复；脱

机备份过程中，数据库必须是关闭的；复制文件的速度受存储设备的影响；不能按表或按用户恢复。

### 2. 联机备份

联机备份即热备份，它是在数据库处于开放状态下对数据库进行的备份，即备份的同时数据库仍然可用。联机备份可在表空间或数据库文件级备份，备份时间短；可对几乎所有数据库实体做恢复，恢复时可以达到秒级恢复，大多数情况下恢复的同时数据库也仍然可用。

数据库的联机备份也是通过操作系统复制命令来实现的。联机备份要求数据库运行在 ARCHIVELOG 方式下。当 Oracle 运行在 ARCHIVELOG 方式时，ARCH 后台进程重写重做日志文件前将复制每个重做日志文件。

注意：联机备份时需要特别仔细小心，不允许"以失败告终"，否则后果严重。

联机备份步骤如下。

（1）以归档（ARCHIVELOG）方式运行数据库。

进行联机备份既可以使用 PL/SQL 语句也可以使用备份向导，但都要求数据库运行在 ARCHIVELOG 方式下。

①以 SYSDBA 身份和数据库相连。

SQL > conn SYSTEM as SYSDBA

②使数据库运行在 ARCHIVELOG 方式下。

SQL > SHUTDOWN IMMEDATE

SQL > STARTUP MOUNT

SQL > ALTER DATABASE ARCHIVELOG;

注意：如果遇到错误 ORA － 00265：要求实例恢复，则无法设置 ARCHIVELOG 模式。解决方案如下。

SQL > SHUTDOWN ABORT

SQL > STARTUP RESTRICT        -- 以限制方式打开数据库

SQL > SHUTDOWN               -- 以正常方式关闭数据库

SQL > STARTUP MOUNT          -- 再次打开数据库

③显示当前数据库的 ARCHIVELOG 状态。

SQL > ARCHIVELOG LIST

④打开数据库。

SQL > ALTER DATABASE OPEN;

（2）逐个表空间备份数据文件。

①使需要备份的表空间处于备份状态。

SQL > ALTER TABLESPACE tablespace_name BEGIN BACKUP;

②在操作系统中把表空间所有对应的数据文件备份到存储设备上。如果表空间有多个数据文件，则不能丢失其中的任何一个文件，否则数据库恢复时会有麻烦。也可以使用 host 命令复制数据。

③使用需要备份的表空间结束表空间的备份模式。

SQL > ALTER TABLESPACE tablespace_name END BACKUP;

（3）备份控制文件。

当数据库结构发生变化时，如创建或删除表空间、添加数据文件、重做日志文件等，应该备份数据库的控制文件。进行备份的操作步骤如下。

①将控制文件备份为二进制文件。

SQL＞ALTER DATABASE BACKUP CONTROLFILE TO

'D：\ORADATA \BUCKUPFILE \CONTROL.BKP'；

正常情况下，数据库会提示"数据库已更改"。

②将控制文件备份为文本文件。

SQL＞ALTER DATABASE BACKUP CONTROLFILE TO TRACE；

正常情况下，数据库会提示"数据库已更改"。

（4）备份其他文件。

备份的操作步骤如下。

①归档当前的联机重做日志文件。

SQL＞ALTER SYSTEM ARCHIVE LOG CURRENT；

正常情况下，数据库会提示"数据库已更改"。

②备份归档重做日志文件，将所有的归档重做日志文件复制到备份磁盘中。

③备份初始化参数文件，将初始化参数文件复制到备份磁盘中。

联机备份必须注意以下几点：忘记执行 BEGIN BACKUP，备份出来的数据文件无法使用；忘记执行 END BACKUP，表空间的数据文件的时间点将不一致，必须进行恢复；表空间备份时间不能太长，否则内存可能非常紧张。

例9－26：对"产品供销管理系统"数据库的表空间 CPGXGL_tbs 进行备份。

（1）查看数据库是否处于归档模式，如果不是，则修改成归档模式。

SQL＞conn SYSTEM as SYSDBA

SQL＞ARCHIVELOG LIST

SQL＞SHUTDOWN IMMEDIATE

SQL＞STARTUP MOUNT

SQL＞ALTER DATABASE ARCHIVELOG；

（2）查看数据库中的表空间文件。

SQL＞SELECT file_id, file_name,tablespace_name,bytes

　　　FROM dba_data_files

　　　ORDER BY tablespace_name；

（3）使数据库表空间 CPGXGL_tbs 处于联机备份状态。

SQL＞ALTER TABLESPACE CPGXGL_tbs BEGIN BACKUP；

（4）联机备份表空间文件。直接将表空间数据文件复制到另一个目录中进行备份，可以在操作系统中直接复制，也可以通过以下命令复制。

SQL＞host xcopy C:\app \Administrator \product \11.2.0 \dbhome_1 \database\CPGLdf1.dbf

　　　D:\ORADATA \BUCKUPFILE \CPGLdf1.dbf

SQL＞host xcopy C:\app \Administrator \product \11.2.0 \dbhome_1 \data-

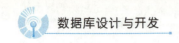

```
base\CPGLdf2.dbf
        D:\ORADATA\\BUCKUPFILE\CPGLdf2.dbf
```

（5）复制完成后使用如下命令完成数据的备份，结束表空间的备份模式。

`SQL > ALTER TABLESPACE CPGXGL_tbs END BACKUP;`

正常情况下，数据库会提示"表空间已更改"。

## 9.6.2　Oracle 的物理恢复

若数据库处于打开状态，则只能恢复表空间或数据库文件。要恢复整个数据库，数据库必须处于装载状态。

非归档模式下数据库的恢复主要指利用非归档模式下的脱机备份文件恢复数据库。非归档模式下的数据库恢复是不完全恢复，只能将数据库恢复到最近一次完全脱机备份的状态。

归档模式下数据库的完全恢复是指归档模式下一个或多个数据文件损坏，利用联机备份的数据文件替换损坏的数据文件，再结合归档日志文件和联机重做日志文件，采用前滚技术重做自备份以来的所有改动，采用回滚技术回滚未提交的操作，以恢复到数据库故障时刻的状态。

### 1. 非归档模式下数据库的恢复

非归档模式下数据库的恢复步骤如下。

（1）关闭数据库。

`SQL > SHUTDOWN IMMEDIATE`

（2）将备份的所有数据文件、控制文件、联机重做日志文件还原到原来所在的位置。

（3）重新启动数据库。

`SQL > STARTUP`

### 2. 归档模式下数据库的完全恢复

归档模式下数据库恢复的级别有以下 3 种。

（1）数据库级完全恢复：主要应用于所有或多数数据文件损坏的恢复。

（2）表空间级完全恢复：对指定表空间中的数据文件进行恢复。

（3）数据文件级完全恢复：针对特定的数据文件进行恢复。

归档模式下数据库完全恢复的语法格式如下：

`RECOVER [AUTOMATIC] [FROM 'location']`

`[DATABASE | TABLESPACE tspname | DATAFILE dfname]`

参数说明如下。

①AUTOMATIC：进行自动恢复，不需要 DBA 提供重做日志文件名称。

②location：制订归档重做日志文件的位置，默认为数据库默认的归档路径。

1）数据库级完全恢复

数据库级完全恢复只能在数据库装载但没有打开的状态下进行，主要应用于所有或多数数据文件损坏的恢复。数据库级完全恢复的步骤如下。

（1）如果数据库没有关闭，则强制关闭数据库。

`SQL > SHUTDOWN ABORT`

（2）利用备份的数据文件还原所有损坏的数据文件，将备份文件复制到损坏了的数据文件所在目录，替换掉损坏的文件。

（3）将数据库启动到 MOUNT 状态。

SQL＞STARTUP MOUNT

（4）执行数据库恢复命令。

SQL＞RECOVER DATABASE

（5）打开数据库。

SQL＞ALTER DATABASE OPEN；

执行过程如图 9－17 所示。

```
SQL> startup mount
ORACLE 例程已经启动。

Total System Global Area 3390558208 bytes
Fixed Size                  2180464 bytes
Variable Size            1862273680 bytes
Database Buffers         1509949440 bytes
Redo Buffers               16154624 bytes
数据库装载完毕。
SQL> recover database
完成介质恢复。
SQL> alter database open;

数据库已更改。
```

图 9－17　数据库级完全恢复

2）表空间级完全恢复

表空间级完全恢复可以在数据库处于装载状态或打开状态下进行，主要对指定表空间中的数据文件进行恢复。一般步骤如下。

（1）使出现问题的表空间处于脱机状态。

（2）将原先备份的表空间文件复制到其原来所在的目录，并覆盖原有文件。

（3）使用 RECOVER 命令进行介质恢复，恢复表空间。

（4）将表空间恢复为联机状态。

例 9－27：在例 9－26 备份之后，假设表空间 CPGXGL_tbs 的数据文件发生损坏，需要对"产品供销管理系统"数据库进行表空间级完全恢复。具体步骤如下。

（1）数据库处于装载状态下的恢复。

装载状态下，数据文件 CPGLdf2. dbf 损坏，启动数据库提示错误，如图 9－18 所示。

```
SQL> alter database open;
alter database open
*
第 1 行出现错误：
ORA-01157：无法标识/锁定数据文件 7 - 请参阅 DBWR 跟踪文件
ORA-01110：数据文件 7：'G:\CPGL\CPGLDF2.DBF'
```

图 9－18　数据文件损坏，无法启动

①如果数据库没有关闭，则强制关闭数据库。

SQL＞SHUTDOWN ABORT

②利用备份的数据文件 CPGLdf2. dbf 替换损坏的数据文件 CPGLdf2. dbf。

③将数据库启动到 MOUNT 状态。

SQL＞STARTUP MOUNT

④执行表空间恢复命令。

SQL＞RECOVER TABLESPACE CPGXGL_tbs

⑤打开数据库。

SQL＞ALTER DATABASE OPEN；

执行过程如图 9－19 所示。

（2）数据库处于打开状态下的恢复。

①如果数据库已经关闭，则将数据库启动到 MOUNT 状态。

SQL＞STARTUP MOUNT

②将损坏的数据文件设置为脱机状态。

SQL > ALTER DATABASE DATAFILE 'g:\CPGL \\ CPGLdf2.dbf' OFFLINE drop;

③打开数据库。

SQL >ALTER DATABASE OPEN;

④将损坏的数据文件所在的表空间脱机。

SQL > ALTER TABLESPACE CPGXGL_tbs OFF-LINE FOR RECOVER;

⑤利用备份的数据文件 CPGLdf2.dbf 分别替换损坏的数据文件 CPGLdf2.dbf。

⑥执行表空间恢复命令。

SQL >RECOVER TABLESPACE CPGXGL_tbs;

⑦将表空间联机。

SQL >ALTER TABLESPACE CPGXGL_tbs ONLINE;

如果数据文件损坏时数据库正处于打开状态，则可以直接执行步骤④~⑦。执行过程如图 9 – 20 所示。

图 9 – 19　数据库处于装载状态下的表空间级完全恢复

图 9 – 20　数据库处于打开状态下的表空间级完全恢复

3）数据文件级完全恢复

数据文件级完全恢复可以在数据库处于装载状态或打开状态下进行，主要针对特定的数据文件进行恢复。一般步骤如下。

（1）将原先备份的数据文件复制到其原来所在的目录，并覆盖原有数据文件。

（2）使用 RECOVER 命令进行介质恢复，恢复数据文件。

（3）打开数据库。

例 9 – 28：表空间 CPGXGL_tbs 的数据文件 CPGLdf2.dbf 发生损坏，对"产品供销管理系统"数据库进行数据文件级完全恢复。具体步骤如下。

（1）数据库处于装载状态下的恢复。

①如果数据库没有关闭，则强制关闭数据库。

SQL > SHUTDOWN ABORT

②利用备份的数据文件 CPGLdf2.dbf 还原损坏的数据文件 CPGLdf2.dbf。

③将数据库启动到 MOUNT 状态。

SQL >STARTUP MOUNT

④执行数据文件恢复命令。

SQL＞RECOVER DATAFILE 'g:\CPGL\CPGLdf2.dbf';

⑤将数据文件联机。

SQL＞ALTER DATABASE DATAFILE 'g:\CPGL\CPGLdf2.dbf' ONLINE

⑥打开数据库。

SQL＞ALTER DATABASE OPEN;

（2）数据库处于打开状态下的恢复。

①如果数据库已经关闭，则将数据库启动到 MOUNT 状态。

SQL＞STARTUP MOUNT

②将损坏的数据文件设置为脱机状态。

SQL＞ALTER DATABASE DATAFILE 'g:\CPGL\CPGLdf2.dbf' OFFLINE;

③打开数据库。

SQL＞ALTER DATABASE OPEN;

④利用备份的数据文件 CPGLdf2.dbf 替换损坏的数据文件 CPGLdf2.dbf。

⑤执行数据文件恢复命令。

SQL＞RECOVER DATAFILE 'g:\CPGL\CPGLdf2.dbf';

⑥将数据文件联机。

SQL＞ALTER DATABASE DATAFILE 'g:\CPGL\CPGLdf2.dbf' ONLINE;

如果数据文件损坏时数据库正处于打开状态，则可以直接执行步骤②、④～⑥。执行过程如图 9-21 所示。

```
SQL> shutdown abort
ORACLE 例程已经关闭。
SQL> startup mount
ORACLE 例程已经启动。

Total System Global Area 3390558208 bytes
Fixed Size                  2180464 bytes
Variable Size            1862273680 bytes
Database Buffers         1509949440 bytes
Redo Buffers               16154624 bytes
数据库装载完毕。
SQL> ALTER DATABASE DATAFILE 'g:\CPGL\CPGLdf2.dbf' OFFLINE;

数据库已更改。

SQL> ALTER DATABASE OPEN;

数据库已更改。

SQL> RECOVER DATAFILE 'g:\CPGL\CPGLdf2.dbf';
完成介质恢复。
SQL> ALTER DATABASE DATAFILE 'g:\CPGL\CPGLdf2.dbf' ONLINE;

数据库已更改。
```

图 9-21　数据库处于打开状态下的数据文件级完全恢复

### 3. 归档模式下数据库的不完全恢复

在归档模式下，数据库的不完全恢复主要是指归档模式下数据文件损坏后，没有将数据库恢复到故障时刻的状态。在进行数据库不完全恢复之前，首先确保对数据库进行了完全备份；在进行数据文件损坏的不完全恢复时必须先使用完整的数据文件备份将数据库恢复到备份时刻的状态。

在不完全恢复后，需要使用 RESETLOGS 选项打开数据库，原来的重做日志文件被清空，新的重做日志文件序列号重新从 1 开始，原来的归档日志文件都不再起作用了。

数据库不完全恢复的语法格式如下：

RECOVER [AUTOMATIC]

[FROM 'location'][DATABASE]

[UNTIL TIME time | CANCEL | CHANGE scn]

[USING BACKUP CONTROLFILE]

1）数据文件损坏的数据库不完全恢复

数据文件损坏的数据库不完全恢复的具体步骤如下。

（1）如果数据库没有关闭，则强制关闭数据库。

SQL > SHUTDOWN ABORT

（2）用备份的所有数据文件替换当前数据库的所有数据文件，即将数据库的所有数据文件恢复到备份时刻的状态。

（3）将数据库启动到 MOUNT 状态。

SQL > STARTUP MOUNT

（4）执行数据文件的不完全恢复命令。

SQL > RECOVER DATABASE UNTIL TIME time;　　 --（基于时间恢复）

SQL > RECOVER DATABASE UNTIL CANCEL;　　　 --（基于撤销恢复）

SQL > RECOVER DATABASE UNTIL CHANGE scn;　 --（基于 SCN 恢复）

用户可以通过查询数据字典视图 V$LOG_HISTORY 获得时间和 SCN 的信息。

（5）不完全恢复完成后，使用 RESETLOGS 选项启动数据库。

SQL > ALTER DATABASE OPEN RESETLOGS;

2）控制文件损坏的数据库不完全恢复

控制文件损坏的数据库不完全恢复的具体步骤如下。

（1）如果数据库没有关闭，则强制关闭数据库。

SQL > SHUTDOWN ABORT

（2）用备份的所有数据文件和控制文件还原当前数据库的所有数据文件、控制文件，即将数据库的所有数据文件、控制文件恢复到备份时刻的状态。

（3）将数据库启动到 MOUNT 状态。

SQL > STARTUP MOUNT

（4）执行不完全恢复命令。

SQL > RECOVER DATABASE UNTIL TIME time USING BACKUP CONTROLFILE;

SQL > RECOVER DATABASE UNTIL CANCEL USING BACKUP CONTROLFILE;

SQL > RECOVER DATABASE UNTIL CHANGE scn USING BACKUP CONTROLFILE;

（5）不完全恢复完成后，使用 RESETLOGS 选项启动数据库。

SQL > ALTER DATABASE OPEN RESETLOGS;

## 9.6.3　RMAN

Oracle 恢复管理器（Recovery Manager，RMAN），是集数据库备份

RMAN 相关拓展

（Backup）、还原（Restore）和恢复（Recover）于一体的 Oracle 数据库备份与恢复工具。

## 9.6.4　Oracle 的逻辑备份与恢复

与物理备份与恢复不同，逻辑备份与恢复必须在数据库运行的状态下进行，因此当数据库发生介质损坏而无法启动时，不能利用逻辑备份恢复数据库。数据库备份与恢复是以物理备份与恢复为主，逻辑备份与恢复为辅的。

逻辑备份与恢复有以下特点及用途。

（1）可以在不同版本的数据库之间进行数据移植，可以从 Oracle 数据库的低版本移植到高版本。

（2）可以在不同操作系统上运行的数据库之间进行数据移植，例如可以从 Windows NT 系统迁移到 UNIX 系统等。

（3）可以在数据库模式之间传递数据，即先将一个模式中的对象进行备份，然后将该备份导入数据库其他模式。

（4）数据的导出与导入与数据库物理结构没有关系，是以对象为单位进行的，这些对象在物理上可能存储于不同的文件中。

（5）对数据库进行一次逻辑备份与恢复操作能重新组织数据，消除数据库中的链接及磁盘碎片，从而使数据库的性能有较大的提高。

（6）除了进行数据的备份与恢复外，还可以进行数据库对象定义、约束、权限等的备份与恢复。

### 1. 逻辑导出

数据库的逻辑备份包括读一个数据库记录集和将记录集写入一个文件。这些记录的读取与其物理位置无关。

在 Oracle 中，EXPORT 实用程序就是用来完成这样的数据库逻辑备份的。如果用户想了解 EXP 命令的详细说明，则可以在命令提示符下，输入 EXP HELP = Y 或 YES 就可以显示所有的数据导出关键字。

C:\Users\Administrator > EXP HELP = YES

常见的导出类型如下。

全局（完整的数据库）：导出所有的数据、数据定义和用来重建数据库的存储对象。

用户：导出规定用户的数据、数据定义和存储对象。

表：只导出属于登录用户的数据和数据定义。

导出时，在命令窗口中设置数据库 SID，用户输入 EXP 命令后，根据系统的提示输入导出参数，如用户名、口令和导出类型等参数。

如图 9-22 所示，EXP 会输出数据库的基本信息，要求输入用户名和口令。用户名和口令正确后，会以交互式的方式提示用户。输入交互命令如下：

C:\Users\312_1 > set oracle_sid = orcl　　　— 设置环境变量,确定数据库的 SID

C:\> Users\312_1 exp　　　　　　　　　-- 逻辑导出命令

用户名:CPGLadmin

口令:

```
C:\Users\312_1>set oracle_sid=orcl

C:\Users\312_1>exp

Export: Release 11.2.0.1.0 - Production on 星期二 5月 17 15:25:56 2022

Copyright (c) 1982, 2009, Oracle and/or its affiliates.  All rights reserved.


用户名: CPGLadmin
口令:

连接到: Oracle Database 11g Enterprise Edition Release 11.2.0.1.0 - 64bit Production
With the Partitioning, OLAP, Data Mining and Real Application Testing options
输入数组提取缓冲区大小: 4096 >

 导出文件: EXPDAT.DMP > full_database_CPGL_2022-5-17.dmp

(1)E(完整的数据库), (2)U(用户) 或 (3)T(表): (2)U >
```

图 9 - 22　交互模式下输入用户名

1）导出数据库

例 9 - 29：以交互模式进行数据库 CPGL 导出（以 system 身份登录）。

设置导出文件：full_database_CPGL_2022 - 5 - 17.dmp　-- 导出文件名

执行过程如图 9 - 23 所示。

```
导出文件: EXPDAT.DMP > full_database_CPGL_2022-5-17.dmp

(1)E(完整的数据库), (2)U(用户) 或 (3)T(表): (2)U > e

导出权限 (yes/no): yes > yes

导出表数据 (yes/no): yes > yes

压缩区 (yes/no): yes > yes

已导出 ZHS16GBK 字符集和 AL16UTF16 NCHAR 字符集

即将导出整个数据库...
. 正在导出表空间定义
. 正在导出概要文件
. 正在导出用户定义
. 正在导出角色
. 正在导出资源成本
. 正在导出回退段定义
. 正在导出数据库链接
. 正在导出序号
. 正在导出目录别名
. 正在导出上下文名称空间
. 正在导出外部函数库名
. 导出 PUBLIC 类型同义词
```

图 9 - 23　EXP 导出数据库

2）导出用户

如同数据库的导出一样，当输入 EXP 命令后，用户根据提示进行用户中所有对象等信息的导出。

例 9 - 30：以交互模式进行数据库的 CPGLADMIN 用户的导出（以 CPGLADMIN 身份登录）。

输入 EXP，设置导出文件：USER_CPGLADMIN_20220517.dmp　-- 导出文件名

执行过程如图 9 - 24 所示。

3）导出表

例 9 - 31：以交互模式进行数据库的 CPGLADMIN 模式下的客户备份表的导出（以 CP-GLADMIN 身份登录）。

```
导出文件: EXPDAT.DMP > USER_CPGLADMIN_20220517.dmp

(1)E(完整的数据库), (2)U(用户) 或 (3)T(表): (2)U > U

导出权限 (yes/no): yes > yes

导出表数据 (yes/no): yes > yes

压缩区 (yes/no): yes > yes

已导出 ZHS16GBK 字符集和 AL16UTF16 NCHAR 字符集

即将导出指定的用户...
要导出的用户: (按 RETURN 退出) > CPGLadmin

要导出的用户: (按 RETURN 退出) >

. 正在导出 pre-schema 过程对象和操作
. 正在导出用户 CPGLADMIN 的外部函数库名
. 导出 PUBLIC 类型同义词
. 正在导出专用类型同义词
. 正在导出用户 CPGLADMIN 的对象类型定义
即将导出 CPGLADMIN 的对象...
. 正在导出数据库链接
. 正在导出序号
. 正在导出簇定义
. 即将导出 CPGLADMIN 的表通过常规路径...
. . 正在导出表                                订单导出了            830 行
. . 正在导出表                              订单明细导出了         2155 行
. . 正在导出表                                供应商导出了          29 行
. . 正在导出表                                  雇员导出了           9 行
. . 正在导出表                                  客户导出了          91 行
. . 正在导出表                              客户备份表导出了         94 行
. . 正在导出表                                  类别导出了           8 行
. . 正在导出表                                运货商导出了           3 行
. 正在导出同义词
. 正在导出视图
. 正在导出存储过程
. 正在导出运算符
. 正在导出引用完整性约束条件
. 正在导出触发器
. 正在导出索引类型
. 正在导出位图, 功能性索引和可扩展索引
. 正在导出后期表活动
. 正在导出实体化视图
. 正在导出快照日志
. 正在导出作业队列
. 正在导出刷新组和子组
. 正在导出维
. 正在导出 post-schema 过程对象和操作
. 正在导出统计信息
成功终止导出, 没有出现警告。
```

**图 9 – 24  EXP 导出用户**

输入 EXP,设置导出文件:TABLE_CPGLADMIN_20220517.dmp　 -- 导出文件名
执行过程如图 9 – 25 所示。

```
导出文件: EXPDAT.DMP > TABLE_CPGLADMIN_ 20220517.dmp

(1)E(完整的数据库), (2)U(用户) 或 (3)T(表): (2)U > t

导出表数据 (yes/no): yes > YES

压缩区 (yes/no): yes > YES

已导出 ZHS16GBK 字符集和 AL16UTF16 NCHAR 字符集

即将导出指定的表通过常规路径...
要导出的表 (T) 或分区 (T: P): (按 RETURN 退出) > 客户备份表

. . 正在导出表                    客户备份表导出了            94 行
要导出的表 (T) 或分区 (T: P): (按 RETURN 退出) >

成功终止导出, 没有出现警告。
```

**图 9 – 25  EXP 导出表**

**2. 逻辑导入**

逻辑恢复是指数据库对象被意外删除或截断之后，使用实用工具 IMPORT 将逻辑备份文件中的对象结构以及数据导入数据库中的过程，该过程也被称为逻辑导入。IMP 可以导入全部或部分数据。如果导入一个全导出的导出转储文件，则包括表空间、数据文件和用户在内的所有数据库对象都会在导入时创建。如果只从导出转储文件中导入部分数据，那么表空间、数据文件和用户必须在导入前设置好。IMP 命令的格式如下：

IMP 用户名/口令@主机字符串

用户可以输入如下代码，查看不同参数的说明。

C:\Users\Administrator > IMP HELP = YES

1）导入表

**例 9 – 32**：使用备份文件 TABLE_CPGLADMIN_ 20220517. dmp，导入数据库中客户备份表。

首先将 CPGLadmin 用户下的客户备份表数据删除，然后进行表对象的导入。输入交互命令如下：

SQL > conn CPGLadmin/manager

SQL > DELETE from 客户备份表；

SQL > exit

C:\Users\312_1 > set oracle_sid = orcl

C:\Users\312_1 > IMP

用户名:CPGLadmin

口令:

执行过程如图 9 – 26 所示。

```
C:\Users\312_1>set oracle_id=orcl

C:\Users\312_1>imp

Import: Release 11.2.0.1.0 - Production on 星期二 5月 17 22:05:26 2022

Copyright (c) 1982, 2009, Oracle and/or its affiliates.  All rights reserved.

用户名: CPGLadmin
口令:
连接到: Oracle Database 11g Enterprise Edition Release 11.2.0.1.0 - 64bit Production
With the Partitioning, OLAP, Data Mining and Real Application Testing options

仅导入数据 (yes/no): no > no

导入文件: EXPDAT.DMP> TABLE_CPGLADMIN_ 20220517.dmp

输入插入缓冲区大小 (最小为 8192) 30720>

经由常规路径由 EXPORT:V11.02.00 创建的导出文件
已经完成 ZHS16GBK 字符集和 AL16UTF16 NCHAR 字符集中的导入
只列出导入文件的内容 (yes/no): no > no

由于对象已存在, 忽略创建错误 (yes/no): no > yes

导入权限 (yes/no): yes > yes

导入表数据 (yes/no): yes > yes

导入整个导出文件 (yes/no): no > yes

. 正在将 CPGLADMIN 的对象导入到 CPGLADMIN
. 正在将 CPGLADMIN 的对象导入到 CPGLADMIN
. . 正在导入表          "客户备份表"导入了        94 行
成功终止导入, 没有出现警告。
```

**图 9 – 26  IMP 导入表**

2）导入用户方案

**例 9 – 33**：使用备份文件 USER_CPGLADMIN_20220517. dmp，导入数据库中的 CPGLadmin 用户方案。

首先删除客户备份表，然后利用导出文件，导入 CPGLadmin 下的所有内容。交互命令如下：

SQL > conn CPGLadmin/manager

SQL > DROP 客户备份表；

SQL > exit

C:\Users\312_1 > IMP

用户名：CPGLadmin

口令：

执行过程如图 9 - 27 所示。

```
C:\Users\312_1>imp

Import: Release 11.2.0.1.0 - Production on 星期二 5月 17 22:20:07 2022

Copyright (c) 1982, 2009, Oracle and/or its affiliates.   All rights reserved.

用户名：CPGLadmin
口令：

连接到：Oracle Database 11g Enterprise Edition Release 11.2.0.1.0 - 64bit Product
ion
With the Partitioning, OLAP, Data Mining and Real Application Testing options

仅导入数据 (yes/no): no > no

导入文件：EXPDAT.DMP> USER_CPGLADMIN_20220517.dmp

输入插入缓冲区大小 (最小为 8192) 30720>

经由常规路径由 EXPORT:V11.02.00 创建的导出文件
已经完成 ZHS16GBK 字符集和 AL16UTF16 NCHAR 字符集中的导入
只列出导入文件的内容 (yes/no): no > no

由于对象已存在, 忽略创建错误 (yes/no): no > yes

导入权限 (yes/no): yes > yes

导入表数据 (yes/no): yes > yes

导入整个导出文件 (yes/no): no > yes

. 正在将 CPGLADMIN 的对象导入到 CPGLADMIN
. . 正在导入表             "订单明细"导入了          2155 行
. . 正在导入表             "供应商"导入了             29 行
. . 正在导入表             "雇员"导入了               9 行
. . 正在导入表             "客户"导入了               91 行
. . 正在导入表           "客户备份表"导入了           94 行
. . 正在导入表             "类别"导入了               8 行
. . 正在导入表             "运货商"导入了             3 行
成功终止导入, 没有出现警告。
```

**图 9 - 27  IMP 导入用户方案**

3）导入数据库

**例 9 - 34：**使用备份文件 full_database_CPGL_2022 - 5 - 17. dmp，导入 CPGL 数据库。

首先删除客户备份表，然后利用数据库导出文件，进行数据库的导入。SYSTEM 导入数据库的过程比较长，中间可能因为对象已经存在的原因会报错，但是不影响数据的导入。导入后用户会发现删除的客户备份表已经恢复回来了。交互命令如下：

SQL > conn CPGLadmin/manager

SQL > DROP 客户备份表；

SQL > exit

C:\Users\312_1 > IMP

用户名：system as sysdba

口令：

执行过程如图 9 – 28 所示。

```
C:\Users\312_1>imp

Import: Release 11.2.0.1.0 - Production on 星期二 5月 17 22:57:45 2022

Copyright (c) 1982, 2009, Oracle and/or its affiliates.  All rights reserved.

用户名: system as sysdba
口令:

连接到: Oracle Database 11g Enterprise Edition Release 11.2.0.1.0 - 64bit Production
With the Partitioning, OLAP, Data Mining and Real Application Testing options

仅导入数据 (yes/no): no > no

导入文件: EXPDAT.DMP> full_database_CPGL_2022-5-17.dmp

输入插入缓冲区大小 (最小为 8192) 30720>

经由常规路径由 EXPORT:V11.02.00 创建的导出文件

警告: 这些对象由 CPGLADMIN 导出, 而不是当前用户

已经完成 ZHS16GBK 字符集和 AL16UTF16 NCHAR 字符集中的导入
只列出导入文件的内容 (yes/no): no > no

由于对象已存在, 忽略创建错误 (yes/no): no > yes

导入权限 (yes/no): yes > yes

导入表数据 (yes/no): yes > yes

导入整个导出文件 (yes/no): no > yes

. 正在将 SYSTEM 的对象导入到 SYSTEM
```

图 9 – 28　IMP 导入数据库

本章小结与思考题（9）

# 第 10 章

## 并发控制

1. 会列举实例解释数据库并发控制过程中产生的问题与原因。
2. 会用自己的语言解释调度、串行调度、可串行化调度、冲突操作等基本并发概念。
3. 学会用实例说明冲突可串行化检测方法的使用过程。
4. 会列举实例解释并发控制技术中的加锁、互斥锁、共享锁的基本概念。
5. 学会用实例解释三级加锁协议的含义及其如何解决并发控制过程中的问题。
6. 学会用实例解释两阶段加锁协议的含义及其如何解决可串行化调度的问题。
7. 会用自己的语言解释活锁与死锁的基本概念，以及死锁预防、检测与恢复的方法。
8. 会用自己的语言解释加锁粒度的概念，以及由此引出的意向锁种类及其作用。
9. 会用自己的语言解释并发控制技术中的时间戳方法的基本概念及其控制机制。
10. 会用自己的语言解释并发控制技术中的多版本控制的基本概念及其控制机制。
11. 会用自己的语言解释并发控制技术中的乐观并发控制的含义及其控制机制。
12. 会结合DBMS，对锁技术具体实现的锁模式概念进行解释说明并学会锁信息查看操作。
13. 会结合DBMS，对锁粒度的具体实现进行解释说明。
14. 解释事务隔离级别的概念及其作用。
15. 尝试结合DBMS，使用实例完成事务隔离级别操作以解决并发控制问题。
16. 尝试了解DBMS中闩锁的基本概念以及锁与闩锁的区别。

## 数据素养指标 🍁

1. 能够了解数据管理系统的相关基本概念，为数据管理打下基础。

2. 能够了解使数据便于使用的基本理念、管理方式与数据组织结构等。

3. 能够结合实际情况采取合适的工具提高数据检索性能与效率。

## 本章导读

1. 并发控制的问题：介绍丢失修改、不可重复读、读脏数据的基本概念。

2. 并发调度可串行性：调度、串行调度、可串行化调度、冲突操作的概念；冲突操作的调度原则；冲突可串行化的检测方法。

3. 资源加锁：加锁、互斥锁、共享锁的概念；三级加锁协议的机制、作用与区别；两阶段加锁协议的机制与作用。

4. 活锁与死锁：活锁与死锁的产生原因；超时、死锁预防、死锁检测和恢复 3 种死锁的处理技术。

5. 加锁的粒度：加锁粒度的概念；粒度的层次；意向锁的概念与作用。

6. 时间戳方法：时间戳的概念；基本时间戳排序的方法；托马斯写规则对基本时间戳排序方法的改进思路；时间戳控制实例演示。

7. 多版本控制：版本的概念；多版本时间戳协议的实现思路介绍；多版本两阶段加锁协议的介绍。

8. 乐观并发控制技术：乐观并发控制的概念；乐观并发控制的实现思路介绍。

9. DBMS 的并发控制：锁模式（共享锁、排他锁、更新锁、意向锁、架构锁、大容量更新锁、键范围锁）的概念；锁信息查看操作的命令、参数、注意事项以及操作实例。

10. 锁粒度：DBMS 中的锁层次种类。

11. 事务的隔离级别：事务隔离级别的概念与种类；操作事务的隔离级别命令；设置不同隔离级别时的作用以及实例说明。

12. 多版本读一致性：多版本机制的概念和实现的方法；语句级读一致性和事务级读一致性的区别；两种读一致性的实例说明。

数据库是一个共享资源，可以供多个用户使用。允许多个用户同时使用同一个数据库的数据库系统称为多用户数据库系统，如飞机订票数据库系统、银行数据库系统等。在这样的系统中，在同一时刻并发运行的事务数可达数百上千个。

事务可以逐个地串行执行，即每个时刻只有一个事务运行，其他事务必须等到这个事务结束以后方能运行，如图 10 - 1（a）所示。事务在执行过程中需要不同的资源，有时需要 CPU，有时需要存取数据库，有时需要 I/O，有时需要通信。如果事务串行执行，则许多系统资源将处于空闲状态。因此，为了充分利用系统资源，发挥数据库共享资源的特点，应该允许多个事务并行执行。

在单处理机系统中，事务的并行执行实际上是这些并行事务的并行操作轮流交叉运行，如图 10 - 1（b）所示。这种并行执行方式称为交叉并发方式。虽然单处理机系统中的并行事务并没有真正地并行运行，但是减少了处理机的空闲时间，提高了系统的效率。

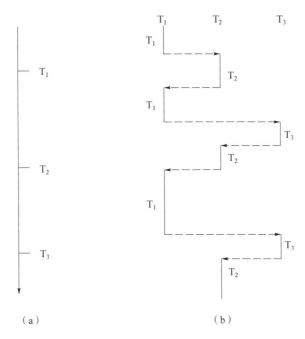

图 10 – 1　事务的执行方式

（a）事务的串行执行方式；（b）事务的交叉并行执行方式

在多处理机系统中，每个处理机可以运行一个事务，多个处理机可以同时运行多个事务，实现多个事务真正的并行运行。这种并行执行方式称为同时并发方式，本章讨论的数据库系统并发控制技术是以单处理机系统为基础的，该理论可以推广到多处理机的情况。

当多个用户并发地存取数据库时就会产生多个事务同时存取同一数据的情况。若对并发操作不加控制则可能会存取不正确的数据，破坏事务的一致性和数据库的一致性，所以DBMS 必须提供并发控制机制。并发控制机制是衡量一个 DBMS 性能的重要标志之一。

# 10.1　并发控制的问题

事务是并发控制的基本单位，保证事务的 ACID 特性是事务处理的重要任务，而事务的 ACID 特性可能遭到破坏的原因之一是多个事务对数据库的并发操作。为了保证事务的隔离性和一致性，DBMS 需要对并发操作进行正确调度。这就是 DBMS 中并发控制机制的责任。

下面我们将就并发控制可能出现的丢失修改、不可重复读、读脏数据 3 种问题加以说明。3 种问题均以事务作为并发控制的基本单位。

## 1. 丢失修改

两个事务 $T_1$ 和 $T_2$ 读入同一数据并修改，$T_2$ 提交的结果破坏了 $T_1$ 提交的结果，导致 $T_1$ 的修改被丢失。例如，两名顾客（甲、乙）同时预订高铁车票，并发事务处理过程描述如下。

（1）顾客甲（事务 $T_1$）查看高铁车票余额 A，设 A ＝ 10。

（2）顾客乙（事务 $T_2$）在同一时刻查看高铁车票余额 A，读取到 A = 10。

（3）顾客甲预订了一张车票，则 A = A – 1 = 9。

（4）顾客乙也预订了一张车票，则 A = A – 1 = 9。

根据以上描述，我们可以看到高铁车票最终余额是不正确的，如图 10 – 2 所示。

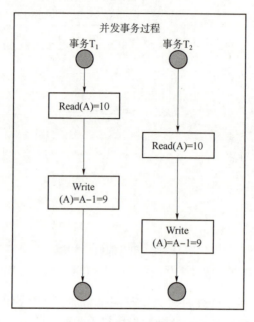

**图 10 – 2  丢失修改**

### 2. 不可重复读

不可重复读是指事务 $T_1$ 读取数据后，事务 $T_2$ 执行更新操作，使 $T_1$ 无法再现前一次的读取结果。具体来讲，不可重复读包括以下 3 种情况。

（1）事务 $T_1$ 读取某一数据后，事务 $T_2$ 对其进行了修改，当事务 $T_1$ 再次读该数据时，得到与前一次不同的值。例如，客户（事务 $T_1$）需要读取预订的票数 A = 3 以及单价 B = 100，统计并核验总票价 A * B；售票公司（事务 $T_2$）可能需要临时调整单价 B * 0.8 = 80。$T_1$ 与 $T_2$ 并发事务可能的处理过程如图 10 – 3 所示。

由图 10 – 3 可见，当事务 $T_1$ 读取完 A 与 B 后，先统计 A * B = 300。事务 $T_2$ 需要临时修改票价 B 调整为 80。当事务 $T_1$ 需要核对总票价时，重新读取 A 与 B，其读取到的 B 是修改后的 80。由此，事务 $T_1$ 核对的总票价数值不一致。

（2）事务 $T_1$ 按一定条件从数据库中读取某些数据记录后，事务 $T_2$ 删除了其中部分记录，当事务 $T_1$ 再次按相同条件读取数据时，发现某些记录消失了。

（3）事务 $T_1$ 按一定条件从数据库中读取某些数据记录后，事务 $T_2$ 插入了一些记录，当事务 $T_1$ 再次按相同条件读取数据时，发现多了一些记录。

后两种不可重复读有时也称幻影现象。例如，票务中心统计并核对所有账户上的售票总额（事务 $T_1$），同时票务中心允许进行转账处理（事务 $T_2$）。$T_1$ 与 $T_2$ 并发事务可能的处理过程如图 10 – 4 所示。

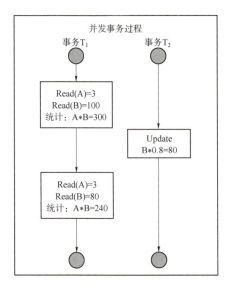

图 10-3　不可重复读

图 10-4　幻影读

### 3. 读脏数据

读脏数据是指事务 $T_1$ 修改某一数据并将其写回磁盘，事务 $T_2$ 读取同一数据后，事务 $T_1$ 由于某种原因被撤销，这时被事务 $T_1$ 修改过的数据恢复原值，事务 $T_2$ 读到的数据称与数据库中的数据不一致，则事务 $T_2$ 读到的数据称为脏数据，即不正确的数据。

例如，客户（事务 $T_1$）预订车票，已经订下 $A=2$ 张，每张 $B=100$ 元。与此同时，票务中心可能正在进行销售总额统计 $C$。而客户由于某种原因撤销了预订，其修改作废。这时事务 $T_2$ 读到的销售总额 $C$ 与数据库内容不一致，其就是脏数据，如图 10-5 所示。

产生上述 3 类数据不一致性的主要原因是并发操作破坏了事务的隔离性。并发控制机制就是要用正确的方式调度并发操作，使一个用户事务的执行不受其他事务的干扰，从而避免造成数据的不一致性。

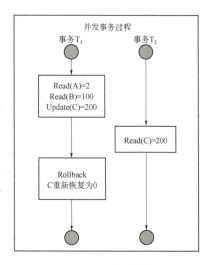

图 10-5　读脏数据

## 10.2　并发调度可串行性

调度（schedule）是指一组并发事务操作的序列。对于其中每个事务来说，该序列保留了该事务的所有操作的先后次序。也就是说，并发操作（包括对数据库的读、写动作，以及这些操作之后进行的提交或者撤销动作）的一种执行顺序称为一个调度。

调度 $S$ 由 $n$ 个事务 $T_1$、$T_2$、$\cdots$、$T_n$ 的操作序列组成，并且满足约束：调度 $S$ 中属于同一事务的操作的相对位置保持不变。因此，对于调度 S 中的每一个事务 $T_i(i=1,2,\cdots,n)$ 来说，$T_i$ 中操作的先后次序要与它们出现在调度 S 的先后次序一样。例如，事务 $T_1$ 有 $A_1$、$A_2$、$A_3$ 操作，事务 $T_2$ 有 $B_1$、$B_2$ 操作。这两个并发事务的调度可以如图 10 - 6 所示。说明：图中只列出其中两种调度示例。

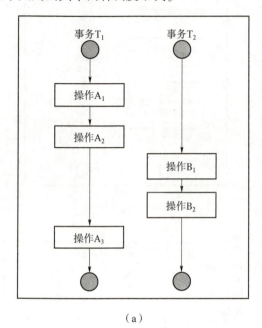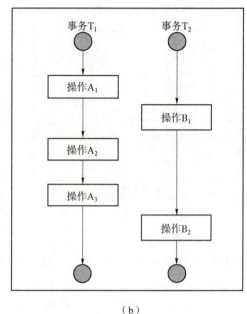

（a）　　　　　　　　　　　　　　　　　（b）

**图 10 - 6　并发事务调度示例**

（a）并发事务调度 1；（b）并发事务调度 2

## 10.2.1　可串行化调度概述

### 1. 串行调度

串行调度：每一个事务的操作都按顺序执行且各事务之间的操作没有任何交叉的调度，即多个事务以首尾相接的顺序执行。例如，如果有两个事务 $T_1$ 和 $T_2$，串行调度的次序就是先执行 $T_1$ 再执行 $T_2$，或者先执行 $T_2$ 再执行 $T_1$。串行执行不会出现事务的相互干扰，因为在任意给定时刻都只有一个事务在执行。但是，我们无法保证给定事务集的所有可能的串行执行的结果都是一样的。例如，在银行业中，有一笔较大金额的款项要存入某个账户，对该账户利息的计算结果取决于存款动作是在计算利息之前还是之后执行。图 10 - 7 展示了事务 $T_1$ 与 $T_2$ 串行调度的结果，A、B、C 的初始值为 5、2、10。串行调度 1 的结果：A = 3、B = 4、C = 9；串行调度 2 的结果：A = 7、B = 6、C = 9。两种串行调度结果是不同的，但它们的结果都是正确的。

### 2. 可串行化调度

可串行化调度：定义多个事务的并发执行是正确的，当且仅当其结果与按某一次序串行执行这些事务时的结果相同，称这种调度策略为可串行化调度。图 10 - 8（a）中的并发调度与图 10 - 8（b）中的串行调度结果都是 A = 3、B = 4、C = 9。因此，图 10 - 8（a）的并发调度称为可串行化调度。

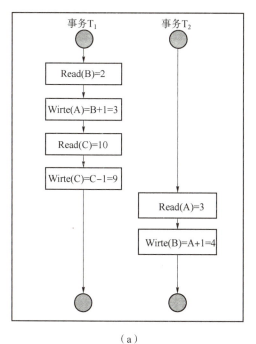
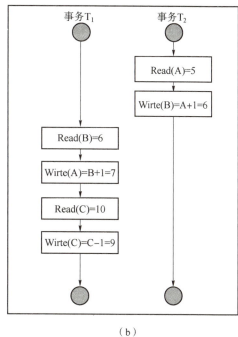

（a）

（b）

**图 10 - 7　串行调度示例**

（a）串行调度 1；（b）串行调度 2

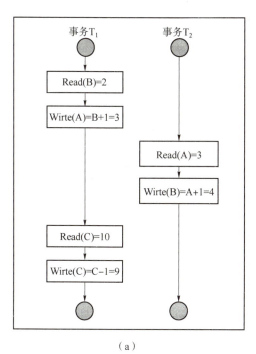
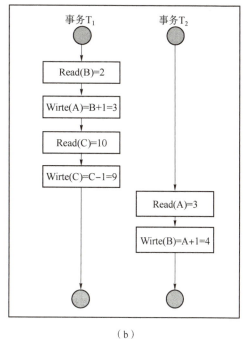

（a）

（b）

**图 10 - 8　可串行化调度示例**

（a）可串行化调度；（b）串行调度 1

可串行性是并发事务正确调度的准则。按这个准则规定，一个给定的并发调度，当且仅当它是可串行化的，才认为其是正确的调度；否则，认为是不可串行化调度。

图 10 - 9（a）的并发调度的执行结果为 A = 7、B = 8、C = 9。而图 10 - 9（b）的串行调度结果为 A = 3、B = 4、C = 9。因此，图 10 - 9（a）的并发调度称为不可串行化调度。

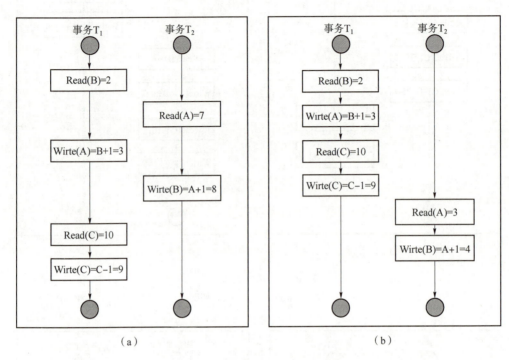

图 10 - 9　不可串行化调度示例

（a）不可串行化调度；（b）串行调度 1

## 10.2.2　冲突可串行化

具有什么样性质的调度是可串行化调度？如何判断调度是可串行化调度？本小节将给出判断可串行化调度的充分条件。

### 1. 冲突操作

冲突操作（conflicting operations）：指不同的事务对同一个数据的读写操作和写写操作。

$R_i(x)$ 与 $W_j(x)$　　/\* $R_i(x)$ 指事务 $T_i$ 读 x,$W_j(x)$ 指事务 $T_j$ 写 x,其中 i≠j \*/

$W_i(x)$ 与 $W_j(x)$　　/\* $W_i(x)$ 指事务 $T_i$ 写 x,$W_j(x)$ 指事务 $T_j$ 写 x,其中 i≠j \*/

在可串行化问题中，读写操作的次序非常重要：如果两个事务都只是读取某一数据项，则它们之间不会相互冲突，这两个事务的执行次序无关紧要。如果两个事务要读写的数据项完全没有交集，则它们不会相互冲突，这两个事务的执行次序无关紧要。如果一个事务写某个数据项，而另一个事务读或者写同一个数据项，则这两个事务的执行次序就非常重要。

例如，对于同一数据 x，有两个事务 $T_i$ 与 $T_j$($i \neq j$)。设 x 的初始值为 3，$T_i$ 执行 $Write(x) = 5$，$T_j$ 执行 $Read(x)$ 或 $Write(x) = 6$。可得到下列两种情况，而这两种情况造成的结果是不一致的。

（1）若 $T_j$ 先于 $T_i$ 执行 Read($x$)，则最终读到的 $x=3$，而后 $T_i$ 执行 Write($x$)=5，设置 $x=5$。这与 $T_i$ 先执行 Write($x$)=5，$T_j$ 再执行 Read($x$)得到的 $x=5$。对于 $T_j$ 而言，其得到的结果是不一致的；但若 $T_j$ 后于 $T_i$ 执行 Read（$x$），则最终读到的 $x=5$。

（2）若 $T_j$ 先 $T_i$ 执行 Write($x$)=6，则最终写的 $x=5$。这与 $T_i$ 先执行 Write($x$)=5，$T_j$ 再执行 Write($x$)得到的 $x=6$。对于最终结果而言，$x$ 的结果值是不一致的；但若 $T_j$ 后于 $T_i$ 执行 Write（$x$）=6，则最终写的 $x=6$。

不同事务的冲突操作和同一事务的两个操作是不能交换（swap）的。对于第一种情况产生的原因，在上述内容中已经说明了，如果交换则会产生不同的结果，因此是不能交换的。而对于第二种情况，则是因为同一个事务的操作要保证原来的次序，其是串行调度。

### 2. 冲突可串行化

一个调度 $S_c$ 在保证冲突操作的次序不变的情况下，通过交换两个事务不冲突操作的次序得到另一个调度 $S'_c$。如果 $S'_c$ 是串行调度，则称调度 $S_c$ 为冲突可串行化调度。

1）冲突可串行化的检测方法1

若一个调度是冲突可串行化调度，则其一定是可串行化调度。因此，这种方法可用来判断一个调度是否是冲突可串行化的。

**例 10-1**：今有调度 $S_c = R_1(A)W_1(A)R_2(A)W_2(A)R_1(B)W_1(B)R_2(B)W_2(B)$

可以把 $W_2(A)$ 与 $R_1(B)W_1(B)$ 交换，得到

$$R_1(A)W_1(A)R_2(A)R_1(B)W_1(B)W_2(A)R_2(B)W_2(B)$$

再把 $R_2(A)$ 与 $R_1(B)W_1(B)$ 交换，得到

$$S'_c = R_1(A)W_1(A)R_1(B)W_1(B)R_2(A)W_2(A)R_2(B)W_2(B)$$

$S'_c$ 等价于一个串行调度 $T_1$（其操作次序为 $R_1(A)W_1(A)R_1(B)W_1(B)$），串行调度 $T_2$（$R_2(A)W_2(A)R_2(B)W_2(B)$）。因此，$S_c$ 为冲突可串行化调度。

应该指出的是，冲突可串行化调度是可串行化调度的充分条件，不是必要条件。还有不满足冲突可串行化条件的可串行化调度。

**例 10-2**：有 3 个事务 $T_1 = W_1(Y)W_1(X)$，$T_2 = W_2(Y)W_2(X)$，$T_3 = W_3(X)$。

调度 $S_1 = W_1(Y)W_1(X)W_2(Y)W_2(X)W_3(X)$ 是一个串行调度。

调度 $S_2 = W_1(Y)W_2(Y)W_2(X)W_1(X)W_3(X)$ 不满足冲突可串行化条件，但是调度 $S_2$ 是可串行化的，因为 $S_2$ 执行的结果与调度 $S_1$ 相同，Y 的值都等于 $T_2$ 的值，X 的值都等于 $T_3$ 的值。

2）冲突可串行化的检测方法2

在限定写规则（即事务更新某数据项之前总是先读取该数据项的旧值）下，总能产生一个优先图（precedence graph）或称串行化图（serialization graph），用于检测调度是否为冲突可串行化的。对于调度 $S_c$，其优先图是一个有向图 $G=(N,E)$，$G$ 由节点的集合 $N$ 和有向边的集合 $E$ 构成，构造方法如下所示。

（1）为每个事务创建一个节点。

（2）如果 $T_j$ 读取了由 $T_i$ 修改的数据项的值，则创建有向边 $T_i \rightarrow T_j$。

（3）如果 $T_j$ 对 $T_i$ 已经读取的数据项执行写操作，则创建有向边 $T_i \rightarrow T_j$。

（4）如果 $T_j$ 对 $T_i$ 已经修改的数据项执行了写操作，则创建有向边 $T_i \rightarrow T_j$。

如果 $S_c$ 的优先图中存在 $T_i \rightarrow T_j$ 的有向边，则在任何与 $S_c$ 等价的串行调度 $S'_c$ 中，$T_i$ 都必须出现在 $T_j$ 之前。如果优先图中有环存在，则调度不是冲突可串行化的。

**例 10 - 3：** 今有调度 $S_c = R_2(A)R_1(B)W_2(A)R_3(A)W_1(B)W_3(A)R_2(B)W_2(B)$。逐个扫描每个操作，将其与前面的所有操作比对，查看是否有符合上述的 3 种操作，如果有，则画一条有向边。其结果如图 10 - 10 所示，$S_c$ 是冲突可串行化调度。

**例 10 - 4：** 今有调度 $S_c = R_2(A)R_1(B)W_2(A)R_2(B)R_3(A)W_1(B)W_3(A)W_2(B)$。其结果如图 10 - 11 所示，$S_c$ 是非冲突可串行化调度。

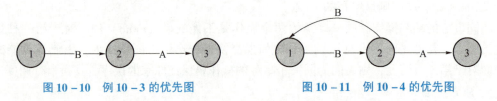

图 10 - 10　例 10 - 3 的优先图　　　　图 10 - 11　例 10 - 4 的优先图

# 10.3　资源加锁

并发控制的主要技术有加锁、时间戳，乐观并发控制法和多版本并发控制（Multi - Version Concurrency Control，MVCC）等。其中，加锁是实现数据库并发控制的一个非常重要的技术。

## 10.3.1　加锁术语

加锁是用来控制并发访问数据的过程。当一个事务正在访问数据库时，可以用锁拒绝其他事务的访问请求，从而避免产生不正确的结果。加锁是使用最为广泛的、能够保证并发事务可串行化的方法。尽管加锁有几种变形，但是其基本特征相同，即事务在对数据库进行读写操作之前必须获取一个共享（读）锁或者互斥（写）锁。锁可以阻止其他事务修改该事务正在操作的数据项，如果是互斥锁，甚至还可以阻止其他事务对该数据项的读取。

两种基本锁类型的概念如下。

（1）互斥锁（Exclusive Locks）：简称 X 锁，又称排他锁。若事务 T 对数据项 A 加上 X 锁，则只允许 T 读取和修改 A，其他任何事务都不能再对 A 加任何类型的锁，直到 T 释放 A 上的锁为止。这就保证了其他事务在 T 释放 A 上的锁之前不能再读取和修改 A。

（2）共享锁（Shared Locks）：简称 S 锁。如果事务 T 在数据项 A 上加了 S 锁，则事务 T 只能读而不能修改该数据项。其他事务只能再对 A 加 S 锁，而不能加 X 锁，直到 T 释放 A 上的 S 锁为止。这就保证了其他事务可以读 A，但在 T 释放 A 上的 S 锁之前不能对 A 做任何修改。

X 锁与 S 锁的控制方式可以用表 10 - 1 所示的相容矩阵来表示。在表 10 - 1 所示的基本锁类型的相容矩阵中，最左边一列表示事务 $T_1$ 已经获得的数据对象上锁的类型，其中横线表示没有加锁。类似的一行表示另一事务 $T_2$ 对同一数据对象发出的加锁请求。$T_2$ 的封锁请求能否被满足可用矩阵中的兼容和拒绝表示。若事务 $T_2$ 的加锁要求与事务 $T_1$ 已持有的锁兼容，则加锁请求可以满足。若事务 $T_2$ 的加锁请求与事务 $T_1$ 已持有的锁冲突，则事务 $T_2$ 的请求将被拒绝。

表 10－1　基本锁类型的相容矩阵

| T₁ | T₂ | | |
|---|---|---|---|
| | **X 锁** | **S 锁** | — |
| X 锁 | 拒绝 | 拒绝 | 兼容 |
| S 锁 | 拒绝 | 兼容 | 兼容 |
| — | 兼容 | 兼容 | 兼容 |

## 10.3.2　三级加锁协议

三级加锁协议也被称为三级封锁协议，是为了保证正确的调度事务的并发操作，事务在对数据项加锁、解锁时必须遵守的一种规则。在运用 X 锁和 S 锁对数据对象加锁时，还需要约定一些规则，如何时申请 X 锁或 S 锁、持锁时间、何时释放等，称这些规则为加锁协议（locking protocol）。对加锁方式规定不同的规则，就形成了各种不同的加锁协议。本小节提到的三级加锁协议用于解决 10.1 节中提到的并发控制问题。

### 1. 一级加锁协议

一级加锁协议是指事务 T 在修改数据项 A 之前必须先对其加 X 锁，直到事务结束才释放。事务结束包括正常结束（Commit）和非正常结束（Rollback）。一级加锁协议可以防止丢失修改，并保证事务 T 是可恢复的。在一级加锁协议中，如果仅仅是读数据而不对其进行修改，那么是不需要加锁的，因为它不能保证可重复读和不读脏数据。

如图 10－12（b）所示，事务 $T_1$ 获取 X 锁 A 以 Read（A），此时事务 $T_2$ 想 Read（A）但也需要申请 X 锁。而此时对于数据项 A 的 X 锁是无法申请到的，需要事务 $T_1$ 执行完成或撤销后释放 X 锁才能获取，所以事务 $T_2$ 需要等待。图 10－12（b）通过一级加锁协议避免图 10－12（a）中出现的丢失修改情况，数据项 A 的最终正确值是 8。

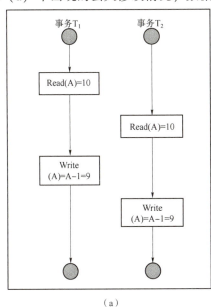
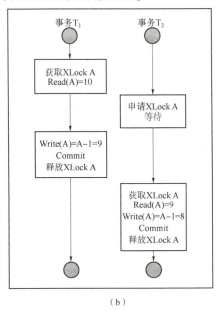

（a）　　　　　　　　　　　　　　　　　（b）

**图 10－12　一级加锁避免丢失修改**

（a）并发事务（丢失修改）；（b）并发事务（一级加锁）

### 2. 二级加锁协议

二级加锁协议是指一级加锁协议加上事务 T 在读取数据项 A 之前必须先对其加 S 锁，读完后即可释放 S 锁。二级加锁协议除防止丢失修改外，还可以进一步防止读脏数据。但在二级加锁协议中，由于读完数据后即可释放 S 锁，所以它不能保证可重复读。

如图 10－13（b）所示，事务 $T_1$ 获取 X 锁 C 以 Update(C)，此时事务 $T_2$ 想 Read(C)需要申请 S 锁，而此时 S 锁是无法获取的，需要事务 $T_1$ 执行完成或撤销后释放 X 锁才能获取，所以事务 $T_2$ 需要等待。图 10－13（b）通过二级加锁协议避免了图 10－13（a）中出现的读脏数据情况，数据项 C 的最终正确值是 0。

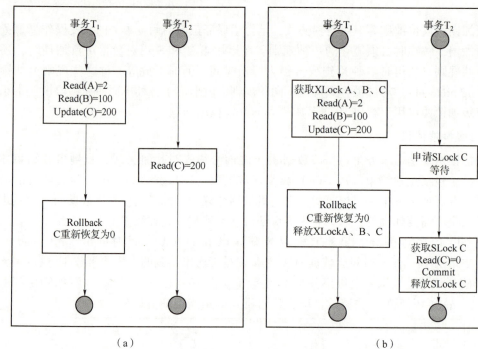

（a）　　　　　　　　　　　　　　　　（b）

**图 10－13　二级加锁避免读脏数据**
（a）并发事务（读脏数据）；（b）并发事务（二级加锁）

### 3. 三级加锁协议

三级加锁协议是指一级加锁协议加上事务 T 在读取数据项 A 之前必须先对其加 S 锁，直到事务结束才释放。三级加锁协议除防止丢失修改和不读脏数据外，还可进一步防止不可重复读。

如图 10－14（b）所示，事务 $T_1$ 获取 S 锁 B 以 Read(B)，当执行统计 A＊B＝300 操作时，虽然 Read(B)已经执行完成但是事务 $T_1$ 没有释放 S 锁 B，而是需要事务 $T_1$ 执行完成或撤销时才会释放。因此，此时事务 $T_2$ 想 Update(B)需要申请 X 锁，而此时 X 锁是无法获取的，所以事务 $T_2$ 需要等待。图 10－14（b）通过三级加锁协议避免了图 10－14（a）中出现的不可重复读情况，事务 $T_1$ 最终统计并核验的数据是正确的。而图 10－14（b）如果通过二级加锁协议则是无法避免不可重复读情况的。

上述三级封锁协议可以总结为表 10－2。该表还指出了不同的封锁协议使事务达到的一致性级别是不同的，封锁协议级别越高，一致性程度也就越高。

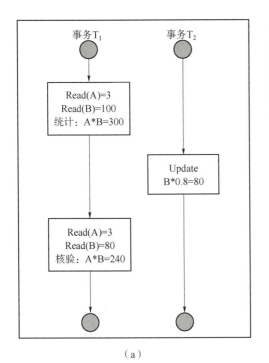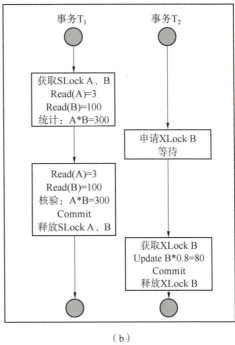

（a）　　　　　　　　　　　　　　　　（b）

**图 10 - 14　三级加锁避免不可重复读**

（a）并发事务（不可重复读）；（b）并发事务（三级加锁）

**表 10 - 2　不同级别的封锁协议和一致性保证**

| 封锁协议 | X 锁 | | S 锁 | | 一致性保证 | | |
| --- | --- | --- | --- | --- | --- | --- | --- |
| | 操作结束释放 | 事务结束释放 | 操作结束释放 | 事务结束释放 | 不丢失修改 | 不读脏数据 | 可重复读 |
| 一级封锁协议 | | √ | | | √ | | |
| 二级封锁协议 | | √ | √ | | √ | √ | |
| 三级封锁协议 | | √ | | √ | √ | √ | √ |

## 10.3.3　两阶段加锁协议

需要说明的是，三级加锁协议用于解决丢失修改、不可重复读、读脏数据 3 种并发控制中数据库完整性、一致性的问题。而数据库并发机制为了保证并发调度的正确性，保证调度是可串行化的，需要遵循另一个协议，该协议关注每一个事务加锁、解锁操作的时机。目前，DBMS 普遍采用两阶段加锁（TwoPhase Locking, 2PL）协议实现并发调度的可串行性。

两阶段加锁协议是指所有事务必须分两个阶段对数据项加锁和解锁：在对任何数据进行读、写操作之前，要申请并获得对该数据的加锁；每个事务中，所有的封锁请求先于所有的解锁请求。

也就是说"两阶段"锁的含义是，事务分为两个阶段。第一阶段是获得加锁阶段，也称为扩展阶段，在这个阶段，事务可以申请获得任何数据项上的任何类型的锁，但是不能释

283

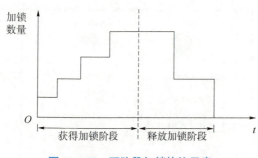

**图 10 – 15　两阶段加锁协议示意**

放任何锁；第二阶段是释放加锁阶段，也称为收缩阶段，在这个阶段，事务可以释放任何数据项上的任何类型的锁，但是不能再申请任何锁。两阶段加锁协议示意如图 10 – 15 所示。

例如，事务 $T_1$ 遵守两阶段加锁协议，其加锁序列为 Lock A，Read A，A：= A + 100，Write A，Lock B，Unlock A，Read B，Unlock B，Commit。我们可以看到，加锁序列分成两个阶段：加锁阶段（Lock A，Read A，A：= A + 100，Write A，Lock B）；解锁阶段（Unlock A，Read B，Unlock B，Commit）。

可以证明，若并发执行的所有事务均遵守两阶段加锁协议，则对这些事务的任何并发调度策略都是可串行化的。例如，表 10 – 3 所示的调度是遵守两阶段加锁协议的，因此一定是一个可串行化调度。

**表 10 – 3　遵守两阶段加锁协议的可串行化调度**

| $T_1$ | $T_2$ |
|---|---|
| SLock A | |
| Read(A) = 120 | |
| | SLock C |
| | Read(C) = 320 |
| XLock A | |
| Write(A) = 180 | |
| | XLock C |
| | Write(C) = 610 |
| | SLock A |
| SLock B | 等待 |
| Read(B) = 792 | 等待 |
| XLock B | 等待 |
| Write(B) = 1 100 | 等待 |
| UnLock A | 等待 |
| | Read(A) = 60 |
| | XLock A |
| UnLock B | |
| | Write(A) = 220 |
| | UnLock C |
| | UnLock A |

可以验证如下：忽略表中的加锁操作和解锁操作，按时间的先后次序得到了如下的调度。

$$S_1 = R_1(A)R_2(C)W_1(A)W_2(C)R_1(B)W_1(B)R_2(A)W_2(A)$$

通过交换两个不冲突操作的次序：

（1）把 $R_2(C)$ 与 $W_1(A)$ 交换 $\rightarrow R_1(A)W_1(A)R_2(C)W_2(C)R_1(B)W_1(B)R_2(A)W_2(A)$；

（2）把 $R_1(B)W_1(B)$ 与 $R_2(C)W_2(C)$ 交换 $\rightarrow R_1(A)W_1(A)R_1(B)W_1(B)R_2(C)W_2(C)R_2(A)W_2(A)$。

因此 $S_1$ 是一个可串行化调度。

需要说明的是，事务遵守两阶段加锁协议是可串行化调度的充分条件，而不是必要条件。也就是说，若并发事务都遵守两阶段加锁协议，则对这些事务的任何并发调度策略都是可串行化的；但是，若并发事务的一个调度是可串行化的，则不一定所有事务都符合两阶段加锁协议。一次加锁法（具体内容见第10.4节）要求每个事务必须一次将所有要使用的数据全部加锁，否则就不能继续执行。因此，一次加锁法遵守两阶段加锁协议，但是两阶段加锁协议并不要求事务必须一次将所有要使用的数据全部加锁，因此遵守两阶段加锁协议的事务可能发生死锁（具体内容见10.4）。

# 10.4　活锁与死锁

和操作系统中的并发进程或者软件开发中的多线程编程碰到的情况类似，数据库对于并发事务进行资源加锁的方法同样可能引起活锁和死锁等问题。

## 10.4.1　活锁

如果事务 $T_1$ 加锁了数据项 $R$，事务 $T_2$ 又请求加锁 $R$，于是 $T_2$ 等待；事务 $T_3$ 也请求加锁 $R$，当 $T_1$ 释放了 $R$ 上的锁之后系统首先批准了 $T_3$ 的请求，$T_2$ 仍然等待；然后事务 $T_4$ 又请求加锁 $R$，当 $T_3$ 释放了 $R$ 上的锁之后系统又批准了 $T_4$ 的请求……$T_2$ 有可能永远等待，这就是活锁的情形，如表 10−4 所示。

表 10−4　活锁示例

| $T_1$ | $T_2$ | $T_3$ | $T_4$ |
|---|---|---|---|
| Lock R | | | |
| | Lock R | | |
| | 等待 | Lock R | |
| | 等待 | | Lock R |
| Unlock R | 等待 | | 等待 |
| | 等待 | Lock R | 等待 |
| | 等待 | | 等待 |

| $T_1$ | $T_2$ | $T_3$ | $T_4$ |
|---|---|---|---|
| | 等待 | Unlock | |
| | 等待 | | Lock R |
| | 等待 | | |

避免活锁的简单方法是采用"先来先服务"的策略。当多个事务请求封锁同一数据对象时，封锁子系统按请求封锁的先后次序对事务排队，数据对象上的锁一旦释放就批准申请队列中的第一个事务获得锁。

## 10.4.2 死锁

死锁：指当两个（或多个）事务互相等待对方释放自己已经占有的锁时产生的僵局。例如，如果事务 $T_1$ 加锁了数据项 $R_1$，事务 $T_2$ 加锁了数据项 $R_2$，然后 $T_1$ 又请求加锁 $R_2$，因 $T_2$ 已加锁了 $R_2$，于是 $T_1$ 等待 $T_2$ 释放 $R_2$ 上的锁。接着，$T_2$ 又申请加锁 $R_1$，因 $T_1$ 已加锁了 $R_1$，故 $T_2$ 也只能等待 $T_1$ 释放 $R_1$ 上的锁。这样就出现了 $T_1$ 在等待 $T_2$，而 $T_2$ 又在等待 $T_1$ 的局面，$T_1$ 和 $T_2$ 两个事务永远不能结束，形成死锁，如表 10-5 所示。

表 10-5 死锁示例

| $T_1$ | $T_2$ |
|---|---|
| Lock $R_1$ | |
| | Lock $R_2$ |
| | |
| Lock $R_2$ | |
| 等待 | |
| 等待 | |
| 等待 | Lock $R_1$ |
| 等待 | 等待 |
| 等待 | 等待 |
| … | … |

DBMS 必须能够意识到死锁的存在，并通过某种方法打破死锁。有 3 种常用的死锁处理技术：超时、死锁预防以及死锁检测和恢复。

### 1. 超时

超时是指每个请求加锁的事务等待的时间都有一个上限。这是一种基于锁超时的、比较简单的防止死锁的方法。采用这种方法时，会等待加锁的事务，其等待时间最多等于系统设定的等待时间。如果在这段时间内事务没有获得请求的锁，则这次加锁请求超时。在这种情况下，DBMS 假定该事务已经死锁（即使实际上可能并未死锁），从而撤销这个事务，并将其自动重启。这是一种非常简单又很实用的防止死锁的方案，因而被某些商业数据库管理系统所采用。

### 2. 死锁预防

死锁预防是指 DBMS 总是提前判断是否有事务会引发死锁，从而杜绝死锁的发生。防止死锁的发生其实就是要破坏产生死锁的条件。预防死锁通常有以下两种方法。

#### 1）一次加锁法

一次加锁法要求每个事务必须一次将所有要使用的数据全部加锁，否则就不能继续执行。表 10－4 的例子中，如果事务 $T_1$ 将数据对象 $R_1$ 和 $R_2$ 一次加锁，那么 $T_1$ 就可以执行下去，而 $T_2$ 等待。$T_1$ 执行完后释放 $R_1$、$R_2$ 上的锁，$T_2$ 继续执行。这样就不会发生死锁。

一次加锁法虽然可以有效地防止死锁的发生，但也存在问题。第一，一次就将以后要用到的全部数据加锁，势必扩大了加锁的范围，从而降低了系统的并发度。第二，数据库中的数据是不断变化的，原来不要求加锁的数据在执行过程中可能会变成加锁对象，所以很难事先精确地确定每个事务所要加锁的数据对象，为此只能扩大加锁范围，将事务在执行过程中可能要加锁的数据对象全部加锁，这就进一步降低了并发度。

#### 2）顺序加锁法

顺序加锁法是预先对数据对象规定一个加锁顺序，所有事务都按这个顺序实施加锁。例如，在 B 树结构的索引中，可规定加锁的顺序必须从根节点开始，然后是下一级的子节点，逐级加锁。

顺序加锁法可以有效地防止死锁，但也同样存在问题。第一，数据库系统中加锁的数据对象极多，并且随着数据的插入、删除等操作而不断地变化，要维护这样资源的加锁顺序非常困难，成本很高。第二，事务的加锁请求可能随着事务的执行而动态地决定，很难事先确定每一个事务要加锁哪些对象，因此也就很难按规定的顺序去加锁。

由上可见，死锁预防的难度比较大，并不太适合数据库的特点。因此，DBMS 一般都不采用死锁预防方法，而普遍采用的是死锁检测和恢复的方法。

### 3. 死锁检测和恢复

死锁检测和恢复是指 DBMS 允许发生死锁，但能够认识到死锁的发生并能够打破死锁。

#### 1）死锁检测

系统通常通过构造显示事务之间依赖关系的等待图（Wait－For Graph，WFG）进行死锁检测。如果 $T_j$ 持有 $T_i$ 等待的数据项 R 上的锁，则事务 $T_i$ 依赖于事务 $T_j$。WFG 是一个有向图 $G = (N, E)$，$G$ 由一组节点 $N$ 和一组有向边 $E$ 构成。WFG 的构造规则如下。

（1）为每个事务创建一个节点。

（2）如果事务 $T_i$ 等待对某数据项 R 加锁，而该数据项当前已被 $T_j$ 加锁，则创建一条有向边 $T_i \rightarrow T_j$。

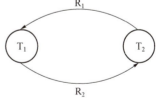

图 10－16　表 10－5 所示
事务的 WFG

当且仅当 WFG 中有环时才会发生死锁。例如，图 10－16 是表 10－5 所示事务的 WFG。显然，图上存在环（$T_1 \rightarrow T_2 \rightarrow T_1$）。因此，可断言该系统处于死锁状态。

#### 2）死锁检测的频率

由于 WFG 中有环存在是死锁存在的充分必要条件，故死锁检测算法可以周期性地生成WFG，并检测其中是否有环存在。执行该算法进行死锁检测的时间间隔的选取很重要。如果时间间隔选得太小，那么死锁检测将增加大量的开销；如果时间间隔选得太大，则即使发生死锁，也要经过很长一段时间才能被检测到。因此，可采用动态死锁检测算法。动态死锁检测算法以某一初始时间间隔被启动，每次执行时，如果没有检测到死锁，则增加检测时间间隔，如增加为原来的两倍；如果检测到死锁，则将时间间隔减小，如减小为原来的一半，但无论增加还是减小都不能超出某个上限和下限。

3）死锁检测后的恢复

正如上文提到的，一旦检测到死锁，DBMS 必须撤销一个或多个事务。撤销时，DBMS 需要考虑以下 3 个问题。

（1）对死锁牺牲者的选择。在某些情况下，可以明确被撤销事务。但是，在另一些情况下，选择就没有那么明确。在这种情况下，我们就需要撤销那些代价最小的事务，主要考虑以下因素。

①事务已经运行的时间的长短（最好撤销一个刚刚开始运行的事务，而不是一个已经运行了一段时间的事务）。

②事务已经更新的数据项的多少（最好撤销一个只对数据库做了少许改变的事务，而不是一个已对数据库做了大量修改的事务）。

③事务还需要更新的数据项的多少（最好撤销一个对数据库还有许多更新操作没有完成的事务，而不是一个只需再做少量操作就能完成的事务）。遗憾的是，DBMS 未必了解这方面的信息。

（2）事务回滚的程度。决定了撤销哪个事务以后，还要决定将这个事务回滚多远。显然，撤销该事务所做的所有改变是最简单的方法，但这未必是最高效的方法。有时，只需要事务部分回滚就能够解决死锁问题。

（3）避免饿死。如果某个事务总被选为牺牲者，则可能发生饿死的现象，即该事务永远无法完成。饿死现象与 10.4.1 小节中提到的活锁很相似，活锁是并发控制协议始终不选择执行某个等待加锁的事务。DBMS 可以用以下方法来避免饿死现象的发生：记录事务被选为牺牲者的次数，并在该次数到达某上限时，启用另一种选择标准。

# 10.5　加锁的粒度

加锁对象的大小称为加锁粒度（granularity）。加锁对象可以是逻辑单元，也可以是物理单元。以关系数据库为例，加锁对象可以是这样一些逻辑单元：属性值、属性值的集合、元组、关系、索引项、整个索引直至整个数据库。它也可以是这样一些物理单元：页（数据页或索引页）、物理记录等。

加锁粒度与系统的并发度和并发控制的开销密切相关。直观地看，加锁粒度越大，数据库所能够加锁的数据单元越少，并发度越小，系统开销也就越小；反之，加锁粒度越小，并发度越高，系统开销也就越大。

例如，若加锁对象是数据页，事务 $T_1$ 需要修改元组 $L_1$，则 $T_1$ 必须对包含 $L_1$ 的整个数据页 A 加锁。如果 $T_1$ 对 A 加锁后事务 $T_2$ 要修改 A 中的元组 $L_2$，则 $T_2$ 被迫等待，直到 $T_1$

释放 A 上的锁。而如果加锁对象是元组，则 $T_1$ 和 $T_2$ 可以同时对 $L_1$ 和 $L_2$ 加锁，不需要互相等待，从而提高了系统的并发度。又如，事务 T 需要读取整张表，若加锁对象是元组，则 T 必须对表中的每一个元组加锁，显然开销极大。

因此，如果在一个系统中同时支持多种加锁粒度供不同的事务选择是比较理想的，这种加锁方法称为多粒度加锁（multiple granularity locking）。选择加锁粒度时应该同时考虑加锁开销和并发度两个因素，适当选择加锁粒度以求得最优的效果。一般来说，需要处理某个关系的大量元组的事务可以以关系为加锁对象；需要处理多个关系的大量元组的事务可以以数据库为加锁对象；而对于一个处理少量元组的用户事务，以元组为加锁对象就较合适了。

### 10.5.1　粒度的层次

我们可以用层次结构表示锁的粒度，如图 10 – 17 所示，其中每个节点代表一种数据对象的大小。其中，根节点代表整个数据库，第一层节点代表数据表，第二层节点代表页，第三层节点代表记录，第四层节点代表单个字段。当一个节点被加锁时，其所有的子孙节点都被锁住。例如，如果某事务对某页 Page2 加锁，则该页所有的记录（Record1、Record2…）和记录下所有的字段（Field1、Field2…）都被加了锁。如果另有一事务请求对同一节点加一个不相容的锁，则 DBMS 必须清楚地知道不能满足这一事务的加锁请求。

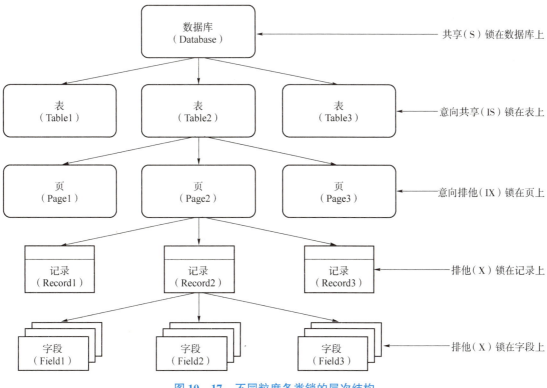

**图 10 – 17　不同粒度各类锁的层次结构**

如果另有一个事务请求对已被加锁节点的任意子孙节点加锁，则 DBMS 先检查从根节点到请求节点的层次路径，确定其祖先节点是否已被加锁，然后决定是否同意对请求节点加锁。因此，如果加锁请求是对记录 Record1 加排他锁，则 DBMS 首先检查其父节点

（Page2），再检查其祖父节点（Table2），最后检查数据库本身，看看它们之中是否有节点已被加锁。当发现 Page2 已被加锁时，DBMS 就会拒绝此次加锁请求。

另外，事务可能会请求对一个其子孙节点已被加锁的节点加锁。例如，若某事务请求对 Table2 加锁，则 DBMS 需要首先检查该表中（Table2）的所有页、这些页中的所有记录以及这些记录中的所有字段，确定它们中的任意一个是否已被加锁，然后才能决定是否允许对 Table2 加锁。

### 10.5.2　多粒度加锁

为了减少对子孙节点加锁情况的搜索，DBMS 采用另外一种称为多粒度加锁的专门的加锁策略。该策略使用了一种新型锁：意向锁（Intention Locks）。

意向锁的含义是，如果对一个节点加意向锁，则说明该节点的下层节点正在被加锁；当一个节点被加锁时，该节点的所有祖先节点就都被加了意向锁。例如，如果 Table2 的某个子孙节点（如前例中的 Page2）被加锁，当有对 Table2 的加锁请求时，Table2 上的意向锁则会表明它的某个子孙节点已经被加锁。

基础意向锁可以是共享的（S）或排他的（X），可分为 3 种：意向共享（Intention Shared，IS）锁、意向排他（Intention Exclusive，IX）锁与共享意向排他（Shared and Intention Exclusive，SIX）锁。

#### 1. IS 锁

如果对一个数据对象加 IS 锁，则表示它的子孙节点意向加 S 锁。例如，事务 T 要对记录（Record2）加 S 锁，则首先要对页（Page2）、表（Table2）和数据库加 IS 锁。IS 锁只与 X 锁冲突。

#### 2. IX 锁

如果对一个数据对象加 IX 锁，则表示它的子孙节点意向加 X 锁。例如，事务 T 要对记录（Record2）加 X 锁，则首先要对页（Page2）、表（Table2）和数据库加 IX 锁。IX 锁与 S 锁和 X 锁均冲突。

#### 3. SIX 锁

事务可以拥有 SIX 锁，这与同时拥有一个 S 锁和一个 IX 锁在逻辑上是等价的。例如，对某条记录（Record2）加 SIX 锁，则表示该事务要读取该记录中的所有字段（所以要对该记录加 S 锁），同时会更新个别字段（所以要对该记录加 IX 锁）。SIX 锁与所有与 S 锁或者 IX 锁冲突的锁冲突。换句话说，SIX 锁仅与 IS 锁兼容。

多粒度加锁技术中各种锁之间的相容矩阵如表 10 - 6 所示。

表 10 - 6　多粒度加锁技术中各种锁之间的相容矩阵

| $T_1$ | $T_2$ | | | | |
|---|---|---|---|---|---|
| | IS 锁 | IX 锁 | S 锁 | SIX 锁 | X 锁 |
| IS 锁 | √ | √ | √ | √ | × |
| IX 锁 | √ | √ | × | × | × |

续表

| T₁ | T₂ | | | | |
|---|---|---|---|---|---|
| | **IS 锁** | **IX 锁** | **S 锁** | **SIX 锁** | **X 锁** |
| S 锁 | √ | × | √ | × | × |
| SIX 锁 | √ | × | × | × | × |
| X 锁 | × | × | × | × | × |

上表所示为多粒度加锁技术中各种锁之间的兼容性。从表中可以发现这 5 种锁的强度有如图 10 – 18 所示的偏序关系。所谓锁的强度是指它对其他锁的排斥程度。一个事务在申请加锁时以强锁代替弱锁是安全的，反之则不然。

为了保证多级加锁的可串行化，使用下述改进的两阶段加锁协议。

（1）一旦有节点被解锁，就不再继续加锁。

（2）直到其父节点被加了意向锁，才允许对该节点加锁。

（3）直到其所有的子孙节点都被解锁，该节点才可以被解锁。

根据上述规则，申请锁时，应从根节点自上而下，每层均加上意向锁，直到遇到了真正要被加上 S 锁或者 X 锁的那个节点；释放

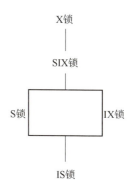

图 10 – 18　锁的强度的偏序关系

锁时，应自下而上地进行。例如，事务 T 要对表（Table2）加 S 锁，则要首先对数据库加 IS 锁。检查数据库和表（Table2）是否已加了不相容的锁（X、SIX 或 IX 锁）即可确定能否获得 S 锁，这样就可以不再需要搜索和检查表（Table2）中的页、记录与字段是否加了不相容的锁（X 锁）。

具有意向锁的多粒度加锁方法提高了系统的并发度，减少了加锁和解锁的开销，已经在实际的 DBMS 产品中得到广泛应用。

# 10.6　时间戳方法

并发控制的方法除了加锁技术外还有时间戳方法、多版本控制以及乐观并发控制等，本节将就时间戳方法进行说明。我们知道使用锁并结合两阶段加锁协议即能保证调度的可串行化。另一种保证可串行化的方法是使用事务的时间戳，从而使事务以某种串行调度的顺序执行。与加锁的方法相比，用时间戳方法进行并发控制有很大不同。由于不需要用到锁，因此时间戳方法不会产生死锁。通常，加锁方法是通过使事务等待来防止冲突的。在时间戳方法中，事务无须等待：冲突的事务只需简单回滚并重启即可。

时间戳是由 DBMS 创建的、标识事务的相对启动时间的、具有唯一性的标识符。在事务开始执行时，可简单地用系统时钟生成时间戳。更常见的做法是，每当有新的事务启动时，就将一个逻辑计数器的值加 1。

## 10.6.1 基本时间戳排序

采用时间戳方法时，如果某事务企图读或写一个数据项，则只有当该数据项最近一次的修改是由一个较早的事务执行时，才允许该事务进行读或写；否则，请求读或写的事务将被赋予一个新的时间戳后重启。为了防止事务总是不断被撤销、重启，在事务重启时必须为其分配新的时间戳；否则，可能由于较新的事务已经提交，使持有旧时间戳的事务无法提交。

除了事务有时间戳外，数据对象也可以有时间戳。每个数据对象都有一个读时间戳（Read_timestamp），其值为最后一个读取该数据对象的事务的时间戳；数据对象还有一个写时间戳（Write_timestamp），其值为最后一个写（更新）该数据对象的事务的时间戳。对于一个时间戳为 ts（T）的事务 T，时间戳排序协议的工作原理如下。

#### 1. 事务 T 发出数据对象 Q 的读请求 Read(Q)

（1）事务 T 要求读数据对象 Q，而该数据对象已经被一个较新（较晚）的事务更新，即 $ts(T) < Write\_timestamp(Q)$。这表示一个较早的事务试图读取一个由较新事务更新的数据对象的值。这个较早的事务现在才来读一个以前存在过而现在已经被更新了的值，显然太迟了，而且它已经获得的其他值很有可能与这个已经被更新的数据对象的值不一致。在这种情况下，事务 T 必须被撤销，并以一个新（较晚）的时间戳重启。

（2）否则，$ts(T) >= Write\_timestamp(Q)$，读操作可以被执行，并且置 Read_timestamp（Q）= max（ts（T），Read_timestamp（Q））。

#### 2. 事务 T 发出数据对象 Q 的写请求 Write(Q)

（1）事务 T 要求写数据对象 Q，而该数据对象已经被一个较新的事务读取，即 $ts(T) < Read\_timestamp(Q)$。这说明一个较新的事务已经使用了该数据对象的当前值，如果事务 T 现在更新它，则会出错。当一个事务延误了对数据对象的写，而另一个较新的事务却已经读取了该数据对象以前的值或已经写入了一个新值，在这种情况下就会出错。此时，唯一的解决办法是将事务 T 回滚并且用一个新的时间戳重启。

（2）事务 T 要求写数据对象 Q，而该数据对象已经被一个较新的事务更新，即 $ts(T) < Write\_timestamp(Q)$。这说明事务 T 试图向数据对象 Q 写入一个应该在前面时刻存在而此时已属陈旧的值。因此，事务 T 应该被回滚并且用一个新的时间戳重启。

（3）否则，写操作可以被执行，并且置 Write_timestamp（Q）= ts（T）。

这种称为基本时间戳排序的模式，能够保证事务是冲突可串行化的，并且结果等价于这样一个串行调度，即事务按照时间戳的大小顺序执行。换句话说，其结果就好像是先执行事务 $T_1$ 的所有操作，然后执行事务 $T_2$ 的全部操作，如此下去，其间没有交叉。但是，基本时间戳排序并不能保证调度的可恢复性。在演示如何使用上述规则产生一个基于时间戳的调度之前，先来分析一个稍作变化的协议，该协议能够提供更高的并发性。

## 10.6.2 托马斯写规则

通过对基本时间戳排序协议进行修改，放宽对冲突可串行化的要求，拒绝过时的写操作以获得更高的并发性，该扩展被称为托马斯写规则（Thomas's write rule）。该规则修改了事务 T 的写操作规则。

（1）事务 T 要求写数据对象 Q，而该数据对象已经被一个较新的事务读取过，即ts(T) < Read_timestamp(Q)。同前面一样，将事务 T 回滚并且用一个新的时间戳重启。

（2）事务 T 要求写数据对象 Q，而该数据对象已经被一个较新的事务更新过，即ts(T) < Write_timestamp(Q)。这说明一个较新的事务已经更新了该数据项的值，因此，较早的事务 T 要写入的值，必须是在一个更加陈旧的值的基础上写入。在这种情况下，忽略写操作毫无问题。这有时也被称为忽略过时写规则（ignore obsolete write rule），这种规则支持更高的并发性。

（3）否则，与此前一样，写操作可以被执行，然后置 Write_timestamp(Q) = ts(T)。

## 10.6.3　时间戳控制实例

在表 10－7 中，有 3 个事务在并发执行。事务 $T_1$、$T_2$ 与 $T_3$ 的时间戳分别为ts($T_1$)、ts($T_2$)、ts($T_3$)，且 ts($T_1$) < ts($T_2$) < ts($T_3$)。

在 $t_8$ 时刻，事务 $T_3$ 已在 $t_7$ 时刻完成 Read($bal_y$)的读操作，由此资源 $bal_y$ 上的 Read_timestamp($bal_y$) = ts($T_3$)。因此，事务 $T_2$ 的 ts($T_2$) < Read_timestamp($bal_y$)，事务 $T_2$ 的写操作违反了第一条写规则，因此 $T_2$ 被撤销，并在 $t_{14}$ 时刻重启。

在 $t_{14}$ 时刻，事务 $T_3$ 已在 $t_{12}$ 时刻完成 Write($bal_z$)的写操作，由此资源 $bal_z$ 上的 Write_timestamp($bal_z$) = ts($T_3$)。因此，事务 $T_1$ 的 ts($T_1$) < Write_timestamp($bal_z$)，根据忽略过时写规则，事务 $T_1$ 的写操作被安全地忽略，因为该写操作的结果早就应该被事务 $T_3$ 在 $t_{12}$ 时刻的写操作所覆盖。

表 10－7　时间戳控制实例

| 时刻 | 操作 | 事务 $T_1$ | 事务 $T_2$ | 事务 $T_3$ |
|---|---|---|---|---|
| $t_1$ | | begin_transaction | | |
| $t_2$ | Read($bal_x$) | Read($bal_x$) | | |
| $t_3$ | $bal_x = bal_x + 10$ | $bal_x = bal_x + 10$ | | |
| $t_4$ | Write($bal_x$) | Write($bal_x$) | begin_transaction | |
| $t_5$ | Read($bal_y$) | | Read($bal_y$) | |
| $t_6$ | $bal_y = bal_y + 20$ | | $bal_y = bal_y + 20$ | begin_transaction |
| $t_7$ | Read($bal_y$) | | | Read($bal_y$) |
| $t_8$ | Write($bal_y$) | | Write($bal_y$) | |
| $t_9$ | $bal_y = bal_y + 30$ | | | $bal_y = bal_y + 30$ |
| $t_{10}$ | Write($bal_y$) | | | Write($bal_y$) |
| $t_{11}$ | $bal_z = 100$ | | | $bal_z = 100$ |
| $t_{12}$ | Write($bal_z$) | | | Write($bal_z$) |
| $t_{13}$ | balz = 50 | $bal_z = 50$ | | Commit |
| $t_{14}$ | Write($bal_z$) | Write($bal_z$) | begin_transaction | |
| $t_{15}$ | Read($bal_y$) | Commit | Read($bal_y$) | |
| $t_{16}$ | $bal_y = bal_y + 20$ | | $bal_y = bal_y + 20$ | |
| $t_{17}$ | Write($bal_y$) | | Write($bal_y$) | |
| $t_{18}$ | | | Commit | |

# 10.7　多版本控制

本节主要说明多版本控制技术。多版本并发控制（MultiVersion Concurrency Control，MVCC）是指在数据库中通过维护数据对象的多个版本信息来实现高效并发控制的一种策略。

## 10.7.1　多版本时间戳协议

版本（version）是指数据库中数据对象的一个快照，记录了数据对象某个时刻的状态。随着计算机系统存储设备价格的不断降低，可以考虑为数据库系统的数据对象保留多个版本，以提高系统的并发操作程度。例如，有一个数据对象 A 有两个事务，其中 $T_1$ 是写事务，$T_2$ 是读事务。假定先启动事务 $T_1$，后启动事务 $T_2$。按照传统的加锁协议，事务 $T_2$ 必须等待事务 $T_1$ 执行结束释放 A 上的锁后才能对 A 加锁。也就是说，$T_1$ 和 $T_2$ 实际上是串行执行的。如果在 $T_1$ 准备写 A 时不是等待，而是为 A 生成一个新的版本（表示为 A'），那么 $T_2$ 就可以继续在 A' 上执行。只是在 $T_2$ 准备提交的时候要检查事务 $T_1$ 是否已经完成。如果 $T_1$ 已经完成，那么 $T_2$ 就可以放心地提交；如果 $T_1$ 还没有完成，那么 $T_2$ 必须等待直到 $T_1$ 完成。这样既能保持事务执行的可串行性，又能提高事务执行的并行度。并发事务加锁与多版本技术的区别如图 10-19 所示。

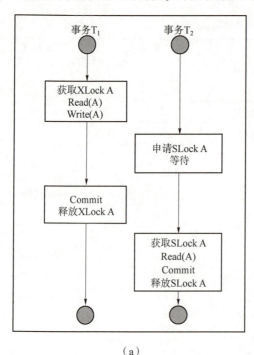
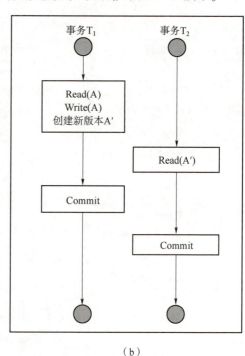

（a）　　　　　　　　　　　　　　（b）

**图 10-19　并发事务加锁与多版本技术的区别**

（a）并发事务（加锁）；（b）并发事务（多版本）

在上例中数据对象只有一个版本。因此，同一时刻只能有一个事务访问该数据对象。如果允许多个事务读或写同一个数据对象的不同版本，并能保证每个事务所访问的数据对象的版本是一致的，则可以放宽前面的限制。在多版本时间戳的并发控制中，每次写操作都在保留原有版本的同时，又为数据对象创建了一个新版本。当某事务试图读一个数据对象时，系统将为其选择一个能够保证可串行化的数据对象版本。多版本机制中，每个 Write(Q) 操作都创建 Q 的一个新版本，这样一个数据对象就有一个版本序列 $Q_1$，$Q_2$，…，$Q_n$ 与之相关联。系统为每个版本 $Q_i(i=1,\cdots,n)$ 存储了以下 3 个值。

（1）版本 $Q_i$ 的值。

（2）Read_timestamp($Q_i$)：所有成功读取了版本 $Q_i$ 事务的最大时间戳。

（3）Write_timestamp($Q_i$)：创建版本 $Q_i$ 事务的时间戳。

令 ts(T) 为当前事务的时间戳，$ts(T_i)<ts(T_j)$ 表示事务 $T_i$ 在事务 $T_j$ 之前开始执行。多版本控制协议使用下面两条规则来保证可串行化。

（1）事务 T 发出一个写请求 Write(Q)。如果事务 T 要写数据对象 Q，则必须保证该数据对象尚未被另一事务 $T_j(ts(T)<ts(T_j))$ 读取过。因为出于可串行化的考虑，T 所做的改变应该为 $T_j$ 所见。很显然，如果 $T_j$ 在较早时刻就已经读取了该数据项的值，那么它是不会见到事务 T 修改结果的。

因此，假设数据对象 Q 的版本 $Q_j$ 具有最大写时间戳，其值小于或者等于 ts(T)（即 Write_timestamp($Q_j$) < = ts(T)），且 Read_timestamp($Q_j$) > ts(T)，则事务 T 必须被撤销并以一个新的时间戳重启；否则，可为数据对象 Q 创建一个新的版本 $Q_i$，并置 Read_timestamp($Q_i$) = Write_timestamp($Q_i$) = ts(T)。

（2）事务 T 发出一个读请求 Read(Q)。如果允许事务 T 读取数据对象 Q，则必须返回数据对象 Q 的写时间戳小于或者等于 ts(T) 的诸版本中时间戳最大的那个 $Q_j$，即 $Q_j$ 的 Write_timestamp($Q_j$) 要满足 Write_timestamp($Q_j$) < = ts(T)。置 Read_timestamp($Q_j$) = max(ts(T),Read_timestamp($Q_j$))。需要注意的是，在此协议下，读操作从不失败。

一旦某个版本不再使用，就可以将其删除。根据当前系统中最早的事务的时间戳来决定是否还需要某个版本。对于数据对象 Q 的任意两个版本 $Q_i$ 和 $Q_j$，若它们的写时间戳比当前系统中最早事务的时间戳还小，则可以删除其中较早的一个版本。

**例 10 – 5：** $T_1$、$T_2$、$T_3$、$T_4$、$T_5$ 多个事务的多版本时间戳并发控制过程，如图 10 – 20 所示。$ts(T_1)<ts(T_2)<ts(T_3)<ts(T_4)<ts(T_5)$。

（1）事务 $T_1$ 发起 Write(a) 请求，创建一个新的版本 $Q_1$，并置 Read_timestamp($Q_1$) = Write_timestamp($Q_1$) = ts($T_1$)。

（2）事务 $T_2$ 发起 Read(a) 请求，由于 Write_timestamp($Q_1$) = ts($T_1$) < ts($T_2$)，故读取版本 $Q_1$，返回 {a=3}，设置 Read_timestamp($Q_1$) = ts($T_2$)。

（3）事务 $T_3$ 发起 Write(a) 请求，Write_timestamp($Q_1$) = ts($T_1$) < ts($T_3$) 且 Read_timestamp($Q_1$) = ts($T_2$) < ts($T_3$)，说明该数据尚未被其他事务读取过，则创建一个新的版本 $Q_2$，设置 Read_timestamp($Q_2$) = Write_timestamp($Q_2$) = ts($T_3$)。

（4）事务 $T_4$ 发起 Read(a) 请求，由于事务 $T_3$ 还未提交，故写时间戳小于或者等于ts(T)的诸版本中时间戳最大的那个 $Q_1$，因此 $T_4$ 读取{a=3},设置 Read_timestamp($Q_1$) = ts($T_4$)。

（5）事务 $T_5$ 发起 Read(a) 请求，由于事务 $T_3$ 已提交，故写时间戳小于或者等于 ts(T) 的诸版本中时间戳最大的那个 $Q_2$，因此 $T_5$ 读取 $\{a=4\}$，设置 $Read\_timestamp(Q_2)=ts(T_5)$。

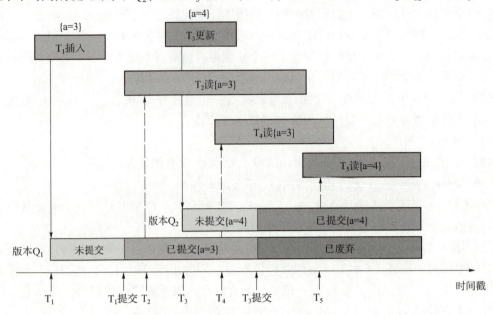

图 10-20　多版本时间戳并发控制过程示例

多版本并发控制利用物理存储上的多版本来维护数据的一致性。这就意味着当检索数据库时，每个事务都看到一个数据的一段时间前的快照，而不管正在处理的数据当前的状态。多版本并发控制和加锁机制相比，主要的好处是消除了数据库中数据对象读和写操作的冲突，有效地提高了系统的性能。

多版本并发控制方法有利于提高事务的并发度，但也会产生大量的无效版本，而且在事务结束时刻，其所影响的元组的有效性不能马上确定，这就为保存事务执行过程中的状态提出了难题。这些都是实现多版本并发控制的一些关键问题。

## 10.7.2　多版本两阶段加锁协议

多版本控制可以进一步改进。区分事务的类型为只读事务和更新事务。对于只读事务，发生冲突的可能性很小，可以采用多版本时间戳；对于更新事务，采用较保守的两阶段加锁协议。这样的混合协议称为多版本两阶段加锁协议（Multiversion Twophase Looking，MV2PL），具体做法如下。

除了传统的 S 锁和 X 锁外，引进一个新的锁类型，称为验证锁（certify-lock），也称为 C 锁。C 锁的相容矩阵如表 10-8 所示。

表 10-8　C 锁的相容矩阵

|  | S 锁 | X 锁 | C 锁 |
|---|---|---|---|
| S 锁 | √ | √ | × |
| X 锁 | √ | × | × |
| C 锁 | × | × | × |

注意：在这个相容矩阵中，S 锁和 X 锁变得是相容的了。这样当某个事务写数据对象的时候，允许其他事务读数据（当然，写操作将生成一个新的版本，而读操作就是在旧的版本上读）。一旦写事务要提交的时候，必须首先获得在那些加了 X 锁的数据对象上的 C 锁。由于 C 锁和 S 锁是不相容的，所以为了得到 C 锁，写事务不得不延迟它的提交，直到所有被它加上 X 锁的数据对象都被所有那些正在读它们的事务释放。一旦写事务获得 C 锁，系统就可以丢弃数据对象的旧值，代之于新版本，然后释放 C 锁，提交事务。

在这里，系统最多只用维护数据对象的两个版本。多个读操作可以和一个写操作并发地执行。这种情况是传统的两阶段加锁协议所不允许的，提高了读、写事务之间的并发度。MV2PL 把加锁机制和时间戳方法相结合，维护一个数据的多个版本，即对于关系表上的每一个写操作产生 Read 的一个新版本，同时会保存前一次修改的数据版本。MV2PL 和加锁机制相比，主要的好处是在多版本并发控制中对读数据的锁要求与写数据的锁要求不冲突，所以读不会阻塞写，而写也从不阻塞读，从而使读、写操作没有冲突，有效地提高了系统的并发性。现在许多数据库产品都使用了多版本并发控制技术。

# 10.8 乐观并发控制技术

乐观并发控制本质上就是基于验证的协议，因为在多数的应用中只读的事务占了绝大多数，事务之间因为写操作造成冲突的可能性非常小。也就是说，大多数的事务不需要并发控制机制也能运行得非常好，也可以保证数据库的一致性。而并发控制机制其实向整个数据库系统添加了很多的开销，我们其实可以通过其他策略降低这部分的开销。本节将就乐观并发控制技术进行简要说明。

验证协议就是我们找到的解决办法，它根据事务的只读或者更新将所有事务的执行分为 3 个阶段，如图 10-21 所示。

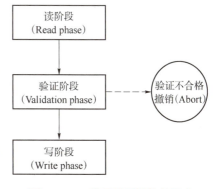

图 10-21 基于验证协议的示意

（1）读阶段（Read Phase）：从事务开始直到事务提交前的一刻。事务从数据库中读取所有它所需要的数据项的值，并将其存放在本地变量中。更新操作只在数据的本地副本上进行，并不修改数据库本身。

（2）验证阶段（Validation Phase）：为了确保将事务的更新结果写入数据库后不会破坏可串行化，必须对事务进行检验。对于只读事务，检验该事务读取的数据值是否是对应数据项的当前值。如果没有冲突存在，则事务可以提交；如果出现冲突，则事务被撤销并重启。对于更新事务，要检验该事务是否使数据库处于一致的状态，并维持了可串行化。如果不满足，则撤销事务并重启。

（3）写阶段（Write Phase）：对于更新事务，成功通过验证阶段之后就进入了写阶段。在这一阶段，将把本地副本中的修改结果反映到数据库中。

为了保证乐观并发控制能够正常运行，我们需要知道一个事务不同阶段的发生时间，包括事务开始时间 start(T)、验证阶段的开始时间 validation(T) 以及写阶段的结束时间 finish(T)。若要通过确认检查，则至少要满足以下条件中的一条。

（1）在事务 T 开始执行之前，所有具有较早时间戳的事务 S 都必须结束，即 finish(S) < start(T)。

（2）如果事务 T 在一个较早的事务 S 结束之前开始，则

①较早的事务所写的数据项并不是当前事务读取的数据项；

②在当前事务进入确认阶段之前，较早的事务已经完成了其写阶段，即 start(T) < finish(S) < validation(T)。

规则①保证了较早事务写操作的结果没有被当前事务读取；规则②保证了写操作是串行执行的，不会发生冲突。通过这 3 个时间戳，我们可以保证任意冲突的事务不会同时写入数据库，一旦有一个事务完成了验证阶段就会立即写入，其他读取了相同数据的事务就会回滚重新执行。

乐观并发控制机制会假定所有的事务在最终都会通过验证阶段并且执行成功，而加锁机制和基本时间戳排序协议是悲观的，因为它们会在发生冲突时强制事务进行等待或者回滚，哪怕有不需要加锁也能够保证事务之间不会冲突的可能。

# 10.9　SQL Server 的并发控制

SQL Server 支持悲观并发模式和乐观并发模式来控制并发，保证事务的 ACID 属性，两种并发模式的不同之处是保护数据的结构不同。在一个数据库中，只能选择其中一种并发模式，默认的并发模式是悲观并发模式。

## 1. 悲观并发模式

悲观并发模式使用加锁机制来保护数据，从而保证数据的一致性，适用于锁消耗低于回滚事务的成本环境中。悲观并发模式是默认的并发模式，在数据库系统中，当多个进程访问同一资源时，SQL Server 会通过各种类型的锁来协调资源的访问，确保在并发环境下数据保持一致的状态。而锁的作用范围是在事务中，事务建立在并发模式下。

在悲观并发模式下，SQL Server 认为有大量的写操作发生，并且写操作会受到其自身的影响。也就是说，悲观并发模式对任何正在访问的数据进行加锁，以避免多个进程同时修改或读取数据，造成数据的不一致。在默认的隔离级别下，读和写是相互阻塞的。

## 2. 乐观并发模式

乐观并发模式在并发过程中不产生锁，而是使用行版本来保护数据，从而保证数据的一致性，适用于写操作较少的环境。在乐观并发模式下，当一个事务对数据进行修改时，SQL Server 把已经提交的旧版本数据存储在 tempdb 的版本库中。读操作读取的是已经提交的旧版本，这些数据实际上存储在 tempdb 中。

对于乐观并发模式，SQL Server 假设只有少量的写写冲突发生，默认的机制是使用快照技术，在写进程完成数据修改之前，先把数据的行版本保存到 tempdb 中。由于数据的旧版本已经保存，故读进程可以直接读取已经保存的行版本，而不会受到写进程的影响。

乐观并发使读写操作不会相互阻塞，但是，这会导致一个潜在的问题，即读进程可能会读取到旧的数据。需要注意的是，在任何并发模式下，写写进程总是相互阻塞的。

## 10.9.1　锁模式

SQL Server 数据库引擎使用不同的锁模式（又称锁类型）对资源进行加锁，这些锁模式确定了并发事务访问资源的方式。

锁模式类别有以下几种。

1）共享锁（Shared Locks）

共享锁（S 锁）：用于不更改或不更新数据的读取操作，如 SELECT 语句。事务执行这些读取操作时，需要获取相应数据资源的共享锁。这种锁类型与 10.3.1 小节中的 S 锁的概念是相同的。共享锁允许并发事务在封闭式并发控制下读取（SELECT）资源，也就是说，在并发状态下多个事务是可以同时获取同一资源的共享锁的。资源上存在共享锁时，任何其他事务都不能修改数据。读取操作一旦完成，就立即释放资源上的共享锁，除非将事务隔离级别（10.9.3 小节中将详细说明事务隔离级别内容）设置为可重复读或更高级别，或者在事务持续时间内用锁定提示保留共享锁。

2）排他锁（Exclusive Locks）

排他锁（X 锁）：用于数据修改操作时对数据资料的加锁，如 INSERT、UPDATE 或 DE-LETE。该锁确保事务不会同时对同一资源进行多重更新。这种锁类型与 10.3.1 小节中的 X 锁的概念是相同的。使用排他锁时，任何其他事务都无法修改数据；仅在使用 NOLOCK 提示或未提交读隔离级别时才会进行读取操作。

3）更新锁（Update Locks）

一般来说，数据修改语句（如 INSERT、UPDATE 和 DELETE）合并了修改和读取操作。我们查看对应的执行计划，如图 10 - 22 所示，会看到它包含 3 个部分：读取数据、计算新值与写入数据。因此，数据修改语句通常请求共享锁和排他锁。

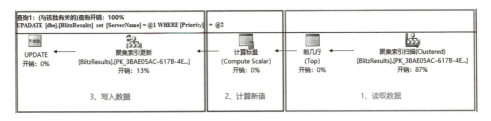

图 10 - 22　UPDATE 语句的执行计划

假设在执行计划的第 1 阶段，有两个数据修改语句事务并发执行，则它们的查询计划都会获得共享锁；然后在查询计划的第 3 阶段，当需要提交修改数据时，这些共享锁需要转化为排他锁。而由于共享锁与排他锁的相容矩阵（见表 10 - 1），我们知道它们是不兼容的，于是会发生下列两种情况，如图 10 - 23 所示。

（1）第 1 个查询不能转化共享锁为排他锁，因为第 2 个查询已经获得了共享锁。

（2）第 2 个查询不能转化共享锁为排他锁，因为第 1 个查询已经获得了共享锁。

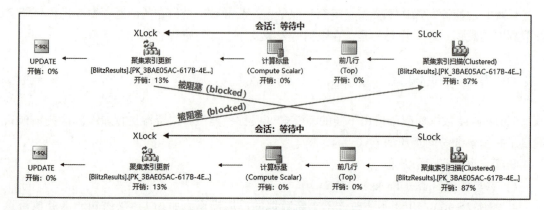

图 10 – 23    未使用更新锁造成的死锁

因此，SQL Server 规定一次只有一个事务可以获得资源的更新锁（U 锁）。如果事务修改资源，则更新锁转换为排他锁。通过更新锁就可以避免图 10 – 23 中的死锁情形。

另外，在第 1 阶段不获得更新锁，而直接获得排他锁也是可选项。这会克服死锁问题，因为排他锁与另一个排他锁不兼容。但这种方法的问题是并发受限制，因为同时其他的 SE-LECT 查询不可以读取当前有排他锁的数据。因此，系统需要更新锁，因为这个特定锁与传统的共享锁兼容。这样只要这个更新锁还没转化为排他锁，其他的 SELECT 查询也可以读取数据，提高了并发性。

4）意向锁（Intent Locks）

在记录上放置共享锁之前，需要对存放该记录的更大范围（如数据页或数据表）设置意向锁，以避免其他连接对该页放置独占锁。数据库引擎使用意向锁来保护共享锁或排他锁放置在锁层次结构的底层资源上。意向锁之所以命名为意向锁，是因为在较低级别锁前可获取它们，因此会通知意向将锁放置在较低级别上。这种锁类型与 10.5.2 小节中的意向锁的概念是相同的。

意向锁有以下两种用途。

（1）防止其他事务以会使较低级别锁无效的方式修改较高级别资源。

（2）提高数据库引擎在较高的粒度级别检测锁冲突的效率。

例如，在该表的数据页或数据行上请求共享锁之前，在表级（或页级）请求共享意向锁（IS 锁），以防止另一个事务随后在包含那一页的表上尝试放置排他锁。意向锁可以提高性能，因为数据库引擎仅在表级检查意向锁来确定事务是否可以安全地获取该表上的锁，而不需要检查表中的每行或每页上的锁以确定事务是否可以锁定整张表。

SQL Server 的意向锁类型如表 10 – 9 所示。

表 10 – 9    SQL Server 的意向锁类型

| 锁类型 | 说明 |
| --- | --- |
| 意向共享（IS） | 保护针对层次结构中某些（而并非所有）低层资源请求或获取的共享锁 |
| 意向排他（IX） | 保护针对层次结构中某些（而并非所有）低层资源请求或获取的排他锁。IX 锁是 IS 锁的超集，它也保护针对低层级别资源请求的共享锁 |

续表

| 锁类型 | 说明 |
|---|---|
| 共享意向排他<br>（SIX） | 保护针对层次结构中某些（而并非所有）低层资源请求或获取的共享锁以及针对某些（而并非所有）低层资源请求或获取的意向排他锁。顶级资源允许使用并发 IS 锁。例如，获取表上的 SIX 锁也将获取正在修改的页上的意向排他锁以及正在修改的行上的排他锁。虽然每个资源在一段时间内只能有一个 SIX 锁，以防止其他事务对资源进行更新，但是其他事务可以通过获取表级的 IS 锁来读取层次结构中的低层资源 |
| 意向更新（IU） | 保护针对层次结构中所有低层资源请求或获取的更新锁。仅在页资源上使用 IU 锁。如果进行了更新操作，则 IU 锁将转换为 IX 锁 |
| 共享意向更新<br>（SIU） | S 锁和 IU 锁的组合，作为分别获取这些锁并且同时持有两种锁的结果。例如，事务执行带有 PAGLOCK 提示的查询，然后执行更新操作。带有 PAGLOCK 提示的查询将获取 S 锁，更新操作将获取 IU 锁 |
| 更新意向排他<br>（UIX） | U 锁和 IX 锁的组合，作为分别获取这些锁并且同时持有两种锁的结果 |

除共享锁、排他锁、更新锁和意向锁外，还有架构锁、大容量更新锁及键范围锁，详见二维码。

其他锁

锁信息查看（例 10-6）

## 10.9.2　锁粒度

表 10-10 列出了 SQL Server 数据库引擎可以锁定的资源。

表 10-10　SQL Server 的锁层次结构

| 名称 | 资源 | 缩写 | 编码 | 呈现锁定时，描述该资源的方式 | 说明 |
|---|---|---|---|---|---|
| 数据行 | RID | RID | 9 | 文件编号：分页编号：Slot 编号 | 用于锁定堆中的单个行的行标识符 |
| 索引键 | KEY | KEY | 7 | 6 字节哈希值 | 具有索引的用于保护可序列化事务中键范围的行锁 |
| 分页 | PAGE | PAG | 6 | 文件编号：分页编号 | 数据库中的 8 KB 页，如数据页或索引页 |

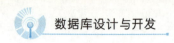

| 名称 | 资源 | 缩写 | 编码 | 呈现锁定时，描述<br>该资源的方式 | 说明 |
| --- | --- | --- | --- | --- | --- |
| 范围 | EXTENT | EXT | 8 | 文件编号：范围的第一个分页的编号 | 一组连续的页，如数据页或索引页 |
| 无 | HoBT | 无 | 无 | 无 | 堆或 B 树。用于保护没有聚集索引的表中的 B 树（索引）或堆数据页的锁 |
| 数据表 | TABLE | TAB | 5 | 数据表 ID（OBJID 字段） | 包括所有数据和索引的整张表 |
| 文件 | FILE | FIL | 3 | 文件编号 | 数据库文件 |
| 应用程序 | APPLICATION | APP | 10 | 6 字节哈希值 | 应用程序专用的资源 |
| 无 | METADATA | 无 | 无 | 无 | 元数据锁 |
| 无 | ALLOCATION_UNIT | 无 | 无 | 无 | 分配单元 |
| 数据库 | DATABASE | DB | 2 | 数据库代码（DBID 字段） | 整个数据库 |
| 索引 | 无 | IDX | 4 | Db_id：object_id：index_id 相关的其他资源 | 索引中的数据行锁定 |

　　SQL Server 数据库引擎具有多粒度锁定（见第 10.5.1 节），允许一个事务锁定不同类型的资源。为了尽量减少锁定的开销，SQL Server 数据库引擎自动将资源锁定在适合任务的级别。锁定在较小的粒度（如行）可以提高并发度，但开销较高，因为如果锁定了许多行，则需要持有更多的锁。锁定在较大的粒度（如表）会降低并发度，因为锁定整张表限制了其他事务对表中任意部分的访问。但其开销较低，因为需要维护的锁较少。

　　SQL Server 数据库引擎通常必须获取多粒度级别上的锁才能完整地保护资源。这组多粒度级别上的锁称为锁层次结构。例如，为了完整地保护对索引的读取，SQL Server 数据库引擎实例可能必须获取行上的共享锁以及页和表上的意向共享锁。

## 10.9.3　事务的隔离级别

　　所谓的事务隔离是指 SQL Server 利用加锁机制，使用不同类型的锁对数据进行锁定，从而限制在一个事务读取数据期间，其他事务锁执行的操作类型。不同的并发问题可以通过设置不同的事务隔离级别加以解决。事务的隔离级别控制一个事务与其他事务的隔离程度，它决定该事务在读取数据时对资源所使用的锁类型。

　　在悲观并发模式下，隔离级别只会影响读操作申请的共享锁，而不会影响写操作申请的排他锁。其隔离级别控制读操作的行为有以下 3 种。

　　（1）在读数据时，控制该操作事务是否使用共享锁以及申请何种类型的锁。

　　（2）控制该操作事务持有共享锁的时间。

　　（3）读操作引用的对象被其他事务更新，但尚未提交的数据行时，控制读操作的行为有以下两种。

①该操作事务被阻塞，等待其他事务释放排他锁。

②读没有提交的数据，获取更新之后的数据值。

### 1. 事务隔离级别的语句

我们可以在会话级别上用会话选项来设置事务隔离级别，其 T – SQL 语句如下：

> SET TRANSACTION ISOLATION LEVEL ＜isolation name＞;
>
> ＜isolation name＞: =｛READ UNCOMMITTED ｜ READ COMMITTED ｜ REPEATABLE READ ｜ SNAPSHOT ｜ SERIALIZABLE｝

也可以在查询级别上用表提示（Table Hint）来设置事务隔离级别，其 T – SQL 语句如下：

> SELECT…FROM ＜table＞ WITH ＜isolation name＞;
>
> ＜isolation name＞: =｛READUNCOMMITTED ｜ READCOMMITTED ｜ REPEATABLEREAD ｜ SNAPSHOT ｜ SERIALIZABLE ｜ NOLOCK ｜ PAGLOCK ｜…｝

＜isolation name＞用于设置事务的隔离级别，共有5种。需要说明的是，用表提示（Table Hint）来设置隔离级别在后续 SQL Server 版本中将删除。

### 2. 事务隔离级别的类型

并发事务引起问题的解决情况如表10 – 11 所示。

表10 – 11　并发事务引起问题的解决情况

| 问题 | 描述 | 结果 | 解决 | 未解决问题 |
|------|------|------|------|-----------|
| 丢失更新 | A 读—B 读—A 改—B 改 | A 更改丢失 | READ UNCOMMITTED | 脏读、不可重读、幻影读 |
| 脏读 | A 改—B 读—A 回滚 | B 读无效值 | READ COMMITTED | 不可重读、幻影读 |
| 不可重读 | A 读—B 改—A 读 | A 读不一致 | REPEATABLE READ | 幻影读、死锁 |
| 幻影读 | A 读—B 增删—A 读 | A 读或多或少 | SERIALIZABLE | 死锁 |
| 不可重读 | A 读—B 改—A 读 | A 读不一致 | SNAPSHOT | |

1）未提交读（READ UNCOMMITED）

未提交读是最低的隔离级别，读操作不会请求共享锁。换句话说，在该级别下的读操作正在读取数据时，写操作可以同时对这些数据进行修改。即使该资源已经受到了排他锁的保护，当使用未提交读隔离级别时，此数据还是可以被读取，从而加快查询速度，但是会读取到其他人未修改的数据，造成脏读（读脏数据）的情况出现。此种隔离级别适合不在乎数据变更的查询场景。

由于所有的隔离级别都不会有丢失更新的问题，当模拟丢失更新而创建两个会话时，其中一个会话进行相应操作，另一个会话就会等待，无法查看模拟效果。因此，可以设置未提交读隔离级别，模拟脏读问题。

例 10 – 7：设置未提交读隔离级别，模拟脏读问题，如表10 – 12 所示。

表 10-12　未提交读隔离级别中模拟脏读问题

| 步骤 | 会话 1（查询窗口 1、事务 1） | 会话 2（查询窗口 2、事务 2） |
|---|---|---|
| 准备 | --准备工作：设置会话 1，隔离级别为 READ UNCOMMITTED<br>SET TRANSACTION ISOLATION LEVEL READ UNCOMMITTED | --准备工作：设置会话 2，隔离级别为 READ UNCOMMITTED<br>SET TRANSACTION ISOLATION LEVEL READ UNCOMMITTED |
| 1 | --1. 打开一个新查询窗口（创建会话 1），开始事务 1<br>BEGIN TRAN tran_1<br>　　SELECT * FROM [dbo]. [客户备份表]<br>　　WHERE 客户 ID = 'ALFKI'<br><br>客户ID\|公司名称\|联系人姓名\|联系人职务\|地址<br>ALFKI\|三川实业有限公司\|刘小姐\|销售代表\|大崇明路50号207室<br><br>　　UPDATE [dbo]. [客户备份表]<br>　　SET 地址 = 地址 +' + 会话 1 改'<br>　　WHERE 客户 ID = 'ALFKI' | |
| 2 | --2. 延迟 8 秒，切换到一个新查询窗口（创建会话 2），开始事务 2<br>　　WAITFOR DELAY '00: 00: 08' | --2. 切换到一个新查询窗口（创建会话 2），开始事务 2<br>Begin TRAN tran_2<br>　　SELECT * FROM [dbo]. [客户备份表]<br><br>　　WHERE 客户 ID = 'ALFKI'<br>COMMIT TRAN<br><br>客户ID\|公司名称\|联系人姓名\|联系人职务\|地址<br>ALFKI\|三川实业有限公司\|刘小姐\|销售代表\|大崇明路50号207室+会话1改 |
| 3 | --3. 延迟结束，重新切回会话 1，回滚事务 1<br>ROLLBACK TRAN | --3. 延迟结束，重新切回会话 1，查看事务 1 的结果 |
| 4 | --4. 查看回滚后的数据<br>　　SELECT * FROM [dbo]. [客户备份表]<br>　　WHERE 客户 ID = 'ALFKI'<br><br>客户ID\|公司名称\|联系人姓名\|联系人职务\|地址<br>ALFKI\|三川实业有限公司\|刘小姐\|销售代表\|大崇明路50号207室 | |

### 2）已提交读（READ COMMITTED）

通过仅允许一个事务读取另一个事务中已经提交的数据，READ COMMITTED 事务隔离级别解决了脏读问题。READ COMMITTED 是 SQL Server 中默认的事务隔离级别，可以避免读取未提交的数据，隔离级别比 READ UNCOMMITTED 的级别更高；该隔离级别读操作之前首先申请并获得共享锁，允许其他读操作读取该锁定的数据，但是写操作必须等待锁释放，一般读操作读取完就会立刻释放共享锁。

例 10-7 中的隔离级别如果设置为 READ COMMITTED，再运行该示例代码，则可看到会话 2 读不到脏数据了。由此可见，READ COMMITTED 事务隔离级别解决了 READ UN-COMMITTED 事务隔离级别没有解决的脏读问题。但是，READ COMMITTED 事务隔离级别未解决不可重复读、幻影读以及死锁问题，可以设置 READ COMMITTED 事务隔离级别，模拟不可重复读问题。幻影读以及死锁问题将在其他隔离级别示例中说明。

例 10 - 8：设置 READ COMMITTED 事务隔离级别，模拟不可重复读问题，如表 10 - 13 所示。

表 10 - 13　已提交读隔离级别中模拟不可重复读问题

| 步骤 | 会话 1（查询窗口 1、事务 A） | 会话 2（查询窗口 2、事务 B） |
|---|---|---|
| 准备 | -- 准备工作：设置会话 1，隔离级别为 READ COMMITTED<br>SET TRANSACTION ISOLATION LEVEL READ COMMITTED | -- 准备工作：设置会话 2，隔离级别为 READ COMMITTED<br>SET TRANSACTION ISOLATION LEVEL READ COMMITTED |
| 1 | -- 1. 打开一个新查询窗口（创建会话 1），开始事务 A<br>BEGIN TRAN tran_A<br>　　DECLARE @ address AS varchar(60),<br>　　　　@ city AS varchar(15),<br>　　　　@ area AS varchar(15)<br>SELECT @ address = [地址],<br>　　　　@ city = [城市], @ area = [地区]<br>FROM [dbo].[客户备份表]<br>WHERE 客户 ID = 'ALFKI'<br>PRINT '地区:' + @ area + '城市:' +<br>　　　　@ city + '地址:' + @ address<br>地区:华北　城市:天津　地址:大崇明路50号207室 | |
| 2 | -- 2. 延迟 8 秒，切换到一个新查询窗口（创建会话 2），开始事务 B<br>　　WAITFOR DELAY '00:00:08' | -- 2. 切换到一个新查询窗口（创建会话 2），开始事务 B<br>BEGIN TRAN tran_B<br>　　UPDATE [dbo].[客户备份表]<br>　　SET 地址 = 地址 +' + 会话 B 修改'<br>　　WHERE 客户 ID = 'ALFKI'<br>COMMIT TRAN |
| 3 | -- 3. 延迟结束，重新切回会话 1，执行审核功能并提交事务 A<br>　　SELECT @ address = [地址],<br>　　　　@ city = [城市], @ area = [地区]<br>　　FROM [dbo].[客户备份表]<br>　　WHERE 客户 ID = 'ALFKI'<br>　　PRINT '地区:' + @ area + '城市:' +<br>　　　　@ city + '地址:' + @ address<br>COMMIT TRAN<br>地区:华北　城市:天津　地址:大崇明路50号207室+会话B修改 | |

### 3）可重复读（REPEATABLE READ）

如果想保证在事务内进行的两个读操作之间，其他任何事务都不能修改由当前事务读取的数据，则需要将隔离级别升级为可重复读。在该级别下，读操作不但需要获得共享锁才能读数据，而且获得的共享锁将一直保持到事务完成为止。换句话说，在事务完成之前，没有其他事务能够获得排他锁以修改这一数据资源，由此来保证实现可重复的读取。

例10－8中的隔离级别如果设置为REPEATABLE READ，再运行该示例代码，则可看到会话2就可以实现可重复读工作了。由此可见，REPEATABLE READ事务隔离级别解决了READ COMMITTED事务隔离级别没有解决的不可重复读问题。但是，REPEATABLE READ事务隔离级别未解决幻影读以及死锁问题，可以设置REPEATABLE READ事务隔离级别，模拟幻影读问题。死锁问题将在其他隔离级别示例中说明。

例10－9：设置REPEATABLE READ事务隔离级别，模拟幻影读问题，如表10－14所示。

**表10－14　可重复读隔离级别中模拟幻影读问题**

| 步骤 | 会话1（查询窗口1、事务X） | 会话2（查询窗口2、事务Y） |
|---|---|---|
| 准备 | --准备工作：设置会话1，隔离级别为REPE－ATABLE READ<br>SET TRANSACTION ISOLATION LEVEL REPE－ATABLE READ | --准备工作：设置会话2，隔离级别为REPE－ATABLE READ<br>SET TRANSACTION ISOLATION LEVEL REPE－ATABLE READ |
| 1 | --1. 打开一个新查询窗口（创建会话1），开始事务X<br>　　BEGIN TRAN tran_X<br>　　　　SELECT COUNT(＊) as 第一次核对客户人数<br>　　FROM［dbo］.［客户备份表］<br><br>　　第一次核对客户人数<br>　　1　94 | |
| 2 | --2. 延迟8秒，切换到一个新查询窗口（创建会话2），开始事务Y<br>　　WAITFOR DELAY '00：00：08' | --2. 切换到一个新查询窗口（创建会话2），开始事务Y<br>BEGIN TRAN tran_Y<br>　　INSERT INTO［dbo］.［客户备份表］<br>　　VALUES('WOLZE','新华都集团','越先生',<br>　　　　'公司法人','高新区378号',<br>　　　　'福州','华东','350001',<br>　　　　'中国','(0591)83561236',null)<br>COMMIT TRAN |
| 3 | --3. 延迟结束，重新切回会话1，执行审核功能并提交事务X<br>　　SELECT COUNT(＊) as 第二次核对客户人数<br>　　FROM［dbo］.［客户备份表］<br>COMMIT TRAN<br><br>　　第二次核对客户人数<br>　　1　95 | |

由该表可见，当并发事务在两个会话之间切换时，会话即使设置了 REPEATABLE READ 事务隔离级别，还是会产生幻影读现象，其两次统计结果是不对的。

4）可序列化（SERIALIZABLE）

为了避免刚刚提到的幻影读，系统需要将隔离级别设置为 SERIALIZABLE（又称可串行化，其基本原理可参见 10.2 节中的内容）。SERIALIZABLE 事务隔离级别的处理方式与 REPEATABLE READ 类似，读操作需要获得共享锁才能读取数据并一直保留到事务结束。不同之处在于，在 SERIALIZABLE 事务隔离级别下，读操作不仅锁定了满足查询条件的那些行，还锁定了可能满足查询条件的行。换句话说，如果其他事务试图增加能够满足操作的查询条件的新行，则当前事务就会阻塞这样的操作。但是，SERIALIZABLE 事务隔离级别不能解决死锁问题，可以设置 SERIALIZABLE 事务隔离级别，模拟死锁问题。

**例 10 – 10：**设置 SERIALIZABLE 事务隔离级别，模拟死锁问题，如表 10 – 15 所示。

表 10 – 15　可序列化隔离级别中模拟死锁问题

| 步骤 | 会话 1（查询窗口 1、事务 L1） | 会话 2（查询窗口 2、事务 L2） |
|---|---|---|
| 准备 | — 准备工作：设置会话 1，隔离级别为 SERIALIZABLE<br>SET TRANSACTION ISOLATION LEVEL SERIALIZABLE | — 准备工作：设置会话 2，隔离级别为 SERIALIZABLE<br>SET TRANSACTION ISOLATION LEVEL SERIALIZABLE |
| 1 | —1. 打开一个新查询窗口（创建会话 1），开始事务 L1<br>　BEGIN TRAN tran_L1<br>　　SELECT * FROM [dbo].[客户备份表]<br>　　WHERE 客户 ID = 'ALFKI' | |
| 2 | —2. 延迟 8 秒，切换到一个新查询窗口（创建会话 2），开始事务 L2<br>　WAITFOR DELAY '00:00:08' | |
| 3 | | —2. 延迟 8 秒，切换到一个新查询窗口（创建会话 2），开始事务 L2<br>　BEGIN TRAN tran_L2<br>　　SELECT * FROM [dbo].[客户备份表]<br>　　WHERE 客户 ID = 'ANATR' |
| 4 | | —3. 延迟 8 秒，切回原来的查询窗口（会话 1），继续事务 L1<br>　WAITFOR DELAY '00:00:08' |
| 5 | —3. 延迟 8 秒，重新切回会话 1，继续执行并提交事务 L1<br>　UPDATE [dbo].[客户备份表]<br>　　SET 地址 = 地址 + '事务 L1 修改'<br>　　WHERE 客户 ID = 'ANATR'<br>COMMIT TRAN | |

续表

| 步骤 | 会话 1（查询窗口 1、事务 L1） | 会话 2（查询窗口 2、事务 L2） |
|------|------------------------------|------------------------------|
| 6 | | --4. 延迟结束，重新切回会话 2，继续执行<br>并提交事务 L2<br>　　UPDATE［dbo].［客户备份表］<br>　　SET 地址 = 地址 +'事务 L2 修改'<br>　　WHERE 客户 ID = 'ALFKI'<br>COMMIT TRAN |

为了查看死锁情况，我们可以调用菜单：SQL Server→工具→SQL Server Profiler，登录后在"跟踪属性"对话框中选择如图 10 - 24 所示的选项。需要注意的是，除上图的选项外，我们还要选中 Deadlock graph 事件的列属性。SSMS 运行表 10 - 15 中的代码。

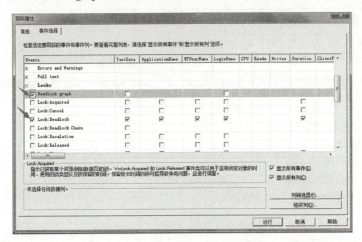

图 10 - 24　死锁跟踪图形设置界面

SSMS 的消息窗口会显示图 10 - 25 所示内容，说明产生死锁问题了。

```
（1 行受影响）
消息 1205，级别 13，状态 51，第 64 行
事务(进程 ID 62)与另一个进程被死锁在 锁 资源上，并且已被选作死锁牺牲品。请重新运行该事务。
```

图 10 - 25　死锁消息

SQL Server Profiler 的消息跟踪窗口会显示死锁等待图，如图 10 - 26 所示。该图与上图说明系统检测到死锁，应杀死"服务器进程 ID：62"，即撤销该进程中的事务，以解除死锁。

图 10 - 26　表 10 - 15 操作产生的死锁等待图

5）快照（SNAPSHOT）

事务已经提交行的上一个版本会存储在 tempdb 数据库中，这个版本可以称为已经提交行的快照。快照实现技术是以行版本控制技术为基础（可参考 10.7 节、10.8 节的原理说明），而不是以加锁为并发控制机制。SQL Server 有两个快照的隔离级别：则 READ COMMITED SNAPSHOT 和 SNAPSHOT。前一种是非阻塞（加锁）风格的已提交读隔离级别，称为已提交读快照隔离（RCSI）；后一种称为快照隔离级别（SI）。

RCSI 只要通过设置一个数据库选项就可以启用。一旦启用，就无须做进一步的更改。任何应该在默认 RCSI 级别下运行的事务都将运行在 RCSI 下。其操作语句如下：

ALTER DATABASE MyDatabase SET READ_COMMITTED_SNAPSHOT ON

SI 必须在两个地方启用。首先必须用 ALLOW_SNAPSHOT_ISOLATION 选项启用数据库，然后每个想要使用 SI 的联接都必须使用 SET TRANSACTION ISOLATION LEVEL 命令设置隔离级别。其操作语句如下：

ALTER DATABASE MyDatabase SET ALLOW_SNAPSHOT_ISOLATION ON

SET TRANSACTION ISOLATION LEVEL SNAPSHOT

如果启用任何一种基于快照的隔离级别，则 DELETE 和 UPDATE 语句在做出修改前都会把行的当前版本复制到 tempdb 数据库中；INSERT 语句则不会，因为这时还没有行的旧版本。在快照隔离级别下，当读取数据时，可以保证读操作读取的行是事务开始时可用的最后提交的版本。行版本控制技术在解决并发控制问题的同时，还提高了并发性能。但是，快照适合于读操作较多而写操作较少的场景。

例 10 – 11：设置快照隔离级别，模拟行版本控制进行数据读取操作。表 10 – 16 展示了快照隔离级别中行版本控制读取数据的过程。

表 10 – 16　快照隔离级别中行版本控制读取数据

| 步骤 | 会话 1（查询窗口 1、事务 t1） | 会话 2（查询窗口 2、事务 t2） |
|---|---|---|
| 准备 | -- 准备工作 1：设置数据库隔离选项 ON<br>ALTER DATABASE［产品供销管理系统］SET ALLOW_SNAPSHOT_ISOLATION ON<br>-- 准备工作 2：设置会话 1，隔离级别为 SNAPSHOT<br>SET TRANSACTION ISOLATION LEVEL SNAPSHOT | -- 准备工作：设置会话 2，隔离级别为 SNAPSHOT<br>SET TRANSACTION ISOLATION LEVEL SNAPSHOT |
| 1 | --1. 打开一个新查询窗口（创建会话 1），开始事务 t1<br>BEGIN TRAN tran_t1<br>　　UPDATE［dbo］.［客户备份表］<br>　　SET 地址 = '大崇明路 50 号 +' + '会话 1 的新数据'<br>　　WHERE 客户 ID = 'ALFKI' | |
| 2 | --2. 会话 1 延迟 5 秒，切换新查询窗口（创建会话 2），开始事务 t2<br>　　WAITFOR DELAY '00：00：05' | --2. 会话 1 延迟 5 秒，切换新查询窗口（创建会话 2），开始事务 t2 |

| 步骤 | 会话 1（查询窗口 1、事务 t1） | 会话 2（查询窗口 2、事务 t2） |
|---|---|---|
| 3 | | —3. 事务 t2 执行一次读操作<br>BEGIN TRAN tran_t2<br>   SELECT ＊ FROM [dbo].[客户备份表]<br>   WHERE 客户 ID＝'ALFKI'<br><br>客户ID 公司名称 联系人姓名 联系人职务 地址<br>ALFKI 三川实业有限公司 刘小姐 销售代表 大崇明路 50 号 |
| 4 | —4. 会话 2 延迟 6 秒, 则事务 1 重新切换回来, 提交事务 t1<br>COMMIT TRAN tran_t1 | —4. 会话 2 延迟 6 秒,则事务 1 重新切换回来,提交事务 t1<br>WAIFTOR DELAY '00：00：06' |
| 5 | | —5. 会话 2 延迟 6 秒结束后, 重新切回会话 2, 再执行一次读操作, 并提交事务 t2<br>SELECT ＊ FROM [dbo].[客户备份表]<br>WHERE 客户 ID＝'ALFKI'<br><br>客户ID 公司名称 联系人姓名 联系人职务 地址<br>ALFKI 三川实业有限公司 刘小姐 销售代表 大崇明路 50 号 |
| 6 | | —6. 延迟结束,重新切回会话 2,继续执行更新功能并提交事务 t2<br>COMMIT TRAN tran_t2 |
| 7 | | —7. 会话 2 开始新事务 t3, 以读取最新的数据<br>BEGIN TRAN tran_t3<br>SELECT ＊ FROM [dbo].[客户备份表]<br>WHERE 客户 ID＝'ALFKI'<br>COMMIT TRAN tran_t3<br><br>客户ID 公司名称 联系人姓名 联系人职务 地址<br>ALFKI 三川实业有限公司 刘小姐 销售代表 大崇明路50号+会话1的新数据 |

（1）会话 1 中开启事务并更新修改地址列，但是并未提交会话 1 中的事务 t1。换句话说，原始值将依然有效，所以 SNAPSHOT（快照隔离级别）导致仍然可以读取到原始值。

（2）会话 2 中开启事务 t2 并读取原始值，在这个阶段中，数据库引擎将创建一个读取的行副本到 tempdb 临时数据库中，所以在会话 2 中的所有读取事务都将从 tempdb 临时数据库中读取。

（3）会话 1 提交了事务 t1 并将其修改的值储存到了表中，需要注意的是，此时改变的值只是响应到了表中，而会话 2 中在 tempdb 临时数据库中的副本依然保持不变。

（4）会话 2 再次读取行时，将从 tempdb 临时数据库中读取且读取到的依然是原始值，因为在会话 2 中还并未提交事务。

（5）会话2提交了事务 t2，此时将销毁在 tempdb 临时数据库中的副本，在此之后将无法再读取原始值。

（6）会话2再次读取行时，因为在提交事务之后 tempdb 临时数据库中没有行，所以现在将列表中获取新行。由此，会话2将得到最新更新后的数据。

在快照隔离级别下运行的事务对数据修改采用乐观并发方法：获取数据上的锁后，才执行修改以强制应用约束；否则，直到数据修改时才获取数据上的锁。当数据行符合更新标准时，快照事务将验证未被并发事务（在快照事务开始后提交）修改的数据行。如果数据行已在快照事务以外修改，则将出现更新冲突，同时快照事务也将终止。更新冲突由 SQL Server 数据库引擎处理，无法禁用更新冲突检测。

例 10 - 12：描述快照隔离级别造成的更新冲突问题，如表 10 - 17 所示。

表 10 - 17　快照隔离级别中的更新冲突问题

| 步骤 | 会话1（查询窗口1、事务 k1） | 会话2（查询窗口2、事务 k2） |
|---|---|---|
| 准备 | -- 准备工作1：设置数据库隔离选项 ON<br>ALTER DATABASE［产品供销管理系统］SET ALLOW_SNAPSHOT_ISOLATION ON<br>-- 准备工作2：设置会话1，隔离级别为 SNAPSHOT<br>SET TRANSACTION ISOLATION LEVEL SNAPSHOT | -- 准备工作：设置会话2，隔离级别为 SNAPSHOT<br>SET TRANSACTION ISOLATION LEVEL SNAPSHOT |
| 1 | -- 1. 打开一个新查询窗口（创建会话1），开始事务 k1<br>　　　BEGIN TRAN tran_k1<br>　SELECT ＊ FROM［dbo].［客户备份表］<br>　　　WHERE 客户 ID ='ALFKI' | |
| 2 | -- 2. 会话1延迟3秒，切换新查询窗口（创建会话2），开始事务 k2，执行一次更新操作<br>　WAITFOR DELAY '00：00：03' | -- 2. 会话1延迟3秒，切换新查询窗口（创建会话2），开始事务 k2，执行一次更新操作<br><br>BEGIN TRAN tran_k2<br>　UPDATE［dbo].［客户备份表］<br>　　SET 地址 ='大崇明路50号' + '会话2修改数据'<br>　　WHERE 客户 ID ='ALFKI' |
| 3 | -- 3. 会话2延迟3秒，则事务1重新切回，执行一次更新操作<br><br>　UPDATE［dbo].［客户备份表］<br>　　SET 地址 ='大崇明路50号 +' +'会话1的新数据'<br>　　WHERE 客户 ID ='ALFKI' | -- 3. 会话2延迟3秒，则事务1重新切回，执行一次更新操作<br>　WAITFOR DELAY '00：00：03' |

续表

| 步骤 | 会话1 （查询窗口1、事务 k1） | 会话2 （查询窗口2、事务 k2） |
|---|---|---|
| 4 | --4. 会话1延迟3秒，则事务2重新切换回来，提交事务 k2<br>　　WAITFOR DELAY '00：00：03' | --4. 会话1延迟3秒，则事务2重新切换回来，提交事务 k2<br><br>COMMIT TRAN tran_k2 |
| 5 | --5. 事务1重新切换回来，提交事务 k1<br>　　COMMIT TRAN tran_k1 | |

上表执行过程中，会话1会检测并报告产生了更新冲突，如图10-27所示。

(1 行受影响)
消息 3960，级别 16，状态 2，第 198 行
快照隔离事务由于更新冲突而中止。您无法在数据库'产品供销管理系统'中使用快照隔离来直接或间接访问表 'dbo.客户备份表'，以便更新、删除或插入已由其他事务修改或删除的行。请置试该事务或更改 update/delete 语句的隔离高别。

图 10-27　更新冲突错误提示

### 10.9.4　闩锁机制

在一个多线程的进程里，当一个线程在内存里更新一个数据或索引页，而另一个线程正在读取相同的页时，将会发生什么？当第一个线程在内存里读取一个数据或索引页，而第二个线程正在从内存里释放相同的页时，又将会发生什么？

闩锁（Latch）是 SQL Server 内部用来同步资源访问的一个数据结构，和操作系统的临界区（Critical Section）或读写锁（Reader Writer Lock）类似。闩锁通过多线程控制对数据页和结构进行并发访问；提供数据页的物理数据一致性，并提供数据结果的同步功能。闩锁保护了那些想保护的资源，使访问同步有序。例如，当某个线程获得某个资源的闩锁的独占使用权的时候，其他线程如果也需要访问这个闩锁，则它必须等待。

闩锁模式及其
兼容性

闩锁类型（含
例 10-13 和例 10-14）

# 10.10　Oracle 的并发控制

### 10.10.1　锁类型

Oracle 的锁类型与 SQL Server 的锁类型相似，但也略有不同。Oracle 的锁类型也可以分成排他（X）锁、共享（S）锁、意向共享（IS）锁、意向排他（IX）锁、共享意向排他

（SIX）锁。此外，Oracle 的锁按作用对象的不同，还可以分成以下 3 种类型。

（1）DML 锁：用于保护基本数据，如整张表的表锁和指定行的行锁。

（2）DDL 锁：用于保护模式中对象的结构，如表和视图的定义。

（3）闩锁：用于保护数据库的内部结构，完全自动调用。

### 1. DML 锁

DML 锁主要保证了并发访问时数据的完整性，可以进一步细分成行级锁和表级锁。

1）行级锁

行级锁（TX 锁），又称事务锁。当事务需要修改某条记录时（即在执行 UPDATE、DE-LETE、INSERT、SELECT…FOR UPDATE 语句时），需要对这条记录加行级锁防止两个事务同时修改相同的记录，事务结束，该锁会被释放。TX 锁用作一种排队机制，使其他会话可以等待这个事务执行。TX 锁是粒度最细的锁，该锁只能属于 X 锁。DML 锁可由一个用户进程以显式的方式加锁，也可通过某些 SQL 语句以隐含方式实现。

Oracle 的锁定信息直接存储于数据行之上。一个事务要修改块中的数据，必须获得该块中的一个 ITL（Interestred Transaction List，Oracle 数据块头的事务槽），通过 ITL 和 UNDO SEGMENT header 中的 transaction table，可以知道事务是否处于活动阶段。事务在修改块时（其实就是在修改行）会检查行中 row header 中的标志位，如果该标志位为 0（该行没有被活动的事务锁住），则把该标志位修改为事务在该块获得的 ITL 的序号，这样当前事务就获得了对记录的锁定，然后就可以修改行数据了，这也就是 Oracle 行锁实现的原理。

2）表级锁

表级锁（TM 锁）的主要作用是，防止在修改表的数据时，表的结构发生变化。DDL 和 DML 都需要 TM 锁。在 DML 操作中需要获取 TM 锁的语句有 INSERT、DELETE、UPDATE、SELECT…FORUPDATE、LOCK TABLE。在执行 DML 操作时，数据库会先申请数据对象上的 S 锁，防止其他的会话对该对象执行 DDL 操作。一旦申请成功，则会对将要修改的记录申请 X 锁，如果此时其他会话正在修改该记录，那么等待其事务结束后再为修改的记录加上 X 锁。

Oracle 支持以下类型的表级锁（从限制最少到限制最多）。

（1）行级共享（Row Shared，RS）锁：表示事务已经对表中的行加锁并且有意向更新它们。该模式下不允许其他事务对同一张表使用 X 锁，但允许其利用 DML 语句或 Lock 命令锁定同一张表中的其他记录。SELECT…FROM FOR UPDATE 语句就是给记录加上 RS 锁。

（2）行级排他（Row Exclusive，RX）锁：表示事务已经对表中的行执行了一个或多个更新操作。该模式下允许其他事务对同一张表的其他数据进行修改，但不允许其他事务对同一张表使用 X 锁。

（3）S 锁：允许其他事务访问该表。该模式下不允许其他事务更新表，但允许对表添加 RS 锁。

（4）共享行级排他（Shared Row Exclusive，SRX）锁：任何时候仅一个事务能获得给定表上的这样一个锁，它允许其他事务查询表，但不能更新表。该模式下不能对同一张表进行 DML 操作，也不能添加 S 锁。

（5）X 锁：允许事务以互斥的方式访问表。该模式下其他事务不能对表进行 DML 和 DDL 操作，该表只能读。

以上 5 种类型的表级锁之间的兼容关系如表 10-18 所示。

表 10-18　TM 5 种类型锁的相互兼容性

| 锁类型 | 锁类型 | | | | |
| --- | --- | --- | --- | --- | --- |
| | **RS** | **RX** | **S** | **SRX** | **X** |
| RS | √ | √ | √ | √ | × |
| RX | √ | √ | × | √ | × |
| S | √ | × | √ | × | × |
| SRX | √ | × | × | × | × |
| X | × | × | × | × | × |

Oracle 中的各种 SQL 语句所产生的 TM 锁情况如表 10-19 所示。

表 10-19　Orade 中的各种 SQL 语句所产生的 TM 锁情况

| SQL 语句 | 表级锁模式 | RS | RX | S | SRX | X |
| --- | --- | --- | --- | --- | --- | --- |
| SELECT···FROM table | NONE | √ | √ | √ | √ | √ |
| INSERT INTO | RX | √ | √ | × | × | × |
| UPDATE table | RX | √ | √ | × | × | × |
| DELETE FROM table | RX | √ | √ | × | × | × |
| SELECT * FROM table FOR UPDATE | RX | √ | √ | × | × | × |
| LOCK TABLE table IN ROW SHARE MODE | RS | √ | √ | √ | √ | × |
| LOCK TABLE table IN ROW EXCLUSIVE MODE | RX | √ | √ | × | × | × |
| LOCK TABLE table IN SHARE MODE | S | √ | × | × | × | × |
| LOCK TABLE table IN SHARE ROW EXCLLUSIVE MODE | SRX | √ | × | × | × | × |
| LOCK TABLE table IN EXCLUSIVE MODE | X | × | × | × | × | × |

在 Oracle 中除了执行 DML 语句时自动为表添加 TM 锁外，也可以主动为表添加 TM 锁。其语法格式如下：

```
LOCK TABLE [schema.]table IN
        [EXCLUSIVE]
        [SHARE]
        [ROW EXCLUSIVE]
        [SHARE ROW EXCLUSIVE]
        [ROW SHARE * | SHARE UPDATE *]
        MODE [NOWAIT]
```

如果要释放这些锁，则只需使用 ROLLBACK 命令。

### 2. DDL 锁

DDL 锁也称数据字典锁，主要用于保护模式对象的结构，如表和视图的定义。当执行 DDL 操作时，事务会对其涉及的对象添加 DDL 锁，从而避免在操作对象数据的过程中对象被删除或定义被修改。首先 Oracle 会自动地隐式提交一次事务；然后自动地给处理对象加上锁；最后当 DDL 结束时，Oracle 会隐式地提交事务并释放 DDL 锁。与 DML 锁不同的是，用户不能显式地要求使用 DDL 锁。

DDL 锁分为以下 3 类。

（1）排他 DDL 锁（Exclusive DDL Locks）：为防止与其他并发操作相互干扰，大多数 DDL 操作都要加此锁。如果对象加上了该类型的锁，那么对象不能被其他会话修改，而且该对象也不能再增加其他类型的 DDL 锁。如果是表，则此时可以读取数据。

（2）共享 DDL 锁（Shared DDL Locks）：它能防止冲突操作的干扰，但允许与类似的操作（如 CREATE VIEW、PROCEDURN、FUNCTION、TRIGGER）并发。该锁保护对象的结构，其他会话不能修改该对象的结构，但是允许修改数据。

（3）可解除分析锁（Breakable Parsed Locks）：这些锁由在共享池的 SQL 语句或 PL/SQL 程序单元持有，针对涉及的每个模式对象。可解除分析锁并不驳回任何 DDL 操作，目的是允许解除冲突的 DDL 操作。该类型的锁可以被打断，但不能禁止 DDL 操作。

### 3. 锁的查看

**例 10 - 16**：锁的查看。具体步骤如下。

（1）打开一个 SQL PLUS 窗口，创建一张表，用于演示锁的产生。

闩锁

```
CONN SCOTT /TIGER
CREATE TABLE emp1
AS
  SELECT * FROM emp；
```

（2）执行以下语句查询锁的情况，结果如图 10 - 28 所示。

| USERNAME | SID | TY | LMODE | REQUEST |
| --- | --- | --- | --- | --- |
| SCOTT | 97 | AE | 4 | 0 |

图 10 - 28　未执行 DML 语句时锁的情况

```
SELECT S.username,
S.sid ,
L.type ,
L.lmode ,
L.request
FROM V$lock L, V$session S
WHERE L.sid = S.sid and S.username = 'SCOTT';
```

（3）执行 DML 操作，命令如下：

```
UPDATE emp1
SET sal = 1500
WHERE empno = 7934;
```

再查询锁情况，结果如图 10 - 29 所示。可见，Oracle 已经为该表自动申请了 TM 锁和 TX 锁。

图 10 – 29    执行 DML 语句后锁的情况

（4）在第二个 SQL PLUS 窗口执行 DDL 命令。

DROP TABLE emp1;

执行后提示 ORA – 00054 错误，如图 10 – 30 所示。

图 10 – 30    执行 DDL 语句后提示错误信息

（5）在第一个 SQL PLUS 窗口执行 COMMIT 或 ROLLBACK 命令，重复第（2）步操作再次查看锁的情况，会发现 TM 和 TX 锁已撤销，又回到如图 10 – 28 所示情况。

图 10 – 31    锁解除后 DDL 命令执行成功

（6）此时在第二个 SQ1 PLUS 窗口再执行第（4）步操作，则表删除成功，如图 10 – 31 所示。

从以上案例可以看出，当一个 DML 语句发生时，系统自动在所要操作的表上申请 TM 锁，以防止其他的会话对该表执行 DDL 操作。当获得 TM 锁后，系统再自动申请 TX 锁，该锁保持到事务被提交或回滚。当两个或多个会话在表的同一条记录上执行 DML 语句时，第一个会话在该条记录上加锁，其他的会话处于等待状态。当第一个会话提交后，TX 锁被释放，其他会话才可以加锁。

## 10.10.2    锁定升级和锁定转换

### 1. 一般数据库中的锁定升级

一个数据库中，某一时刻可能存在着多个锁，而且当数据库状态发生改变时，锁的数量也可能随之增加。当某张表上锁定超过了一定数量，一般数据库通过提升锁的粒度来减少锁定的数量。例如，一张表上有多个行级锁，当锁的数量达到一定极限时，这些行级锁将被转换为一个表级锁。锁定升级的好处是减少了 DBMS 需要维护的锁的数量。但是由于一个排他锁在同一时刻只能为一个事务所拥有，所以这就潜在地降低了并发性，并且增加了死锁的可能性。因此，锁定升级往往以损失事务并发为代价。

### 2. Oracle 中的锁定转换

Oracle 用的是行级锁，利用 Oracle 的 Connection 对想锁定的数据进行锁定，其余的数据不相干。Oracle 的锁定信息是以属性的形式，直接存储于数据行（表记录）之上。换句话说，Oracle 数据的存储结构已经为是否锁定、锁的类型，以及被哪个事务锁定等信息预留了存储空间。无论一条记录是否被锁定，都会有相应的标志位进行标识。每当一个事务尝试在某些数据上加锁时，首先要访问数据本身的标志位，以验证是否允许锁定。

这样，在一个事务中，为一条记录和为 100 条记录添加行级锁，Oracle 维护的空间及开销是大致相同的。事实上，Oracle 只是添加一个锁，并更新被锁定数据本身的属性信息。因为没有锁列表的存在，Oracle 也不必进行锁定升级。用这种行级锁利用很低的约束提供了最大的并发性，带来的性能损失是很小的。因此，在对 Oracle 表中并发更新数据的时候，基本上不会有任何影响。

锁定转换的意义在于，对于一个 DML 操作，如果需要进行数据锁定，则 Oracle 总是尽量使锁的独占性最低。只有当真正需要进行数据操作时，才会将独占性提高。也就是说，Oracle 所创建的锁总是保持着"够用即可"的状态，以尽量减少对其他事务请求同一资源时的影响。

## 10.10.3　死锁检测

数据库与操作系统一样，是一个多用户使用的共享资源。当多个用户并发地存取数据时，在数据库中就会发生多个事务同时存取同一数据的情况。若对并发操作不加控制则可能会读取和存储不正确的数据，破坏数据库的一致性。加锁是实现数据库并发控制的一个非常重要的技术。在实际应用中经常会遇到与锁相关的异常情况，当两个事务需要一组有冲突的锁，而不能将事务继续下去时，就会出现死锁，严重影响应用的正常执行。

### 1. 锁等待与死锁

TX 锁等待的监控和解决：在日常工作中，如果发现在执行某条 SQL 语句时数据库长时间没有响应，则很可能是产生了 TX 锁等待的现象。要解决这个问题，首先应该找出持锁的事务，然后进行相关的处理，如提交事务或强行中断事务。

死锁的监控和解决：在数据库中，当两个或多个会话请求同一个资源时会产生死锁的现象。Oracle 自动检测死锁。死锁的常见类型是行级锁死锁和页级锁死锁，Oracle 数据库中一般使用行级锁。下面主要讨论行级锁的死锁现象。

当 Oracle 检测到死锁产生时，中断并回滚死锁相关语句的执行，报 ORA－00060 错误并记录在数据库的日志文件 AlertSID. log 中。同时在 User_Dump_Dest 下产生一个跟踪文件，详细描述死锁的相关信息。在日常工作中，如果发现在日志文件中记录了 ORA－00060 的错误信息，则表明产生了死锁。这时需要找到对应的跟踪文件，根据跟踪文件的信息找出产生的原因。

监控锁的相关视图数据字典是 Oracle 数据库的重要组成部分，用户可以通过查询数据字典视图来获得数据库的信息。

### 2. 死锁发生的情况

1）死锁的第一种情况

一个用户 A 访问表 A（锁住了表 A），然后又访问表 B；另一个用户 B 访问表 B（锁住了表 B），然后企图访问表 A；这时用户 A 由于用户 B 已经锁住了表 B，他必须等待用户 B 释放表 B 才能继续，同样用户 B 要等用户 A 释放表 A 才能继续，这样就产生了死锁。

解决方法：这种死锁比较常见，是由于程序的 bug 产生的，除了调整程序的逻辑外没有其他的办法。仔细分析程序的逻辑，对于数据库的多表操作，尽量按照同样的顺序进行处理，尽量避免同时锁定两个资源。例如，操作 A 和 B 两张表时，总是按先 A 后 B 的顺序处理。当必须同时锁定两个资源时，要保证在任何时刻都应该按照相同的顺序来锁定资源。

2）死锁的第二种情况

用户 A 查询一条记录，然后修改该条记录；这时用户 B 修改该条记录，此时用户 A 的事务里锁的性质由查询的共享锁企图上升到排他锁，而用户 B 里的排他锁由于 A 有共享锁存在必须等 A 释放共享锁，而 A 由于 B 的排他锁而无法上升到排他锁，也就不可能释放共享锁，于是出现了死锁。这种死锁比较隐蔽，但在稍大点的项目中经常发生。例如，在某项目中，单击页面上的按钮后，没有使按钮立刻失效，使用户会多次快速单击同一按钮，这样同一段代码对数据库同一条记录进行多次操作，很容易就会出现这种死锁的情况。

解决方法有以下 3 种。

（1）对于按钮等控件，单击后使其立刻失效，不让用户重复单击，避免同时对同一条记录操作。

（2）使用乐观锁进行控制。乐观锁大多是基于数据版本记录机制实现的，即为数据增加一个版本标识。在基于数据库表的版本解决方案中，一般是通过为数据库增加一个 version 字段来实现。读取出数据时，将此版本号一同读出，之后更新时，对此版本号加 1。此时，将提交的数据的版本数据与数据库表对应记录的当前版本信息进行比对，如果提交的数据版本号大于数据库表当前的版本号，则予以更新；否则认为是过期数据。乐观锁机制避免了长事务中的数据库加锁开销（用户 A 和用户 B 操作过程中，都没有对数据库加锁），大大提升了大并发量下的系统整体性表现。Hibernate（一个开放源代码的对象关系映射框架）在其数据访问引擎中内置了乐观锁实现。需要注意的是，由于乐观锁机制是在系统中实现的，来自外部系统的用户更新操作不受系统的控制，因此可能会造成脏数据被更新到数据库中。

（3）使用悲观锁进行控制。悲观锁大多数情况下依靠数据库的锁机制实现，如 Oracle 的 SELECT⋯FOR UPDATE 语句，以保证操作最大程度的独占性。但随之而来的就是数据库性能的大量开销，特别是对长事务而言，这样的开销往往无法承受。例如，一个金融系统，当某个操作员读取用户的数据，并在读出的用户数据的基础上进行修改时（如更改用户账户余额），如果采用悲观锁机制，那么也就意味整个操作过程中（从操作员读出数据、开始修改直至提交修改结果的全过程，甚至还包括操作员中途去煮咖啡的时间），数据库记录始终处于加锁状态，可以预见，如果面对成百上千个并发，则这样的情况将导致灾难性的结果。因此，采用悲观锁进行控制时一定要考虑清楚。

3）死锁的第三种情况

如果在事务中执行了一条不满足条件的 UPDATE 语句，则执行全表扫描，把行级锁上升为表级锁，多个这样的事务执行之后，就很容易发生死锁和阻塞。类似的情况还有当表中的数据量非常庞大而索引建得过少或不合适的时候，经常发生全表扫描，最终应用系统会越来越慢，最终发生阻塞或死锁。

解决方法：SQL 语句中不要使用太复杂的关联多表的查询；使用"执行计划"对 SQL 语句进行分析，对于有全表扫描的 SQL 语句，建立相应的索引进行优化。

### 3. 查询死锁表以及解锁表

通过 SELECT * FROM V$locked_object 可以获得被锁的对象的 object_id 及产生锁的会话 sid，通过查询结果中的 object_id，可以查询到具体被锁的对象。

锁有以下几种模式。

0：None。

1：Null，空。

2：Row – S，行共享（RS/S 锁），共享表锁。

3：Row – X，行专用（RX/X 锁），用于行的修改。

4：Share，共享锁（S），阻止其他 DML 操作。

5：S/Row – X，共享行专用（SRX），阻止其他事务操作。

6：Exclusive，专用（X），独立访问使用。

数字越大锁级别越高，影响的操作也就越多。

一般的查询语句如 SELECT…FROM 是小于 2 的锁，有时会在 V$locked_object 中出现。

SELECT…FROM…FOR UPDATE 是级别为 2 的锁。

当对话使用 FOR UPDATE 子串打开一个游标时，所有返回集中的数据行都将处于行级（Row – X）独占式锁定，其他对象只能查询这些数据行，不能进行 UPDATE、DELETE 或 SELECT…FOR UPDATE 操作。

INSERT/UPDATE/DELETE…是级别为 3 的锁。

没有 Commit 之前插入同样的一条记录会没有反应，因为后一个级别为 3 的锁会一直等待上一个级别为 3 的锁，必须释放掉上一个才能继续工作。

创建索引的时候也会产生 3、4 级别的锁。

locked_mode 为 2、3、4 级别，不影响 DML（INSERT、DELETE、UPDATE、SELECT）操作，但 DDL（ALTER，DROP 等）操作会提示 ORA – 00054 错误。

有主外键约束时 UPDATE/DELETE…可能会产生 4、5 级别的锁。

DDL 语句时是 6 级别的锁。

与锁相关的数据字典如下。

（1）V$lock 视图/dba_locks 视图：所有会话保持或申请的锁的信息。

（2）V$locked_object 视图：所有会话锁定的对象以及使用的锁的模式。

（3）dba_waiters 视图：显示所有被阻塞会话及其申请的锁和阻塞该会话的会话保持的锁的信息。

（4）dba_blockers 视图：显示阻塞了其他会话的那些会话。

V$lock 视图的各个列的说明如表 10 – 20 所示。

表 10 – 20　V$lock 视图的各个列的说明

| 列名 | 数据类型 | 说明 |
| --- | --- | --- |
| ADDR | raw(4) | 在内存中锁定的对象的地址 |
| KADDR | raw(4) | 在内存中锁的地址 |
| SID | number | 保持或申请锁的会话的标识号 |
| TYPE | varchar2(2) | 锁的类型：TX = 行锁或事务锁；TM = 表锁或 DML 锁；UL = PL/SQL 用户锁 |
| ID1 | number | 锁的第 1 标识号。TM 锁，该值表示将要被锁定的对象的标识号；TX 锁，该值表示撤销段号码的十进制值 |
| ID2 | number | 锁的第 2 标识号。TM 锁，该值为 0；TX 锁，该值表示交换次数 |

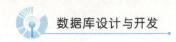

| 列名 | 数据类型 | 说明 |
|------|---------|------|
| LMODE | number | 会话保持的锁的模式。0 = None；1 = Null；2 = Row – S(SS)；3 = Row – X(SX)；4 = Share；5 = S/Row – X(SSX)；6 = Exclusive |
| REQUEST | number | 会话申请的锁的模式。与 LMODE 中的模式相同 |
| CTIME | number | 以秒为单位，获得当前锁（或转换成当前锁的模式）以来的时间 |
| BLOCK | number | 当前锁是否阻塞另一个锁。0 = 不阻塞；1 = 阻塞 |

如果死锁不能自动释放，则需要我们手工地杀死进程。

例 10 – 17：锁的检测与释放。

```
-- 查询哪些对象被锁
select object_name, machine, s.sid, s.serial#
from V$locked_object l, dba_objects o , V$session s
where l.object_id = o.object_id and l.session_id = s.sid;
```

假设查询得到的 sid 值为 24，serial#值为 111。

```
-- 杀死进程
alter system kill session '24,111';
```

-- 如果该进程已被杀死，则进程状态被置为 killed。若锁定的资源很长时间没有被释放，那么可以在操作系统一级再杀死相应的进程（线程）。首先获得进程（线程）号

```
select spid, osuser, s.program
from V$session s, V$process p
where s.paddr = p.addr and s.sid = 24
```

其中 24 是上面第 1 步查到的 sid。这一步假设查询到 spid 值为 12 345。

```
-- 在操作系统上杀死这个进程（线程）
```

在 UNIX 上，用 root 身份执行以下命令。

```
#kill –9 12345
```

在 Windows 中用 orakill 杀死线程。Crakill 是 Oracle 提供的一个可执行命令，语法格式如下：

```
orakill sid thread
```

其中，sid 表示要杀死的进程属于的实例名，如 orcl；thread 是要杀掉的线程号，即查询出的 spid，如 c：> orakill orcl 12345。

## 10. 10. 4　多版本读一致性

与 10.7 节的多版本控制协议不同，Oracle 的并发控制使用的是多版本读一致性协议，这种协议提供了一种受控但高度并发的数据访问。多版本是指，Oracle 能同时物化多个版本的数据，这也是 Oracle 提供数据读一致视图的机制。读一致视图即 read – consistent view，是

指相对于某个时间点有一致的结果。即使另外一个用户在查询期间修改了基础数据，Oracle 也将维护该数据的一个版本，保持其在查询开始之初的状态。如果在查询开始时还有其他的未提交事务在执行，则 Oracle 保证查询事务不会看到这些未提交事务的修改结果。多版本有一个很好的作用，即数据的读取器绝对不会被数据的写入器所阻塞。换句话说，写不会阻塞读。在 Oracle 中，如果一个查询只是读取信息，那么其永远也不会被阻塞。

### 1. Oracle 多版本读一致性并发模型的实现

Oracle 实现多版本读一致性协议，主要涉及回滚段、系统改变号和锁。

1）回滚段

回滚段是 Oracle 数据库中用于存储撤销信息的结构。当事务准备修改某块的数据时，Oracle 先将数据的前像写入回滚段。在该事务结束前，其他会话读取数据是从回滚段中读取的，而无须等待这个事务结束，从而保持了数据的读一致性和非阻塞读。回滚段除了可以支持多版本读一致性协议以外，还被用于撤销事务。Oracle 还保存了一个或多个重做日志，日志中记录了所有已经发生的事务，在系统出现故障时可以利用重做日志进行恢复。

2）系统改变号

在回滚段中保留了历史数据，也就是说，记录可能有多个版本，版本用系统改变号 (System Change Number，SCN) 来识别。SCN 是事务提交后系统为之分配的一个全局唯一的事务 ID，也称逻辑时间戳，记录了操作的执行次序。Oracle 将 SCN 存储在重做日志中，以便将来能按正确的顺序重做事务。根据 SCN 判断事务应该使用数据项的哪个版本。Oracle 还利用 SCN 来决定何时可以清除回滚段中保存的信息。

如图 10-32 所示，查询语句被启动的同时获取当前的 SCN，数据库只会返回 SCN 小于当前 SCN 的记录。多版本并发控制技术使读不阻塞写，写不阻塞读，从而大大地提高了系统的并发性。

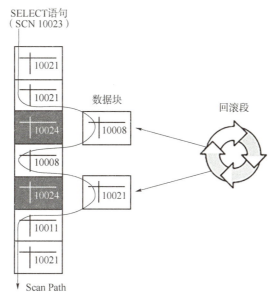

图 10-32 查询语句读取小于当前 SCN 的记录

3）锁

锁是 Oracle 管理共享数据库资源并发访问并防止并发数据库事务之间"相互干涉"的核心机制之一。尽管 Oracle 提供了一种机制，使用户能够手工加锁或者更改默认的加锁方式，但其实 Oracle 对所有的 SQL 语句都会隐式地加锁。因此，用户无须对任何资源进行显式加锁。默认的加锁机制是对限制范围内最低层的数据加锁，从而在最大限度支持并发的同时保证完整性。Oracle 将行级锁的信息存储在该行所在的物理数据块中，而非主存中。

加锁发生在语句级别，解锁发生在事务级别。事务开始时不会获取锁，而是在执行过程中，语句需要时才会加锁，提交事务或回滚时释放锁。

无论是哪一种锁，请求加锁时都存在相关的最小开销。TX 锁在性能和基数方面可扩缩性极好。TM 锁和 DDL 锁要尽可能地采用限制最小的模式。闩和队列锁都是轻量级的，而且都很快。

### 2. Oracle 多版本读一致性并发模型的特性

Oracle 多版本读一致性的并发模型主要提供以下两种特性。

（1）读一致性：对于一个时间点，查询会产生一致的结果。

Oracle 通过多版本与闪回机制保证读一致性，保证从某个时间点开始查询是一致的。

如果想得到一致正确的查询答案，那么在多数的其他数据库中，都采用读数据时锁定整张表或者在读取记录行时对其锁定。在读取数据时锁定（共享读锁），就会得到查询结束时数据库中的结果，大大影响并发性。当数据量大时，产生死锁。

Oracle 的多版本机制，可以保证在读取某些行记录时，这些行会对其他写入器锁定，但不会对读取器锁定。数据库的读一致性是依靠事务隔离级别和回滚段来实现的。Oracle 使用的事务机制，保证了只要修改数据就会为更新前的数据创建 undo 条目，并将 undo 条目放入回滚段。当修改数据时，Oracle 只看数据是否改变，并不关心数据当前是否锁定，Oracle 只从回滚段中取回原来的值，并继续处理下一个数据块。回滚段保证在一个事务执行过程中，记录被其他事务修改后，能找回原来的值。

（2）非阻塞查询：与其他多数数据库不同，Oracle 查询不会被写入器阻塞。如果一个事务正在对某张表进行 DML 操作，而这时另外一个会话对这张表的记录进行读取操作，则 Oracle 会去读取回滚段中存放的更新之前的记录，而不会像 SQL Server 一样等待更新事务的结果。正是因为这种机制，Oracle 对于事务隔离级别的实现与 SQL Server 不同。在 Oracle 中，读取操作不会阻碍更新操作，更新操作也不会阻碍读取操作，这样在各种隔离级别下，读取操作都不会等待更新事务结束，更新操作也不会因为另一个事务中的读取操作而发生等待。

**例 10 - 18**：数据库中有一张资金账户表，需要从该表中查询总余额。在查询的过程中，一个事务对表中记录做了一个转账操作。Oracle 如何保证统计的正确性，我们通过下面的例子进行说明。

首先，建立一张 accounts 表，其中包含了银行的账户余额。

```
CREATE TABLE accounts(
account_number number PRIMARY KEY,
account_balance number
);
```

accounts 表的内容如表 10 - 21 所示。

表 10 – 21   accounts 表的内容

| account_number | account_balance |
|----------------|-----------------|
| 1 | 500 |
| 2 | 250 |
| 3 | 400 |
| 4 | 100 |

通过下面的语句查询账户总余额。

```
SELECT sum(account_balance) FROM accounts;
```

现在假设当已经读取了第 1 行，准备读取第 2 行和第 3 行时，一台自动柜员机（ATM）针对这张表发生了一个事务，将 400 从账户 1 转到了账户 4，结果怎样？在几乎所有的其他数据库中，如果想得到一致和正确的查询答案，则必须在计算总额时对整张表加上共享读锁，但这会大大影响并发性。

Oracle 则不需要任何锁定，通过使用回滚段，就可以得到正确答案。Oracle 操作过程如表 10 – 22 所示。

表 10 – 22   READ COMMITTED 隔离级别下读取数据

| 时间 | 查询 | 转账事务 |
|------|------|----------|
| $T_1$ | 读第 1 行<br>到目前为止 sum = 500 | |
| $T_2$ | | 将更新前的值 500 写入回滚段<br>更新第 1 行<br>对第 1 行加一个排他锁，阻止其他更新。<br>第 1 行现在有 100 |
| $T_3$ | 读第 2 行<br>到目前为止 sum = 750 | |
| $T_4$ | 读第 3 行<br>到目前为止 sum = 1150 | |
| $T_5$ | | 将更新前的值 100 写入回滚段<br>更新第 4 行<br>对第 4 行加一个排他锁，阻止其他更新<br>（但不阻止读操作）。第 4 行现在有 500 |
| $T_6$ | 读第 4 行，发现第 4 行已修改，则读取回滚段中该行的值 100 | |
| $T_7$ | | 提交事务 |
| $T_8$ | 得到答案 sum = 1250 | |

在转账事务执行过程中，Oracle 有效地绕过了已修改的数据，它没有读修改后的值，而

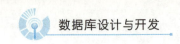

是从回滚段中读取了更新前的原数据。因此，可以返回一致而且正确的答案，无须等待事务提交。由此可见，Oracle 的多版本并发机制具有数据读一致性和非阻塞特性。

### 3. Oracle 两个级别的读一致性

Oracle 支持两个级别的读一致性：语句级读一致性和事务级读一致性。默认情况下，Oracle 的多版本读一致性模型应用于语句级，对应于 READ COMMITTED 隔离级别。另外，其还可以应用于事务级，对应于 SERIALIZABLE 隔离级别。

## 10.10.5　事务的隔离级别

在 10.9 节中已经讨论过 SQL Server 的事务隔离级别。在 Oracle 中，没有 READ UNCOMMITTED 及 REPEATABLE READ 隔离级别，这样在 Oracle 中不允许一个会话读取其他事务未提交的数据修改结果，从而避免了由于事务回滚发生的读取错误。Oracle 中的 READ COMMITTED 和 SERIALIZABLE 隔离级别，其含义与 SQL Server 类似，但是实现方式却大不一样。Oracle 使用多版本读一致性机制，用回滚段存储更新前的记录来保证查询的读一致性，并实现非阻塞查询。这也是 Oracle 事务处理的一个优势所在。

Oracle 实现了 ISO SQL 标准定义的 4 个隔离级别中的两个，即 READ COMMITTED（已提交读）和 SERIALIZABLE（可串行化）。此外，Oracle 还支持 READ ONLY 隔离级别（非 ISO SQL 标准定义）。

### 1. 事务隔离级别的设置

在 Oracle 中，在事务开始之前可以设置一个事务的隔离级别，语句如下：

```
SET TRANSACTION ISOLATION LEVEL READ COMMITTED; -- Oracle 默认的事务隔
```
离级别
```
SET TRANSACTION ISOLATION LEVEL SERIALIZABLE;
SET TRANSACTION READ ONLY;
```
也可以在单独的会话中设置整个会话的隔离级别，语句如下：
```
ALTER SESSION SET ISOLATION_LEBEL SERIALIZABLE;
ALTER SESSION SET ISOLATION_LEBEL READ COMMITED;
ALTER SESSION SET ISOLATION_LEBEL READ ONLY;
```
下列语句取消数据库限制模式：
```
ALTER SYSTEM DISABLE RESTRICTED SESSION;
```
锁定数据库为只读模式的语句如下：
```
STARTUP MOUNT
    ALTER DATABASE OPEN READ ONLY;
```
如果要将数据库再按读写方式打开，则可以用 STARTUP FORCE 命令重启数据库。

### 2. READ COMMITTED：语句级强制串行化（这是 Oracle 默认的隔离级别）

在这一隔离级别，如果一个事务对某张表进行 DML 操作，操作前会把更新前的旧数据放入回滚段，而这时另外一个会话对这张表的记录进行读取操作，则 Oracle 读取回滚段中存放的更新之前的旧记录，而不会像 SQL Server 一样等待更新事务的结束。

Oracle 没有利用脏读，甚至不允许脏读。Oracle 会默认提供非阻塞读，在数据库中很难阻塞一个 SELECT 查询。

事务只能读取数据库中已经提交的数据。在 READ COMMITTED 隔离级别中，事务中的每一条语句都只能看到该语句（而不是事务）开始之前被提交的数据，这就意味着在执行同一事务的两条相同的读语句之间，数据可以被其他事务修改，即允许出现不可重复读和幻影读。

### 3. SERIALIZABLE：事务级强制串行化

事务中的每条语句都只能看见在本事务开始之前被提交的数据，以及本事务通过 IN-SERT、UPDATE 或 DELETE 语句修改的结果。如果在读取时，其他事务正在对记录进行修改，则 Oracle 就会在回滚段中去寻找对应的原来未经更改的记录，而且是在读取操作所在的事务开始之前存放于回滚段的记录，而不是语句开始时的数据，这时读取操作也不会因为相应记录被更新而等待。该事务隔离级别可以消除脏读、不可重复读、幻影读。

Oracle 中 SERIALIZABLE 事务可以将原本通常在语句级得到的读一致性扩展到事务级。Oracle 采用了一种乐观的方法来实现串行化，它认为一个事务想要更新的数据不会被其他事务所更新。在其他系统中，这个隔离级别通常会降低并发性，但是在 Oracle 中，倘若事务在执行期间没有另一个事务更新数据，则能提供同等程度的并发性，就好像没有 SERIALIZABLE 事务一样。如果有另外的事务更新数据，则会得到 ORA – 08177 错误，如图 10 – 33 所示。因此，SERIALIZABLE 隔离级别适用于能够保证以下几点的情况。

（1）一般没有其他人修改相同的数据。

（2）需要事务级读一致性。

（3）事务都很短（这有助于保证第（1）点）。

```
ERROR at line 1:
ORA-08177: can't serialize access for this transaction
```

图 10 – 33  ORA – 08177 错误信息

一般认为，SERIALIZABLE 是最受限的隔离级别，但是它也提供了最高程度的隔离性。SERIALIZABLE 事务在一个环境中操作时，就好像没有其他用户在修改数据库中的数据一样。我们读取的所有行在重新读取时肯定都完全一样，所执行的查询在整个事务期间也总能返回相同的结果。

例如，如果执行以下查询，就算休眠了 24 小时，从 T 返回的答案总是相同的，或者会得到一个 ORA – 1555：snapshot too old 错误。

```
SELECT * FROM T;
BEGIN dbms_lock.sleep( 60 * 60 * 24 ); END;
SELECT * FROM T;
```

如果隔离级别设置为 SERIALIZABLE，则在事务开始之后，就不会看到数据库中做出的任何修改，直到提交事务为止。通过使用 SERIALIZABLE，我们看不到其他未提交会话做出的修改，但是同样也看不到事务开始后执行的已提交的修改。

但是，SERIALIZABLE 并不意味着用户执行的所有事务都表现得好像是以一种串行化方式逐个地执行。尽管按照 SQL 标准来说，这种模式不允许脏读、不可重复读、幻影读，但不能保证事务总按串行方式顺序执行。

READ COMMITTED 和 SERIALIZABLE 这两种隔离级别都使用行级锁，并且若事务企图修改一行数据，而该行被某个未提交事务更新过，那么事务只能等待。如果阻塞的事务被撤销并且回滚其修改，那么等待的事务可以开始更新先前被加锁的行。如果阻塞的事务提交并且释放了锁，且采用的是 READ COMMITTED 模式，则等待的事务可以开始执行更新操作；然而，若采用的是 SERIALIZABLE 模式，则返回一个错误信息，表明这些操作不可串行化。在这种情况下，应用程序开发人员必须在程序中加入逻辑控制，使程序返回事务的起点并重启。

### 4. READ ONLY：只读事务只能看到在本事务开始前提交的数据

READ ONLY 隔离级别不是 SQL92 标准中定义的，READ ONLY 事务与 SERIALIZABLE 事务很相似，唯一的区别是 READ ONLY 事务不允许修改。因此，其不会遭遇 ORA-08177 错误。需要指出的是，SYS 用户或作为 SYSDBA 连接的用户不能有 READ ONLY 或 SERIAL-IZABLE 事务。在这方面，SYS 很特殊。

将事务设置成 READ ONLY 事务，即将数据库"冻结"到该事务开始的那一点上，直至显式地发布了 COMMIT 或 ROLLBACK 命令或隐式提交（执行 DDL 操作）。在 READ ONLY 事务中所查询到的数据反映的是该事务开始时数据库中已经存在的数据，即便同时有其他事务更改并提交了数据库中的数据也是如此，但并不锁定数据库。在显式提交或者回滚后，或执行 DDL 操作后，结束 READ ONLY 事务。

将数据库更改成 READ ONLY（只读）方式后，只能查询数据而不允许对数据进行任何 DML 操作，如执行以下语句：

set transaction read only;

delete from test;

会出现 ORA-01456 错误信息，如图 10-34 所示。

第 1 行出现错误：
ORA-01456：不能在 READ ONLY 事务处理中执行插入/删除/更新操作

图 10-34　ORA-01456 错误信息

READ ONLY 事务的目的是支持报告需求，即相对于某个时间点，报告的内容应该是一致的。在 Oracle 中，采用这种模式，如果一个报告使用 50 条 SELECT 语句来收集数据，那么所生成的结果相对于某个时间点就是一致的，即事务开始的那个时间点，而无须在任何地方锁定数据。为达到这个目标，就像对单语句一样，也使用了同样的多版本机制。会根据需要从回滚段重新创建数据，并提供报告开始时数据的原样。

注意：因为 READ ONLY 事务的原理是读取回滚段中数据的前像来实现读一致性，所以 READ ONLY 事务运行时间不能过长，否则会报 ORA-01555 错误，如图 10-35 所示，这是因为系统上有人正在修改 READ ONLY 事务读取的数据。对这个信息所做的修改（undo 信息）将记录在回滚段中。但是回滚段以一种循环方式使用，这与重做日志非常相似。报告运行的时间越长，重建数据所需的 undo 信息就越有可能已经不在那里了。回滚段会回绕，READ ONLY 事务需要的那部分回滚段可能已经被另外某个事务占用了。此时，就会得到 ORA-01555 错误，只能从头再来。唯一的解决方案就是为系统适当地确定回滚段的大小。

ERROR:
ORA-01555：快照过旧：回退段号 14（名称为 "_SYSSMU14_3676531858$"）过小

图 10-35　ORA-01555 错误信息

### 5. 事务隔离级别实例

1）语句级隔离

**例 10 – 19**：说明语句级隔离读一致性的情况，如表 10 – 23 所示。

表 10 – 23　语句级数据读一致性

| 时间 | 会话 1 执行 | 会话 2 执行 |
|---|---|---|
| $T_1$ | SET TRANSACTION ISOLATION LEVEL SERIALIZABLE; | 没有设置事务隔离级别，默认为 READ COMMITTED |
| $T_2$ | SQL > SELECT COUNT( * ) FROM tmp_emp;<br>　COUNT( * )<br>　——————<br>　　14<br><br>SQL > VARIABLE x REFCURSOR;<br>SQL > BEGIN<br>　2　OPEN :x FRO SELECT * FROM emp;<br>　3　END;<br>　4　/<br>PL/SQL 过程已成功完成 | |
| $T_3$ | | SELECT COUNT（ * ）FROM tmp _emp;<br>　　COUNT( * )<br>　　——————<br>　　　14<br><br>SQL > DROP TABLE tmp_emp;<br>表已删除 |
| $T_4$ | PRINT x;<br>　EMPNO ENAME JOB　　MGR HIREDATE<br>　————————————————<br>　7499 ALLEN　SALESMAN　7698　20 – 2 月 – 81<br>　…<br>已选择 14 行 | |

在游标生成时的那个时间点，结果集已经确定，不会因为删除了表里面的数据而引起结果集变化。语句级别读一致性可以保证前后读到的数据是相同的，而不会受到另一个会话修改语句的影响。语句级隔离在 SERIALIZABLE 和 READ COMMITTED 两个事务隔离级别中是相同的。

2）同时修改一条数据记录

**例 10 – 20**：如果两个 SERIALIZABLE 级别的事务试图去修改同一条记录，则后边修改的会话会被阻塞，前边修改的会话提交事务后，后边修改的会话会报错，如表 10 – 24 所示。

表 10 – 24　语句级数据读一致性

| 时间 | 会话 1 执行 | 会话 2 执行 |
|---|---|---|
| $T_1$ | SET TRANSACTION ISOLATION LEVEL SERI-ALIZABLE；<br>　　UPDATE tmp＿emp SET sal ＝ sal ＋ 1 WHERE empno ＝ 7934；<br>　　已更新 1 行 | |
| $T_2$ | | SET TRANSACTION ISOLATION LEVEL SERI-ALIZABLE；<br>　　UPDATE tmp＿emp SET sal ＝ sal ＋ 100 WHERE empno ＝ 7934； |
| $T_3$ | COMMIT；<br>提交完成 | |
| $T_4$ | | 　　UPDATE tmp＿emp SET sal ＝ sal ＋ 100 WHERE empno ＝ 7934；<br>　　第 1 行出现错误 ORA – 08177：无法连续访问此事务处理 |

3）事务级数据一致性

**例 10 – 21**：在 SERIALIZABLE 隔离级别中，一个事务在读取数据的过程中，另一个事务修改了同一张表数据并提交，读取数据的事务不受影响，如表 10 – 25 所示。

表 10 – 25　事务级数据读一致性

| 时间 | 会话 1 执行 | 会话 2 执行 |
|---|---|---|
| $T_1$ | 　　SET TRANSACTION ISOLATION LEVEL SERIALIZ-ABLE； | 没有设置事务隔离级别，默认为 READ COMMITTED |
| $T_2$ | SQL ＞ SELECT COUNT（＊）FROM tmp_emp；<br>COUNT( ＊ )<br>——————<br>　　　14 | |
| $T_3$ | | SQL ＞ DELETE FROM tmp_emp；<br>已删除 14 行<br><br>SQL ＞ COMMIT；<br>提交完成 |
| $T_4$ | 重新查询表数据行数，依然是 14<br>SQL ＞ SELECT COUNT（＊）FROM tmp_emp；<br>　COUNT( ＊ )<br>——————<br>　　　14 | |

4）修改表结构

例 10 – 22：如果是在会话 1 中直接修改了表结构，如删除了表 tmp_emp，则 SERIALIZ-ABLE 事务中也会受到影响，如表 10 – 26 所示。

**表 10 – 26　修改表结构影响 SERIALIZABLE 事务**

| 时间 | 会话 1 执行 | 会话 2 执行 |
|---|---|---|
| $T_1$ | SET TRANSACTION ISOLATION LEVEL SERIALIZ-ABLE; | 没有设置事务隔离级别，默认为 READ COMMITTED |
| $T_2$ | | SQL > DROP TABLE tmp_emp;<br>表已删除 |
| $T_3$ | SQL > SELECT COUNT( * ) FROM tmp_emp;<br>SELECT COUNT( * ) FROM tmp_emp<br>第 1 行出现错误 ORA – 00942：表或视图不存在 | |
| $T_4$ | | 此时又在会话 1 中重新创建了同名、同结构的表 tmp_emp：<br>SQL > CREATE TABLE tmp_emp AS SELECT * FROM emp;<br>表已创建 |
| $T_5$ | SQL > SELECT COUNT( * ) FROM tmp_emp;<br>SELECT COUNT( * ) FROM tmp_emp<br>第 1 行出现错误 ORA – 08176：一致读取失败；回退数据不可用 | |

5）事务序列执行

例 10 – 23：说明在 SERIALIZABLE 隔离级别下两个事务依次执行的过程并提交，最后查询表中记录数过程，如表 10 – 27 所示。

**表 10 – 27　SERIALIZABLE 级别两个事务执行过程**

| 时间 | 会话 1 执行 | 会话 2 执行 |
|---|---|---|
| $T_1$ | SQL > CREATE TABLE a( x int );<br>表已创建<br>SQL > CREATE TABLE b( x int );<br>表已创建<br>SET TRANSACTION ISOLATION LEVEL SERI-ALIZABLE; | |
| $T_2$ | | SET TRANSACTION ISOLATION LEVEL SERI-ALIZABLE; |
| $T_3$ | SQL > INSERT INTO a SELECT COUNT( * ) FROM b;<br>已创建 1 行 | |

续表

| 时间 | 会话 1 执行 | 会话 2 执行 |
|------|------------|------------|
| $T_4$ | | SQL > INSERT INTO b SELECT COUNT（＊）FROM a；<br>已创建 1 行 |
| $T_5$ | SQL > COMMIT；<br>提交完成。 | |
| $T_6$ | | SQL > COMMIT；<br>提交完成<br>SQL > SELECT ＊ FROM t2；<br>      X<br>  ——————<br>      0<br>      0 |

两个事务都完成后，表 a 和 b 中都有一个值为 0 的行。如果事务有某种串行顺序，则不可能得到两张都包含 0 值的表。如果会话 1 在会话 2 之前执行，那么表 b 就会有一个值为 1 的行。如果会话 2 在会话 1 之前执行，那么表 a 就有一个值为 1 的行。不过，按照这里的执行方式，两张表中的行都有值 0，无论是哪个事务，执行时就好像是此时数据库中只有它一个事务一样。无论会话 1 查询多少次表 b，计数（count）都是对 $T_1$ 时间数据库中已提交记录的计数。无论会话 2 查询多少次表 a，都会得到与 $T_2$ 时间相同的计数，说明两个事务的执行是非串行的。

本章小结与思考题（10）

# 第11章

## 数据库设计综合实例

1. 熟悉数据库设计过程，了解数据库设计的各个步骤的目标与方法。
2. 学会将数据库设计各个阶段的基本技术方法应用于项目系统的分析设计中。
3. 学会根据需求分析的任务要求，提取需求分析的要点，分析应用背景，分析数据库的模式、内模式、外模式。
4. 学会根据需求，分离出系统的数据，分析数据之间的关系，识别涉及的实体，划分数据范围，精确表达数据需求。
5. 学会根据数据库概念模型的设计方法，准确区分系统的各个实体以及实体的属性。
6. 学会根据系统的情况，分析实体之间的联系，分模块完成基本 E‐R 模型的设计。
7. 学会结合系统情况，整合各个分 E‐R 图，形成完整的 E‐R 模型，完成概念模型的设计。
8. 学会根据逻辑模型设计方法，把 E‐R 图中的实体、联系分别转化成关系模式。
9. 学会关系模式的优化方法。
10. 学会根据系统应用背景，设计数据库的存储结构；学会用 SQL Server 数据库列出数据库文件存储设计，用 Oracle 数据库列出表空间设计。
11. 学会根据关系模式，设计数据库表结构。
12. 学会根据数据库外模式，结合系统背景，设计数据查询、索引、视图等对象。
13. 学会数据库存储过程、触发器的设计方法。
14. 学会根据系统背景，设计合适的数据库安全管理策略、数据库备份恢复的方案。
15. 掌握 SQL，用 SQL Server 和 Oracle 分别实现数据库的物理模型。

## 数据素养指标

1. 能认识到数据对系统研究开发等方面具有的重要意义。

2. 能根据系统的需求，分析需求要点，确定数据来源，了解提取数据的方法。

3. 能从系统需求中全面、准确地提取所需要的各类数据。

4. 能区分数据的关系，明确数据类型，准确划定所需数据的范围。

5. 能够具备分析数据管理系统体系结构的能力，为数据管理打下基础。

6. 能够结合系统情况，具备在实际项目开发中应用数据分析设计的能力。

7. 能够根据系统具体情况，设计数据分析、管理等过程的具有操作性的方案。

8. 能有效结合现有资源，根据需求情况的变化，及时调整改进操作方案。

## 本章导读

1. 系统需求理解：系统应用背景；系统需求分析；系统用户识别；系统数据理解；系统涉及的实体分析。

2. 数据库概念模型设计：实体、属性、联系等概念以及图示；E－R 模型绘制实例。

3. 数据库逻辑模型设计：E－R 图中实体转换规则、联系转换规则；转换过程中的主键处理规则；数据模型的优化规则。

4. 数据库物理模型设计：数据库存储结构的设计；数据表的结构设计；数据查询的设计；索引的设计；视图的设计；存储过程的设计；触发器的设计；安全管理的设计；数据库备份的设计。

5. 数据库实现：SQL 程序的编码规范；SQL Server 的编码实现；Oracle 的编码实现。

设计一个系统的数据库，首先要了解系统的应用背景、业务流程等，做好系统需求分析工作，从需求中提取数据，然后逐步开始数据库概念设计、逻辑设计、物理设计的过程，最后实现数据库，在运行过程中运行和维护数据库。本章以高校社团管理系统为例，简要说明数据库设计的步骤和每个阶段的具体工作。

随着信息技术的发展，很多高校都已经有了各自的信息化平台。高校为了丰富学生的校园生活，促进学生特长的培养，创办了许多社团。随着高校学生人数和社团数量的不断增多，对社团及社员管理的工作量也越来越大，开发一个高校社团管理系统，有助于提高高校社团管理工作的效率与服务质量。在高校社团管理系统开发过程中，数据库设计是其中很重要的步骤。

# 11.1 系统需求理解

需求理解的任务是通过详细调查现实世界要处理的对象（组织、企业、部门等），分析用户的需求，明确系统的数据需求。

调查分析高校社团管理业务，分析使用该系统的用户类型，系统需要为各类用户提供哪些具体的功能，详细分析每个功能涉及的数据项，归纳系统的存储数据包括哪些信息，分析系统涉及的实体，结合系统需求分析系统业务规定。

## 11.1.1　系统需求分析

通过对高校社团日常管理的调查分析，高校社团管理系统主要满足 3 类用户的需求，这 3 类用户分别是系统管理员、社团管理员和社员，他们所具有的系统操作权限不同。要求系统可以满足以下各类用户的具体需求。

### 1. 系统管理员

系统管理员能够维护社团信息、社员信息、活动信息、用户信息等，实现对社团信息、社员信息、活动信息、用户信息的增加、修改、删除、查询等。

### 2. 社长

社长是社团负责人，能够管理社团，审批社员加入，修改社员信息，管理活动和赞助商信息，查询社团、社员及活动信息。

### 3. 学生

学生能够申请加入社团，查询社团信息、社员信息、活动信息。

## 11.1.2　系统数据理解

根据系统用户类型以及各类型用户的需求，分析系统功能涉及的存储数据主要有社团信息、社员信息、社团活动信息、赞助商信息。

社团信息包括社团编号、社团名称、社团支出、社团收入、社团总金额、社团人数等。

社员信息包括社员学号、社员姓名、性别、院系、专业、联系方式、社员类型等。

活动信息包括活动编号、活动名称、活动地点、活动时间、活动内容、活动支出、活动收入、活动社团、活动赞助商等。

赞助商信息包括赞助商编号、赞助商名称、赞助商联系方式等。

## 11.1.3　系统涉及的实体分析

根据系统需求和存储数据分析，高校社团管理系统涉及的实体有社团、社员、活动、赞助商。

高校社团管理的业务规定描述：一个社团包括多个社员，一个社员只能参加一个社团；一个社团可以举办多个活动，一个活动只能由一个社团主办；一个赞助商可以赞助多个活动，一个活动也可以有多个赞助商。

# 11.2　数据库概念模型设计

分析高校社团管理系统的基本需求，利用概念模型涉及的抽象机制，对需求分析结果中的信息进行分类、组织，得到系统的实体、实体属性、实体之间的联系以及联系类型，设计系统的概念模型。

### 11.2.1　实体及属性分析

高校社团管理系统涉及的实体包括社团、社员、活动和赞助商，各实体属性如下。

社团实体属性：社团编号、社团名称、社团支出、社团收入、社团总金额、社团人数。

社员实体属性：社员学号、社员姓名、性别、院系、专业、联系方式、社员类型。

活动实体属性：活动编号、活动名称、活动地点、活动时间、活动内容、活动支出、活动收入。

赞助商实体属性：赞助商编号、赞助商名称、赞助商联系方式。

### 11.2.2　局部 E-R 图设计

根据系统需求分析，在高校社团管理系统中，社团、社员、活动和赞助商之间通过社团活动进行联系。

社团与社员：一个社团包括多个社员，一个社员只能参加一个社团。因此，社员和社团是一对多联系。

社团与活动：一个社团可以举办多个活动，一个活动只能由一个社团主办。因此，活动和社团是一对多联系。

活动与赞助商：一个赞助商可以赞助多个活动，一个活动也可以有多个赞助商，赞助商赞助活动有赞助时间和赞助金额。因此，赞助商和活动是多对多联系。

根据以上分析，得到系统的局部 E-R 图如图 11-1、图 11-2、图 11-3 所示。

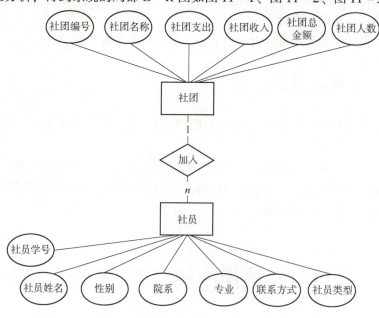

图 11-1　社团与社员之间的 E-R 图

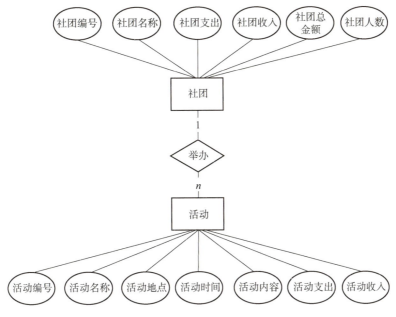

图 11 – 2 社团与活动之间的 E – R 图

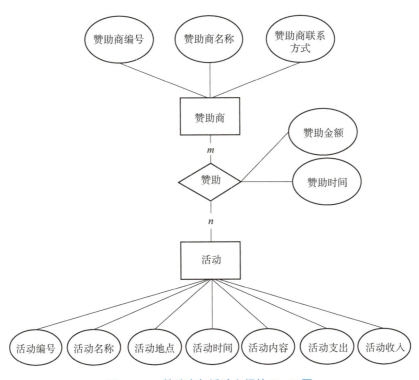

图 11 – 3 赞助商与活动之间的 E – R 图

## 11.2.3 全局 E – R 图设计

合并局部 E – R 图不是单纯地将各个局部 E – R 图合并在一起，而是必须消除各个局部

E－R 图中的不一致，以形成一个能为全系统中所有用户共同理解和接受的统一的概念模型。如何合理消除各个局部 E－R 图中的冲突是生成初步 E－R 图的关键所在。各个局部 E－R 图之间的冲突包括属性冲突、命名冲突和结构冲突。

合并高校社团管理系统的局部 E－R 图，得到全局 E－R 图，如图 11－4 所示。

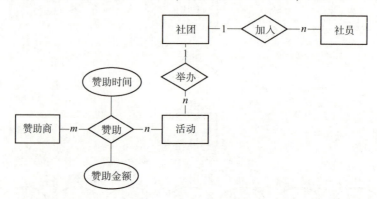

**图 11－4　高校社团管理系统的全局 E－R 图**

# 11.3　数据库逻辑模型设计

逻辑模型设计就是将概念模型设计中的全局 E－R 图转换为与选用的 DBMS 产品所支持的数据模型相符合的逻辑结构。

在关系数据库中，数据库的逻辑模型设计就是根据概念模型设计的 E－R 图，按照 E－R 图到关系数据模型的转换规则，将 E－R 图转换成关系模型的过程，即将所有的实体和联系转化为一系列的关系模式。E－R 图向关系模型的转换要解决的主要问题是如何将实体和实体间的联系转换为关系模式，以及如何确定这些关系模式的属性和主键。

## 11.3.1　实体转为关系模式

根据 E－R 图向关系数据模型转换的相关规则，将图 11－4 所示的 E－R 图中的各个实体转换为关系模式，得到如下关系模式，并将主键加下划线标注。

社团（<u>社团编号</u>，社团名称，社团支出，社团收入，社团总金额，社团人数）

社员（<u>社员学号</u>，社员姓名，性别，院系，专业，联系方式，社员类型）

活动（<u>活动编号</u>，活动名称，活动地点，活动时间，活动内容，活动支出，活动收入）

赞助商（<u>赞助商编号</u>，赞助商名称，赞助商联系方式）

## 11.3.2　联系转为关系模式

根据 E－R 图向关系数据模型转换的相关规则，将图 11－4 所示的 E－R 图中的各个联系转换为关系模式，得到如下关系模式，并将主键加下划线标注。

社员加入社团联系转换为关系模式：

加入（<u>社员学号，社团编号</u>）

社团举办活动联系转换为关系模式：

举办（<u>活动编号</u>，社团编号）

赞助商赞助活动联系转换为关系模式：

赞助（<u>活动编号，赞助商编号</u>，赞助时间，赞助金额）

### 11.3.3 数据模型的优化

将实体与联系转换后的关系模式合在一起，合并其中同码的关系模式，优化关系模型，得到高校社团管理系统的关系模型如下，并将主键加下划线标注，将外键前面加星号标注。

社团（<u>社团编号</u>，社团名称，社团支出，社团收入，社团总金额，社团人数）

社员（<u>社员学号</u>，社员姓名，性别，院系，专业，联系方式，社员类型，＊社团编号）

活动（<u>活动编号</u>，活动名称，活动地点，活动时间，活动内容，活动支出，活动收入，＊社团编号）

赞助商（<u>赞助商编号</u>，赞助商名称，赞助商联系方式）

赞助（＊<u>活动编号</u>，＊<u>赞助商编号</u>，赞助时间，赞助金额）

# 11.4 数据库物理模型设计

物理模型设计就是为给定的逻辑数据模型选择一个适合应用要求的物理结构。物理模型设计时要设计数据库及其对象的存储结构，例如设计数据库的存储路径、数据规模、增长速度，设计表的结构，设计索引的结构等。

### 11.4.1 数据库存储结构设计

#### 1. SQL Server 数据库设计

本案例是设计一个高校社团管理系统，假设数据量不是很大。规划设计表空间如表 11 – 1 所示。

表 11 – 1　SQL Server 数据库设计

| 表空间名 | gxstgl |
| --- | --- |
| 存储路径 | d：\gxstgl\ |
| 主数据文件 | gxstglfile. mdf，size 128 MB，maxsize 1 024 MB，文件按 10% 增长 |
| 日志文件 | gxstgllog. ldf，size 64 MB，maxsize 512 MB，文件按 10% 增长 |
| 区或者段管理方式 | extent management local autoallocate |

## 2. Oracle 表空间设计

规划设计数据库的表空间存储如表 11-2、表 11-3 所示。

表 11-2　Oracle 默认永久表空间设计

| 表空间名 | gxstgl |
|---|---|
| 数据文件名及大小 | gxstgl. dbf, size 128 MB |
| 存储路径 | d: \gxstgl\ |
| 区或者段管理方式 | extent management local autoallocate |

表 11-3　Oracle 临时表空间设计

| 表空间名 | tempgxstgl |
|---|---|
| 临时文件名及大小 | tempgxstgl. dbf, size 64 MB |
| 存储路径 | d: \gxstgl\ |
| 区或者段管理方式 | extent management local uniform size 4 MB |

## 11.4.2　数据表的结构设计

根据逻辑模型中的关系模式，将高校社团管理系统关系数据模型中的关系模式转换成表的物理结构，并设计各属性的属性名称、数据类型与长度。在表结构设计时，充分考虑数据完整性要求，设计相关的约束，用表格的形式给出表的物理结构设计。

数据库中各个表结构设计如表 11-4 ~表 11-8 所示。

表 11-4　社团表

| 列名 | 类型 | 长度 | 约束 | 备注说明 |
|---|---|---|---|---|
| 社团编号 | 定长字符串 | 7 | 主键 | 主键 |
| 社团名称 | 可变长字符串 | 20 | 非空 | |
| 社团支出 | 数字 | 长度为10，两位小数 | | |
| 社团收入 | 数字 | 长度为10，两位小数 | | |
| 社团总金额 | 数字 | 长度为10，两位小数 | | 社团总金额 = 社团收入 - 社团支出 |
| 社团人数 | 数字 | 没有小数 | 默认值0 | 刚创建一个社团，社团人数默认为0 |

表 11-5　社员表

| 列名 | 类型 | 长度 | 约束 | 备注说明 |
|---|---|---|---|---|
| 社员学号 | 定长字符串 | 7 | 主键 | |
| 社员姓名 | 可变长字符串 | 20 | 非空 | |
| 性别 | 定长字符串 | 2 | 取值范围是"男""女" | |

| 列名 | 类型 | 长度 | 约束 | 备注说明 |
|---|---|---|---|---|
| 院系 | 可变长字符串 | 20 | | |
| 专业 | 可变长字符串 | 20 | | |
| 联系方式 | 可变长字符串 | 11 | | |
| 社员类型 | 可变长字符串 | 10 | 取值范围是"社长""社员" | |
| 社团编号 | 定长字符串 | 7 | 外键 | |

表 11 - 6　活动表

| 列名 | 类型 | 长度 | 约束 | 备注说明 |
|---|---|---|---|---|
| 活动编号 | 定长字符串 | 7 | 主键 | 主键 |
| 活动名称 | 可变长字符串 | 50 | 非空 | |
| 活动地点 | 可变长字符串 | 100 | 非空 | |
| 活动时间 | 日期 | | 非空 | |
| 活动内容 | 可变长字符串 | 200 | | |
| 活动支出 | 数字 | 长度为10，两位小数 | | |
| 活动收入 | 数字 | 长度为10，两位小数 | | |
| 社团编号 | 定长字符串 | 7 | 外键 | 外键 |

表 11 - 7　赞助商表

| 列名 | 类型 | 长度 | 约束 | 备注说明 |
|---|---|---|---|---|
| 赞助商编号 | 定长字符串 | 7 | 主键 | 主键 |
| 赞助商名称 | 可变长字符串 | 20 | 非空 | |
| 赞助商联系方式 | 定长字符串 | 11 | | |

表 11 - 8　赞助表

| 列名 | 类型 | 长度 | 约束 | 备注说明 |
|---|---|---|---|---|
| 活动编号 | 定长字符串 | 7 | 主键<br>（多属性组合主键） | 外键 |
| 赞助商编号 | 定长字符串 | 7 | | 外键 |
| 赞助时间 | 可变长字符串 | 20 | | |
| 赞助金额 | 数字 | 长度为10，两位小数 | 非空 | |

## 11.4.3　数据查询设计

在系统中，数据查询是常用的功能。数据查询根据用户提出的各种要求在相关表中进行查询，得到查询结构。根据系统查询需求，设计系统常用的查询，包括单表简单查询、分组查询、多表连接查询、嵌套查询等不同类型的查询，常用查询设计如表 11 – 9 所示。

表 11 – 9 常用查询设计

| 编号 | 查询要求 | 查询类型 |
|------|----------|----------|
| 1 | 基于社员表，根据性别查询社员的社员学号、社员姓名、性别 | 单表简单查询 |
| 2 | 基于社员表，根据专业分组统计各专业社员的人数，要求显示专业名、社员人数 | 分组查询 |
| 3 | 基于社团表和活动表，查询各个社团举办的活动数量，要求显示社团名称、活动数量 | 多表连接查询 |
| 4 | 基于活动表、赞助商表、赞助表，根据活动名称查询活动名称、赞助商名称、赞助金额 | 多表连接查询 |
| 5 | 基于社员表，查询与指定姓名社员相同社团的社员的社员学号、社员姓名、专业 | 嵌套查询 |

## 11.4.4 索引设计

分析表中常用的查询，设计各张表的索引，表的索引设计如表 11 – 10 所示。

表 11 – 10 表的索引设计

| 索引名称 | 基于的表 | 索引关键字及其排序 | 索引类型 | 创建原因 |
|----------|----------|--------------------|----------|----------|
| index_st | 社团表 | 社团名称，升序 | 唯一索引 | 经常需要按社团名称查询社团相关信息 |
| index_hd | 活动表 | 活动时间，降序 | 普通索引 | 经常需要按活动时间查询活动相关信息 |

## 11.4.5 视图设计

在高校社团管理系统的基本表中，社团表保存社团信息，社员表保存社员信息，活动表保存活动信息，赞助商表保存赞助商信息，赞助表保存赞助商赞助活动信息，社团负责人经常需要查看社团活动的赞助信息和各社团的社员情况。为此，可创建设计视图如表 11 – 11 所示。

表 11 – 11 视图设计

| 视图名称 | 基于的表 | 视图的功能说明 |
|----------|----------|----------------|
| view_zanzhu | 活动表、赞助商表、赞助表 | 方便查看活动的赞助信息 |
| view_sheyuan | 社团表、社员表 | 方便查看每个社团的社员情况 |

## 11.4.6 存储过程设计

根据系统查询需求，设计存储过程如表 11 – 12 所示。

表 11 – 12　存储过程设计

| 存储过程名称 | 输入参数 | 输出参数 | 存储过程的功能说明 |
| --- | --- | --- | --- |
| pro_sheyuan | 学号 | 无 | 可按照指定学号查看社员的学号、姓名和专业 |

## 11.4.7　触发器设计

当社团新加入社员时，社团人数进行更新，设计触发器如表 11 – 13 所示。

表 11 – 13　触发器设计

| 触发器名称 | 触发器类型 | 基于的表 | 触发器的功能说明 |
| --- | --- | --- | --- |
| tri_insert_sheyuan | after insert or delete | 社员表 | 当社员表插入新社员或者删除社员时，触发社员表的触发器，对社团表中的社团人数进行自动更新 |

## 11.4.8　安全管理设计

根据系统的数据库安全管理要求，设计数据库角色、用户及其权限。角色及其权限设计如表 11 – 14 所示，用户与角色对应关系如表 11 – 15 所示。

表 11 – 14　角色及其权限设计

| 角色名称 | 角色说明 | 系统权限 | 操作对象及对象权限 |
| --- | --- | --- | --- |
| sheyuan | 社员 | connect resource | 社团表：select<br>社员表：select<br>活动表：select |
| shezhang | 社长 | connect resource | 社员表：insert \ select \ delete \ update<br>社团表：insert \ select \ delete \ update<br>活动表：insert \ select \ delete \ update<br>赞助商表：insert \ select \ delete \ update |

表 11 – 15　用户与角色对应关系

| 用户名 | 密码 | 所属角色 |
| --- | --- | --- |
| u1 | u1pass | sheyuan |
| u2 | u2pass | shezhang |

## 11.4.9　数据库备份设计

数据库维护是数据库管理中重要的工作，常见的数据库维护工作主要是定期对数据库进行备份，以防止数据丢失。系统数据库备份设计如表 11 – 16 所示。

表 11 – 16　系统数据库备份设计

| 备份周期 | 备份类型 | 归档模式 | 备份文件夹 | 备份存储路径 |
|---|---|---|---|---|
| 每周一次 | 脱机 | 非归档模式 | stbackup | d：\db\ |

# 11.5　数据库实现

数据库实现就是完成数据库的物理设计之后，用关系数据库管理系统提供的数据定义语言和其他实用程序将数据库逻辑设计和物理设计实现出来，成为关系数据库管理系统可以接受的源代码，再经过调试产生目标模式，然后组织数据入库。

## 11.5.1　SQL Server 数据库的实现

使用 SQL Server 资源管理器创建高校社团管理系统的数据库，通过 SQL 命令实现数据库对象操作和数据操作，包括创建表空间、创建表、插入数据、查询数据、创建索引、创建视图、创建存储过程、创建触发器，管理数据库角色、用户及其权限，进行数据库备份与恢复操作。

### 1. 创建数据库和 DBA 用户

使用 sys 用户以 sysdba 身份连接数据库，使用 SQL 的 CREATE DATABASE 语句创建数据库，使用 SQL 的 CREATE USER 语句创建 DBA 用户。

```
-- 创建数据库
CREATE DATABASE gxstgl
ON PRIMARY
(NAME = gxstgl_m_data,
FILENAME ='d：\gxstgl \gxstglfile.mdf',
SIZE =128MB,
maxsize =1024MB,
FILEGROWTH =10% )
log on
(name =gxstgl_log,
FILENAME ='d：\gxstgl \gxstgllog.ldf',
SIZE =64MB,
maxsize =512MB,
FILEGROWTH =10% )
GO
```

为了便于创建数据库对象，创建一个用户 stdba，该用户具有 DBA 角色的权限，默认数据库是以上创建的数据库，使用该用户连接数据库。

```
-- 创建登录账户
CREATE login dba
with password ='stdbapass', default_database = gxstgl
-- 创建 DBA 用户
CREATE user stdba for login dba
with default_schema = dbo
-- 给 stdba 用户授权 DBA 的权限
EXEC sp_addrolemember 'db_owner', 'stdba'
```

### 2. 创建数据表，插入表数据

使用 SQL 的 **CREATE TABLE** 语句创建数据库各基本表，并插入各个表的数据。

```
-- 创建社团表
USE gxstgl
CREATE table 社团表
(
    社团编号 char(7) primary key,
    社团名称 varchar(20) not null,
    社团支出 money,
    社团收入 money,
    社团总金额 money,
    社团人数 numeric default(0)
)
```

查看社团表结构如图 11 -5 所示。

| | Column_name | Type | Computed | Length | Prec | Scale | Nullable | Trim Trailing Blanks | FixedLenNullInSource | Collation |
|---|---|---|---|---|---|---|---|---|---|---|
| 1 | 社团编号 | char | no | 7 | | | no | no | no | Chinese_PRC_CI_AS |
| 2 | 社团名称 | varchar | no | 20 | | | no | no | no | Chinese_PRC_CI_AS |
| 3 | 社团支出 | money | no | 8 | 19 | 4 | yes | (n/a) | (n/a) | NULL |
| 4 | 社团收入 | money | no | 8 | 19 | 4 | yes | (n/a) | (n/a) | NULL |
| 5 | 社团总金额 | money | no | 8 | 19 | 4 | yes | (n/a) | (n/a) | NULL |
| 6 | 社团人数 | numeric | no | 9 | 18 | 0 | yes | (n/a) | (n/a) | NULL |

图 11 -5　社团表结构

```
-- 创建社员表
USE gxstgl
CREATE table 社员表
(
    社员学号 char(7) primary key,
    社员姓名 varchar(20) not null,
    性别 char(2) check(性别 ='男' or 性别 ='女'),
    院系 varchar(20),
    专业 varchar(20),
    联系方式 varchar(11),
```

社团编号 char (7),

社员类型 varchar(10) check(社员类型 ='社长' or 社员类型 ='社员'),

foreign key(社团编号) references 社团表(社团编号)

)

查看社员表结构如图 11-6 所示。

| | Column_name | Type | Computed | Length | Prec | Scale | Nullable | TrimTrailingBlanks | FixedLenNullInSource | Collation |
|---|---|---|---|---|---|---|---|---|---|---|
| 1 | 社员学号 | char | no | 7 | | | no | no | no | Chinese_PRC_CI_AS |
| 2 | 社员姓名 | varchar | no | 20 | | | no | no | no | Chinese_PRC_CI_AS |
| 3 | 性别 | char | no | 2 | | | yes | no | yes | Chinese_PRC_CI_AS |
| 4 | 院系 | varchar | no | 20 | | | yes | no | yes | Chinese_PRC_CI_AS |
| 5 | 专业 | varchar | no | 20 | | | yes | no | yes | Chinese_PRC_CI_AS |
| 6 | 联系方式 | varchar | no | 11 | | | yes | no | yes | Chinese_PRC_CI_AS |
| 7 | 社团编号 | char | no | 7 | | | yes | no | yes | Chinese_PRC_CI_AS |
| 8 | 社员类型 | varchar | no | 10 | | | yes | no | yes | Chinese_PRC_CI_AS |

图 11-6　社员表结构

-- 创建活动表

USE gxstgl

CREATE table 活动表

(

　　活动编号 char(7) primary key,

　　活动名称 varchar(50) not null,

　　活动地点 varchar(100) not null,

　　活动时间 date,

　　活动内容 varchar(200),

　　活动支出 money,

　　活动收入 money,

　　社团编号 char(7),

　　foreign key(社团编号) references 社团表(社团编号)

)

查看活动表结构，如图 11-7 所示。

| | Column_name | Type | Computed | Length | Prec | Scale | Nullable | TrimTrailingBlanks | FixedLenNullInSource | Collation |
|---|---|---|---|---|---|---|---|---|---|---|
| 1 | 活动编号 | char | no | 7 | | | no | no | no | Chinese_PRC_CI_AS |
| 2 | 活动名称 | varchar | no | 50 | | | no | no | no | Chinese_PRC_CI_AS |
| 3 | 活动地点 | varchar | no | 100 | | | no | no | no | Chinese_PRC_CI_AS |
| 4 | 活动时间 | date | no | 3 | 10 | 0 | yes | (n/a) | (n/a) | NULL |
| 5 | 活动内容 | varchar | no | 200 | | | yes | no | yes | Chinese_PRC_CI_AS |
| 6 | 活动支出 | money | no | 8 | 19 | 4 | yes | (n/a) | (n/a) | NULL |
| 7 | 活动收入 | money | no | 8 | 19 | 4 | yes | (n/a) | (n/a) | NULL |
| 8 | 社团编号 | char | no | 7 | | | yes | no | yes | Chinese_PRC_CI_AS |

图 11-7　活动表结构

-- 创建赞助商表

USE gxstgl

CREATE table 赞助商表

(

　　赞助商编号 char(7) primary key,

赞助商名称 varchar(20) not null,
赞助商联系方式 varchar(11)
)
查看赞助商表结构,如图 11 -8 所示。

| | Column_name | Type | Computed | Length | Prec | Scale | Nullable | Trim Trailing Blanks | Fixed Len Null In Source | Collation |
|---|---|---|---|---|---|---|---|---|---|---|
| 1 | 赞助商编号 | char | no | 7 | | | no | no | no | Chinese_PRC_CI_AS |
| 2 | 赞助商名称 | va... | no | 20 | | | no | no | no | Chinese_PRC_CI_AS |
| 3 | 赞助商联系方式 | va... | no | 11 | | | yes | no | yes | Chinese_PRC_CI_AS |

图 11 -8　赞助商表结构

-- 创建赞助表
USE gxstgl
CREATE table 赞助表
(
    活动编号 char(7),
    赞助商编号 char(7) not null,
    赞助时间 date,
    赞助金额 money,
    primary key(活动编号,赞助商编号,赞助时间),
    foreign key(活动编号) references 活动表(活动编号),
    foreign key(赞助商编号) references 赞助商表(赞助商编号)
)
查看赞助表结构,如图 11 -9 所示。

| | Column_name | Type | Computed | Length | Prec | Scale | Nullable | Trim Trailing Blanks | Fixed Len Null In Source | Collation |
|---|---|---|---|---|---|---|---|---|---|---|
| 1 | 活动编号 | char | no | 7 | | | no | no | no | Chinese_PRC_CI_AS |
| 2 | 赞助商编号 | char | no | 7 | | | no | no | no | Chinese_PRC_CI_AS |
| 3 | 赞助时间 | date | no | 3 | 10 | 0 | no | (n/a) | (n/a) | NULL |
| 4 | 赞助金额 | money | no | 8 | 19 | 4 | yes | (n/a) | (n/a) | NULL |

图 11 -9　赞助表结构

-- 对社团表插入数据
INSERT INTO 社团表 values('st00001','声乐社', 3400.00,3700.00,300.00,5);
INSERT INTO 社团表 values('st00002','动漫社', 1700.00,2000.00,300.00,3);
INSERT INTO 社团表 values('st00003','外联社',3500.00,4000.00,500.00,2);
SELECT * FROM 社团表;
查询社团表数据如图 11 -10 所示。

| | 社团编号 | 社团名称 | 社团支出 | 社团收入 | 社团总金额 | 社团人数 |
|---|---|---|---|---|---|---|
| 1 | st00001 | 声乐社 | 3400.00 | 3700.00 | 300.00 | 5 |
| 2 | st00002 | 动漫社 | 1700.00 | 2000.00 | 300.00 | 3 |
| 3 | st00003 | 外联社 | 3500.00 | 4000.00 | 500.00 | 2 |

图 11 -10　社团表数据

-- 对社员表插入数据

INSERT INTO 社员表 values ('xy10001','赵一平','男','电科学院','信管',13328740001,'st00001','社长');

INSERT INTO 社员表 values ('xy10002','陈平','男','电科学院','物联网',13328740002,'st00001', '社员');

INSERT INTO 社员表 values ('xy10003','孙丽丽','女','工商学院','人力资源',13328740003,'st00001','社员');

INSERT INTO 社员表 values ('xy10004','李四','男','工商学院','资评',13328740004,'st00001','社员');

INSERT INTO 社员表 values ('xy10005','周五','女','会计学院','会计',13328740005,'st00001', '社员');

INSERT INTO 社员表 values ('xy20001','吴晓红','女','会计学院','审计',13328740006,'st00002','社长');

INSERT INTO 社员表 values ('xy20002','郑志气','男','工程学院','土木',13328740007,'st00002','社员');

INSERT INTO 社员表 values ('xy20003','王晓春','男','工程学院','造价',13328740008,'st00002','社员');

INSERT INTO 社员表 values ('xy30001','冯程程','女','经贸学院','经管',13328740009,'st00003','社长');

INSERT INTO 社员表 values ('xy30002','陈燕','女','经贸学院','国贸',13328740010,'st00003', '社员');

SELECT * FROM 社员表;

查询社员表数据如图 11-11 所示。

| | 社员学号 | 社员姓名 | 性别 | 院系 | 专业 | 联系方式 | 社团编号 | 社员类型 |
|---|---|---|---|---|---|---|---|---|
| 1 | xy10001 | 赵一平 | 男 | 电科学院 | 信管 | 13328740001 | st00001 | 社长 |
| 2 | xy10002 | 陈平 | 男 | 电科学院 | 物联网 | 13328740002 | st00001 | 社员 |
| 3 | xy10003 | 孙丽丽 | 女 | 工商学院 | 人力资源 | 13328740003 | st00001 | 社员 |
| 4 | xy10004 | 李四 | 男 | 工商学院 | 资评 | 13328740004 | st00001 | 社员 |
| 5 | xy10005 | 周五 | 女 | 会计学院 | 会计 | 13328740005 | st00001 | 社员 |
| 6 | xy20001 | 吴晓红 | 女 | 会计学院 | 审计 | 13328740006 | st00002 | 社长 |
| 7 | xy20002 | 郑志气 | 男 | 工程学院 | 土木 | 13328740007 | st00002 | 社员 |
| 8 | xy20003 | 王晓春 | 男 | 工程学院 | 造价 | 13328740008 | st00002 | 社员 |
| 9 | xy30001 | 冯程程 | 女 | 经贸学院 | 经管 | 13328740009 | st00003 | 社长 |
| 10 | xy30002 | 陈燕 | 女 | 经贸学院 | 国贸 | 13328740010 | st00003 | 社员 |

图 11-11 社员表数据

-- 对活动表插入数据

INSERT INTO 活动表 values('hd10001','第一届街舞大赛','图书馆礼堂','05∕14∕2019','街舞比赛',2400.00,2500.00,'st00001');

INSERT INTO 活动表 values('hd10002','校园十佳歌手大赛','图书馆礼堂','10∕22∕2019','针对所有专业的校园唱歌比赛',1000.00,1200.00,'st00001');

INSERT INTO 活动表 values('hd20001','2021 年新生漫画比赛','生活区 13 号楼','03／20／2019','新生漫画比赛',800.00,100.00,'st00002');

INSERT INTO 活动表 values('hd20002','美少女扇画比赛','生活区 13 号楼','04／19／2020','在扇子绘画美少女',900.00,100.00,'st00002');

INSERT INTO 活动表 values('hd30001','第二届大学生模特比赛','图书馆礼堂','10／09／2020','本校所有专业的学生均可报名的模特比赛',2700.00,3000.00,'st00003');

INSERT INTO 活动表 values('hd30002','2021 年校园男篮比赛','图书馆礼堂','11／02／2021','2021 年男生篮球比赛',800.00,1000.00,'st00003');

SELECT ＊ FROM 活动表；

查询活动表数据如图 11－12 所示。

| | 活动编号 | 活动名称 | 活动地点 | 活动时间 | 活动内容 | 活动支出 | 活动收入 | 社团编号 |
|---|---|---|---|---|---|---|---|---|
| 1 | hd10001 | 第一届街舞大赛 | 图书馆礼堂 | 2019-05-14 | 街舞比赛 | 2400.00 | 2500.00 | st00001 |
| 2 | hd10002 | 校园十佳歌手大赛 | 图书馆礼堂 | 2019-10-22 | 针对所有专业的校园唱歌比赛 | 1000.00 | 1200.00 | st00001 |
| 3 | hd20001 | 2021年新生漫画赛 | 生活区13号楼 | 2019-03-20 | 新生漫画比赛 | 800.00 | 100.00 | st00002 |
| 4 | hd20002 | 美少女扇画比赛 | 生活区13号楼 | 2020-04-19 | 在扇子绘画美少女 | 900.00 | 100.00 | st00002 |
| 5 | hd30001 | 第二届大学生模特比赛 | 图书馆礼堂 | 2020-10-09 | 本校所有专业的学生均可报名的模特比赛 | 2700.00 | 3000.00 | st00003 |
| 6 | hd30002 | 2021年校园男篮比赛 | 图书馆礼堂 | 2021-11-02 | 2021年男生篮球比赛 | 800.00 | 1000.00 | st00003 |

图 11－12　活动表数据

-- 对赞助商表插入数据

INSERT INTO 赞助商表 values('zzs0001','小玲奶茶店',13823840001);

INSERT INTO 赞助商表 values('zzs0002','李宁体育用品店',13023840002);

INSERT INTO 赞助商表 values('zzs0003','爱心文具店',13823840003);

INSERT INTO 赞助商表 values('zzs0004','三福百货',13823840004);

SELECT ＊ FROM 赞助商表；

查询赞助商表数据如图 11－13 所示。

| | 赞助商编号 | 赞助商名称 | 赞助商联系方式 |
|---|---|---|---|
| 1 | zzs0001 | 小玲奶茶店 | 13823840001 |
| 2 | zzs0002 | 李宁体育用品店 | 13023840002 |
| 3 | zzs0003 | 爱心文具店 | 13823840003 |
| 4 | zzs0004 | 三福百货 | 13823840004 |

图 11－13　赞助商表数据

-- 对赞助表插入数据

INSERT INTO 赞助表 values('hd10001','zzs0002', '05／14／2019',2500.00);

INSERT INTO 赞助表 values('hd10002','zzs0004', '10／22／2019',1200.00);

INSERT INTO 赞助表 values('hd20001','zzs0003', '03／20／2019',1000.00);

INSERT INTO 赞助表 values('hd20002','zzs0003', '04／19／2020',1000.00);

INSERT INTO 赞助表 values('hd30001','zzs0004', '10／09／2020',3000.00);

INSERT INTO 赞助表 values('hd30002','zzs0002', '11/02/2020',1000.00);
SELECT * FROM 赞助表;
查询赞助表数据如图 11 - 14 所示。

| | 活动编号 | 赞助商编号 | 赞助时间 | 赞助金额 |
|---|---|---|---|---|
| 1 | hd10001 | zzs0002 | 2019-05-14 | 2500.00 |
| 2 | hd10002 | zzs0004 | 2019-10-22 | 1200.00 |
| 3 | hd20001 | zzs0003 | 2019-03-20 | 1000.00 |
| 4 | hd20002 | zzs0003 | 2020-04-19 | 1000.00 |
| 5 | hd30001 | zzs0004 | 2020-10-09 | 3000.00 |
| 6 | hd30002 | zzs0002 | 2020-11-02 | 1000.00 |

图 11 - 14　赞助表数据

### 3. 创建索引

使用 SQL 的 CREATE INDEX 语句创建表的索引。

```
-- 基于社团表,以社团名称为索引关键字创建唯一索引,关键字按升序排序
CREATE unique INDEX index_st
ON 社团表(社团名称 asc)
-- 基于活动表,以活动时间为索引关键字创建普通索引,关键字按降序排序
CREATE INDEX index_hd
ON 活动表(活动时间 desc)
```

### 4. 创建视图

使用 SQL 的 CREATE VIEW 语句创建视图,并通过查询视图查询相关数据。

```
-- 基于活动表、赞助商表、赞助表创建视图,方便查看活动的赞助信息
CREATE VIEW view_zz(活动编号,活动名称,赞助商编号,赞助商名称,赞助金额)
AS
SELECT 活动表.活动编号,活动名称,赞助商表.赞助商编号,赞助商名称,赞助金额
FROM 活动表,赞助表,赞助商表
WHERE 活动表.活动编号 = 赞助表.活动编号 and 赞助表.赞助商编号 = 赞助商表.赞助商编号;
```

```
SELECT *
FROM view_zz
WHERE 活动编号 ='hd10001';
```

通过视图,根据活动编号查询活动赞助信息的结果如图 11 - 15 所示。

| | 活动编号 | 活动名称 | 赞助商编号 | 赞助商名称 | 赞助金额 |
|---|---|---|---|---|---|
| 1 | hd10001 | 第一届街舞大赛 | zzs0002 | 李宁体育用品店 | 2500.00 |

图 11 - 15　指定活动的赞助信息

```
-- 基于社团表、社员表创建视图,方便查看每个社团的社员情况
CREATE VIEW view_sy(社团编号,社团名称,社员学号,社员姓名,性别,院系,专业)
```

AS

SELECT 社团表.社团编号,社团名称,社员学号,社员姓名,性别,院系,专业

FROM 社团表,社员表

WHERE 社团表.社团编号 = 社员表.社团编号

GROUP BY 社团表.社团编号,社团名称,社员学号,社员姓名,性别,院系,专业;

select *

from view_sy

WHERE 社团名称 ='动漫社';

通过视图,根据社团名称查询该社团的社员信息的结果如图 11 – 16 所示。

| | 社团编号 | 社团名称 | 社员学号 | 社员姓名 | 性别 | 院系 | 专业 |
|---|---|---|---|---|---|---|---|
| 1 | st00002 | 动漫社 | xy20001 | 吴晓红 | 女 | 会计学院 | 审 计 |
| 2 | st00002 | 动漫社 | xy20002 | 郑志气 | 男 | 工程学院 | 土 木 |
| 3 | st00002 | 动漫社 | xy20003 | 王晓春 | 男 | 工程学院 | 造 价 |

图 11 – 16　指定社团的社员信息

### 5. 数据查询

使用 SQL 的 SELECT 语句实现各数据查询。

-- 基于社员表,根据性别查询社员学号、社员姓名、性别。

SELECT 社员学号,社员姓名,性别

FROM 社员表

WHERE 性别 ='女';

查询结果如图 11 – 17 所示。

-- 基于社员表,根据院系为组统计查询各院系社员人数,要求显示院系、社员人数

SELECT 院系,COUNT (社员学号)社员人数

FROM 社员表

GROUP BY 院系;

查询结果如图 11 – 18 所示。

| | 社员学号 | 社员姓名 | 性别 |
|---|---|---|---|
| 1 | xy10003 | 孙丽丽 | 女 |
| 2 | xy10005 | 周五 | 女 |
| 3 | xy20001 | 吴晓红 | 女 |
| 4 | xy30001 | 冯程程 | 女 |
| 5 | xy30002 | 陈燕 | 女 |

| | 院系 | 社员人数 |
|---|---|---|
| 1 | 电科学院 | 2 |
| 2 | 工程学院 | 2 |
| 3 | 工商学院 | 2 |
| 4 | 会计学院 | 2 |
| 5 | 经贸学院 | 2 |

图 11 – 17　根据性别查询社员　　　　11 – 18　根据院系分组统计查询社员人数

-- 基于社团表和活动表,查询各个社团举办的活动数量,要求显示社团名称、活动数量

SELECT 社团名称,COUNT( 活动编号) 活动数量

FROM 社团表,活动表

WHERE 社团表.社团编号 = 活动表.社团编号

GROUP BY 社团名称;

查询结果如图 11 – 19 所示。

——基于活动表、赞助商表、赞助表根据活动编号查询活动名称、赞助商名称、赞助金额

SELECT 活动名称,赞助商名称,赞助金额

FROM 活动表,赞助表,赞助商表

WHERE 活动表.活动编号 = 赞助表.活动编号 and 赞助表.赞助商编号 = 赞助商表.赞助商编号;

| | 社团名称 | 活动数量 |
|---|---|---|
| 1 | 动漫社 | 2 |
| 2 | 声乐社 | 2 |
| 3 | 外联社 | 2 |

图 11 – 19　各社团举办的活动数量

查询结果如图 11 – 20 所示。

——基于社员表,查询与指定姓名社员相同社团的社员的社员学号、社员姓名、专业

SELECT 社员学号,社员姓名,专业

FROM 社员表

WHERE 社团编号 = ( SELECT 社团编号 FROM 社员表 WHERE 社员姓名 ='陈平');

查询结果如图 11 – 21 所示。

| | 活动名称 | 赞助商名称 | 赞助金额 |
|---|---|---|---|
| 1 | 第一届街舞大赛 | 李宁体育用品店 | 2500.00 |
| 2 | 校园十佳歌手大赛 | 三福百货 | 1200.00 |
| 3 | 2021年新生漫画大赛 | 爱心文具店 | 1000.00 |
| 4 | 美少女扇画比赛 | 爱心文具店 | 1000.00 |
| 5 | 第二届大学生模特比赛 | 三福百货 | 3000.00 |
| 6 | 2021年校园男篮比赛 | 李宁体育用品店 | 1000.00 |

图 11 – 20　各活动赞助信息

| | 社员学号 | 社员姓名 | 专业 |
|---|---|---|---|
| 1 | xy10001 | 赵一平 | 信管 |
| 2 | xy10002 | 陈平 | 物联网 |
| 3 | xy10003 | 孙丽丽 | 人力资源 |
| 4 | xy10004 | 李四 | 资评 |
| 5 | xy10005 | 周五 | 会计 |

图 11 – 21　相同社团的社员信息

### 6. 实现存储过程

使用 SQL 的 CREATE PROCEDURE 语句实现创建存储过程,并执行存储过程测试其功能。

——创建一个带有输入参数的存储过程,可按照指定社员学号查看社员的学号、社员姓名和专业

```
CREATE PROCEDURE pro_sheyuan @ cSno char(7)
AS
    SELECT 社员学号,社员姓名,专业
    FROM [dbo].[社员表]
    WHERE 社员学号 = @ cSno;
 -- 执行存储过程,查看指定学号的社员信息
DECLARE @ cSno char(7)
SET @ cSno ='xy10001'
EXEC pro_sheyuan @ cSno
```

### 7. 实现触发器

使用 SQL 的 CREATE TRIGGER 语句实现创建触发器,并对触发器功能进行测试。

——当社员表插入或者删除记录后,触发触发器,自动对社团表的社团人数进行更新

```
CREATE TRIGGER tri_insert_sheyuan
ON [dbo].[社员表] after insert,delete
AS
```

```
BEGIN
DECLARE
@ 社团编号 char(7)
IF exists(SELECT 1 FROM inserted)
BEGIN
    SELECT @ 社团编号 = 社团编号 FROM inserted
    UPDATE 社团表
    SET 社团人数 = 社团人数 +1
    WHERE @ 社团编号 = 社团编号
END
ELSE
BEGIN
    SELECT @ 社团编号 = 社团编号 FROM deleted
    UPDATE 社团表
    SET 社团人数 = 社团人数 -1
    WHERE @ 社团编号 = 社团编号
END
END
```

创建完触发器以后，对社员表进行插入或删除数据行测试，社团表中的社团人数会自动更新。例如，对社员表插入一行记录，社团表中的社团人数会加1；对社员表删除一行记录，社团表中的社团人数会减1。

### 8. 实现数据库安全管理

使用SQL语句实现数据库的安全管理，使用 CREATE ROLE 语句创建数据库角色，使用 CREATE USER 语句创建用户，使用 GRANT 语句进行权限分配。

创建角色，如图 11 - 22 所示。

```
create role sheyuan;
create role shezhang;
```

创建用户，如图 11 - 23 所示。

```
create user u1 without login;
create user u2 without login;
```

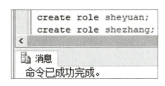

图 11 - 22　创建角色

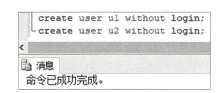

图 11 - 23　创建用户

根据上一节的安全管理设计，为角色分配相应的权限。

```
grant select on 社员表 to sheyuan;
grant select,insert,delete,update on 社员表 to shezhang;
```

```
grant select,insert,delete,update on 社团表 to shezhang;
grant select,insert,delete,update on 活动表 to shezhang;
grant select,insert,delete,update on 赞助商表 to shezhang;
```

为用户分配角色，使用用户具有角色的权限，从而实现对用户授权，如图 11-24 所示。

```
EXEC sp_addrolemember sheyuan, 'u1';
EXEC sp_addrolemember shezhang, 'u2';
```

图 11-24　为用户授权

### 9. 备份恢复数据库

根据数据库备份设计，实现数据库完整备份与恢复。

**1) 备份**

```
-- 设置[gxstgl]数据库的恢复模式为完整模式
USE gxstgl;
GO
ALTER DATABASE [gxstgl]
SET RECOVERY FULL;
-- 添加磁盘备份设备 mydiskdump_full,其物理名称为 D:\MyDataBase \BackUp \diskdump_full.bak
USE gxstgl;
GO
EXEC sp_addumpdevice 'disk', 'mydiskdump_full', 'D:\MyDataBase \BackUp \diskdump_full.bak';
-- 查看创建的 mydiskdump_full 磁盘设备
SELECT * FROM sys.backup_devices
WHERE NAME ='mydiskdump_full'
```

查询结果如图 11-25 所示。

| | name | type | type_desc | physical_name |
|---|---|---|---|---|
| 1 | mydiskdump_full | 2 | DISK | D:\MyDataBase\BackUp\diskdump_full.bak |

图 11-25　查看备份介质

```
-- 向备份设备 mydiskdump_full 中添加一次完整备份
BACKUP DATABASE [gxstgl] TO mydiskdump_full
WITH NAME ='PSS_FullBackup',INIT;
-- 先删除部分数据以完成备份操作,方便查看数据还原情况
USE gxstgl
GO
DELETE FROM 赞助表
WHERE 赞助金额 =2500
GO
SELECT * FROM 赞助表
Go
```

2）恢复

-- 从完整备份 PSS_FullBackup 中恢复 gxstgl 数据库

RESTORE DATABASE gxstgl

FROM [mydiskdump_full]

WITH RECOVERY,REPLACE

-- 然后打开数据库,查询相应表的数据是否恢复

| | 活动编号 | 赞助商编号 | 赞助时间 | 赞助金额 |
|---|---|---|---|---|
| 1 | hd10001 | zzs0002 | 2019-05-14 | 2500.00 |
| 2 | hd10002 | zzs0004 | 2019-10-22 | 1200.00 |
| 3 | hd20001 | zzs0003 | 2019-03-20 | 1000.00 |
| 4 | hd20002 | zzs0003 | 2020-04-19 | 1000.00 |
| 5 | hd30001 | zzs0004 | 2020-10-09 | 3000.00 |
| 6 | hd30002 | zzs0002 | 2020-11-02 | 1000.00 |

图 11 - 26　恢复后的表数据

USE gxstgl

SELECT * FROM 赞助表

恢复后的表数据如图 11 - 26 所示。

## 11.5.2　Oracle 数据库的实现

基于 Oracle 数据库管理系统，实施高校社团管理系统的数据库，使用数据库工具 SQL PLUS 或者 SQL Developer，通过 SQL 命令实现数据库对象操作和数据操作，包括创建表空间、创建表、插入数据、创建索引、创建视图、查询数据、创建存储过程、创建触发器，管理数据库角色、用户及其权限，进行数据库备份与恢复操作。

### 1. 创建表空间和 DBA 用户

使用 sys 用户以 sysdba 身份连接数据库，使用 SQL 的 CREATE TABLESPACE 语句创建永久表空间、临时表空间，使用 SQL 的 CREATE USER 语句创建 DBA 用户。

-- 创建默认永久表空间

CREATE TABLESPACE gxstgl

datafile 'd:\gxstgl\gxstgl.dbf'

size 128M

extent management local autoallocate;

-- 创建临时表空间

create temporary tablespace tempgxstgl

tempfile 'd:\gxstgl\tempgxstgl.dbf'

size 64M REUSE

extent management local uniform size 4M;

为了便于创建数据库对象，创建一个用户 stdba，该用户具有 DBA 角色的权限，默认表空间是以上创建的表空间，使用该用户连接数据库。

-- 创建 DBA 用户

CREATE USER stdba

identified by stdbapass

default tablespace gxstgl

temporary tablespace tempgxstgl;

-- 给 stdba 用户授权 DBA 的权限

```
grant dba to stdba;
```

### 2. 创建数据表，插入表数据

使用 SQL 的 CREATE TABLE 语句创建数据库各基本表，并插入各个表的数据。

```
-- 创建社团表
CREATE TABLE 社团表
(
    社团编号 char(7) primary key,
    社团名称 varchar2(20) not null,
    社团支出 number(10,2),
    社团收入 number(10,2),
    社团总金额 number(10,2),
    社团人数 number default(0)
)tablespace gxstgl;
```

查看社团表结构如图 11 - 27 所示。

```
-- 创建社员表
CREATE TABLE 社员表
(
    社员学号 char(7) primary key,
    社员姓名 varchar2(20) not null,
    性别 char(2) check(性别 ='男' or 性别 ='女'),
    院系 varchar2(20),
    专业 varchar2(20),
    联系方式 number(11),
    社团编号 char (7),
    社员类型 varchar2(10) check(社员类型 ='社长' or 社员类型 ='社员'),
    foreign key(社团编号) references 社团表(社团编号)
)tablespace gxstgl;
```

查看社员表结构如图 11 - 28 所示。

| 名称 | 空值? | 类型 |
| --- | --- | --- |
| 社团编号 | NOT NULL | CHAR(7) |
| 社团名称 | NOT NULL | VARCHAR2(20) |
| 社团支出 | | NUMBER(10,2) |
| 社团收入 | | NUMBER(10,2) |
| 社团总金额 | | NUMBER(10,2) |
| 社团人数 | | NUMBER |

图 11 - 27　社团表结构

| 名称 | 空值? | 类型 |
| --- | --- | --- |
| 社员学号 | NOT NULL | CHAR(7) |
| 社员姓名 | NOT NULL | VARCHAR2(20) |
| 性别 | | CHAR(2) |
| 院系 | | VARCHAR2(20) |
| 专业 | | VARCHAR2(20) |
| 联系方式 | | NUMBER(11) |
| 社团编号 | | CHAR(7) |
| 社员类型 | | VARCHAR2(10) |

图 11 - 28　社员表结构

```
-- 创建活动表
CREATE TABLE 活动表
```

```
(
    活动编号 char(7) primary key,
    活动名称 varchar2(50) not null,
    活动地点 varchar2(100) not null,
    活动时间 date,
    活动内容 varchar2(200),
    活动支出 number(10,2),
    活动收入 number(10,2),
    社团编号 char(7),
    foreign key(社团编号) references 社团表(社团编号)
)tablespace gxstgl;
```
查看活动表结构如图11-29所示。
```
-- 创建赞助商表
CREATE TABLE 赞助商表
(
    赞助商编号 char(7) primary key,
    赞助商名称 varchar2(20) not null,
    赞助商联系方式 number(11)
)tablespace gxstgl;
```
查看赞助商表结构如图11-30所示。

| 名称 | 空值? | 类型 |
|------|-------|------|
| 活动编号 | NOT NULL | CHAR(7) |
| 活动名称 | NOT NULL | VARCHAR2(50) |
| 活动地点 | NOT NULL | VARCHAR2(100) |
| 活动时间 | | DATE |
| 活动内容 | | VARCHAR2(200) |
| 活动支出 | | NUMBER(10,2) |
| 活动收入 | | NUMBER(10,2) |
| 社团编号 | | CHAR(7) |

图11-29 活动表结构

| 名称 | 空值? | 类型 |
|------|-------|------|
| 赞助商编号 | NOT NULL | CHAR(7) |
| 赞助商名称 | NOT NULL | VARCHAR2(20) |
| 赞助商联系方式 | | NUMBER(11) |

图11-30 赞助商表结构

```
-- 赞助表
CREATE TABLE 赞助表
(
    活动编号 char(7),
    赞助商编号 char(7) not null,
    赞助时间 date,
    赞助金额 number(10,2),
    primary key(活动编号,赞助商编号,赞助时间),
    foreign key(活动编号) references 活动表(活动编号),
```

foreign key(赞助商编号) references 赞助商表(赞助商编号)

)tablespace gxstgl;

查看赞助表结构如图11-31所示。

-- 对社团表插入数据

INSERT INTO 社团表 values('st00001','声乐社', 3400.00,3700.00,300.00,5);

INSERT INTO 社团表 values('st00002','动漫社', 1700.00,2000.00,300.00,3);

INSERT INTO 社团表 values('st00003','外联社',3500.00,4000.00,500.00,2);

SELECT * FROM 社团表;

查询社团表数据如图11-32所示。

| 名称 | 空值? | 类型 |
|------|--------|------|
| 活动编号 | NOT NULL | CHAR(7) |
| 赞助商编号 | NOT NULL | CHAR(7) |
| 赞助时间 | NOT NULL | DATE |
| 赞助金额 | | NUMBER(10,2) |

图11-31 赞助表结构

| | 社团编号 | 社团名称 | 社团支出 | 社团收入 | 社团总金额 | 社团人数 |
|---|----------|----------|----------|----------|-----------|----------|
| 1 | st00001 | 声乐社 | 3400 | 3700 | 300 | 5 |
| 2 | st00002 | 动漫社 | 1700 | 2000 | 300 | 3 |
| 3 | st00003 | 外联社 | 3500 | 4000 | 500 | 2 |

图11-32 社团表数据

-- 对社员表插入数据

INSERT INTO 社员表 values ('xy10001','赵一平','男','电科学院','信管', 13328740001,'st00001','社长');

INSERT INTO 社员表 values ('xy10002','陈平','男','电科学院','物联网', 13328740002,'st00001', '社员');

INSERT INTO 社员表 values ('xy10003','孙丽丽','女','工商学院','人力资源', 13328740003,'st00001','社员');

INSERT INTO 社员表 values ('xy10004','李程','男','工商学院','资评', 13328740004,'st00001','社员');

insert into 社员表 values ('xy10005','陈红','女','会计学院','会计', 13328740005,'st00001', '社员');

INSERT INTO 社员表 values ('xy20001','吴晓红','女','会计学院','审计', 13328740006,'st00002','社长');

INSERT INTO 社员表 values ('xy20002','郑志气','男','工程学院','土木', 13328740007,'st00002','社员');

INSERT INTO 社员表 values ('xy20003','王晓春','男','工程学院','造价', 13328740008,'st00002','社员');

INSERT INTO 社员表 values ('xy30001','冯程程','女','经贸学院','经管', 13328740009,'st00003','社长');

INSERT INTO 社员表 values ('xy30002','陈燕','女','经贸学院','国贸', 13328740010,'st00003', '社员');

SELECT * FROM 社员表;

查询社员表数据如图 11-33 所示。

| | 社员学号 | 社员姓名 | 性别 | … | 专业 | 联系方式 | 社团编号 | 社员类型 |
|---|---|---|---|---|---|---|---|---|
| 1 | xy10001 | 赵一平 | 男 | | 电科学院 信管 | 13328740001 | st00001 | 社长 |
| 2 | xy10002 | 陈平 | 男 | | 电科学院 物联网 | 13328740002 | st00001 | 社员 |
| 3 | xy10003 | 孙丽丽 | 女 | | 工商学院 人力资源 | 13328740003 | st00001 | 社员 |
| 4 | xy10004 | 李程 | 男 | | 工商学院 资评 | 13328740004 | st00001 | 社员 |
| 5 | xy10005 | 陈红 | 女 | | 会计学院 会计 | 13328740005 | st00001 | 社员 |
| 6 | xy20001 | 吴晓红 | 女 | | 会计学院 审计 | 13328740006 | st00002 | 社长 |
| 7 | xy20002 | 郑志气 | 男 | | 工程学院 土木 | 13328740007 | st00002 | 社员 |
| 8 | xy20003 | 王晓春 | 男 | | 工程学院 造价 | 13328740008 | st00002 | 社员 |
| 9 | xy30001 | 冯程程 | 女 | | 经贸学院 经管 | 13328740009 | st00003 | 社长 |
| 10 | xy30002 | 陈燕 | 女 | | 经贸学院 国贸 | 13328740010 | st00003 | 社员 |

图 11-33 社员表数据

-- 对活动表插入数据

INSERT INTO 活动表 values('hd10001','第一届街舞大赛','图书馆礼堂',to_date('2019-05-14','yyyy-mm-dd'),'街舞比赛',2400.00,2500.00,'st00001');

INSERT INTO 活动表 values('hd10002','校园十佳歌手大赛','图书馆礼堂',to_date('2019-10-22','yyyy-mm-dd'),'针对所有专业的校园唱歌比赛',1000.00,1200.00,'st00001');

INSERT INTO 活动表 values('hd20001','2021年新生漫画比赛','生活区13号楼',to_date('2019-03-20','yyyy-mm-dd'),'新生漫画比赛',800.00,100.00,'st00002');

INSERT INTO 活动表 values('hd20002','美少女扇画比赛','生活区13号楼',to_date('2020-04-19','yyyy-mm-dd'),'在扇子绘画美少女',900.00,100.00,'st00002');

INSERT INTO 活动表 values('hd30001','第二届大学生模特比赛','图书馆礼堂',to_date('2020-10-09','yyyy-mm-dd'),'本校所有专业的学生均可报名的模特比赛',2700.00,3000.00,'st00003');

INSERT INTO 活动表 values('hd30002','2021年校园男篮比赛','图书馆礼堂',to_date('2021-11-02','yyyy-mm-dd'),'2021年男生篮球比赛',800.00,1000.00,'st00003');

SELECT * FROM 活动表;

查询活动表数据如图 11-34 所示。

| | 活动编号 | 活动名称 | 活动地点 | 活动时间 | 活动内容 | 活动支出 | 活动收入 | 社团编号 |
|---|---|---|---|---|---|---|---|---|
| 1 | hd10001 | 第一届街舞大赛 | 图书馆礼堂 | 14-MAY-19 | 街舞比赛 | 2400 | 2500 | st00001 |
| 2 | hd10002 | 校园十佳歌手大赛 | 图书馆礼堂 | 22-OCT-19 | 针对所有专业的校园唱歌比赛 | 1000 | 1200 | st00001 |
| 3 | hd20001 | 2021年新生漫画比赛 | 生活区13号楼 | 20-MAR-19 | 新生漫画比赛 | 800 | 100 | st00002 |
| 4 | hd20002 | 美少女扇画比赛 | 生活区13号楼 | 19-APR-20 | 在扇子绘画美少女 | 900 | 100 | st00002 |
| 5 | hd30001 | 第二届大学生模特比赛 | 图书馆礼堂 | 09-OCT-20 | 本校所有专业的学生均可报名的模特比赛 | 2700 | 3000 | st00003 |
| 6 | hd30002 | 2021年校园男篮比赛 | 图书馆礼堂 | 02-NOV-21 | 2021年男生篮球比赛 | 800 | 1000 | st00003 |

图 11-34 活动表数据

-- 对赞助商表插入数据

INSERT INTO 赞助商表 values('zzs0001','小玲奶茶店',13823840001);

INSERT INTO 赞助商表 values('zzs0002','李宁体育用品店',13023840002);

INSERT INTO 赞助商表 values('zzs0003','爱心文具店',13823840003);

INSERT INTO 赞助商表 values('zzs0004','三福百货',13823840004);

SELECT * FROM 赞助商表;

查询赞助商表数据如图 11 – 35 所示。

—— 对赞助表插入数据

INSERT INTO 赞助表 values('hd10001','zzs0002', to_date('2019 – 05 – 14','yyyy – mm – dd'),2500.00);

INSERT INTO 赞助表 values('hd10002','zzs0004', to_date('2019 – 10 – 22','yyyy – mm – dd'),1200.00);

INSERT INTO 赞助表 values('hd20001','zzs0003', to_date('2019 – 03 – 20','yyyy – mm – dd'),1000.00);

INSERT INTO 赞助表 values('hd20002','zzs0003', to_date('2020 – 04 – 19','yyyy – mm – dd'),1000.00);

INSERT INTO 赞助表 values('hd30001','zzs0004', to_date('2020 – 10 – 09','yyyy – mm – dd'),3000.00);

INSERT INTO 赞助表 values('hd30002','zzs0002', to_date('2020 – 11 – 02','yyyy – mm – dd'),1000.00);

SELECT * FROM 赞助表;

查询赞助表数据如图 11 – 36 所示。

| | 赞助商编号 | 赞助商名称 | 赞助商联系方式 |
|---|---|---|---|
| 1 | zzs0001 | 小玲奶茶店 | 13823840001 |
| 2 | zzs0002 | 李宁体育用品店 | 13023840002 |
| 3 | zzs0003 | 爱心文具店 | 13823840003 |
| 4 | zzs0004 | 三福百货 | 13823840004 |

图 11 – 35　赞助商表数据

| | 活动编号 | 赞助商编号 | 赞助时间 | 赞助金额 |
|---|---|---|---|---|
| 1 | hd10001 | zzs0002 | 14-MAY-19 | 2500 |
| 2 | hd10002 | zzs0004 | 22-OCT-19 | 1200 |
| 3 | hd20001 | zzs0003 | 20-MAR-19 | 1000 |
| 4 | hd20002 | zzs0003 | 19-APR-20 | 1000 |
| 5 | hd30001 | zzs0004 | 09-OCT-20 | 3000 |
| 6 | hd30002 | zzs0002 | 02-NOV-20 | 1000 |

图 11 – 36　赞助表数据

### 3. 创建索引

使用 SQL 的 CREATE INDEX 语句创建表的索引。

—— 基于社团表,以社团名称为索引关键字创建唯一索引,关键字按升序排序

```
CREATE INDEX index_st
ON 社团表(社团名称)
tablespace gxstgl;
```

—— 基于活动表,以活动时间为索引关键字创建普通索引,关键字按降序排序

```
CREATE INDEX index_hd
ON 活动表(活动时间 desc)
tablespace gxstgl;
```

### 4. 创建视图

使用 SQL 的 CREATE VIEW 语句创建视图，并通过查询视图查询相关数据。

-- 基于活动表、赞助商表、赞助表创建视图,方便查看活动的赞助信息

CREATE VIEW view_zz

AS

SELECT 活动表.活动编号,活动名称,赞助商表.赞助商编号,赞助商名称,赞助金额

FROM 活动表,赞助表,赞助商表

WHERE 活动表.活动编号 = 赞助表.活动编号 and 赞助表.赞助商编号 = 赞助商表.赞助商编号;

SELECT *

FROM view_zz

WHERE 活动编号 ='hd10001';

通过视图，根据活动编号查询活动赞助信息的结果如图 11 – 37 所示。

| | 活动编号 | 活动名称 | 赞助商编号 | 赞助商名称 | 赞助金额 |
|---|---|---|---|---|---|
| 1 | hd10001 | 第一届街舞大赛 | zzs0002 | 李宁体育用品店 | 2500 |

**图 11 – 37　指定活动的赞助信息**

-- 基于社团表、社员表创建视图,方便查看每个社团的社员情况

CREATE VIEW view_sy

AS

SELECT 社团表 . 社团编号,社团名称,社员学号,社员姓名,性别,院系,专业

FROM 社团表,社员表

WHERE 社团表 . 社团编号 = 社员表 . 社团编号

ORDER BY 社团表 . 社团编号;

SELECT *

FROM view_sy

WHERE 社团名称 ='动漫社';

通过视图，根据社团名称查询该社团的社员信息的结果如图 11 – 38 所示。

| | 社团编号 | 社团名称 | 社员学号 | 社员姓名 | 性别 | 院系 | 专业 |
|---|---|---|---|---|---|---|---|
| 1 | st00002 | 动漫社 | xy20001 | 吴晓红 | 女 | 会计学院 | 审计 |
| 2 | st00002 | 动漫社 | xy20002 | 郑志气 | 男 | 工程学院 | 土木 |
| 3 | st00002 | 动漫社 | xy20003 | 王晓春 | 男 | 工程学院 | 造价 |

**图 11 – 38　指定社团的社员信息**

### 5. 数据查询

使用 SQL 的 SELECT 语句实现各数据查询。

-- 基于社员表,根据性别查询社员学号、社员姓名、性别

SELECT 社员学号,社员姓名,性别

FROM 社员表

WHERE 性别 ='女';

查询结果如图 11-39 所示。

——基于社员表,根据院系分组统计查询各院系社员人数,要求显示院系、社员人数

SELECT 院系,COUNT (社员学号)社员人数

FROM 社员表

GROUP BY 院系;

查询结果如图 11-40 所示。

| | 社员学号 | 社员姓名 | 性别 |
|---|---|---|---|
| 1 | xy10003 | 孙丽丽 | 女 |
| 2 | xy10005 | 陈红 | 女 |
| 3 | xy20001 | 吴晓红 | 女 |
| 4 | xy30001 | 冯程程 | 女 |
| 5 | xy30002 | 陈燕 | 女 |

图 11-39　根据性别查询社员

| | 院系 | 社员人数 |
|---|---|---|
| 1 | 会计学院 | 2 |
| 2 | 工商学院 | 2 |
| 3 | 工程学院 | 2 |
| 4 | 电科学院 | 2 |
| 5 | 经贸学院 | 2 |

图 11-40　根据院系分组统计查询社员人数

——基于社团表和活动表,查询各个社团举办的活动数量,要求显示社团名称、活动数量

SELECT 社团名称,COUNT(活动编号) 活动数量

FROM 社团表,活动表

WHERE 社团表 . 社团编号 = 活动表 . 社团编号

GROUP BY 社团名称;

查询结果如图 11-41 所示。

——基于活动表、赞助商表、赞助表根据活动编号查询活动名称、赞助商名称、赞助金额

SELECT 活动名称,赞助商名称,赞助金额

FROM 活动表,赞助表,赞助商表

WHERE 活动表.活动编号 = 赞助表.活动编号 and 赞助表.赞助商编号 = 赞助商表.赞助商编号;

查询结果如图 11-42 所示。

| | 社团名称 | 活动数量 |
|---|---|---|
| 1 | 动漫社 | 2 |
| 2 | 外联社 | 2 |
| 3 | 声乐社 | 2 |

图 11-41　各社团举办的活动数量

| | 活动名称 | 赞助商名称 | 赞助金额 |
|---|---|---|---|
| 1 | 校园十佳歌手大赛 | 三福百货 | 1200 |
| 2 | 2021年新生漫画比赛 | 爱心文具店 | 1000 |
| 3 | 美少女扇画比赛 | 爱心文具店 | 1000 |
| 4 | 第二届大学生模特比赛 | 三福百货 | 3000 |
| 5 | 2021年校园男篮比赛 | 李宁体育用品店 | 1000 |
| 6 | 第一届街舞大赛 | 李宁体育用品店 | 2500 |

图 11-42　各活动赞助信息

——基于社员表,查询与指定姓名社员相同社团的社员的社员学号、社员姓名、专业

SELECT 社员学号,社员姓名,专业

FROM 社员表

WHERE 社团编号 = ( SELECT 社团编号 FROM 社员表 WHERE 社员姓名 ='陈平');

查询结果如图 11-43 所示。

| | 社员学号 | 社员姓名 | 专业 |
|---|---|---|---|
| 1 | xy10001 | 赵一平 | 信管 |
| 2 | xy10003 | 孙丽丽 | 人力资源 |
| 3 | xy10004 | 李程 | 资评 |
| 4 | xy10005 | 陈红 | 会计 |

图 11-43　相同社团的社员信息

### 6. 实现存储过程

使用 SQL 的 **CREATE OR REPLACE PROCEDURE** 语句实现创建存储过程，并执行存储过程测试其功能。

```
-- 创建一个带有输入参数的存储过程,可按照指定社员学号查看社员的学号、社员姓名
和专业
CREATE OR REPLACE PROCEDURE pro_sheyuan
(xuehao in 社员表 . 社员学号% type)
AS
 BEGIN
     DECLARE
     sno 社员表.社员学号% type;
     sname 社员表.社员姓名% type;
     smajor 社员表.专业% type;
     BEGIN
       SELECT 社员学号,社员姓名,专业 INTO sno,sname,smajor
       FROM 社员表
       WHERE 社员学号 = xuehao;
       dbms_output.put_line('学号:'‖sno‖',姓名:'‖sname‖',专业:'‖smajor);
     END;
END;
END pro_sheyuan;
 -- 执行存储过程,查看指定学号的社员信息
SET serveroutput ON
EXEC pro_sheyuan('xy10001');
```

### 7. 实现触发器

使用 SQL 的 **CREATE OR REPLACE TRIGGER** 语句实现创建触发器，并对触发器功能进行测试。

```
-- 当社员表插入或者删除记录后,触发触发器,自动对社团表的社团人数进行更新
CREATE OR REPLACE TRIGGER tri_insert_sheyuan
AFTER INSERT OR DELETE
ON 社员表
FOR EACH ROW
BEGIN
  IF inserting THEN
     UPDATE 社团表
     SET 社团人数 =社团人数 +1
     WHERE 社团编号 =: new. 社团编号;
  ELSIF deleting THEN
     UPDATE 社团表
```

```
        SET 社团人数 = 社团人数 - 1
        WHERE 社团编号 = ：old. 社团编号；
    END IF；
END；
```

创建完触发器以后，对社员表进行插入或删除数据行测试，社团表中的社团人数会自动更新。例如，对社员表插入一行记录，社团表中的社团人数会加 1；对社员表删除一行记录，社团表中的社团人数会减 1。

### 8. 实现数据库安全管理

使用 sys 用户以 sysdba 身份连接数据库，对数据库进行安全管理。

使用 SQL 语句实现数据库的安全管理，使用 CREATE ROLE 语句创建数据库角色，使用 CREATE USER 语句创建用户，使用 GRANT 语句进行权限分配。

创建角色，如图 11 - 44 所示。

```
create role sheyuan；
create role shezhang；
```

创建用户，如图 11 - 45 所示。

```
create user u1 identified by u1pass；
create user u2 identified by u2pass；
```

根据上一节的安全管理设计，为角色分配相应的权限。

```
grant connect, resource to sheyuan；
grant select on stdba. 社员表 to sheyuan；
grant connect, resource to shezhang；
grant select,insert,delete,update on stdba. 社员表 to shezhang；
grant select,insert,delete,update on stdba. 社团表 to shezhang；
grant select,insert,delete,update on stdba. 活动表 to shezhang；
grant select,insert,delete,update on stdba. 赞助商表 to shezhang；
```

为用户分配角色，使用户具有角色的权限，从而实现对用户授权，如图 11 - 46 所示。

```
grant sheyuan to u1；
grant shezhang to u2；
```

```
SQL> create role sheyuan;
角色已创建。

SQL> create role shezhang;
角色已创建。

SQL> _
```

图 11 - 44　创建角色

```
SQL> create user u1 identified by u1pass;
用户已创建。

SQL> create user u2 identified by u2pass;
用户已创建。

SQL> _
```

图 11 - 45　创建用户

```
SQL> grant sheyuan to u1;
授权成功。

SQL> grant shezhang to u2;
授权成功。

SQL>
```

图 11 - 46　为用户授权

### 9. 备份恢复数据库

根据数据库备份设计，实现非归档模式下的数据库脱机备份与恢复。

1）备份

使用 sys 用户以 sysdba 身份连接数据库，查看数据库归档模式。

如果归档模式是 ARCHIVELOG，则要修改为 NOARCHIVELOG；否则不用修改。查询结果显示是非归档模式，如图 11-47 所示。

先关闭数据库，如图 11-48 所示，然后进行脱机备份，备份 oracle_base 目录下的 Admin、oradata、flash_recovery_area 3 个文件夹。

```
SQL> SELECT dbid, name, log_mode FROM V$DATABASE;

    DBID NAME      LOG_MODE
---------- ------- -----------
1621394024 ORCL      NOARCHIVELOG

SQL>
```

图 11-47　查看数据库归档模式

```
SQL> Shutdown immediate
数据库已经关闭。
已经卸载数据库。
ORACLE 例程已经关闭。
SQL> _
```

图 11-48　关闭数据库

最后，使用 host 命令将备份文件夹复制到 d:\db\stbackup 目录，也可以手动复制。

host　xcopy　C:\app\Lenovo\Admin d:\db\\stbackup

host　xcopy　C:\app\Lenovo\oradata d:\db\stbackup

host　xcopy　C:\app\Lenovo\flash_recovery_area d:\db\stbackup

2）模拟数据损坏

首先，打开数据库，如图 11-49 所示。然后模拟数据丢失场景，删除赞助表中的一行数据，删除后查询表数据结果如图 11-50 所示。

```
SQL> startup open
ORACLE 例程已经启动。

Total System Global Area 6764429312 bytes
Fixed Size                  2188568 bytes
Variable Size            3506440936 bytes
Database Buffers         3238002688 bytes
Redo Buffers               17797120 bytes
数据库装载完毕。
数据库已经打开。
```

图 11-49　打开数据库

| 活动编 | 赞助商 | 赞助时间 | 赞助金额 |
|--------|--------|----------|----------|
| hd10002 | zzs0004 | 22-10月-19 | 1200 |
| hd20001 | zzs0003 | 20-3月-19 | 1000 |
| hd20002 | zzs0003 | 19-4月-20 | 1000 |
| hd30001 | zzs0004 | 09-10月-20 | 3000 |
| hd30002 | zzs0002 | 02-11月-20 | 1000 |

图 11-50　删除后的表数据

startup open

delete from stdba. 赞助表 where 赞助金额 =2500;

commit;

select * from stdba. 赞助表;

3）恢复

首先，关闭数据库，如图 11-51 所示，复制备份文件夹覆盖文件恢复数据库。

shutdown immediate

```
SQL> Shutdown immediate
数据库已经关闭。
已经卸载数据库。
ORACLE 例程已经关闭。
SQL> _
```

图 11-51　关闭数据库

其次，使用 host 命令复制 d:\db\stbackup 目录下的所有文件到 oracle_ base 目录，也可以手动复制。

host xcopy　d:\db\stbackup\ C:\app\Lenovo

最后，打开数据库，如图 11-52 所示，查询相应表的数据是否恢复，查询结果如图 11-53 所示。

startup open

```
select * from stdba.赞助表;
```

```
SQL> startup open
ORACLE 例程已经启动。

Total System Global Area 6764429312 bytes
Fixed Size                   2188568 bytes
Variable Size             3506440936 bytes
Database Buffers          3238002688 bytes
Redo Buffers                17797120 bytes
数据库装载完毕。
数据库已经打开。
```

| 活动编 | 赞助商 | 赞助时间 | 赞助金额 |
|--------|--------|----------|----------|
| hd10001 | zzs0002 | 14-5月 -19 | 2500 |
| hd10002 | zzs0004 | 22-10月-19 | 1200 |
| hd20001 | zzs0003 | 20-3月 -19 | 1000 |
| hd20002 | zzs0003 | 19-4月 -20 | 1000 |
| hd30001 | zzs0004 | 09-10月-20 | 3000 |
| hd30002 | zzs0002 | 02-11月-20 | 1000 |

已选择6行。

图 11-52　打开数据库　　　　　　　图 11-53　恢复后的表数据

本章小结与思考题（11）

# 参考文献

[1] 王珊, 萨师煊. 数据库系统概论 [M]. 5 版. 北京：高等教育出版社, 2014.

[2] 托马斯·康诺利. 数据库系统：设计、实现与管理（基础篇）[M]. 6 版. 北京：机械工业出版社, 2016.

[3] DAVID M. KROENKE, DAVID J. AUER. 数据库处理：基础、设计与实现 [M]. 13 版. 北京：电子工业出版社, 2016.

[4] 辛赫. 数据库系统概念、设计及应用 [M]. 何玉洁, 译. 北京：机械工业出版社, 2010.

[5] ROD STEPHENS. 数据库设计解决方案入门经典 [M]. 王海涛, 译. 北京：清华大学出版社, 2010.

[6] GAVIN POWELL. 数据库设计入门经典 [M]. 北京：电子工业出版社, 2007.

[7] THOMAS M. CONNOLLY, CAROLYN E. EEGG. 数据库设计教程 [M]. 2 版. 北京：机械工业出版社, 2005.

[8] 孙亚男, 郝军. SQL Server 2016 从入门到实践 [M]. 北京：清华大学出版社, 2018.

[9] 孟宪虎, 马雪英. 大型数据库系统管理、设计与实例分析 [M]. 北京：电子工业出版社, 2008.

[10] 党德鹏. 数据库应用、设计与实现 [M]. 2 版. 北京：清华大学出版社, 2021.

[11] KALEN DELANAY. 深入解析 SQL Server 2008 [M]. 北京：人民邮电出版社, 2010.

[12] 张凤荔, 王瑛, 李晓黎. 数据库原理与应用（Oracle 版）[M]. 北京：人民邮电出版社, 2013.

[13] 马忠贵, 宁淑荣, 曾广平. Oracle 11g 数据库管理与开发基础教程 [M]. 北京：人民邮电出版社, 2013.

[14] 高翠芬, 王立平. Oracle 11g 数据库教程 [M]. 武汉：华中科技大学出版社, 2019.

[15] 王鹏杰, 王存睿, 郑海旭. Oracle 11g 管理与编程基础 [M]. 北京：人民邮电出版社, 2012.

[16] 周爱武, 汪海威, 肖云. 数据库课程设计 [M]. 北京：机械工业出版社, 2014.